Josef Wißkirchen
AUF JÜDISCHEN SPUREN
IN PULHEIM-STOMMELN

Gedruckt mit freundlicher Unterstützung durch die Stadt Pulheim, den Landschaftsverband Rheinland, den Rotary Club Pulheim und den Lions Club Pulheim.

Josef Wißkirchen

AUF JÜDISCHEN SPUREN IN PULHEIM-STOMMELN

Abbildungen auf dem Bucheinband:

Frontseite (v. l.):

Geschwister Frieda, Anna und Else Moses, 1903, 1899 und 1898 in Stommeln geboren. Anna starb im Ghetto Lodz (bzw. im Vernichtungslager Chelmno), die beiden Schwestern konnten in die Vereinigten Staaten fliehen.

Rückseite (v. l.):

1. Jakob Stock, 1946, geboren 1869 in Stommeln. Er überlebte das Ghetto Theresienstadt.
2. Johanna Herz, geboren 1938 in Stommeln, 1942 in der Gaskammer in Auschwitz-Birkenau gestorben.
3. Johanna Moses, geboren 1864 in Stommeln, 1942 in der Gaskammer in Treblinka gestorben.

Bibliografische Information der Deutschen Bibliothek
Die Deutsche Bibliothek verzeichnet diese Publikation in der
Deutschen Nationalbibliografie; detaillierte bibliografische Daten
sind im Internet über <http://dnb.ddb.de> abrufbar.

© 2022 Josef Wißkirchen
Verlag: Aschendorff Verlag GmbH & Co. KG, Münster
www.aschendorff-buchverlag.de

Das Werk ist urheberrechtlich geschützt. Die dadurch begründeten Rechte, insbesondere die der Übersetzung, des Nachdrucks, der Entnahme von Abbildungen, der Funksendung, der Wiedergabe auf fotomechanischem oder ähnlichem Wege und der Speicherung in Datenverarbeitungsanlagen bleiben, auch bei nur auszugsweiser Verwertung, vorbehalten. Die Vergütungsansprüche des § 54 UrhG werden durch die Verwertungsgesellschaft Wort wahrgenommen.

Druck von gestellter PDF-Datei
Printed in Germany

ISBN 978-3-402-24927-7

INHALT

Dank 7

Einführung 9

1. STATION – KOMMUNALER FRIEDHOF 26

   Kriegervereinsdenkmal von 1874 (26)
   Ehrenmal für die Opfer der beiden Weltkriege (32)

2. STATION – HAUPTSTRASSE 85: Synagoge mit Vorsteherhaus ... 40

3. STATION – HAUPTSTRASSE 68: Familie Albert und Bertha Cahn ... 54

   Rosalie Cahn verh. Stock, verh. Levi (58); Otto Cahn (60); Erna Cahn verh. Sochaczewer, verh. Epstein (70); Selma Cahn verh. Guthman(n) (72); Erinnerung an Sybilla Stock (77)

4. STATION – VENLOER STR. 567: Familien Jacobsohn und Herz ... 78

   Lily und Ernst Herz (83); Hermann Jacobsohn (98); Rudy und Karl Otto Herz: Neues Leben in den Vereinigten Staaten (107)

5. STATION – VENLOER STRASSE 579: Sophia Ehrlich, Paula Rosendahl, Helene Stock ... 114

6. STATION – BERLICH 36: Familie Josef und Johanna Heidt ... 118

   Max, Martha und Josefine Heidt (122); Julius Heidt (126)

7. STATION – JOSEF-GLADBACH-PLATZ 9: Familie Joseph und Dora Heymann ... 129

   Änne Heymann (132); Martha und Josefine Heymann (135); Dr. Georg Heymann (138)

8. STATION – NETTEGASSE 1: Familie Carl und Sara Moses ... 142

   Antoinette Moses verh. Kahn (148); Georg Moses (151); Ernst und Dina Moses (153); Ilse Moses (157); Else Moses verh. Froehlich (160); Anna Moses verh. Katz und Tochter Hella (161); Frieda Moses verh. Levy (163)

9. STATION – KATTENBERG 27: Johanna Moses ... 165

10. STATION – NETTEGASSE 11: Familie Jakob und Emmy Stock ... 171

    Hans Stock: KZ-Haft in Dachau (176); Hilde Stock: Auswanderung nach England (179); Deportation der Familie Stock (185);

Deportation von Hans Stock (188); Versteigerung des Hausrats vor dem Haus Stock (190); Schicksale der Deportierten der Familie Stock (191); Rückkehr aus Theresienstadt: Jakob Stock (194); Moses Stock (197); Toni Dago Stock (201)

11. STATION – NETTEGASSE 35: Familie Alex und Sibylla Heymann	204

Sara Selma Heymann verh. Goldberg (207); Emil Heymann (211)

EXTRA ORDINEM: EINSCHÜBE

1. Drei weitere Stommelner Opfer nationalsozialistischer Verfolgung	218

Hermann Elias (218); Leopold Franken (223); Wilhelmine Mendel geb. Stock (226)

2. Augenärztin Dr. Rosemarie Klein und Heinrich Klein	228
12. STATION – NAGELSCHMIEDSTRASSE: Jüdischer Friedhof	240

Grabsteine auf dem Jüdischen Friedhof in Stommeln (250)

SCHLUSSBEMERKUNG	275
Anmerkungen	282
Liste der jüdischen Stommelner, die von nationalsozialistischer Verfolgung betroffen waren	294
Ortslexikon: Orte, wo Juden aus Stommeln inhaftiert waren oder starben	318
Anhang: Dokumente zur Versteigerung des Hausrats der Familie Stock 1942	342
Literatur	350

Gedruckte Quellen (353); Digitale Datenbanken (354)

Abkürzungen	355
Abbildungsnachweis	357
Register (Orte und Personen)	358

DANK

Wie der Fluss aus vielen Quellen und Wasserläufen gespeist wird, so war es auch mit der Entstehung dieses Buches. In erheblichem Maße habe ich von den 1983 und 1987 erschienenen beiden Bänden »Juden in Stommeln« profitieren können. Eine Arbeitsgruppe des Vereins für Geschichte in Pulheim, der ich selbst angehörte, hat damals den Grundstein gelegt für die Erforschung der Geschichte der Stommelner Juden. Manfred Backhausen hat in dieser Zeit die ersten Kontakte geknüpft zu jüdischen Überlebenden aus Stommeln in Israel, in den Vereinigten Staaten, in England und in Köln und dabei eine Fülle von Informationen und Bildmaterial zusammengetragen sowie mehrere umfangreiche Stammbäume entwickelt, die die genealogischen Zusammenhänge erschließen. Ich selbst habe mich in meinen Beiträgen zu dem zweibändigen Werk zum ersten Mal intensiv mit der Geschichte der Stommelner Juden befasst. Auf diese Arbeiten stützt sich meine jetzige Darstellung immer wieder. Erwähnen möchte ich auch Peter Schreiner, der damals in Bild und Text die einzelnen Schritte der Restaurierung der ehemaligen Stommelner Synagoge dokumentiert hat, sowie Hermann Daners, der sich mit der Zeit nach der Befreiung im Jahr 1945 beschäftigt hat und dabei den Lebensspuren von Jakob Stock sowie Rudy und Karl Otto Herz nachgegangen ist.

Von zentraler Bedeutung für mich war meine langjährige freundschaftliche Beziehung zu Rudy Herz. Ihm verdanke ich unendlich viel. Seine Erzählungen haben mich nicht nur mit umfangreichen Informationen beschenkt, sondern mir insbesondere auch die dramatische Wucht der Verfolgungsjahre und die barbarische Grausamkeit in den Konzentrations- und Vernichtungslagern unmittelbar erfahrbar gemacht. Sein letzter Besuch in Stommeln im Februar 2011 und seine mehr als dreistündigen Schilderungen der Verfolgungsetappen seiner Familie vor großem Publikum bei einer öffentlichen Veranstaltung sind mir in unauslöschlicher Erinnerung geblieben.

Vieles verdanke ich auch Hermann Jacobsohn sowie seiner Tochter Helga Pilar, ohne deren lebhafte Erzählungen mir manche Zusammenhänge unerschlossen geblieben wären. Während der Arbeit an diesem Buch ist sie im Alter von 94 Jahren am 12. Oktober 2021 in Köln verstorben. Auch der Tochter Dorit Hahne habe ich zu danken.

Wertvoll für mich war auch der briefliche Kontakt mit Karl Otto Herz vor langer Zeit. Peter Altman in London verdanke ich wichtige Informationen, Dokumente und Fotos zum Lebensschicksal seiner 1939 nach England ausgewanderten Mutter Hilde Stock. Jack Guthman in Chicago, Sohn von Selma Cahn aus Stommeln, danke ich für seine Auskünfte zur Familiengeschichte.

Stommelner, die mir vor zwanzig, dreißig oder vierzig Jahren aus eigener Erfahrung über ehemalige jüdische Nachbarn berichteten, sind inzwischen verstorben. Aber sie haben einst die Grundlage dafür geschaffen, dass ich mir ein Bild machen konnte von den Personen, die mir in den Akten nur als Namen begegneten. In dankbarer Erinnerung möchte ich nennen: Christel Kerkmann, Stommeln; Michael Lamprecht, Stommeln; Johann Nelles, Stommeln; Dr. Paul Schauff, Stommeln.

Zahlreiche Personen unterstützten mich bei der Erarbeitung des Buches und halfen mir weiter, wenn ich mich mit Fragen an sie wandte.

Diether Puntke, Stommeln, hat für mich die Standesregister (Geburt, Heirat, Tod) der ehemaligen Gemeinde Stommeln durchgesehen und zahlreiche genealogische Fragen geklärt.

Barbara Reisner, Antwerpen, hat mir zahlreiche Kopien von New Yorker Passagierlisten von Einwandererschiffen besorgt. Sie war mir auch eine wertvolle Gesprächspartnerin, mit der ich mich austauschen konnte.

Dr. Johannes Wachten in Köln hat für die Dokumentation der Grabsteine auf dem Jüdischen Friedhof die hebräischen Inschriften gelesen und übersetzt. Auch bei sonstigen Fragen zum Friedhof hat er mich mit seiner fachlichen Expertise unterstützt.

Zu danken habe ich den Mitarbeiterinnen und Mitarbeitern von Archiven oder sonstigen kommunalen und staatlichen Einrichtungen für ihre freundliche Unterstützung:

- Archiv im Rhein-Kreis Neuss, Dormagen-Zons
- Bundesamt für zentrale Dienste und offene Vermögensfragen, Berlin
- Historisches Archiv der Stadt Köln
- Landesarchiv NRW, Abteilung Rheinland, Duisburg
- Landeshauptarchiv, Koblenz
- NS-Dokumentationszentrum, Köln
- Stadsarchief Amsterdam
- Stadtarchiv Pulheim

Allen, die meine Arbeit begleitet und gefördert haben, danke ich herzlich. An der Entstehung des Buches haben sie ihren unentbehrlichen Anteil.

Stommeln, im April 2022
Josef Wißkirchen

EINFÜHRUNG

LIEBE LESERIN, LIEBER LESER!

Mit dieser Schrift lade ich Sie ein zu einem imaginären Rundgang durch Pulheim-Stommeln. An zwölf Stationen wollen wir haltmachen und uns mit deren Bezügen zu der jüdischen Vergangenheit des Ortes beschäftigen. Wir werden Häuser aufsuchen, in denen einst Juden lebten, oder Bauplätze, auf denen ihre Häuser standen. Hinzu kommen Denkmäler, die an jüdische Schicksale erinnern, das Gebäude der ehemaligen Synagoge und der Jüdische Friedhof.

Seit vier Jahrzehnten beschäftige ich mich mit den Schicksalen jüdischer Männer, Frauen und Kinder aus Stommeln, und das hat mir diese Personen nahegebracht. Ich wohne in diesem Ort, und wenn ich durch die Straßen gehe, begegne ich den historischen Spuren, die sie hinterlassen haben und die die Erinnerung an sie wachrufen. Diese emotionale Bindung will ich auch in dieser Schrift nicht verleugnen. Ich erlaube mir, die dem Historiker üblicherweise abverlangte Zurücknahme der eigenen Person ein Stückweit zu verschieben zugunsten gezeigter Empathie. Das heißt nicht, dass ich Abstriche machen will bei der jedem Historiker abverlangten Faktentreue. Aussagen, die quellenmäßig nicht hinreichend belegbar sind, werden nicht gemacht. Diesem Ethos des Historikers soll nichts genommen, aber etwas hinzugefügt werden: die Vermittlung emotionaler Nähe. Ich lade den Leser dazu ein, mit mir in den behandelten Personen nicht nur austauschbare Beispiele für millionenfach erlittenes Unrecht der jüdischen Bevölkerung Europas zu sehen, sondern Einzelschicksale unserer ehemaligen Nachbarn, die einst im gleichen oder wenigstens in einem vergleichbaren räumlichen Umfeld gelebt haben wie wir selbst. Ich möchte die einstigen jüdischen Stommelner erfahrbar machen als unsere Nächsten, für die uns eine besondere Verantwortung auferlegt ist. Die lokale Begrenztheit der Themenstellung schafft den Freiraum dafür, nicht das Allgemeine, sondern das Besondere in den Mittelpunkt zu stellen, das einzigartige individuelle Schicksal dieser Personen.

Diesem Ziel dienen auch die zahlreichen Abbildungen. Sie sind nicht bloß additiver Schmuck, sondern für das Buch essentiell. Soweit es sich dabei um Gebäude oder Ähnliches handelt, erden und lokalisieren sie die behandelten Lebensschicksale und erhöhen dadurch zugleich beim Leser, zumal wenn er aus der Region stammt, das Bewusstsein der persönlichen

EINFÜHRUNG

001 Ortsmitte von Stommeln, Blick auf den Dorfanger (mit Löschteich), 1940er Jahre

Betroffenheit und fördern dadurch die Intensität der Auseinandersetzung mit dem Gegenstand des Buches. Besonders wichtig war es mir, Fotos der jüdischen Personen abzubilden, von denen die Rede ist. Sie zeigen diese Menschen in ihrer einzigartigen Erscheinung und in ihrem spezifischen Lebensumfeld und widerlegen das diffuse unterschwellige Vorurteil, dass Juden eben anders seien und immer nur Ärger machten. Sie sind der bildliche Widerspruch zu dem rassistischen Phantasma des »Juden«, das die Nationalsozialisten den Menschen einhämmerten. Sie zeigen, wie die Stommelner Juden lebten, und lassen zugleich ahnen, wie ihr zukünftiges Leben hätte aussehen und welchen Zugewinn sie für die deutsche Gesellschaft hätten bedeuten können, wenn nicht rassistischer Wahn sie von der Gemeinschaft ausgeschlossen, vertrieben und ermordet hätte.

In die abgebildeten Gesichter zu schauen und zugleich das diesen Menschen von ihrem eigenen deutschen Staat und Volk angetane Unrecht sich vor Augen zu führen ist schmerzhaft und zugleich ein Antrieb, darüber nachzudenken, wie es in unserem Land, das sich seiner Dichter und Denker

Einführung

002 Ortsmitte von Stommeln, Blick von der Brücke über den Stommelner Bach auf das Gasthaus Schauff und die Venloer Straße Richtung Rommerskirchen, um 1950

rühmt, zu diesem Kultur- und Humanitätsbruch kommen konnte. Wenn man auf den Abbildungen in Kinderaugen schaut, wird die vor acht, neun Jahrzehnten in unserem Land grassierende Barbarei noch bedrängender. Dieser schmerzhaften Erfahrung wollen wir nicht ausweichen. Wir müssen uns dem hässlichen Gesicht des Antisemitismus stellen, der seine Wurzeln nicht in den Charaktereigenschaften und Verhaltensweisen der Juden hat,[1] sondern letztlich in den Ängsten verunsicherter Menschen, die sich mit ihren Vorurteilen einen Sündenbock schaffen, dem sie die Schuld für alles, was in ihrem Leben schiefläuft, aufladen können. Vermeintlich gewinnen sie so eine Option für die Lösung der eigenen Probleme. Rational begründet sind diese Konstrukte von Feindbildern nicht, und deshalb eröffnen sie auch keinen Weg für eine rationale Problembewältigung, sondern erzeugen nur einen wachsenden Sog hin zur Gewalt.

Das Fatale für den Geschichtsschreiber ist, dass der Begriff »Jude«, der in diesem Buch eine zentrale Rolle spielt, bis in seine tiefsten Wurzeln hinein vergiftet ist durch die nationalsozialistische, rassistisch begründete

Definition und die damit einhergehenden Zuschreibungen angeblicher »zersetzender« Charaktereigenschaften, die die »Volksgemeinschaft« in ihrer Existenz gefährden. Die Thematik des Buches führt dazu, dass der Begriff des Juden wiederholt auch im Sinne dieser rassistischen Verfälschung verwendet wird, und zwar nicht nur bei Zitaten, sondern auch, um den Personenkreis exakt zu benennen, um dessen Schicksal es geht. Man kann dem nicht ausweichen, indem man etwa von Personen mosaischen Glaubens spricht. Auch ein getaufter Katholik konnte im Sinne der Nazis ein Jude sein; Julius Heidt oder Hermann Jacobsohn sind Beispiele dafür in diesem Buch. Will man beschreiben, was die Nationalsozialisten den Juden angetan haben, kommt man fatalerweise nicht umhin, im Schlepptau dieses Begriffs ungewollt das Zerrbild rassistischer Phantombilder mit zu transportieren. Durch eine angemessene Kontextualisierung soll dem entgegengesteuert werden, und der Leser ist aufgerufen, die kritische Distanz zum nationalsozialistischen Vokabular in sich aufzubauen. Die Bilder, die uns »normale« jüdische Stommelner Bürger zeigen, helfen dabei. Sie sind ein starker Widerpart zu den rassistischen Verzerrungen, die aus den antijüdischen Gesetzen, Verordnungen und Maßnahmen sprechen.

Der geplante imaginäre Rundgang durch Stommeln ist ein Weg der Erinnerung an das, was in nationalsozialistischer Zeit einmal deutscher Alltag war. Er führt in die Finsternis eines verbrecherischen deutschen Regimes, dem die Bevölkerung mehrere Jahre lang mehrheitlich nicht entgegengetreten ist und das sie auch in den dunkelsten Phasen des Völkermords durch Wegschauen hat gewähren lassen. Dieses kollektive Versagen wirft seine Schatten auch auf uns, die Nachgeborenen, die zwar keine individuelle Schuld trifft, denen aber in besonderer Weise die Last der Verantwortung dafür auferlegt ist, dass sich dergleichen nie mehr wiederholt. Aus der Erinnerung müssen wir die Lehren ziehen, die den Weg offen halten in eine menschlichere Zukunft. Um das zu ermöglichen, bedarf es präziser Informationen und rationaler Argumente »gegen Trugbilder, Mythen, Illusionen« und der »Auflösung von Feindbildern«, gewonnen durch »zähe Kleinarbeit« in Form akribischer Forschung.[2] Damit aus Einsichten aber Taten folgen können, bedarf es ihrer emotionalen Verankerung in den Köpfen durch die Vergegenwärtigung individueller Lebensschicksale. Aus abstraktem Wissen soll ein personenbezogenes Erinnern entstehen.

Damit eine empathisch fundierte Aufklärung gelingen kann, genügt es nicht, das verbreitete Versagen der damals handelnden Personen in den Mittelpunkt zu stellen – mit dem nicht ausgesprochenen, aber nahegelegten Schluss, dass wir heute damit natürlich nichts zu tun haben. Diese Art von Erinnerungsarbeit würde auf versteckte Weise das eigentliche Problem entsorgen, das uns auf den Nägeln brennen muss: nämlich die Tatsache, dass wir Menschen fähig sind, uns gegenseitig jede Art von Gewalt anzutun. So war es in der Vergangenheit, so ist es heute. Die täglichen Nachrichten zeigen es. Gewaltbereitschaft ist eine Grundkonstante des Menschen schlechthin, die es durch Kultur, weise Voraussicht, Zivilcourage, Mäßigung, Verantwortungsbereitschaft zu zähmen gilt. Historische Erinnerung ist deshalb nicht nur aus Respekt vor den Opfern geboten, sondern notwendig um unserer selbst und unserer Gegenwart und Zukunft willen. Die Aufforderung, endlich nicht mehr von den Verbrechen der Vergangenheit zu reden, ist in Wahrheit eine Flucht vor dem in uns schlummernden Gewaltpotential, eine Flucht vor uns selbst, ein Nicht-wahr-haben-Wollen, wer wir sind. Wir lernen aus der erinnerten Geschichte unsere eigene Anfälligkeit für das Falsche kennen, und das kann uns davor bewahren, das Falsche auch zu tun. Der amerikanische Holocaust-Forscher Peter Hayes schreibt zurecht: »Wer sich mit dem Holocaust beschäftigt, riskiert enorme Desillusionierung über die Menschen«; »unsere liebgewonnenen Illusionen über uns selbst und unsere Mitmenschen« geraten ins Wanken beim Blick in den Abgrund des Holocausts.[3] Davor zu fliehen wäre jedoch unverantwortlich, weil diese illusionistische Selbstlüge uns daran hinderte, mit Festigkeit uns den Herausforderungen unserer Zeit zu stellen.

Das Bild, das die Erinnerung von der Vergangenheit zutage fördert, ist vielschichtig, komplex und oft ambivalent. Jede einzelne urteilende Aussage darüber, wie es in Stommeln nach dem Ersten Weltkrieg und in den 1930er und 1940er Jahren gewesen sei, ist eine Vereinfachung, die als Korrektiv der Konfrontierung mit andersartigen Befunden bedarf. Das Erzählen von Geschichten kann hierbei hilfreich sein und dem Mitgeteilten die Erstarrung in der Einseitigkeit nehmen. Geschichten halten die Gedanken im Fluss, sodass unterschiedliche, auch widersprüchliche Aspekte dessen, was mitgeteilt werden soll, berührt werden können. Ich will deshalb, angebunden an markante Stommelner Persönlichkeiten, kurze Geschichten erzählen, in denen auf vielschichtige Weise das Verhältnis zwischen Christen und Juden in Stommeln beleuchtet wird.

Einführung

003 Pfarrer Christian Klausmann, 1909

CHRISTIAN KLAUSMANN

Christian Klausmann, Pfarrer in Stommeln von 1893 bis 1922, war ein weitsichtiger Mann mit offenem und tolerantem Geist, der zu den ortsansässigen Juden ein gutes Verhältnis pflegte. Als er 1904 in seiner Gemeinde von Haus zu Haus ging und um eine Spende für den von ihm initiierten Neubau der Pfarrkirche bat, besuchte er auch jüdische Familien, und man ließ ihn nicht leer ausgehen. In der Stommelner Pfarrchronik[4] vermerkte er anlässlich der Grundsteinlegung der neuen Pfarrkirche 1904, dass die jüdische Gemeinde der katholischen Pfarrgemeinde aus diesem Anlass eine Spende in Höhe von 40 Mark habe zukommen lassen, Alex Heymann persönlich sogar 87 Mark. Die Nachricht, dass es damals für jüdische Kinder ebenso selbstverständlich gewesen sei wie für christliche, bei Begegnungen auf der Straße auf Pfarrer Klausmann zuzugehen und ihm die Hand zu geben, passt zu diesem Bild äußerer interkonfessioneller Harmonie; ebenso, dass zeitweise jüdische Kinder an Pfarrer Klausmanns Religionsunterricht teilnahmen, soweit er sich auf die jüdische Bibel, das Alte Testament, bezog.

Gerade weil die Vorbehalte gegen Juden im katholischen Stommeln nach wie vor religiös – und nicht rassistisch – grundiert waren, war das Verhalten des Pfarrers von besonderer Bedeutung. In manchen frommen Köpfen bedurfte es schon einiger Anstrengung, sich von dem ahistorischen Urteil zu befreien, »die Juden« hätten den Pilatus zur Kreuzigung Jesu gedrängt und sich damit als »Gottesmörder« betätigt. Dass solche Vorstellungen immer noch herumspukten und sich auswirkten auf das Verhältnis zu den damals in Stommeln lebenden Juden, wird an einer Episode aus dem Leben der Pfarrgemeinde deutlich.[5] Als Klausmann 1916 sein Goldenes Priesterjubiläum feierte, war das – trotz der Kriegssituation – ein Dorffest, an dem sich alle Vereine beteiligten. Neben dem Kirchenchor sollte auch der Stommelner Männergesangverein zu Ehren des Jubilars im

Festhochamt singen. Diesem Männergesangverein gehörten damals aber auch zwei jüdische Mitglieder an, eine Tatsache, die Ärgernis beim Vorstand des katholischen Kirchenchors erregte; es sei untragbar, »daß Juden am Altare Gottes singen«. Der Männerchor müsse deshalb ohne seine beiden jüdischen Mitglieder auftreten. Dr. Heinrich Hahn, ärztlicher Leiter des Stommelner Krankenhauses und Dirigent des Männergesangvereins, bestand jedoch auf deren Mitwirkung. Pfarrer Klausmann hatte seinerseits auch keine Bedenken gegen jüdische Präsenz beim katholischen Messopfer und scheint schließlich seine Kirchenchorsänger besänftigt zu haben. Stolz konnte der jüdische Sänger Hermann Jacobsohn zum Klang der Orgel die Fahne des Männergesangvereins in die Pfarrkirche tragen und mit seinen Sangesbrüdern das »Ecce, sacerdos magnus« zu Ehren des Jubilars anstimmen. Aufschlussreich an dieser Episode ist, dass ein latent vorhandener Antijudaismus in einer Situation, die durch eindeutige religiöse Gruppenzuweisung geprägt war, plötzlich virulent wurde. Persönliche Bindungen und personenbezogene moralische Hemmnisse fielen weg zugunsten eines ideologischen Bewusstseins, das die Menschen einteilte in die Kategorien »Christ« und »Jude« und diese mit unterschiedlichen Wertungen versah.

Pfarrer Klausmann tat sein Bestes, solchen verallgemeinernden Stereotypen entgegenzuarbeiten. Vor vielen Jahren berichtete mir ein längst verstorbener Stommelner aus seiner Schulzeit. Er hatte zusammen mit einem Freund einen jüdischen Altersgefährten mit Rübenschnitzeln beworfen, die auf der Straße lagen, und ihn schließlich zum Weinen gebracht. Klausmann, der des Weges kam, fragte den jüdischen Jungen, warum er weine. Als er den Grund erfuhr, reagierte er überraschend heftig: Er gab den beiden Übeltätern ein paar kräftige Ohrfeigen. Für den Pfarrer ging es nicht nur um einen Streit zwischen Jungen, sondern um die verborgenen, tiefliegenden antijüdischen Vorurteile, die ihn ausgelöst hatten. Wie ernst er die Sache nahm, zeigte sich am nächsten Tag in der Schule während des Religionsunterrichtes. Die beiden Übeltäter mussten vortreten, wurden vor der Klasse noch einmal zurechtgewiesen, und alle zusammen mussten im Chor den Vers rezitieren:

»Ob Juden, Christen, Hottentott,
wir glauben all an einen Gott.«

Über die pastorale Erziehungsmethode mag der Leser lächeln, und der in der Zeit des Kolonialismus und der blühenden Afrikamission allgemein übliche, von den südafrikanischen Buren übernommene rassistische Spottbegriff »Hottentott« (insbesondere für Angehörige des Volkes der Nama in

Deutsch-Südwestafrika) gilt heute zurecht als untragbar. Mit dergleichen distanzierenden Überlegungen dürfen wir Klausmann jedoch nicht unterstellen, er äußere sich mit rassistischer Herablassung über Afrikaner, sondern müssen hinter dem uns Befremdlichen das zukunftsweisende, auch heute noch gültige Anliegen erkennen: ein Bewusstsein zu schaffen für die Gleichheit aller Menschen.

JAKOB SCHAUFF

Als 1933 die Nationalsozialisten an die Macht kamen, wurde die deutsche Öffentlichkeit mit ununterbrochener, bösartiger antijüdischer Propaganda überschüttet, die auf Dauer auch in Stommeln nicht ohne Wirkung blieb. Wer bringt schon die Kraft auf, sich Tag für Tag gegen die Flut von Lügen zu stemmen? Vor allem in der Massenorganisation der SA sammelten sich gewaltbereite Naturen, die sich berufen fühlten zum Kampf gegen das »internationale Judentum«, und diesen Kampf auch in den Ort selbst hineintrugen, und das nicht erst in der Nacht des Novemberpogroms 1938. Ein Ereignis aus der Mitte der 1930er Jahre im Gasthaus Schauff ist ein Beispiel dafür.[6] Zum besseren Verständnis sei vorausgeschickt, dass Jakob Schauff (1865–1942), Inhaber der gleichnamigen Gaststätte in der Ortsmitte, bis 1933 als Zentrumsabgeordneter ein führendes Mitglied des Stommelner Gemeinderates war, aber nach der Märzwahl 1933 dem Druck der Nationalsozialisten weichen musste. Auch als langjähriger Rendant der katholischen Pfarrgemeinde spielte er zu seiner Zeit eine wichtige gesellschaftliche und politische Rolle im Ort. Er wurde zum ersten Mal nach dem Reichstagsbrand 1933 von der Pulheimer SA verhaftet und zum damaligen Sitz der Kölner Gestapo in der Mozartstraße gebracht, wo er Zeuge von Folterungen in Nebenräumen wurde. Sein Sohn Josef (im Zweiten Weltkrieg gefallen) wandte sich damals an ihm bekannte Mitglieder der Pulheimer SA,

004 Jakob Schauff

in deren Reihen sich auch Männer aus Stommeln befanden, und er hatte Erfolg. Mit einem SA-Wagen wurde Jakob Schauff in Köln wieder abgeholt. Trotz dieser schlimmen Erfahrungen folgte er 1935 nicht dem Beispiel anderer, an die Tür seiner Gaststätte das Schild »Juden unerwünscht!« aufzuhängen. Mehrere Juden im Ort verkehrten darin seit Jahren, und daran wollte er nichts ändern. Noch 1937 war Jakob Stock ein regelmäßiger Gast, bis eines Tages uniformierte SA aus Pulheim den Gastraum betrat und ihn vorfand. Bedrohlich bauten sie sich vor ihm auf und schmetterten ihm ihr SA-Lied entgegen:

> Ihr Sturmsoldaten jung und alt,
> nehmt die Waffen in die Hand,
> denn der Jude hauset fürchterlich
> im deutschen Vaterland.
> Soldaten, Kameraden, hängt die Juden,
> stellt die Bonzen an die Wand.
> (…)
> So steht die Sturmabteilung
> zum Rassenkampf bereit.
> Erst wenn der Juden Blut verspritzt,
> erst dann sind wir befreit.
> Soldaten, Kameraden, hängt die Juden,
> stellt die Bonzen an die Wand.[7]

Jakob Stock wagte von diesem Zeitpunkt an nicht mehr, das Gasthaus zu betreten. Jakob Schauff wurde, so hat man mir berichtet, damals wegen einer von ihm zu verantwortenden Verlautbarung Stommelner Gastwirte von der Gestapo für ca. zwei Tage verhaftet und in deren Zentrale im Kölner EL-DE-Haus verhört. Zwei Schwiegersöhne, Mitglieder der Partei, verwandten sich in Köln für ihn, was seine Entlassung beschleunigt haben mag. Jakob Schauff, damals bereits über 70 Jahre alt, war bis zu seinem Tode am Weihnachtstag 1942 traumatisiert von diesen Ereignissen und litt unter Alpträume, erneut verhaftet zu werden.[8]

ORTSGESCHICHTLICHE ORIENTIERUNG

Bevor wir uns auf den Weg machen zu den hinterlassenen Zeugnissen der ehemaligen jüdischen Nachbarn in Stommeln, wollen wir uns einen kurzen Überblick verschaffen über den topografischen und historischen Raum, in dem wir uns bewegen. Wir bleiben auf unserem Rundgang in den Grenzen des Ortes, wie sie bis 1948 bestanden, bevor am Trappenbruch eine erste Siedlung entstand und Stommeln zu expandieren begann. Um 1930 trug die Gartenstraße noch mit vollem Recht ihren Namen, grenzten doch die langen Gärten hinter den Häusern und Hofstellen am Josef-Gladbach-Platz und an der Nettegasse an diesen noch ungepflasterten Weg. Und die Bruchstraße war gesäumt von feuchten Wiesen, die an die in der Mitte des 19. Jahrhunderts trockengelegten ehemaligen Bruchgebiete erinnerten, in denen der durch den Ort fließende, 1929 kanalisierte Stommelner Bach versickerte. Das einsame »Bruchhaus«, heute Bruchstraße 122, war weit abgelegen. Auch der Jüdische Friedhof an der Nagelschmiedstraße lag bereits außerhalb der Siedlungsfläche des Ortes.

Der abgebildete, 1959 entstandene Plan des Ortszentrums von Stommeln ist mit der Situation vor und während der NS-Zeit weitgehend identisch. Die Häuser, in denen jüdische Familien gewohnt haben und bei denen wir auf unserem Rundgang haltmachen wollen, lagen im ganzen Dorf verstreut. 2 096 Einwohner hatte der Ort 1930[9] (heute, 2022, sind es knapp 8 500), und über 90 Prozent lebten von der Landwirtschaft, bäuerliche Handwerker zumindest im Nebenerwerb. Die rund 400 Haushaltungen waren zu einem hohen Prozentsatz Selbstversorger. Auch wer zu dem Drittel der Bevölkerung gehörte, das weniger als zwei Hektar Land besaß und als Tagelöhner auf größeren Bauernhöfen sich verdingen musste, bewirtschaftete einen Garten, hatte nach Möglichkeit eine Kuh im Stall, hielt Hühner und mästete ein Schwein (bzw. bei Juden: hielt eine Ziege). Der Traktor hatte um 1930 noch kaum Einzug gehalten, der Kipp-Pflug wurde von Pferden bzw. einem Ochsen oder Ochsengespann gezogen. Die zweirädrige Karre, vor die man ein Zugtier spannte, war nach wie vor das wichtigste und allgegenwärtige Transportmittel. Viehzucht war selbstverständlicher Bestandteil der bäuerlichen Wirtschaft. Stommeln war ein Bauerndorf.

Der Erfahrungshorizont der Menschen war eng. Die heute so selbstverständlichen Urlaubsreisen gab es nicht. Kaum jemand aus der bäuerlichen Bevölkerung besuchte eine weiterführende Schule, die vor Ort sowieso nicht existierte. Einblicke in die in den Städten blühenden bürgerlichen Lebensformen und die damit verbundene Freiheit im Denken gab es in

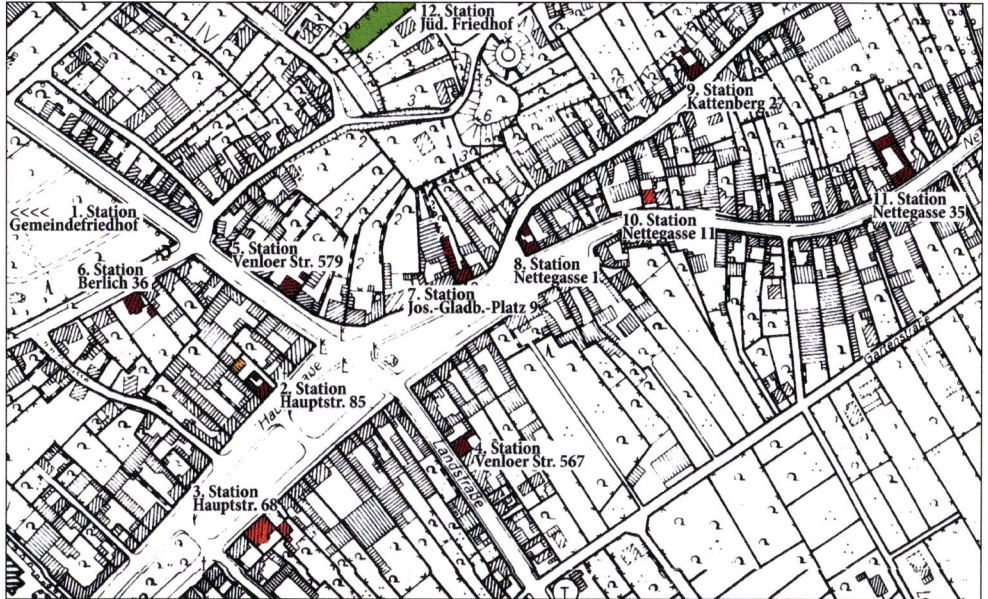

005 Ortsplan von Stommeln 1959 mit den eingezeichneten Stationen des Rundgangs

diesen Kreisen kaum. Der Pfarrer war im fast rein katholischen Ort die wichtigste geistige Autorität, die Stimme der Amtskirche gab dem Leben die verbindliche Orientierung. Außerhalb der »alleinseligmachenden« katholischen Kirche, so glaubten die Frommen, gab es kein ewiges Heil, nicht für Protestanten, nicht für Juden, und das stellte sie ins Abseits der eigenen religiösen Gemeinschaft, was überheblicher Borniertheit und Anfälligkeit für Vorurteile Vorschub leistete.

Von ländlicher Idylle kann keine Rede sein beim Blick zurück in die 1930er Jahre. Armut im existentiellen (nicht nur relativen) Sinne war verbreitet, und sie wurde noch verstärkt durch die Agrarkrise, die seit 1927, also noch vor der allgemeinen Weltwirtschaftskrise, die deutsche Landwirtschaft erschütterte und zu hoher allgemeiner Verschuldung der Bauernhöfe führte. Bereits seit dem Ende des Ersten Weltkrieges waren die Strukturprobleme der zu kleingliedrigen deutschen Landwirtschaft offensichtlich geworden. Die kleinen bäuerlichen Betriebe konnten nicht mehr konkurrieren mit den großflächigen und mit modernen Maschinen ausgerüsteten Getreidefarmen im amerikanischen Mittelwesten, aber auch nicht mit der in größerem Maßstab betriebenen Viehzucht in benachbarten Staaten wie Holland oder Dänemark. Die Weltmarktpreise verfielen und trieben die deutschen Bauern in die Verschuldung. Da man die dabei wirksamen weltwirtschaftlichen Mechanismen nur unzureichend durchschaute, hielt man Ausschau nach den für die eigene Misere Schuldigen und fand sie häufig in den Juden. Die durch undurchschaubare komplexe Wirkzusammenhänge Verunsicherten gewannen so eine neue Gewissheit in ihrer Weltdeutung und damit eine vermeintlich probate Handlungsoption. Krisensituationen waren und sind noch immer der Nährboden für absurde Weltverschwörungstheorien, deren Schlüsseldokument bis heute das 1903 erstmals in Russland erschienene und bis in die 1930 Jahre in Deutschland immer wieder neu aufgelegte antisemitische Pamphlet »Die Protokolle der Weisen von Zion« ist, das von nie stattgefundenen Treffen jüdischer Weltverschwörer berichtet,[10] deren angebliches heimtückisches Ziel – z. B. durch die bewusste Herbeiführung weltweiter Wirtschaftskrisen – die jüdische Weltherrschaft und die Unterdrückung der eingeborenen Bevölkerung war. Die vorgeblichen Protokolle wurden bereits 1921 als Fälschung und bösartige Propaganda entlarvt, von den Nationalsozialisten aber immer wieder mit Erfolg angeführt und in deren Medien propagiert, am schrillsten in der allerorts in Schaukästen aushängenden antisemitischen Wochenzeitschrift »Der Stürmer« mit dem auf jeder Titelseite fettgedruckten Leitspruch: »Die Juden sind unser Unglück«.

Es war nicht so, dass die unmittelbare Begegnung mit dem jüdischen Nachbarn von solchen fundamental feindseligen Gedanken beherrscht gewesen wäre. Hier spielte das konkrete zwischenmenschliche Verhalten die wichtigere Rolle bei der Einschätzung des Gegenübers. So konnten durchaus freundschaftliche nachbarschaftliche oder geschäftliche Beziehungen entstehen, in denen die abstrusen Weltverschwörungstheorien keine Rolle spielten. Aber im Hintergrund schwangen sie doch irgendwie schemenhaft mit. Wenn aber Menschen in Not gerieten – durch den Ersten Weltkrieg, durch Inflation und Wirtschaftskrise, wie es in Deutschland der Fall war – und nach jemandem suchten, der am eigenen Unglück schuld war, dann war hier bereits eine Leitbahn gelegt für falsche Gedanken. Abstrakte antijüdische Fantastereien nahmen konkrete Gestalt an und wurden jüdischen Personen in bösartiger Wirklichkeitsverdrehung übergestülpt. Aus Gedanken und Worten wurden mörderische Taten.

Juden waren in Stommeln um 1930 eine winzige Minderheit. Bis zum Ersten Weltkrieg 1914–18 hatten etwa 40 Juden in Stommeln gelebt, 1928 waren es noch 28, 1930 nur noch 12; das waren 0,57 Prozent der Bevölkerung (in Bezug auf das damalige Amt Stommeln mit 4094 Einwohnern sogar nur 0,29 Prozent).[11] Grund für die Dezimierung der jüdischen Einwohner Stommelns war nicht etwa die geringe Kinderzahl, sondern die Abwanderung in die Städte und schließlich auch vereinzelt nach Palästina.

So klein die Zahl der Juden war, sie gingen trotzdem nicht unkenntlich unter in der Mehrheitsgesellschaft, sondern behaupteten ihre Sonderstellung als eine Minderheit – in den Dörfern noch deutlicher erkennbar als in den Großstädten, wo die Assimilation der Juden weiter fortgeschritten war. Der Grund für den erkennbaren Minderheitenstatus war zunächst einmal religiöser Natur, und der äußerte sich nicht nur in den unterschiedlichen Gotteshäusern und Gottesdiensten, sondern auch in der praktischen Lebensführung. Wenn in der Karwoche vor Ostern das Leiden und Sterben Jesu in der katholischen Kirche begangen wurde, mochte in manchen überfrommen Köpfen das Bild von den Juden als »Gottesmördern« auftauchen. Während der Samstag für die christliche Bevölkerung damals noch ein Arbeitstag war, begingen die Juden den »Schabbat« als Ruhetag, der bereits mit dem Sonnenuntergang am Freitagabend eingeleitet wurde und an dem man zum Gottesdienst in die Synagoge ging. Und während am Samstagnachmittag die bäuerliche Bevölkerung die Straßen fegte, um den Ort auf den sonntäglichen »Tag des Herrn« vorzubereiten, machten jüdische Familien in festlicher Kleidung einen Erholungsspaziergang, der von dem einen oder anderen »Fleißigen« missbilligend beäugt wurde.

Die orthodoxen Landjuden hielten sich an die Speisegebote der Thora und die daraus entwickelten halachischen Vorschriften, die im Talmud gesammelt waren. Das bedeutete nicht nur, dass Juden kein Schweinefleisch aßen, sondern bewirkte eine hochkomplexe Organisation der jüdischen koscheren Küche, etwa die grundsätzliche Trennung von Milchigem und Fleischigem in Form von doppeltem Geschirr und Besteck. Ein Jude konnte nicht einfach an einer christlichen Tafel Platz nehmen; das setzte bei dem christlichen Gastgeber voraus, dass er ihm beim Angebot der Speisen entgegenkam, und bei dem Juden, dass er als Gast eines Christen in seiner religiösen Lebensführung Kompromisse einging, um nicht als unhöflich zu erscheinen. Jedenfalls wurde durch solche Barrieren ein privater geselliger Verkehr untereinander erschwert.

Neben religiösen waren es vor allem wirtschaftliche Gründe, die der jüdischen Minderheit eine soziologische Sonderstellung zuwiesen. Juden waren keine Bauern, und das unterschied sie von der Dorfmehrheit. Der Grund dafür war nicht, wie böse Zungen gelegentlich verlauten ließen, dass sie sich zu fein fühlten und zu faul waren, um »richtig« zu arbeiten – und darunter verstand der Bauer die kraftzehrende Mühe mit Hacke und Spaten und das stundenlange Balancieren des Kipp-Pfluges beim Schreiten durch die Ackerfurche. Der Grund war ein historischer, nämlich dass den Juden auf dem Land seit dem Mittelalter Grundbesitz verboten war,[12] und ohne Ackerland kann man nicht Bauer sein. Bereits Anfang des 19. Jahrhunderts galt ein solches Verbot zwar nicht mehr, aber die rechtliche Möglichkeit änderte nichts daran, dass jüdische Familien im Rheinland nur begrenzt über (Garten-)Land verfügten und ihnen jede Voraussetzung für eine landwirtschaftliche Betätigung fehlte. Auch die Handwerkerzünfte in den Städten hatten bis zum Ende des 18. Jahrhunderts keine Juden aufgenommen. Angesichts der gegen sie existierenden Berufsausschließungen waren den Juden nur Nischen im Bereich des Handels geblieben, und diese Traditionen übertrugen sich auf die nachwachsenden Generationen. Auf dem Land war das insbesondere der Handel mit Rindvieh, der zwar nicht ausschließlich, aber doch weitgehend in jüdischer Hand war. Und damit übernahmen jüdische Kaufleute eine zentrale Funktion innerhalb der dörflichen Agrarwirtschaft.

Der jüdische Viehhandel war häufig verbunden mit dem des Metzgers, der nur rituell reine, »koschere« Tiere nach den rituellen Vorschriften schlachtete (schächtete) und es dadurch den Juden vor Ort ermöglichte, nach den religiösen Speisegesetzen zu leben. Der auf dem Kattenberg in Haus Nr. 23 (heute Nr. 27) wohnende Philipp Moses war um die vorletzte Jahrhundertwende der jüdische Metzger im Ort. Sein Sohn Carl Moses, Nettegasse 1, führte dieses Geschäft dann bis in die Anfänge der Nazizeit weiter.

Seit 1898 hatte Stommeln einen Bahnanschluss, und das ermöglichte es den jüdischen Viehhändlern, zu teilweise weit entfernten Viehmärkten zu fahren und dort für die ortsansässigen Auftraggeber Tiere einzukaufen, die dann mit der Bahn nach Hause transportiert wurden. (Transporte über kleinere Entfernungen, etwa von Schlachtvieh zum Schlachthof nach Köln, übernahmen seit etwa 1930 zunehmend Lkw-Viehtransporter.) Dass christliche Bauern jüdische Viehhändler damit beauftragten, für sie das erforderliche Nutzvieh ein- und an sie weiterzuverkaufen, setzte – angesichts der schwer einschätzbaren Qualität der Lebendware – ein hohes Maß an Vertrauen voraus, das im Laufe langjähriger Geschäftsbeziehungen aufgebaut worden war. Da auf den Viehmärkten der Kauf von Vieh stets in bar abgewickelt wurde, war bei den Viehhändlern ein beachtliches Bargeldvermögen erforderlich,[13] und diese Finanzkraft ermöglichte es ihnen zugleich, ihren Kunden langfristige Zahlungstermine und Ratenzahlungen einzuräumen. Vielen Bauern, bei denen das Jahr über, d. h. vor der Ernte, Geldknappheit herrschte, kam das sehr entgegen. Als in der Agrarkrise Ende der

1920er Jahre sich bei manchen Bauern Viehschulden anhäuften, konnte aus dem positiv bewerteten jüdischen Kreditgeber das Feindbild des »unerbittlichen Geldeintreibers« entstehen.[14]

Die notwendige, vergleichsweise hohe Kapitalbasis verschaffte erfolgreichen jüdischen Viehhändlern auch die Möglichkeit, sich als Gütermakler (Grundstücke, Häuser) zu betätigen. In den ersten Jahrzehnten des 20. Jahrhunderts waren die beiden Brüder Alex und Joseph Heymann als erfolgreiche Immobilienhändler in Stommeln tätig.

Ärmere Juden zogen im 19. Jahrhundert als Hausierer über Land und verkauften Stoffe oder alten Trödel oder Kurz- und Haushaltswaren. Gegen Ende des 19. Jahrhunderts entwickelten sich daraus im Zuge des sozialen Aufstiegs der Juden stationäre Ladengeschäfte, oder aber ehemalige Hausierer fanden im Zuge der fortschreitenden Industrialisierung eine Anstellung als Arbeiter oder Angestellte in jüdischen Betrieben, wie der ehemalige Hausierer Jakob Jacobsohn als Lagerarbeiter bzw. zuletzt als Büroangestellter in dem Hobelwerk Dülken & Co. in Köln-Porz. Die andernorts anzutreffenden jüdischen Textilgeschäfte gab es in Stommeln nicht. Johanna Moses auf dem Kattenberg betrieb einen kleinen Laden für Lebensmittel und Hausratswaren.

Die mit dem Handel verbundene räumliche Mobilität der jüdischen Kaufleute und dadurch entstandene überregionale Netzwerke förderten zugleich auch die Urbanisierungstendenzen innerhalb der Juden, die sich u. a. in den größeren Bildungsanstrengungen niederschlugen. Für den Bauernsohn war der Grundbesitz die Gewähr für ein sicheres Auskommen. Landjuden schickten vermehrt ihre Söhne (und seit den 1920er Jahren auch Töchter) auf weiterführende Schulen in Köln, um ihnen eine bessere Zukunft zu ermöglichen – trotz des Schulgeldes, das damals noch erhoben wurde und für manchen eine schwere Last war. Die neue Eisenbahnverbindung machte den Besuch von Kölner Schulen möglich. Diese nachwachsende Generation zog es nach Schul- und Berufsausbildung in die Stadt, wo die meisten sich kaufmännisch betätigten, einzelne aber auch nach erfolgreichem Studium akademische Berufe ergriffen.

Zuletzt noch einige Bemerkungen zu der Frage, seit wann es Juden in Stommeln gab. Eine verbreitete Meinung ist, dass Juden sich auf dem Land erst ansiedelten, nachdem sie im 14. und 15. Jahrhundert aus den Städten vertrieben worden waren. In Köln war das im Pestjahr 1349 der Fall, begründet mit dem absurden Vorwurf, sie hätten die Brunnen vergiftet und dadurch die Pandemie des Schwarzen Todes verursacht. Dass Papst Clemens VI., damals in Avignon, in zwei Bullen bereits 1348 die Gerüchte von Brunnenvergiftungen als falsch verurteilt hatte, fand bei den erhitzten Gemütern wenig Gehör. In der Bartholomäusnacht 1349 (23./24. August) kam es zu einem furchtbaren Judenmassaker in Köln. In der Kölner Weltchronik wird berichtet, dass man ungeachtet ihres Alters oder Geschlechts die Juden getötet, ihre Häuser angezündet und selbst Neugeborene nicht verschont habe.[15] Bei Grabungen in jüngster Zeit ist man auf die damalige Zerstörungsschicht mit zahlreichen Fundstücken gestoßen, die demnächst im MiQua, dem im Bau befindlichen Jüdischen Museum im Archäologischen Quartier Köln, ausgestellt werden sollen als Belege für das extreme Ausmaß an Gewalt, die damals den Bewohnern des Kölner Judenviertels (direkt neben dem Rathaus) widerfuhr.

Nachdem man sie zwischenzeitlich wieder zugelassen hatte, wurden die Kölner Juden 1424 endgültig, diesmal als lästige Konkurrenten im Handel, aus der Stadt verwiesen, und dabei blieb es bis zum Ende des 18. Jahrhunderts, d. h. bis zur Franzosenzeit im Rheinland. Dass dieser Ausschluss aus den großen Städten zur Ansiedlung von Juden im ländlichen und kleinstädtischen Raum führte, steht außer Frage, ebenso, dass die jeweiligen Landesherren, im Falle Stommelns der Graf bzw. seit 1356 Herzog von Jülich, daraus für sich ein Geschäft machten, indem sie die Gewährung des Rechts für Juden, sich in ihrem Territorium niederzulassen, an ein sogenanntes Geleitgeld koppelten, eine Art jüdischer Sondersteuer, die an die Landeskasse abzuführen war.

In Stommeln hatte es schon vor 1349 eine kleine jüdische Gemeinde gegeben, die im Zuge der allüberall wütenden Pestpogrome in diesem Jahr ausgelöscht wurde. Das noch im 14. Jahrhundert entstandene Nürnberger Memorbuch, eine Art jüdisches Totengedenkbuch, ermahnt die Juden, an festgesetzten Tagen des Jahres der vielen vernichteten großen und kleinen jüdischen Gemeinden und der zahlreichen Märtyrer im Gebet zu gedenken, die in den Städten und Dörfern damals erschlagen wurden. Dabei wird – neben zahlreichen anderen Städten und Orten – in hebräischer Schrift auch »Stommel« (Stommeln) als eine der vernichteten Gemeinden genannt.[16]

Noch ältere Hinweise auf jüdische Einwohner Stommelns finden sich in den mittelalterlichen Kölner Schreinsbüchern, d.h. in den in einem Schrein verwahrten Grundbüchern der Stadt. Anfang Februar 1305 wird im sogenannten Judenschreinsbuch der ehemaligen Pfarrgemeinde St. Laurentius ein »Jacob[us] de Stummele«, Jacob von Stommeln, genannt, der Besitzer eines Hauses im Kölner Judenviertel war.[17] Ein jüdischer Gläubiger des Kölner Stifts St. Andreas namens »Moyses«, genannt »Beyn de

Stumbele«, wird erstmals 1321 und erneut 1324 und 1334 aufgeführt.[18] In noch frühere Zeit des Spätmittelalters zurück führt die Erwähnung eines jüdischen Ehepaares in der Lebensgeschichte der seligen Christina von Stommeln (1242–1312), das wiederholt das Pfarrhaus im Ort aufsuchte[19] – was übrigens als Beleg dafür angesehen werden kann, dass es im angeblich finsteren Mittelalter durchaus ein verträgliches Zusammenleben von Juden und Christen gab. Die aufgeführten, wenn auch spärlichen ersten Spuren lassen den Schluss zu, dass bereits im Mittelalter Juden in Stommeln ansässig waren. Die in den Kölner Grundbüchern genannten Stommelner Juden entstammten offenbar Kölner Familien der jüdischen Oberschicht und waren nach Stommeln gezogen, verfügten aber, z. B. durch Erbschaft, über Haus- und Grundbesitz in Köln.[20] Welchen Gewerben sie in Stommeln nachgingen und wo sie wohnten, bleibt im Dunkeln.

Die jüdische Ansiedlung in Stommeln ist auf dem Hintergrund davon zu sehen, dass 1227 dem Grafen Wilhelm IV. von Jülich auf dessen Bitte hin von König Heinrich VII. das Schutzrecht über Juden in seinem Territorium als vererbliches Lehen verliehen worden war, der König also auf das ihm bisher zustehende einträgliche königliche Recht (»Regal«) des Judenschutzes verzichtete.[21] Dass der Graf von Jülich, zu dessen Territorium auch Stommeln gehörte, um diese Verleihung gebeten hatte, belegt seine Absicht, Juden in seinem Territorium anzusiedeln, weil er fortan von ihnen Sondersteuern (»Geleitgeld«) für den ihnen gewährten »Schutz« eintreiben wollte und weil er sich durch jüdische Kaufleute wirtschaftliche Vorteile für seine Grafschaft versprach – wegen ihrer Erfahrung im Handel und insbesondere, weil sie nicht an das christliche Zinsverbot gebunden waren; Papst Alexander III. hatte sie 1179 ausdrücklich davon ausgenommen. Jüdische Kaufleute konnten also ihren Handelspartnern, die nicht bar zahlen konnten, einen Zahlungsaufschub gewähren für gelieferte Waren oder auch Geld verleihen gegen einen angemessenen Zinsaufschlag. Das uns heute als selbstverständlich erscheinende, moralisch nicht mehr in Frage zu stellende Finanzierungsinstrument der Kreditgewährung war für den im Hochmittelalter aufblühenden Handel unerlässlich. Das galt auch für den auf dem Lande wichtigen Viehhandel.

Durch den Pogrom im Pestjahr 1349 wurde die mittelalterliche jüdische Gemeinschaft in Stommeln ausgelöscht. Wann sich danach wieder Juden in Stommeln ansiedelten, bleibt unklar. Erst seit 1705 und in den Jahren danach sind wieder vier bis fünf jüdische Familien in Stommeln belegt.[22]

Nach diesen einordnenden Vorüberlegungen wollen wir uns auf den Weg durch Stommeln machen.

1. STATION – KOMMUNALER FRIEDHOF

KRIEGERVEREINSDENKMAL VON 1874

Beginnen wollen wir unseren Ortsgang auf dem Friedhof rund um die Alte Kirche, und zwar an dem 1874 vom Kameradschaftlichen Kriegerverein Stommeln errichteten Krieger- und Siegesdenkmal westlich vom Turmeingang.[23] Es ist das kleinere Abbild der ein Jahr zuvor errichteten Berliner Siegessäule zur Erinnerung an die »glorreichen Siege« von 1864, 1866 und insbesondere 1870/71 über Frankreich; sie wurde mit sechzig in den drei Kriegen erbeuteten und vergoldeten Kanonenrohren umkleidet und von einer vergoldeten Siegesgöttin bekrönt. Die nackte Stommelner Sandsteinsäule wirkt demgegenüber dörflich-bescheiden; auf ihr steht kein Sinnbild des militärischen Triumphes, sondern der Stommelner Pfarrpatron St. Martinus, allerdings nicht als mildtätiger Mantelteiler, sondern als Krieger mit Schild und Feldherrnstab und einer Mitra auf seinem Schild als Hinweis auf seine spätere Berufung zum Bischof von Tours. Als Sohn eines römischen Offiziers hatte er zunächst eine militärische Laufbahn eingeschlagen, ließ sich aber 356 als Vierzigjähriger aus dem Militärdienst entlassen, um zukünftig nur noch als *miles Christi*, als Soldat Christi zu dienen. In dieser Martinusfigur mag man eine kritische Brechung des preußisch-militärischen Militarismus erkennen und auch einen Schattenwurf des damaligen preußischen Kulturkampfes gegen die katholische Kirche, darf sich dabei aber nicht darüber täuschen lassen, dass auch die Stommelner Veteranen der deutschen »Einigungskriege« sich als nationale Helden empfanden, die das neue Deutsche Kaiserreich von 1871 geschaffen hatten. Voller Stolz ließen die im Kriegerverein sich zusammenfindenden Veteranen ihre Namen und die der Gefallenen auf den vier Seiten des Säulenpostaments eingravieren. Das alljährliche Stommelner Kriegerfest, das zusammen mit dem Kirmestag am 3. Oktobersonntag begangen wurde – mit Festgottesdienst, Kirmesrummel auf dem Dorfanger, Festumzug der ordensgeschmückten Kriegervereinsveteranen und abendlichem Ball in einem der Säle im Ort –, war neben dem Schützenfest ein gesellschaftlicher Höhepunkt des Jahres.

Auf der Rückseite des Sockels finden wir in der vierten Zeile von unten den Namen »L. Stock«, Lazarus Stock, ein Jude aus der Nettegasse 7 (heute: 11).[24] Er war 1838 in Glessen als Sohn der unverheirateten Sara Stock geboren und wohnte als junger Mann in Frechen. Durch die Heirat am 20. Dezember 1866 mit Bertha (Elisabeth) Kaufmann aus Stommeln (1842–1899)

006 Kriegerdenkmal von 1874 des Kameradschaftlichen Kriegervereins Stommeln auf dem kommunalen Friedhof des Ortes, Foto Dezember 2008. Inschrift auf der Säule: »Errichtet | vom cameradschaftlichen | Verein | aus dem Pfarrbezirke | Stommeln | am 18. Oktober 1874«. Das Einweihungsdatum war der Kirmessonntag 1874, der inzwischen zugleich als Kriegerfest gefeiert wurde.

kam er in diesen Ort. Elf Kinder brachte sie zwischen 1867 und 1887 zur Welt. Nach zwei Töchtern wurde als ältester Sohn Jakob Stock geboren, über den wir an der zehnten Station unseres Rundgangs Näheres erfahren werden. Nach dem Tod seiner Frau Bertha hat deren unverheiratete Schwester Karoline Kaufmann[25] bis zu ihrem Tod 1905 ihrem Schwager den Haushalt geführt.

Lazarus Stock war der Ahnherr einer der prägenden jüdischen Familien im Ort in späterer Zeit. Zwischen 1895 und 1907 ist er als Viehhändler belegt. Die kleine jüdische Gemeinde wählte ihn in verschiedene Ehrenämter. Als Infanterist diente er im Rheinischen 68. Infanterieregiment, nahm 1866 am Preußisch-Österreichischen Krieg und 1870/71 am Deutsch-Französischen Krieg teil und wurde mit dem Preußischen Erinnerungskreuz für 1866 und der Kriegsgedenkmünze für 1870/71 sowie 1897 mit der Kaiser-Wilhelm-Medaille ausgezeichnet.

Die gesellschaftliche Bedeutung solcher militärischen Ehrenzeichen mag uns heute befremdlich erscheinen, in der damaligen Zeit aber, geprägt vom Nationalstolz über das neu geschaffene Deutsche Reich, waren sie Insignien der staatsbürgerlichen Respektabilität. Für die deutschen Juden, die seit Beginn des 19. Jahrhunderts um ihre gesellschaftliche Gleichberechtigung gekämpft hatten, waren es Belege ihres Deutschtums. Auch für Laza-

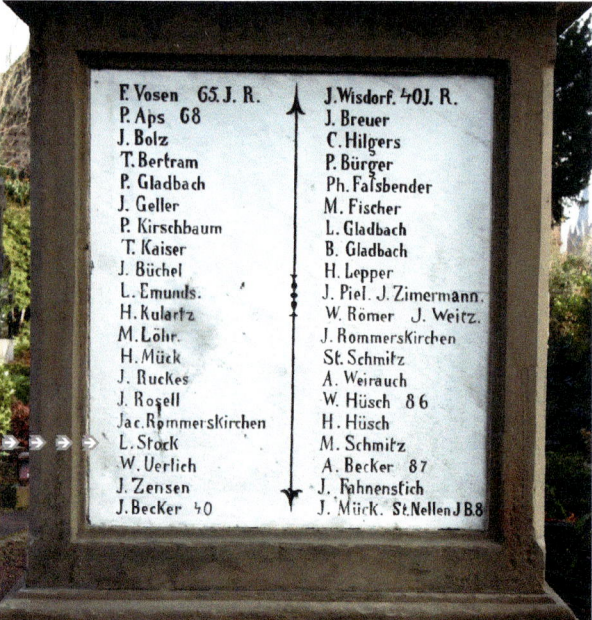

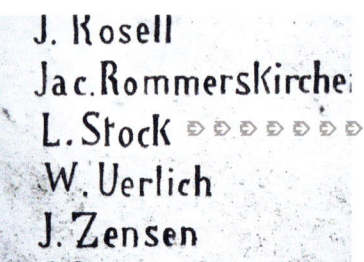

007 Rückseitige Inschrifttafel des Säulensockels mit Namen von Veteranen. In der linken Spalte, 4. Z. von unten, findet sich der Name „L. Stock".

KRIEGERVEREINSDENKMAL

008 Erinnerungskreuz für 1866, Vor- und Rückseite; auf der linken Brust an einem Band getragen

009 (Mitte) Kriegsgedenkmünze 1870/71, aus der Bronze erbeuteter Geschützrohre gefertigt, Vor- und Rückseite; auf der linken Brust getragen an einem schwarzen, weißgeränderten Band mit rotem Mittelstreifen

010 (unten) Kaiser-Wilhelm-Medaille 1897 (»Zentenar-Medaille«), gefertigt aus der Bronze erbeuteter Geschütze (»Zum Andenken an den hundertsten Geburtstag des großen Kaisers Wilhelm I., 1797 – 22. März – 1897«)

1. Station – kommunaler Friedhof

011 Kameradschaftlicher Kriegerverein Stommeln, vermutlich im 60. Jubiläumsjahr 1926; oberste Reihe, 4. v. l.: Jakob Stock

rus Stock war es, wenn er mit ordensgeschmückter Brust zum Kriegerfest im Festzug hinter der Germaniafahne des Kameradschaftlichen Kriegervereins durch den Ort marschierte und zum Festgottesdienst in die katholische Kirche einzog, der Ausweis dafür, dass er dazugehörte. Hatte bisher die Mitgliedschaft in der katholischen Kirche entscheidend die Identität der Dorfbevölkerung bestimmt, so war nach den Einigungskriegen etwas Neues, Weltliches hinzugetreten, das die Rangordnung im Dorf mitbestimmte, und daran konnten auch Juden teilhaben: der Nationalstolz auf das Deutsche Reich und die Mitwirkung bei dessen Schaffung als heldenhafter Krieger. Für Juden war die Teilhabe daran eine wertvolle Eintrittskarte in die Gesellschaft. Auf lange Sicht aber trog diese Hoffnung, wie wir auf unserem weiteren Rundweg erfahren werden.

Lazarus Stock war auch Mitglied im 1881 gegründeten Stommelner Männergesangverein »Sängerbund«. Im Gegensatz zur alteingesessenen Schützenbruderschaft war es ein weltlicher Verein, zugänglich für jedermann, also auch für Juden. Im Paragraphen 2 der Vereinsstatuten von 1881

012 Stommelner Männergesangverein, 1902

hieß es unmissverständlich, dass »jeder Mann, ohne Unterschied der Confession«, Mitglied werden könne. Bei dieser Formulierung hatte man nicht an Protestanten gedacht, die es damals in Stommeln gar nicht gab, sondern an die Stommelner jüdischen Glaubens. Es verwundert deshalb nicht, dass von den 57 aktiven und inaktiven Mitgliedern des Vereins im Jahr 1883 sechs Juden waren: Alex Heymann, Lazarus Stock, David Bermann, Simon Stock, Carl Moses und Albert Cahn. 1885 wurde Alex Heymann zum Ehrenpräsidenten, 1886 David Bermann zum Schriftführer, 1887 Simon Stock zum Ehrenpräsidenten gewählt.[26] Der Stommelner Männergesangverein, mit dem – neben dem Kameradschaftlichen Kriegerverein – die säkulare, nicht kirchlich gebundene Vereinskultur in Stommeln ihren Anfang nahm, war ein wesentlicher Förderer der Integration der ortsansässigen Juden in die Dorfgemeinschaft.

Aus dem Jahr 1902 ist ein Foto der Mitglieder des Stommelner Männergesangvereins überliefert. (Abb. 012) Die Identifikation der einzelnen Personen will zwar nicht mehr gelingen, aber es ist mit Sicherheit davon auszugehen, dass mehrere Juden darunter sind, vermutlich auch Lazarus Stock. In der Vereinsgemeinschaft stieß ihr Judesein offenbar auf keinerlei Vorbehalte mehr, sodass die Stommelner Juden sich auf einem guten Weg wähnten zur gesellschaftlichen Verwirklichung der in der neuen Reichsverfassung von 1871 garantierten staatbürgerlichen Gleichstellung. Lazarus Stock starb am 26. August 1914 im Alter von 75 Jahren.

EHRENMAL FÜR DIE OPFER DER BEIDEN WELTKRIEGE

Wir verlassen nun den Friedhof in Richtung Dorf und schauen beim Hinausgang über die Seitenmauer der Rampe hinunter auf das 1953 errichtete Ehrenmal für die Opfer der beiden Weltkriege.[27] Es ersetzt ein Kriegerdenkmal und einen »Totenhain«, die 1922, nach dem Ersten Weltkrieg, an etwa gleicher Stelle errichtet worden waren. In dem begehbaren Hain waren 78 Gedenkstelen für die Gefallenen des Krieges aufgestellt; von 5 weiteren, noch als vermisst geltenden Gefallenen fehlten sie (vgl. Abb. 015). Von dem alten Denkmal hat man das Postament wiederverwendet, aber die darauf stehende Skulptur eines Handgranatenwerfers, der seinen gefallenen Kameraden rächen will, wegen der damit verbundenen militaristisch-revanchistischen Botschaft entfernt. Dieses nun leere Postament trennt die neue Anlage von 1953 in zwei Hälften: Im hinteren, gerundeten Teil stehen dicht an dicht in zwei gestuften Halbrund-Reihen 78 Stelen der Gefallenen des Ersten Weltkriegs, im vorderen Teil sind auf Wandtafeln und Bodenplatten die (auch zivilen) Opfer des Zweiten Weltkriegs aufgeführt.

Unser Augenmerk gilt den drei Stelen jüdischer Gefallener im hinteren Halbrund:[28]

1. Siegfried Jacobsohn,[29] geb. am 11. November 1897 in Stommeln, Kriegsfreiwilliger, gefallen am 28. Dezember 1914 bei den Kämpfen um das Dorf Souain in der Champagne (Souain-Perthes-lès-Hurlus), 40 km östlich von Reims. Zum Kriegsdienst wurde man im Kaiserreich erst mit 20 Jahren eingezogen, mit Einverständnis der Eltern konnten aber auch Siebzehnjährige sich freiwillig zum Kriegsdienst melden.[30] Siegfried, angesteckt von der nationalen Begeisterung der ersten Kriegswochen und den Aufrufen jüdischer Organisationen, meldete sich noch im November 1914, erst 17 Jahre alt, zum Heeresdienst. Einen Monat später ereilte ihn der Soldatentod, zwei Wochen nach seinem 18. Geburtstag.

Ehrenmal

013 Ehrenmal von 1953, Foto Juli 1956; Fotograf: Helmut Weingarten

014 Gedenkstele für Siegfried Jacobsohn, Stommelner Ehrenmal

EHRENTAFEL
DER GEFALLENEN HELDEN 1914—1918:

Abs, Paul
Becker, Anton
Bonn I, Andreas
Bonn II, Andreas
Brohl, Jakob
Braun, Joseph
Breuer, Peter
Boese, Stephan
Broich, Hermann
Dufrunne, Johann
Dufrunne, Benedikt
Esser, Johann
Erkens, Konstantin
Faßbender, Franz
Fischer, Johann
Flock, Jakob
Först, Matthias
Gehling, Peter
Giesen, Franz
Gödderts, Wilhelm
Görgens, Anton
Görgens, Jakob
Hamacher, Severin
Hundgeburt, Peter
Hüsch, Adam
Jakobsohn, Siegfr.
Kamp, Christian
Klein, Everhard
Klein, Johann

Klein, Jakob
Kronenberg, Ferd.
Kronenberg, Peter
Königs, Joseph
Mödder, Stephan
Moses, Hugo
Mück I, Joseph
Mück II, Joseph
Müller, Johann
Müsch, Pet. Joh.
Nixs, Jakob
Pesch, Joseph
Risch, Eduard
Risch, Peter
Richartz, Jakob
Rommerskirchen, J.
Ruckes, Hermann
Schall, Joseph
Schall, Heinrich
Scheer, Wilhelm
Schiffer, Adam
Schiffer, Heinrich
Schmitz, Andr. jos.
Schmitz, Joseph
Schmitz II, Joseph
Schmitz, Karl Anton
Schmitz, Hermann
Simons, Matthias
Segmüller, Franz

Schneider, Wilhelm
Stock, Joseph
Nickolin, Peter
Stoffels, Peter Hub.
Spickermann, Wilh.
Schumacher, Ant.
Schweren, Jakob
Thelen, Wilhelm
Theis, Peter
Valler, Johann
Vesen, Franz
Weck, Adam
Werres, Matthias
Wolf, Ludwig
Zensen, Adam
Zensen, Jakob

Vermißte:

Baum, Friedrich
Baus, Johann
Esser, Wilhelm
Flock, Wilhelm
Fischer, Theodor
Müller, Adam
Risch, Peter
Schiefer, Adam
Schmitz, Matthias

015 Ehrentafel der Gefallenen des Ersten Weltkriegs aus Stommeln in der Festschrift des Kameradschaftlichen Kriegervereins 1926; darunter die drei jüdischen Gefallenen: Siegfried Jacobsohn, Hugo Moses, Joseph Stock

EHRENMAL

016 Gedenkstele für Hugo Moses

017 Gedenkstele für Josef Stock

2. Hugo Moses, geb. am 5. März 1893 in Stommeln, Musketier (Linieninfanterist), gefallen am 19. September 1915 in Russland mit 22 Jahren. Er war der Sohn von Carl und Sara Moses, Nettegasse 1 (Ecke Kattenberg).

3. Josef Stock, Unteroffizier, geb. am 24. August 1887, gefallen am 27. September 1916 in Frankreich bei der monatelangen Schlacht an der Somme. Er war der jüngste Sohn von dem auf dem Kriegervereinsdenkmal aufgeführten Veteranen Lazarus Stock und ein Bruder von Jakob Stock, der mit seiner Familie bis 1942 in der Nettegasse 7 (heute: 11) lebte. Durch einen Kriegskameraden erhielt die Familie ein Foto seines Soldatengrabes mit einem hölzernen Holzkreuz (obwohl er Jude war!) und der Beschrif-

tung: »STOCK Josef, UFFZ (Unteroffizier), IR (Infanterieregiment) 363«. Er starb im Kriegslazarett in St. Quentin.

12 000 Juden waren wie Siegfried Jacobsohn gleich zu Kriegsbeginn als Freiwillige zu den Fahnen geeilt. Eine Welle des Patriotismus hatte die deutschen Juden erfasst, aus Liebe zu ihrem Vaterland, das sie angegriffen wähnten, und aus dem Willen heraus, ihr Deutschtum unter Beweis zu stellen und endgültige gesellschaftliche Anerkennung zu finden. Nicht nur die junge Generation dachte so. Die Eltern von Siegfried Jacobsohn hatten ihr Einverständnis gegeben, dass ihr Sohn bereits mit 17 Jahren als Soldat an die Front ging. Bisher war in der kaiserlichen Armee den Juden der Aufstieg ins Offizierskorps verwehrt geblieben. Jetzt, angesichts der erwiesenen jüdischen Tapferkeit und Vaterlandsliebe, wurde diese Diskriminierung gelockert, und etwa 3 000 jüdische Soldaten konnten in den Offiziersrang aufsteigen; Josef Stock brachte es immerhin bis zum Unteroffizier. Aber als der Siegestaumel bald verraucht war und 1916 die Niederlage sich abzeichnete und die Lebensmittelversorgung im Land sich katastrophal verschlechterte, schlug die Stimmung wieder um und das Vorurteil vom feigen jüdischen Drückeberger begann sich abermals zu verbreiten und diente der Heeresführung als Erklärung dafür, dass der dem Volk versprochene Sieg nicht eintraf. Eine »Judenzählung« zum 1. November 1916 wurde vom Preußischen Kriegsministerium angeordnet, um den Vorwürfen nachzugehen, dass Juden sich der Wehrpflicht entzögen und vor dem Fronteinsatz drückten. Die Zählung ergab jedoch eher das Gegenteil, nämlich dass Juden, gemessen an ihrem Bevölkerungsanteil, im Militär leicht überrepräsentiert waren: »100 000 dienten im Heer des Kaiserreiches, 80 000 kämpften an der Front, 35 000 hatten einen Orden erhalten, und 12 000 waren gefallen.«[31] Diese Zahlen, die nicht den Erwartungen entsprachen, wurden nie veröffentlicht, was aber umso mehr antijüdischen Vorurteilen Nahrung gab. In der jüdischen Bevölkerung stellte sich tiefe Ernüchterung darüber ein, dass ihre patriotischen Opfer nicht anerkannt wurden. In der Nazizeit wollte man erst recht davon nichts mehr wissen. 1934 mussten alle jüdischen Soldaten die Armee verlassen, 1935 wurden sie vom Wehrdienst ausgeschlossen, sie galten als »wehrunwürdig«. Die Erinnerung an drei im Ersten Weltkrieg gefallene Stommelner Juden macht die antijüdische Verleumdung offenkundig.

Am 25. Oktober 1941, als die ersten Deportationszüge nach Osten rollten und die systematische »Vernichtung« der Juden begonnen hatte, gab Hitler in der Tischrunde im Führerhauptquartier in Gegenwart von Himmler und Heydrich seine wahrheits- und realitätsvergessene Meinung

018 Ehrenmal für die jüdischen Gefallenen des Ersten Weltkriegs aus Köln auf dem Jüdischen Friedhof in Köln-Bocklemund, 1934 errichtet vom Reichsbund jüdischer Frontsoldaten. Links vor dem Ehrenmal steht eine steinerne Inschriftenwand mit den Namen der 230 im Ersten Weltkrieg gefallenen Mitglieder der Synagogen-Gemeinde aus dem Jahr 1924, die ursprünglich für eine Gedenkhalle in der Synagoge an der Roonstraße bestimmt gewesen war.

kund, die Juden hätten die deutschen Toten des Ersten Weltkrieges und auch die des jetzigen Konfliktes auf ihrem Gewissen. Deshalb solle ihm keiner sagen: »Wir können sie doch nicht in den Morast schicken.« Im Gegenteil, es sei gut, »wenn uns der Schrecken vorangehet, daß wir das Judentum ausrotten.«[32] In seinem Buch »Mein Kampf« hatte er bereits 1925 seine giftigen Parolen gegen die Juden gerichtet:

> »Hätte man zu Kriegsbeginn und während des Krieges einmal zwölf- oder fünfzehntausend dieser hebräischen Volksverderber so unter Giftgas gehalten[,] wie Hunderttausende unserer allerbesten deutschen Arbeiter aus allen Schichten und Berufen es im Felde erdulden mußten, dann wäre das Millionenopfer der Front nicht vergeblich gewesen. Im Gegenteil: Zwölftausend Schurken zur rechten Zeit beseitigt, hätte vielleicht einer Million ordentlicher, für die Zukunft wertvoller Deutschen das Leben gerettet.«[33]

Die Konsequenzen dieser hassgetränkten Weltsicht, die einen wahrhaftigen Blick auf die politische und gesellschaftliche Realität gar nicht erst zuließ und eine toxische Wirkung entfaltete, sind im Kleinen und in concreto auch in Stommeln zu beobachten. Wenn der Besucher des Stommelner Ehrenmals, im vorderen Teil stehend, sich umwendet, findet er an den Innenseiten der beiden Mauerköpfe des Eingangs zwei marmorne Tafeln zur Erinnerung an die aus Stommeln stammenden Holocaustopfer. Zwanzig

1. Station – kommunaler Friedhof

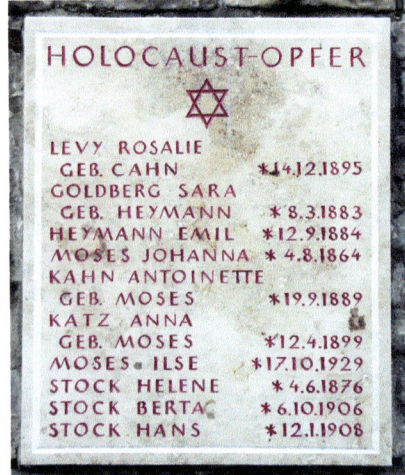

019, 020 Gedenktafeln für die Stommelner Holocaustopfer

Namen sind darauf verzeichnet, die dem Leser im Laufe des Buches wieder begegnen werden. Hermann Schweren, angeregt durch einen Vortrag des Verfassers, hatte den Anstoß zu deren Anbringung gegeben, die dann im Juni 2012 durch eine bürgerliche Initiative realisiert und finanziert werden konnte, ohne den Haushalt der Stadt zu belasten. Zur Begründung für die Anbringung diese Gedenktafeln diente die Überlegung, dass das Ehrenmal kein ausschließliches Gefallenendenkmal sei. Auch zivile Kriegsopfer sind auf den Tafeln in dessen vorderem Teil verzeichnet. Als Opfer eines von den Nazis gewollten Krieges sind sie zugleich Opfer der nationalsozialistischen Diktatur. Zu diesen Opfern aber gehören auch die Stommelner Juden, die auf staatliche Anordnung hin ermordet wurden. Die beiden Tafeln sollen zeigen, dass auch sie zur Dorfgemeinschaft gehörten.

TRAUERZEDER FÜR RUDY HERZ

Auf der Wiese links vom Ehrenmal wächst eine kleine Trauerzeder heran. Sie ersetzt eine Vorgängerin, die am 12. Dezember 2012 zum Gedenken an den aus Stommeln stammenden Holocaust-Überlebenden Rudy Herz gepflanzt wurde. Noch im Februar 2011 war der damals 85-Jährige aus den USA für mehrere Tage in seinen Geburtsort Stommeln gekommen und hatte vor der Öffentlichkeit und vor Schülern der Papst-Johannes XXIII.-Schule über sein Leben berichtet. Im Oktober des gleichen Jahres war er verstorben, und in einem Brief an den Verfasser äußerte die Witwe Ur-

021 Pflanzung der Trauerzeder für Rudy Herz neben dem Ehrenmal unterhalb des Friedhofs, 12.12.2012

sula Syré-Herz den Wunsch, zum Gedenken an ihren verstorbenen Mann in seinem Geburtsort eine Trauerzeder zu pflanzen; sie wollte sie selbst bezahlen. Die Bürgerinitiative, die ein halbes Jahr zuvor die beiden Holocaust-Gedenktafeln am Ehrenmal hatte anbringen lassen, nahm jedoch dieses Anliegen in ihre Hände. Unterstützt vom katholischen und evangelischen Pfarrer im Ort sowie von Lehrerinnen, Lehrern und Schülern wurden Spenden gesammelt, und die Stommelner Öffentlichkeit zeigte sich gebefreudig für dieses Anliegen, sodass das Geld bald zusammen war. Der Baum sollte ein Zeichen der Dankbarkeit dafür sein, dass Rudy Herz an seinem langen Vortragsabend im Februar den Stommelnern die Hand zur Versöhnung gereicht hatte. Im Juli 2013 besuchte eine Tochter von Rudy Herz mit ihrem Mann aus den USA die Gedenkzeder für ihren Vater.

Leider hat der extrem heiße und trockene Sommer 2018 den jungen Baum vertrocknen lassen. Im April 2019 wurde deshalb von der Stadt an gleicher Stelle eine neue Trauerzeder gepflanzt. Sie ist kleiner als die erste, aber offenbar gesund, sodass Hoffnung besteht, dass sie sich zu einem mächtigen Baum entwickelt. Auf der Randmauer des Wiesengrundstücks erläutert eine Hinweistafel den vorbeikommenden Passanten dessen Bedeutung.

2. STATION – HAUPTSTRASSE 85

SYNAGOGE MIT VORSTEHERHAUS[34]

Die 1882 errichtete Stommelner Synagoge finden wir mitten im Ort; der Vorgängerbau an gleicher Stelle stammte aus den Jahren 1832. Die zentrale Lage mag man als Zeichen für die im 19. Jahrhundert erreichten Erfolge der Juden in ihrem Kampf um staatsbürgerliche Gleichberechtigung ansehen, man sollte dabei aber auch bedenken, dass das Gebäude sich hinter einer vorgelagerten Häuserzeile versteckt. Jüdische Gottesdienste hat es natürlich auch schon in vorrevolutionärer Zeit in Stommeln gegeben, vermutlich traf man sich dazu in Privatwohnungen. Eine erste Synagoge richtete man wohl erst in nachnapoleonischer Zeit ein. 1831 wird in den Akten von einer inzwischen »alten Synagoge« berichtet, die in einem angemieteten, verfallenen Lokal eingerichtet sei, »die mehr einer Scheune wie einem Tempel des Herrn gleichet«.[35] Es war dann der in Stommeln geborene und lebende jüdische Handelsmann Moses Cahn[36], der es unter den durchweg armen Stommelner Juden zu relativem Wohlstand gebracht hatte und der der kleinen jüdischen Gemeinschaft vorstand und Ende der 1820er Jahre die Idee zur Einrichtung einer neuen Synagoge aufbrachte und vorantrieb. Er war 1798 als Sohn des Abraham David und seiner Frau Hendel Levi[37] in Stommeln geboren und wuchs in ärmlichen Verhältnissen auf. Sein Vater wurde in der napoleonischen Einwohnerliste von 1799 zu den »Armen« gezählt. In der Liste von 1801 erschien er als revendeur (Wiederverkäufer), 1808, nun unter dem neu angenommenen Namen »Abraham David Cain« (Cahn)[38], ebenfalls. Als Trödlerjude zog er wohl über die Dörfer, um aufgekaufte Altkleider und Gebrauchtgegenstände weiterzuverkaufen. Haus und Grund besaß er nicht.

Sein Sohn Moses Cahn war seit dem 24. August 1819 mit der in Sinnersdorf geborenen Regina Haas verheiratet und hatte mit ihr sechs Kinder, von denen die beiden ältesten allerdings bereits mit 29 bzw. 25 Jahren starben: David (1819–1849), Helena (1822–1847), Salomon gen. Samuel (*1823), Levi (Levy, 1824–1915), Heinrich (*1826) und Ester (1831–1861). Moses Cahn wurde der erste jüdische Haus- und Grundbesitzer in Stommeln. Er war offenbar ein findiger Geschäftsmann und brachte es durch den Handel mit Immobilien (Grundstücke, Häuser) zu einem relativen Wohlstand, der ihn aus dem Kreis seiner armen Glaubensbrüder heraushob und zu einer geachteten Führungsperson innerhalb der kleinen Glaubensgemeinschaft

022 Heutiger Blumenladen im ehemaligen
»Vorsteherhaus«, 2021

023 »Vorsteherhaus«: Doppelhaus vor der
Synagoge, 1909

machte.³⁹ Er hatte von dem in Zons wohnenden, vermutlich aus Stommeln stammenden Tagelöhner Reiner Schumacher in den 1820er Jahren jenes Grundstück am Stommelner Dorfanger erworben, auf dem die heutige Synagoge steht, bestehend aus einem Haus an der Straße und dahinter liegendem Garten mit einer Scheune.

Ein überliefertes Foto aus dem Jahr 1909 vermittelt uns noch eine Vorstellung vom ursprünglichen Erscheinungsbild jenes Vorsteherhauses vor der Synagoge, in dem die Familie Cahn wohnte und in dem sich heute der »Kleine Blumenladen« befindet (Hauptstraße 85). Im Grundkataster von Stommeln erscheint Moses Cahn als Eigentümer dieses Hauses Nr. 214, 1-2 (aus zwei Gebäuden bestehend). Der linke, zweigeschossige Gebäudeteil mit rundbogigen Fenstern und Eingangstür und dekorativen Strahlensprossen in den Oberlichtern dürfte unmittelbar nach dem großen Dorfbrand von 1783 entstanden sein und zählt mit dem Haus »Zur Trapp« am Dorfanger (1785) zu den ältesten Gebäuden Stommelns. Der eingeschossige Anbau mit separater Eingangstür entstand wohl später. Beide Gebäudeteile sind im Außenmauerwerk in Backstein errichtet, und beide verfügen über Gewölbekeller, die durch einen Gang miteinander verbunden sind.

Bis etwa um 2002 hat die unverheiratete Wilhelmine (Minna) Vesen in diesem Doppelhaus gewohnt und darin einen bereits 1935 existierenden kleinen Laden für Textilien und Kurzwaren geführt. Tiefgreifende bauliche

Veränderungen wurden in dieser Zeit durchgeführt. Im zweigeschossigen linken Bauteil wurde der Eingang aufgegeben und mit dem benachbarten Fenster zu einer größeren, rechteckigen Lichtöffnung für das Wohnzimmer verbunden. Die Tür im ehemaligen Anbau war nun der einzige Eingang in das Gebäude; die beiden Fenster rechts davon wurden zu einem Schaufenster des dahinter befindlichen kleinen Kaufladens miteinander vereint. Das ganze Gebäude wurde abschließend mit beigefarbenen Riemchen verblendet. Nach dem Tod Minna Vesens erwarb die Stadt Pulheim das Gebäude und ließ im Innern die Zwischenwände beseitigen, um die Räumlichkeiten für die Geschäftszwecke eines Blumenladens umzugestalten.

Ende der 1820er Jahre stellte Moses Cahn seinen Glaubensgenossen die Scheune hinter seinem Wohnhaus für den Umbau zu einer Synagoge zur Verfügung, ebenso Grund und Boden für Zugang und Vorplatz der Synagoge sowie die stattliche Summe von 40 Reichstalern als Finanzstock. Jede Judenfamilie steuerte weitere sechs Reichstaler bei. 1831 wandten sich die Stommelner Juden, die inzwischen mit dem Bau begonnen hatten, in einer Petition an König Friedrich Wilhelm III. mit der Bitte, ihnen eine Kollekte für den Stommelner Synagogenbau unter den jüdischen Glaubensgenossen in der Rheinprovinz zu genehmigen.[40] Die Königliche Regierung (Regierungspräsident) in Köln riet jedoch davon ab; man wünschte keine Vermehrung kleiner Synagogen und zugehöriger religiöser Gemeinschaften auf dem Land, sondern strebte die Bildung größerer, leistungsfähiger Synagogengemeinden an.[41] Den Stommelner Juden blieb also nichts anderes übrig, als durch zusätzliche Sammlungen in den eigenen Reihen die Vollendung des Gebäudes, ca. 6,90 m x 5,70 m groß, bis 1832 zu finanzieren.[42]

Moses Cahn verstarb bereits in jungen Jahren am 21. Januar 1845. Vermutlich ist sein Grabstein auf dem jüdischen Friedhof in Stommeln erhalten (Nr. 10). Die hebräische Inschrift ist zwar vollkommen verwittert, aber die noch deutlich erkennbaren segnenden Hände verweisen eindeutig auf den Namen Cahn. Seine Frau Regina Haas überlebte ihn.

Die 1832 fertiggestellte Synagoge war vermutlich ein Fachwerkbau. Ein halbes Jahrhundert lang diente sie den Juden aus Stommeln und Sinnersdorf, anfangs auch aus Fliesteden, Glessen und Büsdorf. Bereits 1860 trug man sich allerdings mit dem Gedanken, eine neue Synagoge in Backstein (Feldbrandziegel) zu errichten. Durch zahlreiche Neubauten änderte Stommeln damals sein Bild von einem Fachwerk- in ein Backsteindorf; der 1860 begonnene Bau des Windmühlenturms war dafür das sichtbarste Zeichen. Nach der Reichsgründung 1871, der staatsbürgerlichen Gleichstellung in der neuen Reichsverfassung und dem gewachsenen Selbstbewusstsein der

024 Bericht in der »Kölnische Zeitung« vom 12.8.1882 über die Einweihung der neuen Stommelner Synagoge am Tag zuvor

Juden verstärkte sich der Wunsch nach einem würdigen Gotteshaus. Treibende Kraft war dabei in den 1870er Jahre der langjährige Vorsteher der Gemeinde Levy Cahn, der am 1.10.1824 geborene Sohn von Moses Cahn, der wohl auch im Haus seines Vaters wohnte. Realisieren ließen sich die Baupläne jedoch erst 1882. Am 11. August 1882 wurde die neue Synagoge unter Leitung des Kölner Rabbiners Dr. Abraham Frank eingeweiht. In den Mittelpunkt seiner Festrede stellte er vier richtungsweisende »Sterne« für das menschliche Leben: »Liebe zu Gott, Liebe zu den Mitmenschen, Liebe zu Fremden und Liebe zu Wahrheit und Frieden«[43] – zeitlos gültige, aber immer wieder missachtete Grundsätze guten menschlichen Lebens.

Die in neuromanischen Formen und in Backstein errichtete Synagoge zeigt das Bestreben der jüdischen Gemeinde, ein Gebetshaus zu schaffen, das dem eigenen, gestiegenen Selbstwertgefühl gerecht wurde. Die dem Besucher zugewandte Südseite mit drei Rundbogenfenstern ist durch einen risalitartigen Mittelteil, der mit gelbziegeligen Lisenen eingefasst ist, akzentuiert; in seinem rundbogigen Giebelaufsatz kennzeichnet ein Davidstern aus gelben Ziegeln das Gebäude als jüdisches Gotteshaus. Ein Rautenfries im gleichen gelben Backstein schließt das Mauerwerk auf ganzer Breite unterhalb der Dachtraufe ab. Die Südfassade, in der sich links auch der Eingang befindet, erhält durch diese architektonische Gestaltung einen repräsentativen Charakter. Dem neuen jüdischen Bedürfnis nach öffentlicher Selbstdarstellung widerspricht jedoch die historisch überlieferte versteckte Lage der Synagoge, die die Schauseite des neuen Gebäudes zugleich vor den

2. Station – Synagoge

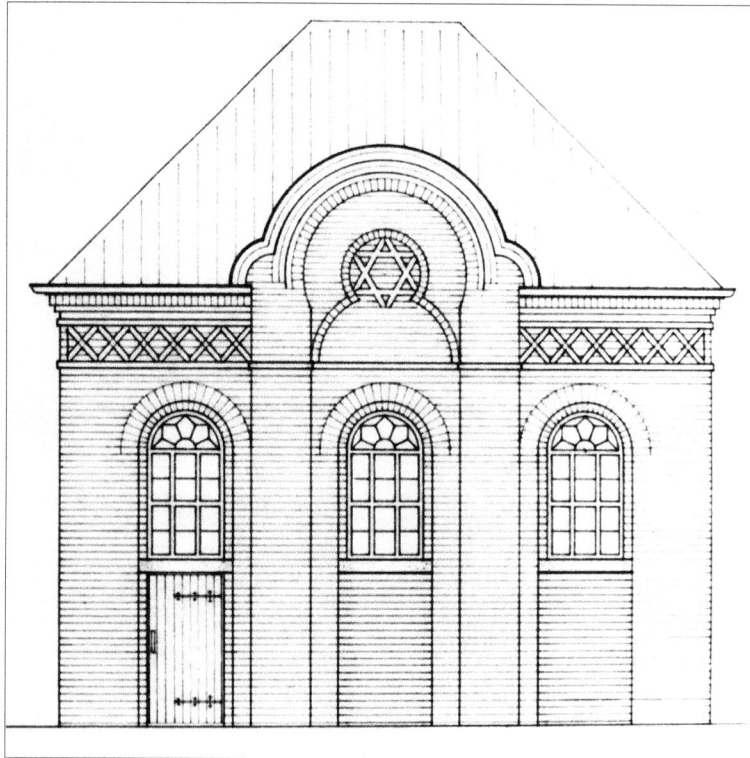

025 Synagoge Stommeln, Fassade, Zeichnung von Helmut Goldschmidt, 1979

Augen der nichtjüdischen Bevölkerung verbirgt – eine Paradoxie, die wie ein Sinnbild anmutet für die trotz aller Emanzipationserfolge fortbestehende Gefährdung der jüdischen Minderheit.

Die neue Synagoge war – mit leichter Erweiterung – auf dem Baugrund der alten errichtet worden. Statt ca. 34 qm standen den Männern nun ca. 43 qm im Innenraum zur Verfügung; hinzu kam noch eine Frauenempore an der Westseite mit ca. 11 qm. Eine Gemeinde im Sinne des »Gesetzes über die Verhältnisse der Juden« vom 23. Juli 1847 gab es in Stommeln allerdings nicht. Die Regierung hatte 1853 für den linksrheinischen Teil des Landkreises Köln eine einzige jüdische Gemeinde in Frechen zu schaffen versucht, zu der kleinere »Spezialgemeinden« sich zusammenschließen sollten – geleitet von einem dreiköpfigen Vorstand und einer »Repräsentation« von zehn Gemeindemitgliedern. Aber bereits 1863 wurden diese Pläne wieder aufgegeben. Die zur Stommelner Synagoge sich zählenden Juden – 1869 waren es 14 Familien mit 75 Personen – organisierten ihr Gemeinschaftsleben nun wieder selbst und unterstanden nicht mehr der staatlichen Kontrolle, waren deshalb aber auch nicht zur Erhebung einer Kultussteu-

026 Synagoge Stommeln, Grundrisszeichnung von Helmut Goldschmidt, 1979

er berechtigt. Die jüdische Gemeinde in Stommeln wurde staatlicherseits nach dem Vereinsgesetz vom 11. März 1850 als »religiöse Privatgesellschaft« angesehen und sich selbst überlassen. Die Folge davon war auch ein Mangel an geistiger Führung, und daraus entstanden heftige innergemeindliche Streitigkeiten in den 1860er Jahren über Fragen der Gottesdienstgestaltung.[44]

Als Gebäude hat die Stommelner Synagoge den Novemberpogrom 1938 überlebt. Der benachbart wohnende Stommelner Landwirt Anton Pütz stellte sich dem aus Pulheim in der Nacht vom 9. auf den 10. November 1938 anrückenden, zerstörungswütigen SA-Kommando, begleitet von HJ-Mitgliedern und ausgestattet mit

027 Synagoge in Stommeln, Oktober 1978; Fotograf Peter Schreiner

2. Station – Synagoge

028 Synagoge in Stommeln, verdeckter Davidstern, Oktober 1978; Fotograf Peter Schreiner

Benzinkanistern, entgegen: Das Gebäude sei keine Synagoge mehr, sondern sein Abstellschuppen. In der Tat hatte es schon seit etwa 1930, nach dem Wegzug der Familie Joseph Heymann im Jahr 1927, in diesem Gebäude keinen Gottesdienst mehr gegeben. Wegen der gesunkenen Zahl der Gemeindemitglieder gelang es nur noch durch fremde Aushilfe, das Quorum von zehn religionsmündigen Männern, einen »Minjan«, zusammenzubekommen, um einen synagogalen Gottesdienst feiern zu können, wie die Religionsgesetze es vorschreiben. Die Stommelner jüdische Gemeinde löste sich auf und wurde in die Kölner Synagogengemeinde inkorporiert, die damit Eigentümerin des Synagogengebäudes und des Jüdischen Friedhofs wurde. Eine Verwendung für das Gebäude hatte sie jedoch nicht, sodass sie es am 14. Mai 1937 samt Grund und Boden an den benachbarten Landwirt Anton Pütz verkaufte.[45] Der Käufer verpflichtete sich im Kaufvertrag, in dem Gebäude »keine Viehställe anzulegen«, wobei insbesondere an die Ausschließung eines Schweinestalles gedacht war. Auf diese Weise wollte man sicherstellen, dass bei der zukünftigen Nutzung des ehemaligen Gebetshauses die ihm zustehende Pietät gewahrt wurde. Der Davidstern im Rundabschluss des Mittelrisalits wurde mit Mörtel bedeckt. Um sich einen leichteren Zugang zu verschaffen, brach der neue Besitzer sich einen zusätzlichen neuen Eingang in das Gebäude unter dem Südfenster der Ostwand.

Unbeachtet und zunehmend vergessen, überdauerte die ehemalige Synagoge so die Jahre des Krieges, der Deportationen und der Nachkriegszeit, bis der 1977 gegründete Verein für Geschichte und Heimatkunde in Pulheim unter ihrem Vorsitzenden Peter Schreiner wieder auf sie aufmerksam machte und mithalf, dass sie in das neue Denkmalverzeichnis der Gemeinde aufgenommen wurde. Die Jugendgruppe der Freiwilligen Feuerwehr Stommeln begann mit der Aufräumung des Innenraumes, und als ein Tornado am 6. August 1978 Teile des Daches abdeckte, fanden Mitglie-

SYNAGOGE

029 Synagoge in Stommeln, Innenaufnahme vom 26.10.1979 mit Blick auf die Ostwand mit Thoraschrein und von Landwirt Anton Pütz gebrochenem neuem Eingang; Fotograf Peter Schreiner

030 Synagoge in Stommeln, Innenaufnahme vom 26.10.1979 mit Blick auf die Frauenempore; Fotograf Peter Schreiner

der der Feuerwehr bei der Dachreparatur unter dem Dachstuhl deponierte Reste von längst außer Gebrauch geratenen jüdischen Gebetbüchern aus der ersten Hälfte des 19. Jahrhunderts in hebräischer Schrift. Im Dezember 1978 erwarb die Gemeinde Pulheim das Synagogengebäude und das dazugehörige Grundstück und leitete die Restaurierung des Denkmals ein, die Ende 1981 begann und im September 1983 abgeschlossen werden konnte.

031 Reste jüdischer Gebetbücher in hebräischer Schrift, 1978 unter dem Dachstuhl der Synagoge gefunden. Auf Titelblattresten findet sich der Name des Druckers: Israel Lehrberger in Rödelheim, 1833 und 1840. Auf einem weiteren Schnipsel wird die gleiche Druckerei genannt. Die Bücher waren offenbar seit der Anfangszeit der alten Synagoge in Gebrauch und wurden 1882, weil sie unbrauchbar geworden waren, über der Decke der neuen Synagoge deponiert. Die abgelegten heiligen Schriften verwahrte man in einem versteckten, unzugänglichen Depot, »Genisa« genannt. Fotograf Peter Schreiner, 1980

Die Leitung der Arbeiten lag in den Händen des deutsch-jüdischen Kölner Architekten Helmut Goldschmidt (1918–2005), der die Deportation nach Auschwitz und in das KZ Buchenwald überlebt und 1957–1959 auch den Wiederaufbau der Kölner Synagoge an der Roonstraße geleitet hatte.

Beim Eintreten der Stommelner Synagoge empfängt den Besucher ein kleiner Windfang, von dem aus eine steile Seitentreppe auf die Frauenempore führt. Der Boden ist mit den aus dem Bau von 1882 überkommenen sechseckigen Bodenfliesen mit Sternenmustern belegt – als Reverenz an das jüdische Symbol des Davidsterns. Im Hauptraum selbst gab es ursprünglich einen Holzboden, der jedoch völlig verrottet war und durch einen Steinboden mit Bodenheizung ersetzt wurde. Die Wände trugen vor der Restaurierung Reste mehrerer Farbschichten, von denen Architekt Helmut Goldschmidt die zweitälteste Fassung auswählte und erneuerte, die die

Wandflächen durch horizontale und vertikale braunrote Farbstreifen gliedert. Von der Einrichtung ist nichts erhalten, weder das Vorlesepult (Almemor, Bima) noch das ewige Licht darüber, ebenso wenig die zweisitzigen Holzbänke mit aufklappbaren Sitzflächen, um darunter das persönliche Gebetbuch aufzubewahren. Diese Bänke wurden an die Gottesdienstbesucher jährlich vermietet.

Die anheimelnde Atmosphäre des Raumes wird wesentlich bestimmt durch die fünf Fenster an der Ost- und Südwand mit rot verglasten Sternenmustern in den oberen Rundbögen, durch die je nach Tageszeit und Witterung ein wechselndes farbiges Lichtspiel ins Innere fällt. Im Zentrum der nach Jerusalem gerichteten Ostwand steht der hölzerne Thoraschrein, flankiert von zwei Fenstern und überhöht von einem Dreiviertel-Rundfenster (Okulus). Er ist eingefasst von einem oberen Rundbogen und seitlichen gelben Klinkerstreifen und war wohl durch einen kostbaren Vorhang verdeckt. Die flankierenden hölzernen Halbsäulen und das rundbogige Tympanon mussten erneuert werden, während in den beiden Schranktüren noch alte Substanz erhalten ist. Den heute schmucklosen Innenraum des Schreins muss man sich mit edlen Stoffen drapiert vorstellen. In den erhaltenen Halterungen mit Riegeln fanden die drei Thorarollen der Gemeinde Platz: gekleidet in den kostbaren Thoramantel, darauf die Thorakrone und wenigstens bei der im Gebrauch befindlichen Thorarolle ein umgehängter silberner Handzeiger. Nichts von alledem ist erhalten. Kostbar war jede Thorarolle allein schon deshalb, weil sie ein auf Pergament mit Hand geschriebenes Unikat war. Die beiden Enden waren an zwei Stäben befestigt, die es ermöglichten, dass beim Fortschreiten des jährlichen Lesezyklus die Pergamentrolle von dem einen Stab auf den anderen abgerollt werden konnte. Inhalt der Schrift waren die fünf Bücher Mose, das geistige Fundament der jüdischen Religion, die das liturgische Jahr über in Abschnitten verlesen wurden. Die Thorarolle wurde dazu auf dem Vorlesepult vor dem Thoraschrein ausgebreitet. Diese Lesungen waren der zentrale Inhalt jedes synagogalen Gottesdienstes. Über dem Thoraschrein befand sich an der Wand eine Doppeltafel der – mit römischen Ziffern bezeichneten – zehn Gebote, die Mose mit vom Berg Sinai gebracht hatte.

Als schwierig erwies sich die Frage, wie die restaurierte ehemalige Synagoge sinnvoll genutzt werden konnte. Anfängliche Veranstaltungen von Bilderausstellungen, besinnlichen Solokonzerten und Lesungen erwiesen sich auf Dauer nicht als tragfähig, bis schließlich 1991 unter der Leitung des damaligen Kulturdezernenten Dr. Gerhard Dornseifer das neue »Projekt Synagoge Stommeln« mit einer Installation von Jannis Kounellis auf den

2. Station – Synagoge

032 Synagoge in Stommeln, Innenaufnahme 2022

Weg gebracht werden konnte. Unter dem Motto »Ein Ort – ein Raum – eine Arbeit« werden seitdem in der Regel jährlich wechselnde Kunstinstallationen international bekannter Künstler gezeigt, die eine weite Beachtung finden und die Stommelner Synagoge zu einem Begriff in der Kunstszene gemacht haben. Die durch die Corona-Pandemie 2020 erzwungene Unterbrechung wird hoffentlich in naher Zukunft ihr Ende finden. Folgende Künstler haben sich bisher an dem Projekt beteiligt:

PROJEKT SYNAGOGE STOMMELN
1991 Jannis Kounellis, ohne Titel
1992 Richard Serra, The Drowned and the Saved
1993 Georg Baselitz, Nicht nee nee nee nicht no (Das Bein)
1994 Mischa Kuball, refraction house
1995 Eduardo Chillida, En el límite
1996 Maria Nordman, Markt Stommeln
1997 Carl Andre, Die Leere umschlossen von den Quadraten aus 3,4,5
1998 Rebecca Horn, Spiegel der Nacht - Mirror of the Night

032a Synagoge in Stommeln, Frauenempore an der Westwand, 2022

1999 Erich Reusch, Les Préludes
2000 Giuseppe Penone, Respirare l'ombra 2000
2001 Roman Signer, Installation
2002 Lawrence Weiner, Any Given Time / Irgendwann
2003 Rosemarie Trockel, Ohne Titel (Synagoge Stommeln)
2004 Richard Long, The Music of Stones
2005 Sol LeWitt, Lost Voices
2006 Santiago Sierra, 245m³
2007 Max Neuhaus, Time Piece Stommeln
2008 Maurizio Cattelan, ohne Titel
2009 Olaf Metzel, Sprachgitter
2010–12 Daniel Buren, Multiplikationen, Arbeit in situ für eine Synagoge
2013 Christoph Keller/Mirko Borsche, Stommelner Psalter
2014 Gregor Schneider, Hauptstraße 85 a
2015 Anthony Cragg, Pair
2016 Walid Raad/SITU Studio, Those that are near. Those that are far
2018 Franz Erhard Walther, Zwei Körperformen GELB
2019 Alfredo Jaar, Lament of the images

2. Station – Synagoge

033 Synagoge in Stommeln, 2008

Beim Verlassen der Synagoge werfen wir noch einen kurzen Blick auf das schlichte Eingangstor an der Straßenfront. Wie die erhaltenen Torangeln am Vorsteherhaus belegen, befand sich hier ursprünglich ein mehr als mannshohes Holztor, das den Blick auf die Synagoge dahinter vollständig versperrte. In bösartigen Köpfen führte das zum Teil zu abstrusen Vermutungen, was die Juden, die sich mit ihren breitkrempigen Hüten am Sabbat vor dem Tor versammelten, wohl trieben, wenn sie hineingegangen waren. In den abscheulichsten Ausprägungen damit verbundener Verdächtigungen konnte das bis zum Glauben an Legenden vom Ritualmord an christlichen Knaben führen, die von den Nazis propagandistisch befeuert wurden. Die Corona-Pandemie 2020/22 hat auf erschreckende Weise gezeigt, wie auch heute abstruse Verschwörungstheorien massenhaft Glauben finden, sodass Zweifel aufkommen können an der allgemeinen Vernunftbegabtheit des Menschen. Das Unglaublichste wird geglaubt.

Das heutige Tor, geformt aus schlichtem Rundrohr, gewährt den Durchblick auf den Zugang zur Synagoge. Die in die Gestaltung integrierten Symbole des Davidsterns und der beiden Gesetzestafeln weisen auf die religiöse

034 Eingangstor zur Synagoge

Bedeutung des Ortes hin. Vor allem aber tut dies die Inschrift in hebräischen Buchstaben, die an das Gotteswort beim Propheten Jesaja 56,7 anknüpft: »Mein Haus wird ein Haus des Gebets für alle Völker genannt.« Es ist eine Einladung zu Toleranz und Weltoffenheit.

Eine von Max Neuhaus 2007 errichtete Klanginstallation ist auf Dauer angelegt und für den Besucher des Stommelner Dorfangers mehrfach täglich zu sich verschiebenden Uhrzeiten hörbar. Rund um den Platz sind mehrere steinerne Boxen verteilt, in denen sich Lautsprecher befinden, aus denen zu den je nach Sonnenauf- und -untergang sich verschiebenden halachischen Gebetszeiten ein Gemisch aus Alltagsgeräuschen des Ortes erklingt und diesem eine in der jüdischen Religionspraxis begründete Ordnung anverwandelt. Es ist zunächst ein kaum vernehmbares Brummen, das dann langsam anschwillt und dann, wenn es unangenehm zu werden droht, abrupt verstummt. Die dadurch eintretende plötzliche Erfahrung der Stille ist der vom Künstler intendierte Moment der Besinnung, und wem der Hintergrund der Installation vertraut ist, der wird dabei die einstigen jüdischen Nachbarn in Stommeln in sein Nachdenken mit einbeziehen.

3. STATION – HAUPTSTRASSE 68

FAMILIE ALBERT UND BERTHA CAHN

035 Heutiges Wohn- und Geschäftsgebäude Hauptstraße 68

Vom Eingang zur Synagoge aus überqueren wir den Dorfplatz mit den parkenden Autos und machen auf der schräg gegenüberliegenden Seite Station vor Haus Nr. 68. Hans G. Keil hatte jahrzehntelang in diesem 1956 von ihm errichteten Wohn- und Geschäftshaus seine Drogerie betrieben. Seit 2021 befindet sich das Geschäft für Handgearbeitetes Mila & Mala darin. Das Gebäude wurde errichtet auf dem Baugrund des abgerissenen Hauses der jüdischen Familie Albert[46] Cahn (1865–1921), eines an der Straßenfront verputzten zweigeschossigen Fachwerkhauses mit jeweils vier Räumen im Erd- und Obergeschoss. Ein Tor rechts vom Wohnhaus führte in den Hof, seitlich flankiert durch ein Stallgebäude, rückwärts abschließend mit einer Scheune, durch die man in den dahinter liegenden Garten gelangte. Ein zweiter von der Familie genutzter Garten lag am Anfang der Gartenstraße (hinter der heutigen Tankstelle Schweren).[47]

Albert Cahn war ein Enkel jenes Moses Cahn, der uns bereits als Besitzer des Vorsteherhauses vor der Synagoge und als deren Hauptstifter Ende der 1820er Jahre begegnet ist, und ein Sohn von Samuel Cahn aus Stommeln und Sara geb. Herz aus Bochum.[48] Albert war das achte von zehn Kindern. Von Beruf war er Pferdehändler, und das setzte ein nicht unerhebliches Eigenkapital voraus, war doch das Pferd der kostbarste Besitz eines Bauern, den viele sich gar nicht leisten konnten. Für ein gutes Pferd zahlte man um 1900 ca. 800 Mark, was ungefähr dem durchschnittlichen Jahreseinkommen eines Arbeitnehmers entsprach. Die Belastung durch einen Pferdekauf war vergleichbar mit dem Erwerb eines Traktors heutzutage und verlangte in den meisten Fällen vom Verkäufer, dass er seinem Kunden Zahlungsaufschub oder Ratenzahlung einräumte. Dass Albert Cahn dazu in der Lage war, belegt, dass er über ein nicht unbeträchtliches Betriebskapital verfügte. In der Dorfgesellschaft war er gut vernetzt. Er war Mitglied des Männer-

036 Haus Cahn, Dorfstraße 50 (heute Hauptstraße 68), Datum unbekannt. In dem zurückliegenden kleinen Nachbarhaus links wohnte Sybilla Stock.

gesangvereins[49] und saß in der Stammtischrunde einiger wohlhabender Stommelner Bauern in der Gaststätte Schauff[50] – nicht nur der Geselligkeit wegen, sondern auch, weil es hier aktuelle Informationen über den Bedarf potenzieller Kunden gab.

1894 heiratete Albert Cahn Bertha Sibilla Frank aus Bedburg/Erft, geboren 1873.[51] Sie entstammte einer weitverzweigten, fast zweihundert Jahre in Bedburg ansässigen Familie.[52] Sie zog zu ihrem Mann nach Stommeln und brachte zwischen 1895 und 1904 vier Kinder zur Welt: Rosalie, Otto, Erna und Selma. Mit im Haus lebten bis zu ihrem Tod 1904 auch Alberts Mutter Sara und bis 1911 die Mutter seiner Frau, Johanna Frank geb. Meier (Meyer).[53] Bertha Cahn war eine fromme, strenggläubige Jüdin und stets hilfreich zur Stelle, wenn jemand in der Nachbarschaft krank war. Wenn nötig, kochte sie für die betroffene Familie oder schickte einem Kranken Essen vorbei. Sie kümmerte sich auch, wie es bei den meisten Frauen damals üblich war, um die Bestellung des Gartens.

Mit erst 56 Jahren starb Albert Cahn am 28. Dezember 1921. Als die jüngste Tochter Selma im September 1936 heiratete und das Haus verließ,

037 Bertha und Albert Cahn, ca. 1905

038 Bertha Cahn mit den Töchtern Erna und Selma vor ihrem Haus Dorfstraße 50 (heute Hauptstraße 68), 1920er Jahre

zog die verwitwete Mutter Bertha Cahn mit nach Köln. Die Reichspogromnacht hat sie also nicht in Stommeln erleben müssen. Nachdem die Lage für Juden in Deutschland immer unerträglicher und nach Kriegsbeginn im September 1939 auch lebensgefährlich wurde, suchte sie, wie alle anderen gefährdeten Juden auch, einen Weg, aus Deutschland herauszukommen. Ihr Sohn Otto war bereits nach Amsterdam emigriert und lebte dort mit Frau und zwei Kindern. Holland war noch ein neutraler Staat außerhalb des Machtbereichs der Nationalsozialisten, wo man sich sicher wähnte – irrtümlicherweise, wie sich später herausstellen sollte. Bertha Cahn erhielt schließlich die Einreiseerlaubnis in die Niederlande und zog Ende März 1940 zu ihrem Sohn Otto nach Amsterdam Zuid,[54] wo damals zahlreiche emigrierte Juden aus Köln und dem Rheinland lebten. Mit dem Einmarsch der deutschen Wehrmacht am 10. Mai 1940 änderte sich deren Lage schlagartig, auch für Bertha Cahn. Ihr Sohn Otto, der in Deutschland 1937 wegen

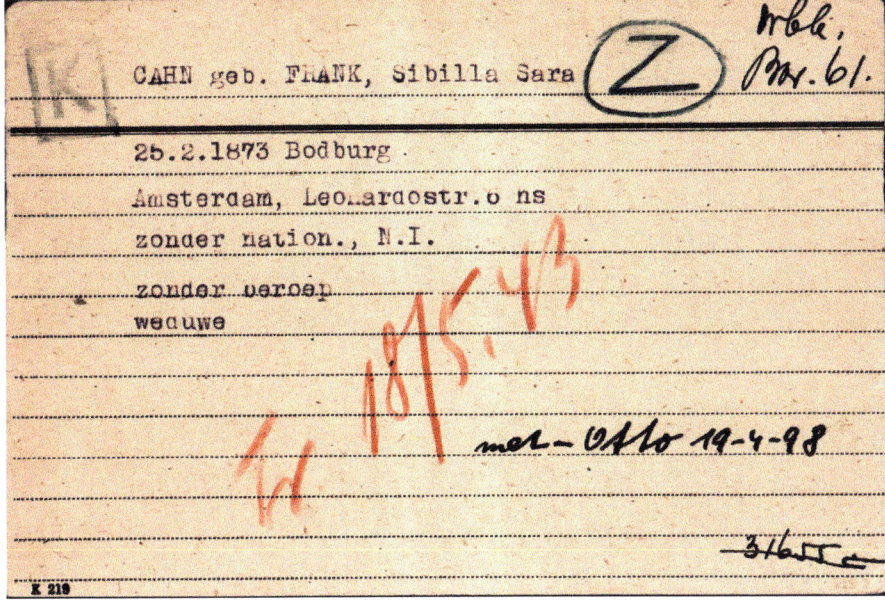

039 Karteikarte des Amsterdamer Judenrates für Bertha Sibilla Cahn geb. Frank (mit ungenauer Angabe des Vornamens). Sie war »zonder nation[aliteit]« Ihr war also die deutsche Staatsangehörigkeit entzogen worden. Handschriftlich ist unten vermerkt, dass sie bei ihrem Sohn Otto lebte. Rechts oben findet sich der Vermerk »Wbk. Bar. 61«; sie war also (am 8.4.1943) in die Baracke 61 im Lager Westerbork eingewiesen worden. Quer geschrieben in Rot der Vermerk: »Tr[ansport] 18/5.43«.

Devisenvergehens zu einer hohen Zuchthausstrafe verurteilt worden war, sich dieser aber durch die Flucht nach Holland 1937 entzogen hatte, musste damit rechnen, dass die Gestapo ihn suchte, verließ deshalb sein Zuhause und versteckte sich bei befreundeten Amsterdamer Familien. Fünf Jahre lang lebte er so im Untergrund, und ihn selbst, aber auch die Mutter quälte die tägliche Angst, dass er entdeckt wurde.

Am 14. Juli 1942 setzten die Transporte von Juden aus allen Teilen der Niederlande in das von den Deutschen betriebene Sammellager Westerbork ein, von wo aus seit dem 15. Juli 1942 insgesamt 103 Transporte »in den Osten« abgingen, insbesondere nach Auschwitz-Birkenau und Sobibor. 97 776 jüdische Männer, Frauen und Kinder fuhren mit den regelmäßig an jedem Dienstag abgehenden Zügen in den Tod.[55] Bertha Cahn wurde am 18. Mai 1943 von Westerbork in das Vernichtungslager Sobibor im östlichen Teil der Woiwodschaft Lublin im besetzten Polen deportiert, wo sie am 21. Mai 1943 in einer der Gaskammern starb,[56] vergiftet durch das tödliche Kohlenstoffmonoxid (CO), das als Abgas von einem 200-PS-Benzinmotor erzeugt und über Rohre in die 16 qm große Gaskammer geleitet wurde, in die man 160 bis 180 Personen nackt hineingetrieben und eingeschlossen hatte.

ROSALIE CAHN VERH. STOCK, VERH. LEVI

Wenden wir uns nun dem Schicksal der Kinder von Albert und Bertha Cahn zu, zunächst dem der ältesten Tochter Rosalie, geboren am 14. Dezember 1895 in Stommeln. Mit 24 Jahren hatte sie am 23. Februar 1922 den jüdischen Viehhändler Josef Stock aus Lommersum geheiratet und war zu ihm gezogen. Die Beziehung zu Stommeln und zu dort lebenden Freundinnen erhielt sie jedoch aufrecht. Am 19. Januar 1931 schrieb sie als 35-jährige junge Frau der noch kindlichen Maria Tillmann ein Gedicht von Friedrich Rückert (1788–1866) ins Poesiealbum, das zu selbstlos verzeihender Nachsicht und Leidensbereitschaft ermahnte:

»Wenn es dir übel geht, nimm es für gut nur immer;
Wenn du es übel nimmst, so geht es dir noch schlimmer.
Und wenn der Freund dich kränkt, verzeih's ihm und versteh:
Es ist ihm selbst nicht wohl, sonst tät er dir nicht weh.
Und kränkt die Liebe dich, sei dir's zur Lieb ein Sporn;
Daß du die Rose hast, das merkst du erst am Dorn.

Gewidmet von Deiner Rosi Stock. Stommeln, den 19. 1. 1931«[57]

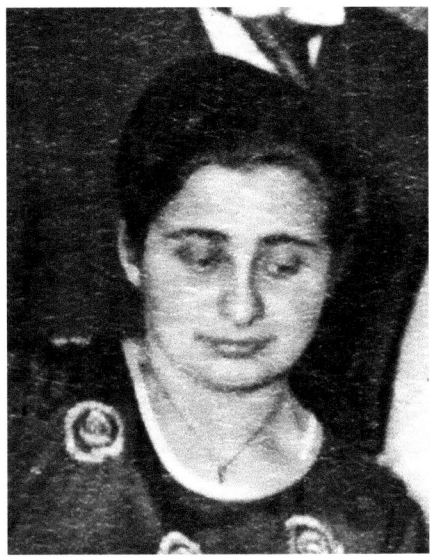

040 Rosalie Cahn

041 Eintrag von Rosi (Rosalie) Stock geb. Cahn in das Poesiealbum von Maria Tillmann, 19.1.1931

Im gleichen Poesiealbum finden sich auch Eintragungen von Rosalies Mutter Bertha Cahn und ihrer Schwester Selma. Das lässt darauf schließen, dass es zu der am Dorfplatz gegenüber wohnenden Familie des Schmieds Josef Tillmann (Hauptstraße 71)[58] freundschaftliche Beziehungen gab.

Die Ehe von Rosalie und Josef Stock blieb kinderlos. Ihr Leben war gefüllt mit schweren Schicksalsschlägen. Nach dem frühen Tod ihres Mannes heiratete sie 1933 den Metzger Carl Levi (Levy, *14.8.1887) aus Frechen, Hauptstraße 162, der aber bereits am 9. April 1937 verstarb. Noch im November des gleichen Jahres zog die 41-jährige Witwe nach Köln in die Lütticher Straße 57,[59] möglicherweise als Hausangestellte. Lange blieb sie dort allerdings nicht. 1938 lebte sie in der Hindenburgstraße 2 (heute Filzengraben) in Kerpen. Nach dem Novemberpogrom 1938 zog sie am 28. November 1938 erneut nach Köln[60] in die Hahnenstraße 46 zu ihrer Schwester Selma, deren Mann Albert Guthmann als Kaufmann (»Vertreter«) tätig war.[61] Nach der Flucht von Schwester und Schwager in die Vereinigten Staaten kehrte sie als Hausangestellte am 27. Juni 1939 nach Kerpen zurück.⁶² Drei Jahre später, am 14. Juni 1942, wurde sie zusammen mit fünf weiteren Juden von Kerpen nach Bonn gebracht,⁶³ vermutlich in das Sammellager Kapellenstraße 6 in Bonn-Endenich (zwangsgeräumtes Benediktinerinnenkloster »Zur ewigen Anbetung«). Zu einem späteren, unbekannten Zeitpunkt wurde sie von hier aus möglicherweise nach Theresienstadt deportiert. Eindeutige Belege dafür gibt es jedoch nicht. Ihr Todesdatum ist nicht bekannt.

OTTO CAHN

Rosalies jüngerer Bruder Otto, geboren am 19. April 1898, hat überlebt, aber unter schwersten Bedingungen und unter großen Herausforderungen an seinen Mut und seine Tatkraft. Von Beruf war er Kaufmann.⁶⁴ Nach der achtjährigen Volksschulzeit in Stommeln war er in die Lehre bei der Schuhwarengroßhandlung Gebr. Grünebaum in Köln gegangen (Brabanter Str. 15) und hatte gleichzeitig die Handelsschule (Kaufmännische Berufsschule)⁶⁵ besucht. Nach Abschluss der Lehrzeit wurde er von seiner Ausbildungsfirma als Angestellter übernommen und war bald als Reisender für sie tätig. Offenbar war er dabei erfolgreich und konnte sich trotz seiner Jugend ein erstes Netz von Beziehungen aufbauen. Aber die politischen Ereignisse unterbrachen seinen beruflichen Werdegang abrupt. Seit 1914 herrschte Krieg in Europa, und Otto Cahn wurde Soldat im deutschen Heer. Nach verlorenem Krieg wurde er 1919 ausgemustert und stand vor dem Nichts. In Deutschland herrschten Arbeitslosigkeit und eine allgemeine wirtschaftliche Misere. Perspektivlosigkeit machte sich breit in einer ganzen Generation von jungen Männern. Der anfängliche Patriotismus zu Kriegsbeginn schlug um in Resignation oder auch Gewaltbereitschaft. Politische Unruhen verschlimmerten die desolate Lage.

Otto Cahn gehörte dieser verlorenen Generation an, aber er ließ sich nicht unterkriegen, sondern machte sich, obwohl erst 21 Jahre alt, noch 1919 selbständig und gründete eine eigene Handelsfirma in der Schuh- und Lederbranche. Vermutlich lebte er anfangs noch in Stommeln, verzog dann aber nach Essen, wo er am 9. Dezember 1927 die Nichtjüdin Maria Frehse heiratete. Anfangs lebten sie am Tommesweg 52a, bis sie in eine großzügige, bestens mit Möbeln, Teppichen und Ölgemälden ausgestattete Fünfzimmerwohnung in der Huyssenallee 50 umziehen konnten. Am 21. Dezember 1929 wurde Sohn Alfred geboren, am 12. Juli 1935 Tochter Doris.

Otto Cahns Schuhwarengroßhandel entwickelte sich so positiv, dass er sich 1931 entschloss, zusammen mit einem Essener Berufskollegen, Ernst

Höflich, nicht nur Schuhe an Schuhhäuser zu verkaufen, sondern selbst in deren Produktion einzusteigen. Zentrum der deutschen Schuhindustrie war damals Pirmasens. In der Stadt selbst und in den Dörfern rundum gab es zahlreiche größere und kleinere Schuhfabriken, in denen vor dem Zweiten Weltkrieg etwa ein Sechstel aller Schuhe in Deutschland gefertigt wurden. Am 1. Oktober 1931 eröffnete Otto Cahn mit seinem Compagnon in Pirmasens, Turnstraße 11, die Firma Höflich & Cahn oHG für Schuhfabrikation. Damit war keine eigene Fabrik gemeint, sondern eine Handelsgesellschaft, die Schuhfabriken damit beauftragte, für sie Schuhe zu »montieren«, wobei sie diesen alle dafür erforderlichen Rohstoffe und Materialien (Leder, Schnallen etc.) lieferte. Diese Art der engen Zusammenarbeit beschränkte sich schließlich auf die Schuhfabrik Otto Buchheit in Kröppen (nach dem Zweiten Weltkrieg in Staffelhof), die täglich im Rahmen eines Werksvertrages etwa 800 Schuhe für Höflich & Cahn fertigte, die dann an die größten Schuhhäuser in Deutschland und im europäischen Ausland geliefert wurden. Der Jahresumsatz der Firma betrug etwa 1 Million Reichsmark. Das Tagesgeschäft der Niederlassung in Pirmasens besorgte ein Geschäftsführer (Alex Süßer), Höflich und Cahn behielten ihre Wohnsitze in Essen bei. Die Firma entwickelte sich zu einer der größten innerhalb der Schuhbranche im Lande mit zahlreichen Geschäftsbeziehungen im In- und Ausland.

Mit dem Machtantritt Hitlers und dem Judenboykotttag vom 1. April 1933 begannen die Drangsalierungen, die sich bis 1937 derart steigerten, dass Höflich und Cahn keinen anderen Ausweg mehr sahen, als in die Niederlande zu fliehen, in die man seit 1926 visafrei einreisen konnte. Zwar wurde es angesichts der dortigen Arbeitslosigkeit und der wachsenden Flüchtlingsströme aus Deutschland Flüchtlingen im April 1934 erschwert, einen Arbeitsplatz zu finden, bis 1937 war es jedoch möglich, sich ein eigenes Geschäft aufzubauen. Erst im Mai 1938 setzte eine wesentlich restriktivere Politik gegenüber Flüchtlingen ein, von denen viele, insbesondere illegale, nun in neu eingerichteten Flüchtlingslagern leben mussten.

Am 2. und 3. Februar 1937 traf Otto Cahn sich mit seinem Compagnon in den Geschäftsräumen in Pirmasens, wo sie zusammen mit dem in die Pläne eingebundenen Geschäftsführer Axel Süßer die verfügbaren Geldmittel feststellten, die man unter sich aufteilte, um sie mit ins Ausland zu nehmen. Lieferanten, deren Rechnungen noch nicht bezahlt waren, stellte man Abtretungsbescheinigungen von eigenen, noch offenen Forderungen aus, die den Geschäftspartnern zugestellt werden sollten. Bald darauf, wohl am 10. Februar, überschritten Höflich und Cahn die Grenze nach Holland,

Süßer ging kurz darauf nach Luxemburg. Auch Otto Cahns Frau Maria floh damals mit den Kindern nach Holland. Die genaueren Umstände sind nicht bekannt. Die Wohnung in Essen mit ihrer wertvollen Einrichtung blieb zurück und wurde von der staatlichen Finanzverwaltung konfisziert, ebenso die Geschäftsräume in Pirmasens mit ihrer Einrichtung und den vorhandenen Lagerbeständen. Am 3. Mai 1937 ließ die zuständige Finanzverwaltung in Pirmasens beides öffentlich versteigern. Den drei Geflohenen wurde am 7. Dezember 1937 vor der Großen Strafkammer des Landgerichts Zweibrücken der Prozess gemacht. Wegen eines Vergehens gegen das Devisengesetz wurde Otto Cahn in Abwesenheit zu dreieinhalb Jahren Zuchthaus und zu einer Geldstrafe von 100 000,- RM verurteilt. Am 29. März 1940 wurde ihm die deutsche Staatsangehörigkeit aberkannt.[66] Er war damit staatenlos.

Otto Cahn wandte sich mit seiner Familie nach Amsterdam, wo damals Tausende jüdische Flüchtlinge aus Deutschland lebten und wo es Geschäftsfreunde gab, die ihm in der Anfangszeit halfen, Fuß zu fassen. In der Leonardostraat 6 in Amsterdam Zuid fand er eine Wohnung, und hier eröffnete er unter dem Namen »Imperia« ein Geschäft für Lederwaren und Fotoapparate, das schließlich so viel Gewinn abwarf, dass er und seine Familie davon leben konnten. Dass er bei dem illegalen Grenzübertritt ein gewisses Startkapital, vielleicht 30 000,- RM,[67] bei sich trug, war dabei sicherlich hilfreich. Auch wird man wohl davon ausgehen können, dass seine Frau wertvollen Schmuck hatte mitnehmen können. Beides wäre aufgrund der damaligen deutschen Devisenbestimmungen bei einer legalen Auswanderung nicht möglich gewesen. Er hätte sein ganzes Vermögen zurücklassen müssen und wäre als Habenichts im fremden Land nicht zum Aufbau einer neuen Existenz fähig gewesen.

Ende März 1940 kam auch Ottos Mutter Bertha Cahn, die Stommeln bereits verlassen hatte und in Köln lebte, zu ihm nach Amsterdam.[68] Sie kam allerdings nicht, um zu bleiben, sondern wollte in die USA weiterreisen zu ihren dorthin inzwischen emigrierten Töchtern,[69] aber das gelang ihr nicht. Als am 10. Mai die Wehrmacht in die bis dahin neutralen Niederlande einmarschierte und die deutsche Luftwaffe am 14. Mai Rotterdam in Schutt und Asche zerbombte, fuhren von dort keine Auswanderungsschiffe der *Holland America Line* mehr nach Übersee. Also blieb Bertha Cahn, damals 67 Jahre alt, in der Leonardostraat.

Otto Cahn war in den Augen der deutschen Besatzer nicht nur ein Jude, sondern ein wegen Devisenvergehens zu einer hohen Zuchthausstrafe verurteilter, aber flüchtiger »Krimineller«. Er musste damit rechnen, dass die Gestapo ihn suchen und finden würde. Noch am 16. Mai 1940, dem Tag

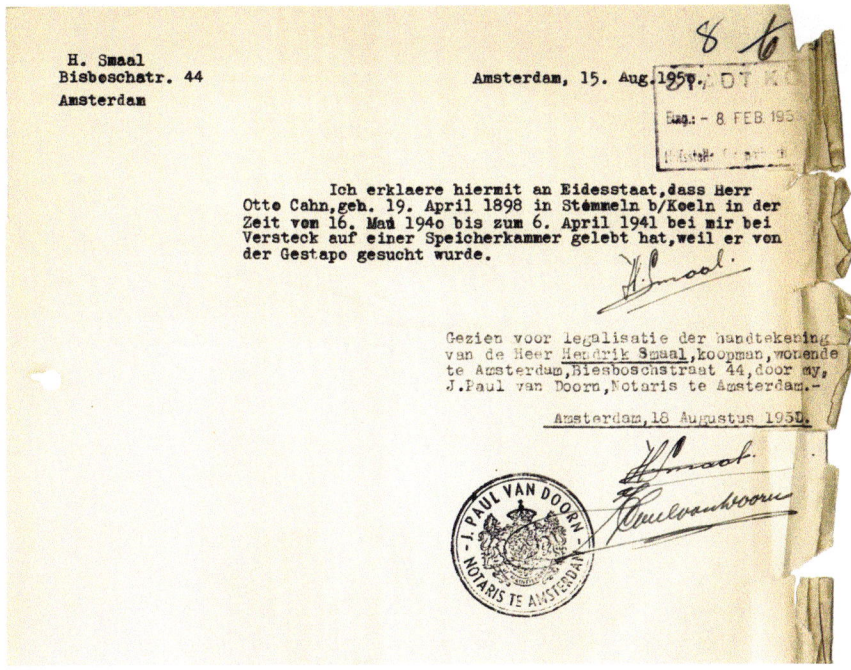

042 Hendrik Smaal, Amsterdam, bescheinigt Otto Cahn am 15.8.1950, dass er bei ihm von 1940 bis 1941 im Versteck gelebt hat.

nach der holländischen Kapitulation, flüchtete er in das Haus der ihm bekannten Familie des Kaufmanns Hendrik Smaal in der Biesboschstraat 44 in Amsterdam. Bis zum 6. April, fast ein Jahr lang, lebte er hier in einer Speicherkammer. Am 6. April 1941 wechselte er in das Haus der Familie J. Vosskuyl in der Curaçaostraat 24 in Amsterdam. Hier blieb er bis zur Befreiung durch die Amerikaner am 5. Mai 1945. Jeden Kontakt zur Außenwelt vermied Otto Cahn während seines fünfjährigen illegalen Lebens. Auch nachts wagte er sich nicht auf die Straße, aus Furcht vor Razzien oder auch vor Einwohnern, die sich durch die Anzeige eines versteckten Juden ein Kopfgeld von drei Gulden verdienen wollten. Arztbesuche waren unmöglich, er blieb gefangen in seinem Zufluchtsort. Die Familie Vosskuyl lebte in einem großen Wohnblockkomplex, der zentral beheizt wurde und deshalb einen sehr großen Heizungskeller besaß. Hier versteckte Otto Cahn sich, wenn bei systematischen Razzien Polizeitrupps von Haus zu Haus gingen, um Untergetauchte aufzuspüren. Lebensmittelkarten beschaffte ihm Helena Brill-Fritz, Stadionweg 186, Inhaberin des Amsterdamer Modehauses

3. Station – Hauptstrasse 68

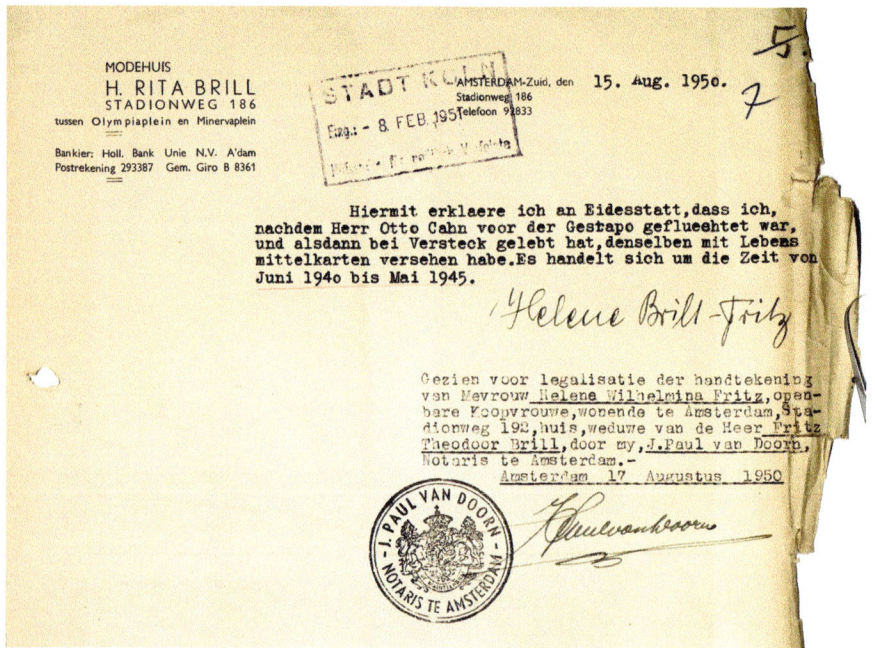

043 Helene Brill-Fritz vom Modehuis H. Rita Brill bescheinigt Otto Cahn, ihn während seiner Zeit im Versteck von Juni 1940 bis Mai 1945 mit Lebensmittelkarten versorgt zu haben, Amsterdam 15.8.1950

Rita H. Brill, und seine Quartiersleute besorgten damit für ihn die Einkäufe. Als im Januar 1941 die Anordnung kam, dass alle im Land lebenden Juden durch die kommunalen Meldeämter registriert wurden sollten, um sie in einem zentralen Judenregister zu erfassen, wurde die Lage für Otto Cahn erneut gefährlicher. Sein Gastgeber J. Vosskuyl besorgte damals für ihn bei einer Widerstandsgruppe einen gefälschten Pass, am 26. Juli 1941 ausgestellt auf den Namen Arie Poort.

Sein Compagnon Ernst Höflich, der 1937 ebenfalls illegal nach Amsterdam ausgewandert war und auch in den Untergrund ging, hat nicht überlebt. Er wurde entdeckt und am 9. März 1943 in das Sammellager Westerbork eingeliefert. Anderthalb Jahre blieb er dort, und es ist davon auszugehen, dass er nach dem Verbleib von Otto Cahn befragt wurde. Am 4. September 1944 wurde er nach Theresienstadt und von dort am 29. September 1944 nach Auschwitz-Birkenau deportiert.

Ottos Mutter Bertha Cahn ereilte ein ähnliches Schicksal. Im ersten Jahr der deutschen Besatzung hatte man die Juden noch weitgehend in Ruhe gelassen. 1942 setzten dann aber die systematischen Deportationen ein.

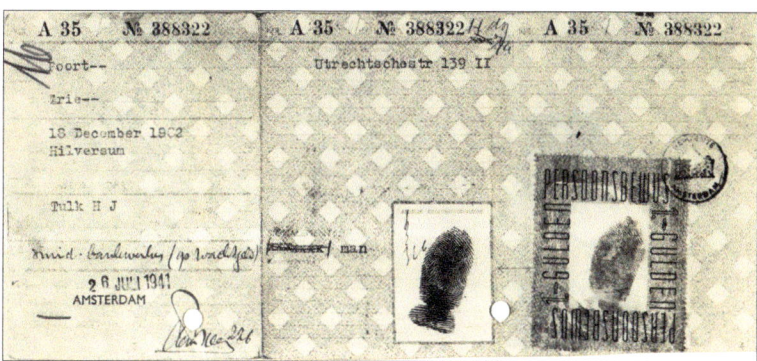

044 Gefälschter Personalausweis für den in Amsterdam im Untergrund lebenden Otto Cahn, lautend auf den Namen Arie Poort, ausgestellt am 26.7.1941 (Aktenkopie), Vor- und Rückseite

Am 18. Mai 1943 wurde sie von Westerbork aus in das Vernichtungslager Sobibor deportiert, wo sie drei Tage später, unmittelbar nach der Ankunft, in der Gaskammer verstarb.

Ottos nichtjüdischer Frau Maria geb. Frehse blieb dieses Schicksal erspart. Als »arische« Frau ließ man sie mit ihren beiden Kindern in der Wohnung Leonardostraat 6 verbleiben; die Kinder waren zwar »halbjüdisch«, wurden aber christlich erzogen und waren getauft. Im August 1943 erschien dann allerdings ein Überfallkommando des deutschen Sicherheitsdienstes (SD), bestehend aus einem Deutschen und zwei Holländern in Zivil, und sie beschlagnahmten die vorhandenen Waren, deren Gesamtwert Otto Cahn 1960 in dem von ihm gestellten Rückerstattungsantrag auf 26 370,– Holländische Gulden bezifferte:[70]

Brieftaschen (Herren)	1220 Stück	à f. 10.-	f. 12 200.-
Brieftaschen (Damen)	130 Stück	à f. 8.-	f. 1 040.-
Manschettenknöpfe	200 Dutzend	à f. 14.-	f. 2 800.-
Echte Kroko-Aktentaschen	12 Dutzend	à f. 100.-	f. 1 200.-

Aktenmappen	38 Stück	à f. 50.-	f. 1 900.-
Fotoapparate: 1 Kodak, 1 Praktiflex, 1 Leica			f. 1 500.-
Schlüsseletuis (große)	50 Dutzend	à f. 60.-	f. 3 000.-
Schlüsseletuis (kleine)	90 Dutzend	à f. 30.-	f. 2 700,-
		Zusammen	f. 26 370,-[71]

Eine Speditionsfirma brachte die Waren zum Rotterdamer Hafen, wo sie in Rheinkähne mit dem Ziel Duisburg-Ruhrort verladen wurden. Hinter dieser Raubaktion stand der »Einsatzstab Reichsleiter Rosenberg« unter Leitung von Alfred Rosenberg, der in Holland und anderen besetzten Gebieten systematisch jüdisches Eigentum – Möbel, Hausrat, Kunstwerke und andere Kulturgüter – konfiszierte und mit Eisenbahnwaggons oder (im Falle Hollands) mit Rheinschiffen zur weiteren Verwertung nach Deutschland bringen ließ.

Unter schwersten Bedingungen überstand Maria Cahn die Kriegsjahre und hielt sich finanziell mit dem Verkauf ihr noch verbliebener Wertgegenstände über Wasser. Sie wird wohl auch gute holländische Freunde gehabt haben, die sie unterstützten. Nach der Befreiung am 5. Mai 1945 kehrte Otto Cahn zu seiner Familie in die Leonardostraat 6 zurück und verblieb hier die ersten Nachkriegsjahre. Seine Gesundheit hatte unter den fünfjährigen haftähnlichen Bedingungen im Versteck und der ständigen Angst vor Entdeckung stark gelitten. Er war seitdem herzleidend (Herzkranzaderfunktionsschwäche mit sekundärem Herzmuskelschaden) und in ständiger ärztlicher Behandlung. Beim Treppensteigen musste er Pausen einlegen, jede körperliche Anstrengung erschöpfte ihn.

Eine Zukunft für sich und die Kinder sahen Otto und Maria Cahn in Amsterdam nicht. In Chicago lebte Ottos Schwester Erna, verheiratet mit Max Sochaczewer bzw. Shafer, wie er sich nach der Einbürgerung in die USA nannte; ebenso seine Schwester Selma Guthman. In Deutschland oder auch in den Niederlanden lebte keiner mehr aus seiner Familie. Was lag da näher, als auch in die Vereinigten Staaten auszuwandern, das kriegszerstörte Europa hinter sich zu lassen und sich in Chicago niederzulassen? Ottos Frau Maria Cahn, die inzwischen die niederländische Staatsbürgerschaft besaß, und die beiden Kinder Alfred und Doris konnten am 11. Oktober 1947 in Rotterdam an Bord der *SS Nieuw Amsterdam* von der *Holland America Line* gehen und erreichten New York am 6. November 1947. Ihr Reiseziel war Marias Schwägerin (Ottos Schwester) Erna Shafer in Chicago, 1311 Hyde Park Boulevard.

Otto Cahn selbst war nicht an Bord des Schiffes. Er blieb in Amsterdam zurück. Hatte er kein Visum bekommen, weil er noch staatenlos war? Vielleicht. Aber entscheidender war vermutlich, dass er trotz aller Widrigkeiten von dem Gedanken beseelt war, seine alte Existenz wieder aufzubauen: als Großhändler in Lederwaren. Er hatte sich doch bis 1937 ein internationales Netz von Geschäftsbeziehungen aufgebaut, und daran wollte er wieder anknüpfen. Am 9. September 1950 kehrte er – mit einem in Den Haag ausgestellten Staatenlosenpass – nach Deutschland zurück, wohnte in Köln in der Luxemburger Straße 130 und erlangte auf seinen Antrag hin die deutsche Staatsangehörigkeit wieder zurück. Er nahm Kontakt auf zu seinem alten Geschäftsfreund Otto Buchheit, Inhaber einer Schuhfabrik in Staffelhof (früher Kröpper) bei Pirmasens, die bis 1937 für ihn Schuhe produziert hatte. Otto Buchheit war sofort zu erneuter Zusammenarbeit bereit und übertrug ihm bereits im Oktober 1950 seine Generalvertretung für Nordrhein-Westfalen. Trotz seines geschwächten Gesundheitszustandes nahm Otto Cahn wieder eine umfangreiche Reisetätigkeit auf. Zum 1. Januar 1951 meldete er in Köln sein Gewerbe an: »Schuhwaren-Agentur und Kommission in Schuhwaren«. Wiedergutmachungsleistungen des deutschen Staates halfen ihm dabei. Großkunden, die einst mit ihm zusammengearbeitet hatten, unterstützten ihn. Albert Neumann, Inhaber des damals vielleicht größten Schuhhauses in Berlin (»Schuh-Neumann«) mit Filialen in allen Stadtteilen, stellte ihm am 25. Februar 1952 ein blendendes Zeugnis aus, um ihn zu unterstützen:

> »Ich habe in meiner Eigenschaft als Schuhwaren-Einzelhändler vom Jahre 1929 bis zum Jahre 1936 mit Herrn Cahn als Schuhwarenfabrikant und Großhändler aus Pirmasens in regelmäßigem Geschäftsverkehr gestanden und laufend Geschäfte von verhältnismäßig hohem Umfang durch seine Vermittlung zur beiderseitigen Zufriedenheit abwickeln können.
> Nach seiner Rückkehr aus dem Ausland habe ich, gestützt auf die vorherigen Erfahrungen, die Geschäftsverbindung sofort wieder aufgenommen. Zunächst hat mir Herr Cahn wiederum als Handelsvertreter bedeutende Geschäfte vermittelt und auch diese sind bisher zu meiner vollen Zufriedenheit ausgelaufen und ich weiß auch, daß meine Lieferanten mit der Tätigkeit des Herrn Cahn zufrieden sind. Insgesamt beurteile ich Herrn Cahn als einen versierten Kaufmann, der umfangreiche Geschäfte gewissenhaft anbahnt und durchführt. Nach meiner Ansicht ist er durchaus kreditwürdig.«

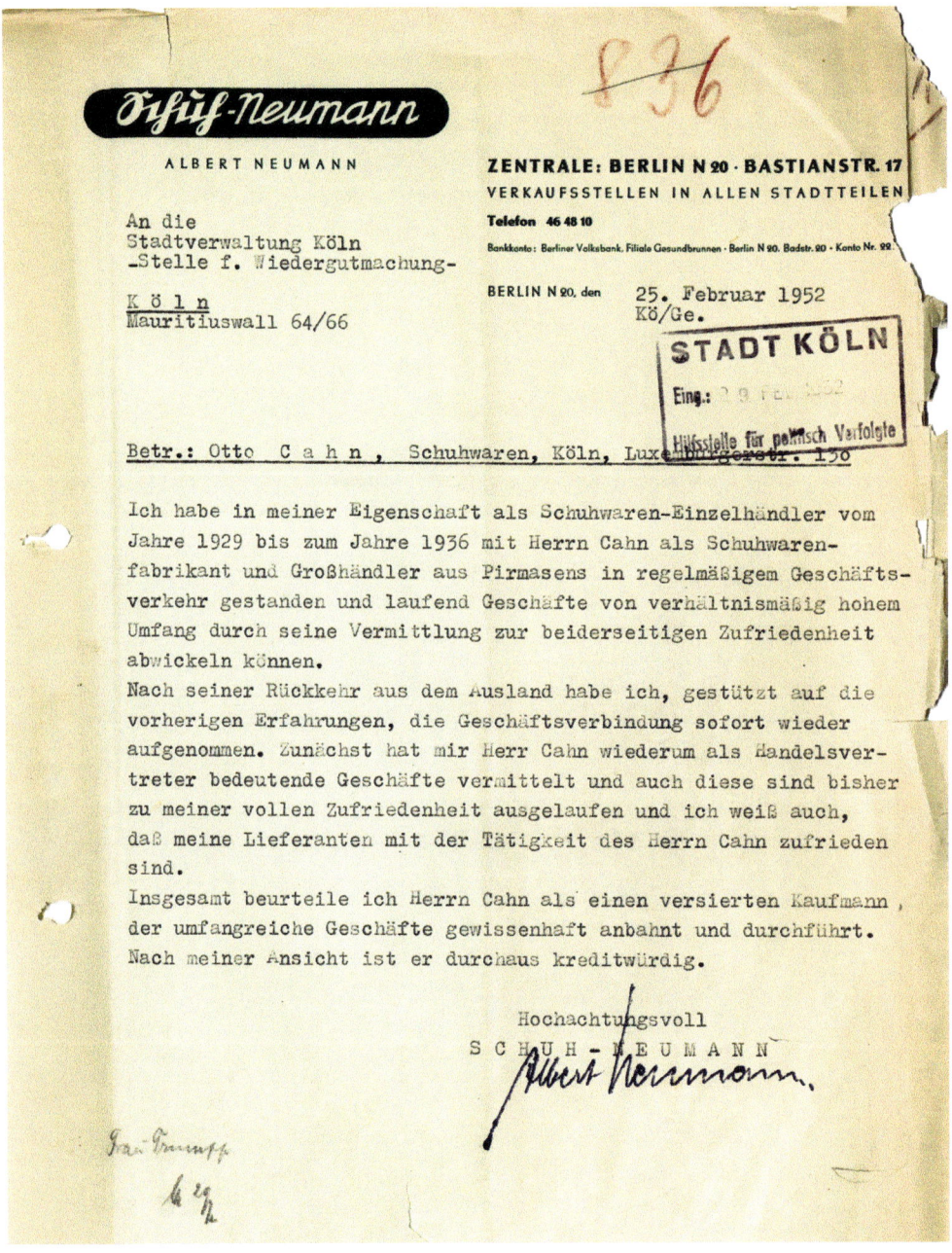

045 Albert Neumann, Berlin, bescheinigt Otto Cahn seine langjährigen Geschäftsbeziehungen, 25.2.1951

Otto Cahn, der im August 1952 in die Venloer Straße 185 in Köln-Ehrenfeld (als Untermieter von Johanna Stratmann) umgezogen war, war durchaus erfolgreich, aber er musste wieder ganz unten anfangen, und das ständige Reisen überforderte seine geschwächte Gesundheit. Er träumte davon, nicht mehr selbst auf Reisen gehen zu müssen, sondern wie früher sich mehr auf die Geschäftsleitung zu beschränken. Das alte Geschäftsmodell seiner Firma in Pirmasens schwebte ihm vor, und Otto Buchheit war dazu bereit, die alte Zusammenarbeit seiner Schuhfabrik mit Otto Cahn wieder aufleben zu lassen. Aber für den Aufbau einer solchen größeren Firma fehlte ihm das notwendige Kapital. Es gelang ihm, Wiedergutmachungsleistungen bewilligt zu bekommen, nachdem er am 5. November 1952 vom Kölner Anerkennungsausschuss als politisch Verfolgter anerkannt worden war. Dazu gehörte auch eine 1953 ihm bewilligte Haftentschädigung[72] für 60 Monate rechtswidrige Freiheitsentziehung (Leben im Untergrund 1940–1945) in Höhe von 9 000,– DM; das waren 5 DM pro Tag. Es gelang ihm 1956 auch, auf der Grundlage des 1953 erlassenen Bundesentschädigungsgesetzes[73] Entschädigungen für erlittene Verluste »im beruflichen Fortkommen« und an Eigentum und Vermögen in Höhe von insgesamt 147 000,– DM zu erlangen. Wegen des Schadens an Körper und Gesundheit wurde ihm auch ab November 1953 eine monatliche Rente in Höhe von 344,– DM bewilligt (1956 erhöht auf 375,– DM). Es gelang ihm auch, Kredite für seine geschäftlichen Pläne bewilligt zu bekommen. Aber die Erfüllung seiner Hoffnung auf die Wiedererrichtung seines alten Pirmasenser Geschäftsmodells blieb ihm versagt.

Erschwerend für seine finanzielle Situation kamen seine Unterhaltsverpflichtungen gegenüber seiner in den USA lebenden Familie in Höhe von 500,– DM monatlich hinzu. Es war ja keineswegs so, dass er sich von seiner Familie getrennt hätte. Noch 1949 und erneut 1952 reiste er per Schiff in die Vereinigten Staaten, um sie in Chicago zu besuchen.[74] In späteren Jahren reiste er mit dem Flugzeug, nachweislich 1955 und 1959. 1955 blieb er etwa drei Monate, aber dann kehrte er wieder nach Deutschland zurück. Otto Cahn führte ein gespaltenes, zerrissenes Leben. Auf einer Geschäftsreise verstarb er am 2. April 1961 nach einem Herzinfarkt im Friedrich-Krupp-Krankenhaus in Essen-Rüttenscheid. Auf dem jüdischen Friedhof in Köln-Bocklemünd fand er seine letzte Ruhestätte.

Seine Witwe Maria Cahn kam nach seinem Tod nach Köln, um Fragen der Erbschaft und der ihr zustehenden Hinterbliebenenrente zu regeln. Sie musste dabei feststellen, dass ihr verstorbener Mann ihr Kreditschulden hinterlassen hatte und das Land NRW nach Kündigung der betreffenden

Darlehensverträge von ihr die Rückzahlung von 22 003,01 DM forderte. Die Landesrentenbehörde behielt deshalb monatlich 200,- DM von der ihr zustehenden Hinterbliebenenrente ein.

Maria Cahn, die anfangs in Chicago gelebt hatte, folgte später ihrem Sohn Alfred nach Los Angeles in Kalifornien. Hier verstarb sie 1982 in Livermore.[75]

046 Erna Cahn (r.) mit ihrer Mutter Bertha Cahn, 1919

047 Bertha Cahn mit Tochter Erna Sochaczewer und Enkelin Ellen, ca. 1929

ERNA CAHN VERH. SOCHACZEWER, VERH. EPSTEIN

Otto Cahns 1901 geborene Schwester Erna war als Modistin ausgebildet. Sie heiratete am 23. März 1928 den Kaufmann Max Sochaczewer, geboren am 28. Januar 1887 in Stettin. 1929 wurde Tochter Ellen Loretta geboren. Sie lebten in Köln in der Moltkestraße 74.[76] Durch den Besuch von Sprachkursen, wie sie z. B. der jüdische Hilfsverein anbot, erwarben sie sich englische Sprachkenntnisse und bereiteten so ihre Emigration in die Vereinigten Staaten vor, die ihnen im Februar 1939 gelang. Eine wichtige Hilfe dabei war ein damals in Chicago lebender gebürtiger Stommelner: der katholische Geistliche Johann Klöcker (1870–1949), der hier seine alten Tage als Krankenhausseelsorger im St. Ann's Hospital verbrachte.[77] Über Familienangehörige in Stommeln hatte Erna wohl dessen Adresse ausfindig gemacht, und Johann Klöcker entsprach ihrer Bitte, für sie eine Bürgschaftserklärung (*Affidavit of Support*) auszustellen. Am 23. Januar 1939 wurde der Familie vom Konsul in Stuttgart ein Einreisevisum in die Vereinigten Staaten bewilligt. Bereits wenige Tage später verließen sie Köln, reisten über das französische Le Havre nach Southampton in Südengland und gingen dort am 2. Februar 1939 an Bord der *SS Washington* von der *United States Line* und erreichten New York am 9. Februar 1939. Von dort fuhren sie weiter nach Chicago, wo sie von Pfarrer Johann Klöcker empfangen wurden. Man darf vermuten, dass er ihnen in den ersten Tagen half, Tritt zu fassen in der Millionenstadt.

048 Selma Cahn (l.) und Erna Sochaczewer geb. Cahn mit Töchterchen Ellen im Kinderwagen, 1929

Max Sochaczewer fand bei einer Heizungsfirma eine erste Arbeitsstelle. Im Mai 1940 kam auch Ernas Schwester Selma mit ihrem Mann Albert Guthman(n) und Sohn Jack nach Chicago. Der enge familiäre Kontakt untereinander war für beide Seiten hilfreich in der neuen, fremden Umgebung. Als die amerikanische Regierung nach dem japanischen Überfall auf Pearl Harbor (7.12.1941) und dem Eintritt der USA in den Zweiten Weltkrieg vier Tage später sich einen Überblick verschaffen wollte über ältere Männer zwischen 45 und 64 Jahren, die zwar nicht mehr kriegstauglich, aber für den Heimatschutz eingesetzt werden konnten, wurde auch Max Sochaczewer bei dieser Einberufung (Old Man's Draft) am 27. April 1942 registriert.[78] Bei ihrer Einbürgerung haben Max und Ernst Sochaszewer ihren Familiennamen in »Shafer« geändert. Erna war als Modistin tätig und betrieb schließlich zusammen mit ihrem Mann in Chicago ein Hutgeschäft.

1946 erreichte sie eine Nachricht von Rudy Herz, der wie sie selbst aus Stommeln stammte, 1945 aus dem KZ Mauthausen-Gusen II befreit worden war und sich jetzt in Moissac in Südfrankreich in einem Heim für jüdische

049 »Rev. John Baptist Kloecker«, Passfoto 1948

Jugendliche befand, die aus Konzentrationslagern befreit worden waren. Erna stellte ihm eine Bürgschaftserklärung (Affidavit) aus, um ihm die Ausreise in die Vereinigten Staaten zu ermöglichen.[79] Sie finanzierte ihm auch, zusammen mit Herta Oster, die Schiffspassage in Höhe von 500 Dollar, sodass Rudy Herz im Dezember 1946 von Le Havre aus nach New York ausreisen konnte. Erna besuchte ihn kurz nach seiner Ankunft in New York und vermittelte ihm eine erste Arbeitsstelle auf einer Hühnerfarm, bis er das Geld zusammenhatte, um Herta Oster und Erna Shafer die vorgestreckten Passagierkosten zurückzuzahlen. Er reiste hierzu 1947 nach Chicago und lebte auch einige Zeit bei ihr, um sich von all den Strapazen zu erholen.[80] 1949 kam auch die Frau von Ernas und Selmas Bruder Otto mit ihren beiden Kindern nach Chicago. Die Überlebenden der Familie Cahn aus Stommeln fanden sich hier wieder zusammen. Auch Otto Cahn selbst, der inzwischen wieder in Köln lebte, kam wiederholt zu längeren Besuchen seiner Familie nach Chicago.

1952 verstarb Ernas Mann Max Shafer (Sochaczewer). Sie heiratete einen gewissen Gus Haber, der aber bereits kurz nach der Hochzeit verstarb. Als 61-Jährige ging Erna 1963 eine dritte Ehe ein mit Morris Epstein, geboren am 18. November 1904. Das Ehepaar lebte zuletzt in Miami Beach, Florida, wo Erna im Januar 1977 im Alter von 75 Jahren verstarb. Ihr Mann folgte ihr im Mai 1981.

SELMA CAHN VERH. GUTHMAN(N)

Das jüngste der vier Stommelner Cahn-Kinder, die am 31. Dezember 1904 geborene Selma, heiratete am 6. September 1936 Albert Guthmann, geboren am 1. August 1896 in Gimbsheim bei Worms. Seit etwa 1933 lebte er in Köln (Kreuzgasse 17b) und war dort als Vertreter in Pelzwaren kaufmännisch tätig. Das junge Ehepaar bezog vorübergehend eine Wohnung in der Lütticher Straße 57, in der Brückenstraße 19 richtete er sich ein Büro ein. Seit etwa 1937 wohnten sie dann in der Hahnenstraße 46, wo auch Platz für ein Geschäftsbüro war. Selmas Mutter Bertha Cahn zog damals aus Stommeln zu ihnen. Am 19. April 1938 wurde Sohn Jack geboren.

Sieben Monate später wurde Deutschland erschüttert von den Novemberpogromen 1938. Eine weitere Tätigkeit in seinem kaufmännischen Beruf war Albert Guthmann nicht mehr möglich. Vermutlich hatte er schon vorher an Emigration gedacht, jetzt wurde sie unabweislich. Dabei kam ihm zur Hilfe, dass er nahe Verwandte in den Vereinigten Staaten hatte. Sein Großonkel Sigmund Guthman(n) war 1893 in die USA ausgewandert und hatte nach kleinsten Anfängen 1897 in Atlanta, Georgia, ein Werk für die industrielle Fertigung von Briefumschlägen gegründet, die *Atlanta Envelope Company*, die sich zum größten Hersteller in den Südstaaten entwickelte. 1922 war auch Alberts älterer Bruder Siegfried, verheiratet mit Sophie Kahn, in die USA emigriert und arbeitete seitdem in der Firma seines Onkels Sigmund. Als dieser nach dreijähriger Krankheit 1943 verstarb und die Firmenleitung reorganisiert werden musste, wurde Siegfried einer der drei Geschäftsführenden Gesellschafter *(managing partner)*. Zu einem nicht bekannten Zeitpunkt kamen auch die verwitwete Mutter Mathilde Guthman(n) und die Schwester Paula, verheiratet mit Salli (Samuel) Franken, nach Atlanta. Salli arbeitete sein Leben lang an einer Maschine für die Herstellung von Briefumschlägen in der Firma.

1939 hatte Onkel Sigmund Guthman für seinen Neffen Albert in Köln und dessen

050 Hochzeitsfoto Selma Cahn und Albert Guthmann, 6. 1936

051 Selma Guthmann geb. Cahn mit Sohn Jack und Ehemann Albert Guthmann, 1938

052 Selma Guthman geb. Cahn (l.) mit Sohn Jack und Nichte Ellen Shafer (Sochaczewer) am Chicagoer Seeufer, ca. 1945

Familie ein *Affidavit of Support* ausgestellt; er war ein wohlhabender Mann und konnte entsprechende Einkommensnachweise vorlegen, sodass der für die Visumvergabe zuständige amerikanische Konsul in Stuttgart die Bürgschaft problemlos anerkannte. Nachdem man für die Mutter Bertha Cahn in Köln eine neue Wohnung in der Maastrichter Straße 43 gefunden hatte, verließ man die Heimat im Dezember 1939, ging am 17. Dezember in Rotterdam an Bord des Passagierschiffes SS Volendam der *Holland-America Line* und erreichte New York am 30. Dezember 1939.

Die junge Familie zog nach Atlanta und lebte dort in dem Haushalt von Salli und Paula Franken und Sohn Karl, zusammen mit Alberts und Paulas Mutter Mathilde Guthman. Albert arbeitete in der Firma, aber lange hielt er es nicht aus. Er wollte nicht wie sein Schwager Salli sein ganzes Arbeitsleben lang an einer Umschlag-Maschine stehen. Im Mai 1940 zog die Familie deshalb nach Chicago, wo Selmas Schwester Erna lebte. Albert Guthman fand verschiedene Jobs in der Bekleidungsindustrie, bis er schließlich ein Geschäft für Hutmacherbedarf *(ladies' hats supply business)* eröffnen konnte. Seine Schwägerin Erna Shafer, die als gelernte Modistin in Chicago ein eigenes Geschäft für Damenhüte betrieb, erleichterte ihm den Zugang zu dieser Branche. Die Dinge schienen auf eine gute Spur gesetzt, aber dann wurde Albert Guthman sein starkes Rauchen zum Verhängnis: Mit erst 56 Jahren starb er am 21. Mai 1953 in Chicago an Lungenkrebs.

053 Zu Besuch in Stommeln: Selma Guthman geb. Cahn (r.) mit Sohn Jack und dessen Ehefrau Sandra geb. Polk, 1979
054 Selma Guthman geb. Cahn, Dezember 1979. Aus Anlass ihres 75. Geburtstags hatte sie ihren Geburtstagskuchen mit (Stommelner) Windmühlenflügeln dekoriert und dahinter das Foto von ihrem Besuch in Stommeln gestellt.

Selma Guthman, die bisher nie berufstätig war, musste nun selbst für sich und ihren 15 Jahre alten Sohn Jack sorgen und arbeitete bis 1966 als Manikeurin in einem Kosmetiksalon (*beauty shop*) in Chicago.[81] Zusammen mit Sohn Jack und Schwiegertochter Sandra geb. Polk besuchte sie Anfang der 1970er Jahre und zuletzt noch einmal 1978 ihren Heimatort Stommeln.[82] Als sie Ende Dezember 1979 ihren 75. Geburtstag feierte, backte sie, wie es in ihrer Jugend in Stommeln üblich war, eine Buttercremetorte und verzierte sie mit Mühlenflügeln als Dekor. Und damit die Gäste auch alle den Bezug zur Stommelner Windmühle erkannten, stellte sie neben dem Kuchen ein im Jahr zuvor bei ihrem letzten Besuch in Stommeln entstandenes Foto auf, das sie mit Sohn und Schwiegertochter vor dem Hintergrund eben dieser Windmühle zeigt. Zu ihrer Stommelner Schul- und Jugendfreundin Anna Schauff (1906–1993), die nach ihrer Heirat unter dem Namen Pfeiffer in Mönchengladbach lebte, hielt sie ihr Leben lang Kontakt.[83] Auch mit dem Stommelner Schneidermeister Gottfried

055 Sandra und Jack Guthman, 2021

Johnen, mit dem die Familie Cahn in Stommeln befreundet gewesen war, korrespondierten Selma Guthman geb. Cahn und ihre Schwester Erna bis zu dessen Tod 1971.[84] Selma Guthman verstarb in Chicago am 2. Mai 1983 im Alter von 78 Jahren.

Sohn Jack war in Studium und Beruf sehr erfolgreich. 1960 machte er den Bachelorabschluss an der Northwestern University in Evanston, Illinois, und schloss 1963 sein Studium der Rechtswissenschaften an der Yale University Law School in New Haven, Connecticut, mit dem Juradiplom ab *(law degree)*. Möglich war ihm das Studium durch Stipendien, die er an beiden Hochschulen erhielt. Zusätzlich nahm er als Student verschiedene Jobs an, um die laufenden Kosten bestreiten zu können. In seinem Beruf hat er sich mit der Zeit den Namen eines der führenden Anwälte für Immobilienrecht, Raumordnung und Flächennutzung in den Vereinigten Staaten erworben. Er hat zahlreiche Stadtentwickler bei der Planung beraten und sie in Hunderten von öffentlichen Anhörungen vor Regierungsbehörden vertreten. Nicht zuletzt hat er einen bedeutenden Beitrag zur Stadtentwicklung Chicagos geleistet. Neben vielen anderen

Ehrungen wurde er als erster Anwalt überhaupt in die *Hall of Fame* der *Chicago Association of Realtors* aufgenommen. Außerdem ist er in den Vorständen oder Beiräten zahlreicher bürgerlicher, künstlerischer und philanthropischer Organisationen tätig. An seinem Beispiel lässt sich ablesen, welchen Aderlass an Kompetenz, Fleiß und moralischer Integrität die nationalsozialistische Verfolgung der Juden für das deutsche Gemeinwesen zur Folge hatte.

Seit dem 26. November 1967 ist Jack Guthman mit Sandra Polk verheiratet. Sie hat eine ähnlich erfolgreiche Karriere vom *system engineer* bis zum *director marketing* bei IBM in Chicago durchlaufen. Das Columbia College Chicago hat ihr 1995 die Ehrendoktorwürde verliehen. Seit 1993 ist sie Präsidentin der *Polk Brothers Foundation Inc.* in Chicago, einer unabhängigen, gemeinnützigen Stiftung, die sich zum Ziel gesetzt hat, Familien und Gemeinden, die von Armut betroffen sind, zu unterstützen. Die Stiftung vergibt Zuschüsse an lokale gemeinnützige Organisationen und für die Verbesserung der örtlichen Bildungsangebote oder Gesundheitsvorsorge, um Armut und Ungleichheit in der Gesellschaft zu bekämpfen.

Jack und Sandra Guthman sind ambitionierte Kunstsammler und Mäzene und haben das Museum of Contemporary Art in Chicago durch die Schenkungen von Kunstwerken bereichert.[85]

ERINNERUNG AN SYBILLA STOCK

In naher Nachbarschaft zur Familie Cahn (Hauptstraße 68) wohnte bis zu ihrem Tod die 1828 in Glessen geborene Sybilla Stock. Sie lebte in einem kleinen, etwas zurückgelegenen Haus, das an das Haus Cahn angebaut war (s. Abb. 036, S. 55) und an dessen Stelle sich seit 1984 ein dreigeschossiges Wohngeschäftsgebäude befindet, in das 2020 das Sanitätshaus Malzkorn eingezogen ist (Hauptstraße 72). Für die Kinder in der Nachbarschaft war sie die »Tante Billa«. Sie war unverheiratet und lebte zurückgezogen. Mit 86 Jahren starb sie am 4. März 1915. Ihr Grabstein ist auf dem jüdischen Friedhof in Stommeln erhalten.

Ihr unverheirateter Bruder Isaak Stock wohnte bis zu seinem Tod bei ihr. Ihre Nichte Helena Stock, geboren am 5. Februar 1853 als Tochter von Simon Stock[86] in Stommeln, hatte am 17. Juni 1891 in der Pfarrkirche St. Columba in Köln im Alter von 38 Jahren den nichtjüdischen Stommelner Bäckermeister und Witwer Mathias Schmitz geheiratet und war zum katholischen Glauben konvertiert.[87] Sie starb bereits vier Jahre später am 8. Dezember 1895 in Stommeln.

4. STATION – VENLOER STRASSE 567

FAMILIEN JACOBSOHN UND HERZ[88]

Mit Rudy Herz, Sohn von Ernst und Lily Herz, stand ich im Sommer 1987 vor dem abgebildeten Haus Venloer Straße 567. Es ist sein Elternhaus, in dem er die ersten fünf Jahre seines Lebens verbracht hat, sein Kinderparadies. Der damals 62-Jährige war aus den Vereinigten Staaten angereist. Wir standen in einer kleinen Gruppe zusammen. Wortlos legte er die Hand an die rauhe Ziegelsteinmauer, dann streichelte er sie liebevoll und fragte: »Kann ich da wohl mal reingehen?« Die Hausbewohnerin machte keine Umstände. Rudy verschwand für zwei, drei Minuten hinter der Haustür, und als er wieder herauskam, war er in sich gekehrt und sagte kein Wort, auch wir Umstehenden schwiegen, keiner fragte ihn, wonach er gesucht hatte. Offenbar war es etwas, das eng verbunden war mit seiner frühen Kindheit und wichtig für ihn. Erst Jahre später hatte ich Gelegenheit, ihn zu fragen, was er denn gesucht und gesehen habe, und er antwortete: »Die große Treppe, die nach oben führt.« So hatte er es lebhaft in Erinnerung, und er wollte sich vergewissern, dass das keine eingebildete Phantasievorstellung war, sondern physische Realität. Er vergewisserte sich seiner Stommelner Wurzeln, die ein Wesenskern seiner Persönlichkeit blieben bis zum Schluss.

056 Haus Venloer Str. 567 (früher Landstraße 7), Haus der Familie Jacobsohn/Herz (ca. 2010)

057 Goldhochzeit von Abraham und Amalie Kappel am 9. Mai 1909 in Stommeln; Aufnahme vor deren Wohnhaus Landstraße 7 (heute Venloer Str. 567). Abgebildete Personen: 1 Clara Herz (15 Jahre), 2 Josef Herz (20), 3 Salomon Kappel (40), 4 Hermann Jacobsohn (14), 5 Jakob Herz (ca. 50), 6 Jacques Kappel (14), 7 Jakob Jacobsohn (41), 8 Siegfried Jacobsohn (12), 9 David Kappel (42), 10 Hedwig Herz (19), 11 Elisa Kappel geb. Rieser, 12 René Kappel (13), 13 Abraham Kappel (82), 14 Lily Jacobsohn (8), 15 Walter Kappel (7), 16 Amalie Kappel geb. Kaufmann (79), 17 Henriette Jacobsohn geb. Kappel (45)

Goldhochzeit Abraham und Amalie Kappel

Bei der ältesten Frau des Landkreises Köln
Der 100. Geburtstag der Wwe. Kappel in Stommeln — Erinnerungen...

Am vergangenen Freitag feierte die älteste Frau des Landkreises Köln, die Wwe. Kappel in Stommeln ihren 100. Geburtstag. Wir nahmen Gelegenheit, Frau Kappel, die eine der ältesten Abonnentinnen des K. T. ist, das sie noch in seinen ersten Ausgaben kannte, zu beglückwünschen.

Stommeln. Abseits der Heerstraße liegt dieses Dorf, einige Kilometer nur von Köln entfernt. Der Ort hat keine Industrie und so ist seine Entwicklung stehen geblieben. Die Menschen dort sind zumeist nicht reich an irdischen Gütern. Aber darum fühlen sie sich gewiß nicht unglücklich.

Wenn man in Stommeln die große Dorfstraße hinabschreitet, sieht man im Hintergrund zur Linken eine Windmühle mit großen erhaltenen Flügeln. Sie könnte jeden Augenblick beginnen sich zu bewegen. So ist Stommeln: ein stiller Ort, wenige Kilometer von Köln entfernt. Aber der Großstadtverkehr brandet nicht bis zu den Toren des Dorfs.

Da hieß die Frau noch Amalie Kaufmann und war in einem großen Geschäftshause am Düsseldorfer Karlsplatz bei Politz angestellt. Ein gastliches Haus, in dem der Dichter Freiligrath und auch Ferdinand Lassalle zu dieser Zeit noch ehrsamer Anwalt der Rechte, Gast waren. Die Fa. Politz verkaufte Kleiderstoffe, Leinen und dergleichen. Eines Morgens ging es los. Rechtzeitig vermochten die Hausbewohner die Türen zu verbarrikadieren. Sie schleppten die Ladeneinrichtungen vor die Eingänge ehe der Sturm einsetzte. Unter dem Rufe: Deelt (Teilen) und mit dem Feldgeschrei des Aufstands zogen die Massen durch die Stadt.

Freiheit, Gleichheit, Republik...

Wären wir doch die Preußen quit, erschallte es. Ein russischer Student gehörte zu den Hauptsträubelsführern. Er wurde in der folgenden Nacht auf den Barrikaden erschossen.

Die Greisin schwieg. Schönere Bilder zogen in ihrer Erinnerung herauf. Sie lächelt: Große Freude

Vier Generationen auf einem Bild

Es muß eine gute Luft draußen in der Tiefebene wehen. Denn Stommeln besitzt eine ganze Anzahl von alten Leuten, die über 80 sind und sich sehr wohl fühlen. Die älteste Einwohnerin von Stommeln, Frau Wwe. Kappel, feierte am Freitag ihren 100. Geburtstag. Das Haus in der Landstraße war bekränzt, die übrigen Häuser hatten Fahnen herausgehängt.

Es war eine wirkliche Feier im Hause der Greisin. Keine laute Feier, trotz der vielen Menschen, die sich eingefunden hatten um Glückwünsche zu bringen. Ein wenig zusammengesunken saß die Frau in ihrem Stuhl, das Gesicht, von vielen kleinen Fältchen durchzogen. Es lag soviel Weisheit und Würde in den Zügen der Jubilarin, daß man von Ehrfurcht ergriffen wurde. Sehr deutlich, überraschend deutlich, war die Stimme der Greisin: „Soviel Wesens um eine alte Frau"! Aber es klang doch eine Freude aus diesen Worten. Und dann hat Urgroßmutter erzählt.

Vor dem Kriege war sie zuletzt in Köln. Sie fand, daß man sich dort nicht mehr aufhalten könnte. Dies, obwohl ihr große Städte und Menschen noch nicht fremd waren, tat sie doch 84jährig eine Reise nach Antwerpen, um ihre beiden Söhne zu besuchen.

Die Erinnerung der Jubilarin springt um 80 Jahre zurück. Damals, als die Revolution ausbrach,

war in Düsseldorf als 1849 die Petroleumbeleuchtung auftam. Abends erschien ein Mann mit einem Kännchen und einer kleinen Leiter. Er füllte die Laternen und zündete das Licht an.

...eines Tages war die Eisenbahn da. Und das Leben nahm seinen Gang. Amalie Kaufmann heiratete nach Stommeln und sah ihre Nachkommen heranwachsen. Heute besitzt sie neun Enkel und neun Urenkel. Es leben gar noch zwei ihrer Kinder. Auf einem Photo, das man gemacht hat, sind vier Generationen vertreten. In einer Seitenlinie der Familie hat es sogar fünf gegeben.

Auf dem Tisch des gut bürgerlichen Zimmers stehen Blumenkörbe, liegen Geschenke und Gratulationsschreiben. Die Gemeinde hat ein Arrangement geschickt und Landrat Heimann ließ seine Glückwünsche aussprechen.

Die Greisin verlangt zu trinken, da sie dann besser sprechen kann. 1909 noch feierte sie mit ihrem Mann goldene Hochzeit. „Alles sah aus wie heute". Blumen dufteten auf dem Tisch und die Geschenke häuften sich. Kinder und Enkel waren dabei aber auch nach den Jahren sind sie nicht mehr alle beisammen. Es war immer ein starker Zusammenhalt in der Familie. Der Sohn ist eigens aus Belgien herüber gekommen. Man sieht ihm seine 70 Jahre auch nicht an.

Urahne spricht von der eigenen Mutter und der Großmutter, die sie noch gekannt hat. Die wurde in dem Jahre geboren, da der alte Fritz den 7jährigen Krieg begann. Die Mutter kam im Jahre

1800 zur Welt und war, bevor sie 1904 in Bodendorf, ihrer Heimat starb, ebenfalls die älteste Frau ihres Landkreises.

Das Gedächtnis der Greisin springt wieder um Jahrzehnte zurück, als sie über den Fall der Gräfin Hatzfeld spricht, die eine tolle Abenteurerin gewesen sei.

Selbst eine alte Dame freut sich über Komplimente. Sie nickt wenn man ihr sagt, daß sie ein bewundernswertes Erinnerungsvermögen besitzt. Und bedauert nur, nicht mehr restlos auf gesundheitlicher Höhe zu stehen. Vor Monaten konnte sie sich den Urenteln stärker widmen als es ihr heute möglich ist. Auch kann sie nicht mehr lesen. Das Kölner Tageblatt kam in ihr Haus, schon um die Zeit, als es noch Tages-Telegraph hieß. Auch einer der Gratulanten, Herr Moses aus Stommeln, hat von seinem Vater das Abonnement der Zeitung übernommen, die seit ihren ersten Anfängen im Hause gehalten wurde.

Es war bedauerlich, nach kurzer Zeit schon aus dem freundlichen Kreise rund um die alte Frau scheiden zu müssen. Ein letzter Wunsch: eine Händedrücke. Die Greisin wünschte mir Glück...

•

Aus dem Reiche der Erinnerungen trete ich hinaus in eine Gegenwart, den schrecklichen Ruf „Tempo" noch nicht hat kennen lernen müssen. Stommeln liegt im feinen Rieselschnee. Es scheint zu schlafen. Der Abend zieht herauf. Drüben wartet die Großstadt, eine ganz neue und ganz andere Welt. Vor ihren Toren aber gibt es noch Urgroßmütter, die seit Urenteln und den Kindern einer neuen Zeit von Dingen erzählen die denen wie Märchen klingen müssen...   B.

059 Ehemaliges Emaille-Schild an Haus Venloer Str. 567 (früher Landstraße 7); bis 1905 befand sich hier die Stommelner Post.

060 Amalie Kappel geb. Kaufmann (1830–1929), 1929

061 Venloer Straße um 1950, damals »Landstraße« genannt; rechts von der Mitte das zweigeschossige Backsteinhaus Venloer Str. 567

Als Kleinkind war er oft diese Treppe hochgestiegen oder hatte darauf gespielt, denn im Obergeschoss war die Wohnung seiner Eltern Ernst und Lily Herz. Unten lebten die Großeltern Jakob und Henriette Jacobsohn und bis Februar 1929 auch noch die Urgroßmutter Amalie Kappel geb. Kaufmann. Als diese ihren 99. Geburtstag beging, erschien ein Bericht in der Morgenausgabe des Kölner Tageblatts vom 6. Januar 1929 und stellte sie als Hundertjährige vor, hatte sie doch ihr hundertstes Lebensjahr begonnen. Ein beigefügtes Foto zeigte vier Generationen vor dem Haus Venloer Stra-

4. Station – Venloer Strasse 567

062 Henriette und Jakob Jacobsohn mit ihren Kindern Hermann, Karoline (Lily) und Siegfried, um 1907

063 Silberne Hochzeit von Jakob und Henriette Jacobsohn, 11.9.1919, zwischen ihnen die (Schwieger-)Mutter Amalie Kappel; vorne die beiden Kinder Hermann und Lily Jacobsohn; Sohn Siegfried war Ende 1914 gefallen.

ße 657 (damals Landstraße 7): die Jubilarin Amalie Kappel geb. Kaufmann, die sieben Wochen später verstarb, Tochter Henriette verh. Jacobsohn, Enkelin Lily verh. Herz und Urenkel Alfred Herz. Amalies Schwiegervater Abraham Kappel (1868–1911) hatte das Haus gebaut, in dem anfangs im Erdgeschoss das Stommelner Postamt untergebracht war, wo man bereits Telegramme aufgeben konnte, denn die Venloer Straße entlang liefen seit dem Ende des 19. Jahrhunderts Telegraphenleitungen; 1905 zog die Post um in das neue Gebäude am Dorfanger (gegenüber der Pfarrkirche, »Alte Post«).

Das Ehepaar Jakob und Henriette Jacobsohn hatte drei Kinder: Hermann (*1895), Siegfried (*1896) und Karoline, gen. Lily (*1901). Als am 1. August 1914 das Deutsche Reich in den Ersten Weltkrieg eintrat, war Siegfried 17 Jahre alt, meldete sich aber mit Zustimmung der Eltern, die ihn in patriotischer Gesinnung erzogen hatten, freiwillig zum Kriegsdienst. Im November wurde er 18 Jahre alt und an die Front in Frankreich geschickt und fiel bereits wenige Wochen später, am 28. Dezember 1914, in der Champagne. Als die Eltern am 11. September 1919 ihre Silberne Hochzeit in Stommeln feierten, vermisste man ihn schmerzlich in der versammelten Festgemeinschaft der Familie. Umso enger wurde das Verhältnis zwischen Hermann und seiner gut vier Jahre jüngeren Schwester Lily. Er sorgte auch dafür, dass sie um 1919/20 das private jüdische Töchterpensionat mit Haushaltsschule von Anna und Irma Wieler in Konstanz besuchen konnte; er war damals bereits als Jungunternehmer in Köln erfolgreich und in der Lage, für die Finanzierung aufzukommen.

LILY UND ERNST HERZ

Am 6. Mai 1923 heiratete die inzwischen 22-jährige Lily den 30-jährigen Ernst Herz aus dem nahen Butzheim (Rommerskirchen). Er hatte von 1904 bis 1910 das Schillergymnasium in Köln

064 Geschwister Jacobsohn: Lily, Kriegsfreiwilliger Siegfried und Hermann, 1914
065 Lily Jacobsohn, ca. 1920

4. Station – Venloer Strasse 567

066 Hochzeit von Ernst und Lily Jacobsohn, Stommeln 6.1.1923, Gruppenbild vor Haus Venloer Str. 567 (früher: Landstraße 7)
1 Selma Herz, 2 Bertha Cahn, 3 Maly Salomon, 4 Ernst Salomon, 5 Henriette Salomon, 6 Karl Salomon, 7 christl. Freundin, 8 Kantor Benno Nußbaum, 9 Lily Jacobsohn, 10 Meta Herz, 11 Ernst Herz, 12 Onkel Willi, 13 Tante von Ernst Herz, 14 Frau Marx, 15 Moritz Kaufmann, 16. Henriette Kaufmann geb. Herz, 17 Erna Cahn, 18. Siegfried Herz, 19 Max Herz, 20 Henriette Jacobsohn geb. Kappel, 21 Amalie Kappel, 22 Helene Herz geb. Marx, 23 Jakob Jacobsohn

Ehrenfeld besucht; dank der Eisenbahnverbindung von Rommerskirchen-Eckum nach Köln seit 1898 war das für ihn problemlos möglich. Nach Erreichen der Obersekundareife (»Einjähriges«) verließ er die Schule und begann eine Ausbildung als Kaufmann. Vom 26. September 1912 bis zum 1. März 1914 war er als Reisender und Comptoirist (Büroangestellter) im Getreidegeschäft der Ww. J. Müller im westfälischen Geseke tätig.[89] Im sechs Monate später ausbrechenden Ersten Weltkrieg diente er als deutscher Soldat an der Front. Ob er 1935 einen Antrag für die Verleihung des Ehrenkreuzes für Frontkämpfer gestellt hat, ist nicht belegt. Zugestanden hätte ihm diese Auszeichnung.

Nach dem Ersten Weltkrieg gründete er in Butzheim, zunächst zusammen mit seinem Bruder Siegfried, eine Firma für den Handel mit Landesprodukten. Die Hochzeit mit Lily Jacobsohn aus Stommeln am 6. März 1923 wurde in deren Elternhaus in Stommeln gefeiert. Das junge Ehepaar zog im Obergeschoss des Hauses ein, und Ernst fuhr von hier aus täglich – vermutlich mit der Bahn – nach Butzheim bzw. seit 1925 nach Rommerskirchen-Eckum, wo er in der Nähe des Bahnhofs eine Lagerhalle für seinen Landhandel gebaut hatte. Vier Kinder wurden rasch hintereinander im Krankenhaus in Stommeln geboren: Alfred (*1924), Rudolf (Rudy, *1925), Karl Otto (*1928) und Walter (*1930). Lily war eine fröhliche Natur. Ihr Sohn Rudy hatte bis ins hohe Alter im Ohr, wie sie mit dem Grammophon Schallplatten von Schlagern der 1920er Jahre abspielte, die »in die Beine« gingen, und dazu mitsang: »Gestern Abend Rendezvous, Mond und Sternlein lauschten zu. Das war knorke!« Genauso gern hörte sie Opernmusik. Insbesondere Richard Wagners »Tannhäuser« hatte es ihr angetan. Ihr Mann Ernst war eine eher verschlossene, ernste Natur, aber er ließ sich anstecken von der Lebensfreude, die seine Frau verströmte.

1930/31 baute Ernst Herz neben seiner Lagerhalle in Rommerskirchen-Eckum ein neues Haus für seine Familie (Bahnstraße 4). Die Schwiegereltern halfen bei der Finanzierung, verkauften dazu ihr Haus in Stommeln und zogen 1931 mit nach Eckum in das neue Heim. Die Kinder hatten es hier nicht weit zur Großmutter in Butzheim (Sebastianusstraße 46), und dort gab es zahlreiche Cousins und Cousinen, mit denen man spielen konnte.

Mit Zuversicht für die Entwicklung seines Geschäfts hatte Ernst Herz den Neubau in Eckum in Angriff genommen und für die Finanzierung einen Kredit bei der Kreissparkasse Grevenbroich-Neuss aufgenommen. Am Bahnhof in Oekoven hatte er von der Reichsbahn einen Lagerplatz gemietet und eine Fuhrwerkswaage installiert, die von seinem Schwager Ludwig Spier auch für fremde Kunden bedient wurde und diesem eine Einkommensmöglichkeit verschaffte. Aber die Weltwirtschaftskrise, die Deutschland 1929/30 mit voller Wucht traf, und die sich hierdurch noch

4. Station – Venloer Strasse 567

067 Rommerskirchen-Eckum, Bahnstraße 4: links die 1925 erbaute Lagerhalle für den Landhandel von Ernst Herz, rechts davor das 1930/31 neu errichtete Wohnhaus der Familie Ernst und Lily Herz; Haussanierung 1996, Foto 2011

verschlimmernde Agrarkrise machten die schönen Hoffnungen zunichte. Bereits im Frühjahr 1933 musste er seine Zahlungsunfähigkeit offenbaren und geriet in Schwierigkeiten, die laufenden Zinsen für die Hypothek auf seinem Haus zu bedienen. Die Kreissparkasse Grevenbroich-Neuss räumte ihm eine Stundung der Rückzahlung des Baudarlehens zunächst bis Ende 1935, dann bis zum 30. Juni 1936 ein. Die Fuhrwerkswaage in Oekoven rostete bis zur Unbrauchbarkeit dahin, und die Deutsche Reichsbahngesellschaft in Neuss kündigte Herz Ende 1935 den Lagerplatzvertrag am Bahnhof in Oekoven.

Seit etwa 1935 betätigte Ernst Herz sich als Immobilienmakler und war dabei auch nicht ohne Erfolg. Er pflegte weitreichende Kontakte im Kölner Raum und am Niederrhein und arbeitete mit Kölner Immobilienmaklern zusammen. Auf diese Weise hielt er seine große Familie über Wasser.

Es waren nicht nur und nicht einmal in erster Linie makroökonomischen Zeitumstände, die Ernst Herz zu schaffen machten. Schlimmer war, dass die örtlichen NSDAP-Größen sich ihn zur Zielscheibe ihres Judenhasses auserkoren hatten. Dass er als Jude einen Landhandel betrieb und dadurch mit zum »Reichsnährstand« gehörte, der doch unter der rassistischen Losung »Blut und Boden« stand, schien ihnen untragbar. Bereits im Mai 1933 startete die NSDAP eine Schmutzkampagne gegen ihn mit wüsten Beschuldigungen, die durch Tatsachen nicht gedeckt waren. Am 10. Mai 1933 erhob die NSDAP-Gauleitung Köln-Aachen in Köln schwerste Vorwürfe gegen ihn:

068 Lily Herz mit ihren Kindern Karl Otto, Rudolf (Rudy), Alfred, Walter (v. l.), 1934

»Aus den Kreisen der Geschäftsleute usw. dortiger Gegend wird hier bittere Klage über Ihr Geschäftsgebaren geführt, welches, wenn in geschildertem Masse zutreffend, nicht weiter geduldet werden kann. Angeblich sollen Sie durch allerlei unlautere Manipulationen, die eine frühere marxist[ische] Regierung duldete, die Bauern usw. in gewissenloser Weise um ihre[n] Nutzen aus den Arbeiten, durch Pfändungen, eigentümliche Verträge und Vertreiben aus ihrem Eigentum zur Verzweiflung treiben. Wir legen Wert auf Sauberkeit und wissen die Schädlinge am deutschen Volke zu vernichten. Wir ersuchen Sie um sofortigen ausführlichen schriftlichen Bericht über Ihre Tätigkeit und im Besonderen zunächst um Ihr Vorgehen gegen die Eheleute Bockfeld und Fünger in Hüchelhoven.«[90]

Die Gauleitung schickte diese wüsten Anschuldigungen nicht nur an Ernst Herz selbst, sondern in Kopie auch an den Bürgermeister in Rommerskirchen »mit der Bitte um Mitteilung, ob Ihnen die Volksstimmung wegen des [genannten] Herz nicht bekannt ist, und wenn zutreffend, was Sie gegen den Genannten bis jetzt unternommen haben«. Fünf Tage später wurde die Gauleitung noch deutlicher und forderte Bürgermeister Dr. Kirchhoff auf, sich der »großen Betrugsmanöver« des Ernst Herz, wodurch die Einwohner der Bürgermeisterei »in großem Umfang« geschädigt worden seien, anzunehmen und bei der Aufklärung zu helfen. Kirchhoff überhörte nicht den vorwurfsvoll-bedrohlichen Unterton der Anweisung und erwies sich als gefügig, obwohl er sich sicherlich der Tatsache bewusst war, dass die Gauleitung sich hier einen verfassungsrechtlich unzulässigen Eingriff der Partei in den Apparat der Verwaltung erlaubte. Das Vorgehen der Gauleitung gegen Ernst Herz war eine von den Nazis in jenen Wochen 1933 immer wieder angewandte Skandalisierungsmethode gegen politische Gegner oder unliebsame Personen. Mit schwersten, letztlich unhaltbaren Anschuldigungen diskreditierte man sie und stellte sich selbst als Saubermann dar. Der NSDAP-Parteigenosse Bockfeld in Hüchelhoven war der Urheber der ersten Anschuldigungen, mit denen das Kesseltreiben gegen Ernst Herz begann. Indem der Chef der Ortsverwaltung Rommerskirchen sich hierfür instrumentalisieren ließ, machte er sich zum willfährigen Unterstützer der noch in der Entstehung befindlichen Nazidiktatur.

Die Anschuldigungen des Parteigenossen Bockfeld aus Hüchelhoven hatten zwar zu wenig reale Substanz, als dass sie einen Ansatzpunkt für ein Vorgehen gegen Ernst Herz geboten hätten; aber die örtliche SA-Organisation in Rommerskirchen machte umso mehr öffentlich »Stimmung« gegen ihn. Rudy Herz hat es wiederholt erzählt: Gegenüber dem Elternhaus an der Bahnstraße befand sich das Sturmlokal der Rommerskirchener SA, der Gasthof Lyrmann (mit Saal).[91] Bevor die SA-Trupps hier im Gleichschritt einmarschierten, stellten sie sich immer wieder vor dem gegenüber liegenden Haus Herz auf und grölten aus rohen Kehlen ihre gehässigen, judenfeindlichen Lieder: »Soldaten, Kameraden! Hängt die Juden, stellt die Bonzen an die Wand!« Solche »Liedersingerei« sei in Eckum »gang und gäbe«

gewesen, erinnerte Rudy Herz sich noch bei seinem letzten Besuch 2011 in Stommeln. Auch in der Rommerskirchener Volksschule blieb er von dergleichen nicht verschont. Beim Fahnenappell auf dem Schulhof sangen die Mitschüler ein neues Lied: »Schmeißt sie raus, die ganze Judenbande. Schmeißt sie raus aus unserm Vaterlande!«

In Ernst Herz' Tätigkeit als Immobilienmakler fand man schließlich einen Ansatzpunkt, ihn buchstäblich aus Rommerskirchen-Eckum zu verjagen. Ausgangspunkt war wieder eine von Judenhass gesteuerte Anschuldigung gegen ihn. Es ging dabei darum, dass die aus Stommeln stammende, aber nach Leverkusen-Schlebusch verzogene Witwe des Anton Becker ihr Haus in der Nettegasse in Stommeln und zugehöriges Ackerland verkaufen wollte. In einem Brief an Ernst Herz hatte sie diesen Willen bekundet, und dieser machte sich auf die Suche nach möglichen Kaufinteressenten in Stommeln. Peter Müller, bis 1937 Stommelner Gemeindebürgermeister, bekam Wind davon, und da er selbst Interesse an dem zum Verkauf stehenden Land hatte, wandte er sich am 6. Februar 1936 an die Familie Becker in Schlebusch, und diese schrieb zwei Tage später zurück, »dass das, was der Jude Herz erzählt, eine Lüge sondergleichen ist, wie es uns von allen Juden schon bekannt sein dürfte«. Man habe Herz zwar bestätigt, dass man das Gut verkaufen wolle, »ihm aber keine Rechte zuerteilt, unser Gut zu verkaufen. Wir haben uns vorgenommen, mit Ihnen, werter Herr Müller, zu verhandeln. […] Wir machen Sie nochmals darauf aufmerksam, dass wir uns nicht mit Juden abgeben.«[92]

Müller wandte sich an die Stommelner Polizeibeamten – Gendarmeriehauptmann Fritz Grohall und Polizeihauptwachtmeister Wilhelm Güldenring –, und diese erstatteten Anzeige gegen Ernst Herz: Er »treibt sich in letzter Zeit in der hiesigen Bürgermeisterei als Immobilienmakler herum« und habe versucht, das Anwesen Becker zu verkaufen, ohne hierfür einen Auftrag zu haben. In Sinsteden habe er bereits größere Ländereien verkauft, und es wäre zu prüfen, ob er seinen Gewinn richtig versteuert habe und ob er überhaupt berechtigt sei zum »Immobilienmaklergewerbe mit deutschem Grund und Boden«. Ernst Herz wurde vernommen, auch zwei Stommelner Zeugen wurden gehört, die aber nichts Belastendes gegen Ernst Herz zu Protokoll gaben. Es blieb nur die Anklage, dass er sein Maklergewerbe nicht angezeigt (RGO § 14) und hierfür keine Gewerbeerlaubnis (RGO § 35) erhalten habe. Sie beantragten deshalb, ihm das Maklergewerbe »wegen Unzuverlässigkeit zu untersagen, zumal derselbe Jude ist«. Für den Maklerberuf brauchte (und braucht) man keine spezielle Ausbildung. Die Gewerbeerlaubnis hätte Ernst Herz ohne weiteres zugesprochen werden können. Aber er wusste, dass man sie ihm, falls er nachgefragt hätte, verweigert hätte, weil er Jude war.[93]

Bereits am 20. Februar 1936 hatte Bürgermeister Kirchhoff Ernst Herz »jede weitere Betätigung als Immobilien-Makler« untersagt, weil er »nicht die erforderliche Zuverlässigkeit [besitze] zur Verrichtung fremder Rechtsangelegenheiten« und es unterlassen habe, diese Gewerbetätigkeit anzuzeigen und die die dafür erforderliche Genehmigung nachzusuchen. Ernst Herz war damit jede Möglichkeit des Unterhaltserwerbs genommen. Für sich sah er keinen anderen Weg mehr, als auszuwandern und in Belgien – wo Verwandte seiner Frau lebten – zu versuchen, eine Existenz aufzubauen. Anfang März beantragte er bei Bürgermeister Kirchhoff hierfür die Ausstellung eines Reisepasses, und dieser war auch dazu bereit, denn »örtlich gesehen ist es erwünscht, wenn Herz verschwindet«. Aber das Finanzamt hatte Einwände: Der Reisepass dürfte erst dann ausgestellt werden, wenn ihm bescheinigt worden sei, dass er seine Steuern voll gezahlt habe.

Im Oktober 1936 zog Ernst Herz notgedrungen mit seiner Familie die Konsequenz. Eine weitere Stundung der Fälligkeit des Hypothekendarlehens wurde ihm verweigert und die Zwangsvollstreckung durch die Kreissparkasse damit unabwendbar. Er verkaufte das Haus in Eckum und verzog nach Köln in die Neue Maastrichter Straße 3, wo er ein kleines Speditionsunternehmen übernahm. Lilys Mutter Henriette Jacobsohn, deren Mann Jakob mit 66 Jahren am 4. November 1934 im Stommelner Krankenhaus verstorben war, zog mit nach Köln. Zwei weitere Kinder wurden nach dem Umzug noch geboren: das fünfte, Johanna, am 25. April 1938 im Krankenhaus in Stommeln, wie alle bisherigen Kinder auch; das sechste, Jona, kam am 2. Januar 1941 in Köln zur Welt; es durfte keinen »deutschen« Namen erhalten wie seine Geschwister, erlaubt waren nur noch typisch »jüdische«. Seit Januar 1938[94] durften Juden nur noch »solche Vornamen beigelegt werden, die in den vom Reichsminister des Innern herausgegebenen Richtlinien über die Führung von Vornamen aufgeführt sind«, und darin wurden für jüdische Neugeborene Namen vorgeschrieben, die unter deutschen Juden keineswegs üblich, sondern im Gegenteil höchst befremdlich waren – mit »J« beginnend z. B.: Jehuda, Jehusiel, Jerobeam, Jizack (aber nicht Jakob oder Joseph); Jona war da noch ein verträglicher, nicht so extrem diskriminierender Name.

Bereits 1936 trugen Ernst und Lily Herz sich mit dem Gedanken, mit ihren damals fünf Kindern nach Übersee zu emigrieren. Die USA waren zwar für sie unerreichbar, aber für Argentinien rechneten sie sich Chancen aus. Der aus München stammende und zu großem Reichtum gelangte jüdische Baron Maurice de Hirsch (1831–1896) hatte 1891 mit privatem Kapital die »Jewish Colonization Association« (JCA) gegründet, die u. a. in Argentinien große Ländereien aufkaufte, um hier die Ansiedlung von jüdischen Kolonisten zu ermöglichen. Zur Vorbereitung organisierte man landwirtschaftliche Vorschulungen. Nach Aussage von Rudy Herz besuchte sein Vater bereits 1936 für drei Monate ein jüdisches Auswanderungslehrgut in der Nähe von Berlin, vermutlich das Landwerk Neuendorf in Brandenburg.[95] 1935 hatte die Reichsvertretung der deutschen Juden in Berlin den Plan einer JCA-Ansiedlung von zunächst zwanzig kinderreichen Familien in der Kolonie Avigdor, Provinz Entre Rios, veröffentlicht. Die Siedler sollten für acht Jahre Pächter werden und anschließend eine Kaufmöglichkeit erhalten.[96] Die Auswanderung gelang der Familie Herz jedoch nicht. Der jüdische Hilfsverein in Berlin sagte ihr zwar seine Unterstützung für die Finanzierung der Schiffspassage zu und schlug sie 1940/41 dringend für die JCA-Siedlung in Argentinien vor, weil sie genau zu der Zielgruppe passte, die dem Siedlungswerk vorschwebte; aber es fehlten schließlich noch 500 bis 600 Dollar, die man an Eigenanteil hätte aufbringen müssen.[97] Das aber war Ernst und Lily Herz nicht möglich – wegen der verschärften Devisenbestimmungen und weil die nationalsozialistische Verfolgung die seit 1942 achtköpfige Familie in die Armut getrieben hatte. Einige hundert fehlende Dollar entschieden über ihr Leben.

Während der Pogromnacht im November 1938 verschaffte die SA sich gewaltsam Eingang in das Haus Neue Maastrichter Straße 3, beließ es dann aber bei der nachdrücklichen Aufforderung zu verschwinden – vielleicht, weil im Flur an der Wand ein von dem dreizehnjährigen Rudy Herz aus einer Zeitschrift ausgeschnittenes Bild des ehemaligen Generalfeldmarschalls und Reichspräsidenten Paul von Hindenburg hing und sein Vater den verdutzten SA-Männern erklären konnte, dass er vier Jahre lang unter Hindenburg im Ersten Weltkrieg gedient habe und mit dem Eisernen Kreuz II. Klasse ausgezeichnet worden sei.

Die Mutter von Ernst Herz und zwei seiner Schwestern, die noch in seinem Elternhaus in Butzheim wohnten, wurden während des Pogroms auf das Brutalste heimgesucht. Das Haus wurde von ortsansässigen SA-Männern bis zur Unbewohnbarkeit verwüstet. Ernst Herz holte deshalb seine Mutter und die beiden Schwestern nach Köln, wo sie in der Thieboldsgasse 138 unterkamen. Die Mutter Helene Herz geb. Marx starb hier 1941, die Schwestern Meta und Selma wurden am 30. Oktober 1941 nach Lodz deportiert und im Mai 1942 im Vernichtungslager Chelmno vergast.

4. Station – Venloer Strasse 567

Zwei Tage nach dem Novemberpogrom, am 12. November 1938, wurde Juden die selbständige Führung eines Betriebes untersagt, drei Wochen später, am 3. Dezember 1938, das Führen von Fahrzeugen. Sein Gewerbe als Spediteur konnte Ernst Herz also nicht weiterführen, er war arbeitslos. Die Lage der Familie, bei der auch die kranke Oma Henriette Jacobsohn lebte, wurde immer verzweifelter. Vom Arbeitsamt wurden die arbeitsfähigen Familienmitglieder zum Geschlossenen Arbeitseinsatz für Juden herangezogen, wo sie nur die niedrigsten Lohnsätze für ungelernte Hilfsarbeitern erhielten. Ernst Herz und der älteste Sohn Alfred wurden in einer jüdischen Arbeitskolonne im Straßenbau eingesetzt, Rudy bei einer Kölner Barackenbaufirma. An eine reguläre Berufsausbildung oder an Schulbesuch der Kinder war nicht zu denken.

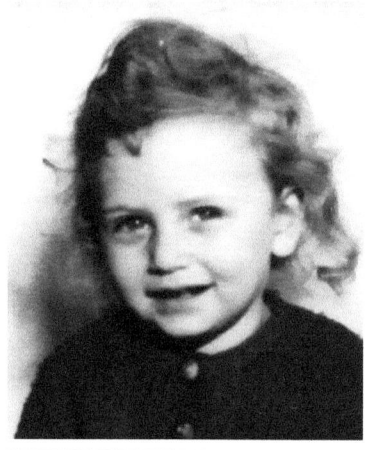

Im Frühjahr 1942 musste die Familie – einschließlich der bei ihr lebenden Oma – die Wohnung in der Neuen Maastrichter Straße 3 räumen und wurde für kurze Zeit in das Barackenlager in Köln-Müngersdorf eingewiesen, nach wenigen Tagen dann aber in einem Nebenraum der in der Pogromnacht 1938 im Innern demolierten Synagoge in der St.-Apern-Straße untergebracht, wo ein jüdisches Sammellager eingerichtet worden war. Es war die letzte Station vor der Deportation, die man unaufhaltsam auf sich zukommen sah, waren doch seit Oktober 1941 zahlreiche Verwandte und Bekannte abtransportiert worden, sodass es zunehmend einsam um die Familie wurde. Der Tausend-Bomber-Angriff auf Köln vom 30./31. Mai 1942 mit seinen verheerenden Auswirkungen für die Stadt vergrößerte noch Not und Chaos. Am 27. Juli 1942 wurden dann die gesamte achtköpfige Familie und die kranke Oma von Köln-Deutz aus nach Theresienstadt deportiert. Es war deren 78. Geburtstag. Der erst ein halbes Jahr alte Jona wurde im Tragekörbchen mitgenommen.

069 Johanna Herz, geb. am 25.4.1938 im Krankenhaus in Stommeln
070 Henriette Jacobsohn geb. Kappel

071 Gedenkplatte am Eingang zum Bahnhof Deutz-Tief

Die Oma überlebte die unmenschlichen Lebensbedingungen im Ghetto noch knapp zwei Jahre; sie starb am 17. März 1944 in Theresienstadt.[98] Die übrige Familie wurde einen Monat später, am 15. Mai 1944, nach Auschwitz-Birkenau deportiert, wo sie für ein paar Wochen im sogenannten Familienlager BIIb in großen Blocks (Baracken) untergebracht war. Dieses Familienlager hatte die Lagerleitung einer Kommission des Internationalen Roten Kreuzes als Beleg für die angeblich faire Behandlung der Juden vorführen wollen, wenn diese nach der anberaumten Besichtigung von Theresienstadt auch nach Auschwitz kommen sollte. Für die Familie waren es Wochen des Hungerns, des quälenden Nichtstuns, der ständigen Demütigung und Angst. Als die Kommission sich dann bei der Besichtigung von Theresienstadt durch falschen Schein täuschen ließ und auf eine Weiterreise nach Auschwitz verzichtete, beschloss die Lagerleitung Anfang Juli 1944 die Liquidierung des Familienlagers in Birkenau. Zunächst wurden arbeitsfähige Häftlinge selektiert, um sie zur Arbeit in einem der 47 Auschwitz-Außenlager heranzuziehen. Vater Ernst Herz wurde in das Lager Blechhammer verlegt (bei Kędzierzyn-Koźle), wo damals an die 4 000 jüdische Häftlinge für die Oberschlesische Hydrierwerke AG chemische Anlagen bauten. Hier ist Ernst Herz verschollen.[99] Seine Söhne Alfred und Rudy, 20 und 19 Jahre alt, kamen in das Außenlager Schwarzheide im Niederlausitzer Braunkohlenrevier, 50 km nördlich von Dresden, wo sie in einem Hydrierwerk der Braunkohle-Benzin AG (BRABAG) arbeiten mussten.

Die Mutter Lily und die jüngeren Geschwister waren für die Gaskammer bestimmt. Als sie sich am Vorabend des Abtransports ihrer beiden Söhne von diesen verabschiedete, war ihr Herz gebrochen: »Kind, lieber Rudy, ich habe solche Angst. […] Du gehst weg, und ich kann dir nichts mehr mitgeben, man hat uns alles, alles genommen, sogar die Hoffnung.« Ich habe wiederholt erlebt, wie Rudy Herz ansetzte, diese Abschiedsszene zu schildern; jedes Mal übermannte es ihn, und er konnte nicht weitererzählen. Nur einmal gelang es ihm: »Wir küssten uns zum letzten Mal, umarmten uns, zum letzten Mal. Meine gute Mutter ging weg, sie sah nicht mehr zurück. Ein großer Teil meiner Seele ging mit ihr und ist mit ihr geblieben.« Am 11. Juli 1944 wurde Lily Herz mit ihren drei jüngsten Kindern Walter, Johanna und Jona in der Gaskammer ermordet. Jona war damals zweieinhalb Jahre alt.

Karl Otto, damals 16 Jahre alt, war kurz vorher noch zusammen mit einigen Jugendlichen ausgesondert worden, um, statt in der Gaskammer zu sterben, in einem Rollwagenkommando kleinere Transporte im Lager durchzuführen. Die Jugendlichen dieses Kommandos wurden im Block 13 in unmittelbarer Nähe der Krematorien untergebracht, und hier musste Karl Otto mit ansehen, wie seine Mutter mit den drei jüngeren Geschwistern in langer Schlange in die Gaskammer getrieben wurde, und einige Zeit später roch er den Rauch und sah die rötlichen Flammen, die aus dem Schornstein des Krematoriums meterhoch schlugen. Nach seiner Rettung hat Karl Otto 1945/46 in einem DP-Camp in Linz an der Donau seine traumatische Erfahrung in einem Gedicht festgehalten:

Birkenau

Schemen sind's, die mir erscheinen.
In des Nebels dichtem Grau
Seh' ich Bilder sich vereinen,
Und sie rufen: Birkenau!

Die Baracken, Stacheldrähte
Sind mir alle noch vertraut.
Seh' ich euch in Flammenröte,
Wie ich einstens euch geschaut,

Als aus den verhassten Schloten
Meterhoch die Flamme schlug,

Die, genährt vom Fleisch der Toten,
Menschen in die Lüfte trug?

Als die Lüfte widerhallten
Vom verzweifelten Geschrei
Jener Menschen, die da wallten
Schweren Schrittes, Reih' an Reih'

Zur Vergasung in den Kammern?
Qualvoller Erstickungstod!
Wenn die Lippen nur noch stammeln
Fragend, zweifelnd, klagend: Gott??!

Sieh, wie sich die Nebel teilen!
Bilder kommen viel ans Licht.
Darf nicht allzu lang verweilen.
Jedes ruft: Vergiss mich nicht!

Bleiche Köpfe der Gefährten
Suchen flehend meinen Blick.
Nie, solang ich weil' auf Erden,
Sei vergessen ihr Geschick.

Kennst du mich noch? rufen die Bilder.
Weiß wohl nicht, was heut' mich treibt,
Doch mein Herz klopft immer wilder,
Während meine Feder schreibt.

Den drei noch lebenden jüngeren Geschwistern standen schlimme Monate bevor. Im Lager Schwarzheide erkrankte Rudy Herz, erschöpft durch die unmenschliche Schwerstarbeit, die völlig unzureichende Ernährung, die brutale Behandlung und auch die häufigen Luftangriffe der Royal Air Force. Weil er kaum noch einsatzfähig schien, wurde er Ende August/Anfang September 1944 mit einigen anderen in das 50 km entfernte Lager Lieberose gebracht, von wo aus er in das Stammlager KZ Sachsenhausen weitergeleitet werden sollte, um dort einem Sammeltransport nach Auschwitz angeschlossen zu werden. Das hätte seinen Tod bedeutet. Glücklichen Umständen war es zu verdanken, dass es nicht so kam, sondern er im Lager Lieberose blieb und beim Ausbau eines Truppenübungsplatzes der SS-Division Kurmark eingesetzt wurde.

Als am 1. Februar 1945 der Befehl erging, das Lager Lieberose wegen des Vorrückens der Roten Armee zu räumen, wurden Hunderte von kranken Häftlingen in einem widerlichen Mordgemetzel erschossen, während die rund 1 500 Gehfähigen, unter ihnen Rudy Herz, am 2. Februar bei eisiger Kälte und hohem Schnee in Holzpantinen und elenden Kleiderfetzen, die keinen Schutz boten gegen die Kälte, in einem mehrtägigen Fußmarsch in das KZ Sachsenhausen getrieben wurden. Als man am 9. Februar das Lager erreichte, waren 400 den Strapazen des »Todesmarsches« erlegen und/ oder erschossen worden. Wenig später wurde Rudy Herz in einem Massentransport in Viehwaggons in das KZ Mauthausen bei Linz an der Donau deportiert, wo er im Lager Gusen II in unterirdischen Produktionsstollen im Flugzeugbau eingesetzt wurde und Aluminiumbleche zu einer Schweißmaschine schleppen musste. Die Arbeit war so schwer, die Ernährung so schlecht, dass er und seine Mithäftlinge zu »Muselmännern«, zu lebenden Gerippen aus Haut und Knochen, aushungerten.

Im benachbarten Lager Gusen I erging es seinem Bruder Karl Otto ähnlich. Im Oktober 1944 war er, gerade erst 16 Jahre alt, von Auschwitz-Birkenau in das Lager Sosnowitz II verlegt worden, wo an die tausend jüdische Häftlinge für die Firma Berghütte Ost-Maschinenbau GmbH in einer Eisenhütte mit dem Guss von Rohren für Flugabwehrgeschütze sowie mit der Herstellung von Granaten beschäftigt waren. Nach Auflösung des Lagers am 17. Januar 1945 überstand Karl Otto einen Todesmarsch nach Troppau und wurde von dort mit der Reichsbahn nach Mauthausen transportiert. Von den 863 Häftlingen, die am 17. Februar in Sosnowitz losmarschiert waren, erreichten sechzehn Tage später, am 4. Februar 1945, noch 629 das KZ Mauthausen.

Als Mauthausen und die Lager Gusen I und II am 5. Mai 1945 von den Amerikanern befreit wurden, wog Karl Otto noch 36 Kilo und war drei Wochen lang nicht in der Lage, das Lager zu verlassen. Danach kam er in Linz in eines der dort von den Amerikanern eingerichteten DP Camps. In einem anderen DP Camp in Linz befand sich sein Bruder Rudy, ohne dass beide einander begegneten. Karl Otto hatte das Glück, mit einem Transport für jugendliche Waise 1946 in die USA zu gelangen. Sein Bruder Rudy brauchte einen langen, abenteuerlichen Weg über Rotterdam und Südfrankreich (Heim in Moissac)[99a], bis auch ihm schließlich von Le Havre aus die Ausreise in die Vereinigten Staaten gelang und er seinen Bruder im Dezember 1946 im Hafen von New York in die Arme schließen konnte.

Ihr ältester Bruder Alfred überlebte den Holocaust nicht. Bis Ende 1944 blieb er im Lager Schwarzheide, wo er schließlich erkrankte und in den sogenannten »Schonungsblock« kam, in dem die todkranken »Muselmänner« lagen. Am 23. Januar 1945, als die Rote Armee der Sowjetunion bis auf 60 km herangerückt war, wurde er unter schrecklichsten Bedingungen

072 Postkarte von Alfred Herz aus dem „Schonungsblock" in Schwarzheide, KZ Sachsenhausen, Vor- und Rückseite, an seinen Onkel Hermann Jacobsohn in Köln, 14.11.1944. Poststempel: Oranienburg, 17.11.44. Körperlich war Alfred schon völlig erschöpft, die versteckte Bitte um ein »Paket« belegt seine Mangelernährung.

mit ca. 320 kranken Häftlingen im offenen Güterwaggon in einem mehrtägigen, kriegsbedingt immer wieder stockenden Transport in eisiger Winterskälte in das *horror camp* Bergen-Belsen gebracht, wo er am 28. März 1945 verstarb.

HERMANN JACOBSOHN

Kehren wir noch einmal zurück nach Stommeln, wo der 1895 geborene Hermann Jacobsohn zusammen mit seiner Schwester Lily im Haus Venloer Straße 567 aufwuchs. Auf einem Schulfoto um 1901/02 präsentiert er sich in schickem Marinelook, wie er damals, in den Jahren der Flottenpolitik, auch in seinem patriotisch gesinnten Elternhaus beliebt war. Er war ein aufgeweckter Schüler, und sein Lehrer empfahl den Besuch eines Gymnasiums in Köln. Aber das konnten seine Eltern nicht bezahlen. Aber da gab es ja den Onkel Salomon (Sally) Kappel, der in Mons, im wallonischen Teil Belgiens, als Textilkaufmann zu Wohlstand gekommen war, trotz seines schlimmen Schicksals, dass ein Bein wegen Kinderlähmung in Stommelner Kindertagen verkrüppelt war.[100] Er nahm den vierzehnjährigen, aus der Volksschule entlassenen Neffen unter seine Fittiche, ermöglichte ihm in seinem Geschäft eine kaufmännische Ausbildung und schickte ihn auf eine höhere Handelsschule. Vier Jahre lang war Hermann Jacobsohn in Mons, und Französisch wurde für ihn die selbstverständliche Verkehrssprache des Alltags.

1913 kehrte er nach Stommeln zurück, lebte wieder bei seinen Eltern im Haus Venloer Straße 567 und wurde Mitglied des Männergesangvereins. Aber ihn lockte die Stadt Köln, wo er Arbeit bei der Firma Meirowsky & Co. fand, die in ihren Fabrikanlagen in Porz-Urbach Isolierstoffe produzierte, u. a. für Transformatoren. Während sein Bruder Siegfried Ende Dezember 1914 im Ersten Weltkrieg fiel, blieb ihm selbst wegen »körperlicher Schwäche« der Kriegsdienst erspart. 1918 erkrankte er an der damals pandemisch wütenden Spanischen Grippe, konnte aber nach viermona-

073 Der achtjährige Hermann Jacobsohn im patriotischen Marinelook, 1903; Ausschnitt aus Abb. 074

074 Erste Knabenklasse der Kath. Volksschule in Stommeln, 1903; Hermann Jacobsohn: 1. Reihe, rechts außen; 2. Reihe von oben, links außen: Georg Moses

tigem Aufenthalt in einem Schwarzwald-Sanatorium (St. Blasien) wiederhergestellt werden.

1919 gründete Hermann Jacobsohn eine eigene Firma für die Herstellung von Isoliermaterial für Elektrokabel und erwarb in Köln-Westhoven hierfür eine Produktionshalle. Bereits seit 1917 lebte er in Köln, seit 1922 in der Volksgartenstraße 10. Unermüdlich war er geschäftlich tätig, und zugleich hungrig nach dem gesellschaftlichen Leben der Großstadt. Durchtanzte Nächte, Freundschaften und Liebschaften erfüllten sein Leben. Um 1920 entstandene Fotos zeigen ihn als elegant gekleideten jungen Dandy mit Strohhut und Spazierstock oder als Mitwirkenden bei extravaganten Maskeraden seines »Tanzkränzchens«. Mit formvollendeten Manieren setzte man sich in Szene, hob sich mit snobistischer Hochnäsigkeit von der Gewöhnlichkeit des bürgerlichen Alltags ab und feierte das Vergnügen als den eigentlichen Sinn des Lebens.

4. Station – Venloer Strasse 567

075 Hermann Jacobsohn (Sitzreihe 2. v. l.) mit seinem geliebten „Tanzkränzchen" in Köln in dandyhaften Maskeraden und Posen
076, 077, 078   Hermann Jacobsohn in seiner Kölner »Glanzzeit«, um 1920

Hermann Jacobsohn war zu Geld gekommen und ging spendabel damit um – allzu sorglos und spendabel. Die Hochinflation 1923 machte schließlich sein ganzes Vermögen zunichte, und ohne Arbeit und ohne Geld kehrte er 1924 wieder zu seinen Eltern nach Stommeln zurück. Auch seine Beziehung zu der jungen Katholikin Elisabeth Neukirchen zerbrach damals am Widerstand der Eltern. Aber Hermann Jacobsohn raffte sich auf, fand erneut Arbeit bei seiner alten Firma Meirowsky in Porz, zog zurück in die Volksgartenstraße 10 in Köln und nahm wieder Kontakt auf zu Elisabeth Neukirchen. Das junge Paar eröffnete schließlich den Eltern, dass sie fest entschlossen seien zu heiraten – und stießen damit bei beiden Eltern auf strikte Ablehnung. Unerbittlich verweigerten sie jeden Kontakt. Keiner von ihnen oder von den anderen Familienmitgliedern kam zur Trauung auf dem Bonner[101] Standesamt im Februar 1926, auch nicht die Schwester Lily, zu der der Kontakt dann aber doch nicht ganz abbrach. Das junge Paar wohnte in Köln-Porz. Am 20. Januar 1927 wurde Tochter Helga geboren und in der Pfarrkirche St. Johann Baptist katholisch getauft – so hatte man es im Voraus vereinbart.

1931 machte Hermann Jacobsohn sich wieder selbständig als Vertreter der Brüsseler Firma Smeets in Köln und verkaufte deren Kabel und Isoliermaterial in Deutschland. In der Lothringer Straße 7 mietete er zwei Geschäftsräume für seine Agentur, stellte zwei Mitarbeiter ein und zog mit seiner Familie in eine größere Wohnung im Vringsveedel, Im Dau 11. Zehn Jahre lang wohnte die Familie hier. Als Tochter Helga 1936 in St. Johann Baptist zur ersten heiligen Kommunion ging, wunderte sie sich, dass ihr Vater nicht auch zur Kommunionbank schritt. Ihr war gar nicht bewusst, dass er Jude war. 1939 entschloss Hermann Jacobsohn sich dann zur Konversion zum katholischen Glauben. Für die Nazis, gefangen in rassistischem Denken, änderte das aber nichts an seinem Judesein. Bereits 1937

079 Hermann Jacobsohn und seine Frau Elisabeth geb. Neukirchen wenige Wochen nach der Hochzeit, Ostern 1926

zwangen die Nazis Hermann Jacobsohn zur Aufgabe seiner Importfirma. Verschärfte Devisenbestimmungen und schikanöse Betriebskontrollen machten ihm das Leben schwer. Erneut stand er bald vor dem beruflichen Aus und schlug sich bis 1939 mit kleinen Jobs durch und reiste durch Deutschland, um Plakate oder Emaille-Reklameschilder für Opekta oder den Heizungsbauer Junkers und andere Firmen aufzuhängen.

Seit Kriegsbeginn am 1. September 1939 bestand für Juden abendliches Ausgehverbot. Hermann Jacobsohn, der Schlimmes kommen sah, hat damals versucht, illegal nach Belgien zu fliehen, wurde aber gefasst und zu einer zweieinhalbmonatigen Gefängnisstrafe verurteilt, die er in Aachen absaß. Wieder zurück in Köln, wurde er vom 16. Juli 1940 bis zum 1. März 1943 zur jüdischen Zwangsarbeit in der Seilerei der Rheinischen Draht- und Kabelwerke in Köln-Riehl herangezogen. Die jüdischen Kolonnen arbeiteten unter Bewachung durch einen Werkspolizisten und in strikter Trennung von der übrigen »Gefolgschaft« (Belegschaft) und auch von den eingesetzten Zwangsarbeitern. Walter Weiner, ein Schicksalsgefährte Hermann Jacobsohns, schrieb in einer eidesstattlichen Erklärung vom 27. Oktober 1949:

> »Die Behandlung [...] entsprach in keiner Weise dem sonst üblichen Verhältnis zwischen Vorarbeiter und Arbeiter, sondern wurde in beleidigender und diffamierender Weise durchgeführt, die unbedingt mit einer entsprechenden Behandlung in Zuchthäusern verglichen werden muß. Auch sonstige arbeitsrechtliche Bedingungen wurden in keiner Weise eingehalten, und wir wurden gezwungen, lange Zeit hindurch ununterbrochen in Nachtschichten von 14 Stunden zu arbeiten.«[102]

Von dem kläglichen Hilfsarbeiterlohn allein, den Hermann Jacobsohn mit nach Hause brachte, hätte die Familie kaum leben können, aber die Mutter hatte eine Anstellung bei der IDUNA-Versicherung in Köln. Ihre schöne Wohnung im Vringsveedel brannte nach einem Luftangriff am 29. Juni 1943 vollständig aus, sodass die Familie froh war, bei der Oma Anna Neukirchen auf dem Eigelstein Nr. 127–129 Unterschlupf zu finden; angesichts der existentiellen Not stellte sie ihre katholisch-jüdischen Vorbehalte zurück. Nach einem verheerenden Luftangriff kurze Zeit später in der Nacht vom 8. auf den 9. Juli 1943 musste man jedoch wieder umziehen in ein Notquartier, bis man Ende 1943 im Hinterhaus von Haus Eigelstein 127 notdürftig zwei Zimmer hergerichtet hatte.

Seit 1941 trafen immer wieder Postkarten aus Theresienstadt ein, geschrieben von Lily Herz, die ihren Bruder Hermann in verklausulierter Form um Lebensmittel bat. Hermann und Elisabeth Jacobsohn packten Hilfspakete, Lily bedankte sich, aber Hunger und Not in Theresienstadt blieben, und für Hermann wurde es immer schwieriger, seiner Schwester und ihrer Familie zu helfen. 46 solcher Postkarten Lilys aus Theresienstadt an ihren Bruder sind erhalten, sie zeugen von der Not im Ghetto, von der wachsenden Not aber auch in Köln.

Tochter Helga, in den Augen der Nazis trotz ihres katholischen Glaubens eine Halbjüdin, durfte mit Ende des Schuljahres Ostern 1943 die Kaiserin-Augusta-Schule am Kartäuserwall nicht mehr besuchen; das Abitur war ihr verwehrt. Der Jugendtraum, Apothekerin zu werden, blieb unerfüllbar. Hatten die Nationalsozialisten bisher aus Angst vor lauten Protestaktionen

080 Postkarte von Lily Herz aus Theresienstadt an ihren Bruder Hermann Jacobsohn in Köln, 20.3.1944, Poststempel: Charlottenburg 6.7.1944. Rückseite: » 20.3.44 Meine Lieben! Die Bestätigung für das letzte Päckchen werdet Ihr wohl erhalten haben und hat die Butter den beiden kleinen Kindern wohl gemundet. Wir hoffen Euch, Ihr Lieben, gesund. Das ist die Hauptsache. Wir sind es gottlob auch. Leider ist die lb. Mama am 17. März im 80. Lebensjahr entschlafen, nachdem dieselbe in letzter Zeit öftere starke Herzanfälle hatte. Es ist hier noch sehr winterliches Wetter. Die Kinder möchten schon warmes Wetter brauchen. Ihr, meine Lieben, bleibt nur wohlauf und denkt in treuen [Gedanken] an uns. Wir grüßen Euch herzlich. In Liebe Lily«

081　Helga Jacobsohn, März 1943

(wie Anfang März 1943 in der Rosenstraße in Berlin) Juden in Mischehen »geschont«, ließ man zunehmend alle Rücksichtnahme fallen. Bereits im August 1943 ordnete Gauleiter Josef Grohé »die Evakuierung aller Juden ohne jegliche Ausnahme« an, ohne Rücksicht »auf den deutschblütigen Teil« bei Mischehen.[103]

Am 12. September 1944 erhielt Hermann Jacobsohn eine vom Führer des 1. Polizeireviers (Im Sionstal 29–31) unterzeichnete Aufforderung, seine Wohnung zu verlassen:

»Sie werden hiermit mit sämtlichen Familienangehörigen aufgefordert, sich bis zum 13.9.1944 18 Uhr in Köln-Müngersdorf, Barackenlager, Gemeinschaftslager Eischhorn (sic), einzufinden. Es sind mitzubringen: Wäsche, Bettzeug, Essen und Kochgeschirre sowie Reinigungsmaterial. Die Wohnung ist ordnungsgemäß zu verschließen und der Wohnungsschlüssel mit einem Schildchen zu versehen und dem Lagerleiter in Köln-Müngersdorf abzuliefern.«[104]

Zeit zum Überlegen blieb da keine. Hermann und Elisabeth folgten mit ihrer Tochter Helga der Aufforderung und begaben sich mit einigen Habseligkeiten in das Barackenlager. Aber dort umlaufende Gerüchte ließen ihnen keine Ruhe: Jüdische Ehepartner und auch »Mischlinge« würden nach Theresienstadt deportiert, die »arischen« Partner über die Weser gebracht. Tatsächlich wurden Ende September 1942 die jüdischen Familienmitglieder nach Theresienstadt deportiert, die nichtjüdischen Ehepartner aus dem Rheinland ausgewiesen und die Kinder, soweit sie christlich erzogen waren, bei Familienangehörigen untergebracht. Noch am 14. September 1944 verließen Hermann und Elisabeth Jacobsohn mit ihrer Tochter Helga das Lager, mussten dabei aber alles, was sie noch besaßen, zurücklassen, um nicht aufzufallen. Hermann trennte sich von Frau und Tochter und lebte ca. sechs Wochen im Untergrund des zerbombten Kölns und wechselte mehrfach sein Versteck in Kellern im Eigelsteinviertel oder in der Trümmerlandschaft der Fleischmengergasse. Die Mutter fand schließlich für sich und ihre Tochter einen Unterschlupf bei ihrem Vetter Hans Blameuser, der in Köln-Gremberg eine Spedition betrieb; dort gaben sie sich als ausgebombte Verwandte aus Hannover aus. Hierhin holte man schließlich Hermann Jacobsohn nach, der sich tagsüber im Führerhaus eines defekten, zwischen anderen Geräten abgestellten Lkw aufhielt. Nachdem die Amerikaner bereits am 6. März 1945 in das linksrheinische Köln einmarschiert waren, kam für das rechtsrheinische Gremberg am 13. April 1945 endlich die Befreiung.

Die Familie hatte das Glück, in Köln-Brück eine Wohnung zugewiesen zu bekommen. Und bald erwachte auch der Unternehmergeist wieder in Hermann Jacobsohn. Bereits Ende 1945 kaufte er mit seinem Freund Paul Bracht in Köln-

082 Hermann Jacobsohn mit Frau Elisabeth und Tochter Helga, nach Kriegsende 1945. Die beiden Frauen tragen selbstgeschneiderte Kleider.

Westhoven eine frühere Mannesmannhalle, um hier Kartonagen zu produzieren (»Kartonagenfabrik Paul Bracht oHG«).[105] Die hierfür erforderliche Strohpappe bezog er von einer Firma in Zülpich, die er zugleich mit Stroh belieferte von Stommelner Bauern. Wichtigster Kunde waren die Bayerwerke in Leverkusen. Die Firma wuchs und hatte schließlich über hundert Beschäftigte. 1956 konnte seine Familie ein neu errichtetes Einfamilienhaus in Köln-Rath beziehen. 1960 trennte er sich schließlich, inzwischen 65-jährig, von der Firma, blieb aber auch weiterhin aktiv bei der Vermittlung von Kartonagenmaschinen im In- und Ausland.

Am 6. Oktober 1972 starb seine Frau Elisabeth. Er selbst erkrankte 1982 an der feuchten Macula-Degeneration der Netzhaut, die zu seiner weitgehenden Erblindung führte. Er war nun auf die ständige Hilfe seiner zweiten Frau Hildegard Beckstedde angewiesen, unterkriegen ließ er sich aber

4. Station – Venloer Strasse 567

083 Der weitgehend erblindete Hermann Jacobsohn zusammen mit seiner zweiten Frau Hildegard Beckstedde und seinem aus den USA angereisten Neffen Rudy Herz zu Besuch in seiner alten Heimat Stommeln, 1987

nicht. Bis zuletzt pflegte er seine Kontakte zu dem ehemaligen Stommelner Schulrektor Erich Kerkmann und unterstützte den Pulheimer Geschichtsverein nach Kräften, als dieser Ende der 1970er Jahre damit begann, die Geschichte der Juden in Stommeln zu erforschen. Bis ins hohe Alter behielt er seine Tatkraft und Liebenswürdigkeit. Am 2. Dezember 1990 verstarb er im Alter von 95 Jahren. Die Tochter Helga, verheiratete Pilar, starb als 94-Jährige am 12. Oktober 2021. Wiederholten Gesprächen mit ihr und ihrer Tochter Dorit habe ich viele Informationen zu verdanken, die eine wichtige Grundlage bildeten für die voranstehende Darstellung.

084 Helga Pilar geb. Jacobsohn (am unteren Bildrand, 2. v. r.) im Kreise ihrer Familie, 2. v. l. Tochter Dorit, hinten in der Mitte stehend Sohn Thomas, Köln 2019

RUDY UND KARL OTTO HERZ: NEUES LEBEN IN DEN VEREINIGTEN STAATEN

Als die beiden Brüder sich im Dezember 1946 im Hafen von New York in die Arme schließen konnten, war es für sie ein Moment des höchsten Glücks. Jeder hatte geglaubt, der einzige Überlebende der Familie zu sein, und jetzt hatte jeder wenigstens noch einen Bruder. Aber bald ging jeder seinen eigenen Weg. Karl Otto war ein Intellektueller, der in Auschwitz eine Ausgabe von Goethes »Faust« auftrieb und las. Und jetzt in den USA wollte er studieren. Er blieb in New York, arbeitete tagsüber als Buchhalter im Büro einer Agentur und besuchte anschließend eine höhere Abendschule *(Evening High School)*. Anschließend studierte er Chemie, machte sein Masterdiplom an der Rutgers University *(The State University of New Jersey)* und wurde zum PhD promoviert. Noch während seiner Studienzeit heiratete er 1952 die Musikstudentin (Pianistin) Annette Kittens.

Nach dem Studium, etwa seit 1958, arbeitete Karl Otto Herz publizistisch und beschäftigte sich mit Fragen der Welternährung und war von 1966 bis 1970 Chefredakteur des monatlich erscheinenden *Food Technology Magazine*, der führenden ernährungswissenschaftlichen Fachzeitschrift in den Vereinigten Staaten. Er wechselte dann zur Welternährungsorganisation der Vereinten Nationen *(Food and Agriculture Organization, FAO)* mit Sitz in Rom. 24 Jahre lang lebte er dort mit seiner Frau und den vier Kindern[106] und betätigte sich forschend, publizistisch und als Delegierter

085 Karl Otto Herz mit seiner Frau Annette geb. Kittens und ihren vier Kindern Carol Lynn (*1956), Ronald Roy (*1962), Debra Sue (*1963), Barbara April (*1965), um 1970

auf Weltkonferenzen mit Problemen des Hungers in der Welt und den Möglichkeiten seiner Bekämpfung. 1993 trat er in den Ruhestand und verbrachte den Lebensabend mit seiner Frau in Las Vegas im US-Bundesstaat Nevada, wo er am 21. Dezember 2013 verstarb.

Auch Karl Ottos Bruder Rudy war ein belesener Mann, der bis ins Alter die klassische deutsche Literatur liebte. Aber zugleich war er im buchstäblichen Sinne ein erdverbundener Mensch, der mit seinen Händen arbeiten wollte. Er war leicht für etwas zu begeistern, hatte immer viele Ideen im Kopf und neigte dabei gelegentlich zu vorschnellen, nicht zu Ende durchdachten Entscheidungen. Dabei war er anspruchslos, extrem fleißig, menschenfreundlich. Die Spuren eines harten, komplizierten Lebens mit vielen Brüchen zeichneten ihn im Alter.

Im Dezember 1946 hatte nicht nur sein Bruder Karl Otto ihn im New Yorker Hafen empfangen, sondern er wurde kurz darauf auch von Erna Shafer geb. Cahn besucht, die wie er aus Stommeln stammte, ca. 1939 emigriert war und jetzt in Chicago lebte und dort ein Hutgeschäft betrieb. Sie hatte für Rudy eine Bürgschaftserklärung (Affidavit) abgegeben, um ihm die Emigration in die Vereinigten Staaten zu ermöglichen, und auch, zusammen mit Herta Oster, die Schiffspassage in Höhe von 500 Dollar bezahlt. Auf ihren Rat hin nahm Rudy eine Arbeitsstelle auf einer Hühnerfarm an, bis er das Geld zusammenhatte, um Herta Oster und Erna Shafer die vorgestreckten Passagierkosten zurückzahlen zu können. 1947 hatte er genügend gespart, reiste nach Chicago und verbrachte auch ein paar erholsame Wochen bei Erna Shafer. Aber die berufliche Zukunft war ungewiss. Schließlich nahm er im September 1947 eine Anstellung in einem Uhrengeschäft an und besuchte abends zwei Jahre lang eine Lehrwerkstatt, um sich zum Uhrmacher ausbilden zu lassen.

Im Juli 1950 wurde Rudy Herz zum Militär einberufen und diente nach der Grundausbildung 1951–1952 als amerikanischer Frontsoldat im Koreakrieg. Im Oktober 1952 kehrte er nach Chicago zurück und betrieb dort mit einer Partnerin ein Juwelier- und Uhrengeschäft (*Chicago Watchclock Corp.*). Aber die Stadt Chicago erlebte in den 1960er Jahren einen dramatischen Niedergang, und als immer mehr Kunden ausblieben, zog Rudy Herz 1963 die Reißleine, gab seine Teilhaberschaft auf und begab sich auf die Suche nach einer Zukunft für sich in Europa, mit etwa 50 bis 60 000 DM Startkapital in der Tasche.

Er kam nach Stommeln, besuchte den Zimmermeister Michael Lamprecht, der ihn 1941/42 in der Werkstatt der Kölner Firma Westdeutscher Barackenbau, wo er damals Meister war, anständig behandelt hatte. Bei ihm wollte er die Gesellenprüfung als Zimmermann nachholen und sich danach selbständig machen. Dann wieder schwebte ihm eine gärtnerische Tätigkeit vor. Aber sein Onkel Hermann Jacobsohn in Köln machte ihm klar, dass für eine selbständige Niederlassung in Deutschland sein Startkapital völlig unzureichend war. Rudy kaufte sich einen alten VW, fuhr an die Côte d'Azur, besuchte dort alte Bekannte aus seiner Zeit von 1945/46 in Südfrankreich und kaufte in Menton ein mehr oder weniger verwildertes, abseits gelegenes Terrassengrundstück, 1 Hektar groß, auf dem er Holzhäuser als Ferienhäuser für reiche Engländer errichten wollte. Aber zielführend war das alles nicht.

Im Frühjahr 1964 traf er dann, inzwischen 38 Jahre alt, die in München geborene Landschaftsarchitektin Ursula Syré, die aber damals als Hostess auf einem Kreuzfahrtschiff arbeitete. Sie heirateten, Ursula zog zu Rudy in die Behausung, die er sich auf seinem Terrassengrundstück geschaffen hatte, und gemeinsam bauten sie hier einen Gartenbaubetrieb auf. Das Leben war hart und entbehrungsreich, aber das schreckte beide nicht. Rudy verkaufte auf dem Markt in Menton von eigenen Bäumen geerntete Kirschen, Zitronen, Oliven oder selbst gezogenes Gemüse und Salat – oder Pilze, die er mit seiner Frau im Wald gesammelt hatte. 1964 wurde Tochter Carolyn geboren, benannt nach Rudys Mutter Lily; 1966 folgte Sohn Raphael.

Aber nach drei Jahren zerplatzte der Traum vom Leben an der Côte d'Azur. Die Geschäfte liefen zu schlecht. 1967 packten sie die Koffer und flogen mit ihren Kindern in die USA. In Augusta im US-Bundesstaat Georgia übernahm Rudy in einem großen Warenhaus die Filiale einer

086 Rudy Herz und seine Frau Ursula geb. Syré mit den Kindern Carolyn und Raphael, Sommer 1967. 1972 wurde noch Tochter Chantal geboren.

amerikanischen Kette von Juwelierläden. Aber das war ein Leben, das weder zu ihm noch zu seiner Frau passte. Also kauften sie mit Hilfe eines vergünstigten Kredits, der Rudy als Veteran der US Army zustand, ein Grundstück in Myrtle Beach an der Atlantikküste von South Carolina, gelegen an einer Ausfallstraße der Stadt (Highway 707). Ganz von vorne fingen sie hier 1970 wieder an und bauten Schritt für Schritt ein Gartencenter auf. Sie hielten 40 Ziegen und verkauften selbstgemachten Ziegenkäse – und Ursula brachte 1972 noch die Tochter Chantal zur Welt. Vor allem arbeitete sie aber als Landschaftsarchitektin. In Myrtle Beach hatten reiche Amerikaner ihre Ferienhäuser, und in deren großen Gärten gab es planerische Arbeit für sie, die Rudy dann praktisch umsetzte, indem er Gartenteiche anlegte oder Natursteinmauern errichtete. Es war eine Arbeit, die beider Naturell entsprach und der sie bis ins hohe Alter nachgingen. Zu Reichtum haben sie es nicht gebracht, aber doch zu einer sinnerfüllten, sicheren Existenz.

Über die Jahre der Verfolgung durch die Nationalsozialisten konnte er mit seiner Frau nicht reden; sie wollte das nicht, sagte ihm, er solle vergessen. Aber das konnte er nicht. Das Bild, wie seine Mutter sich in Auschwitz von ihm verabschiedete, ihre Stimme, die letzte Umarmung waren ihm Nacht für Nacht präsent. Einem Brief an mich vom Juni 2011 fügte er als Postskriptum Zeilen hinzu, die er bei Albert von Chamisso gefunden hatte:

»Ich träum' als Kind mich zurücke
Und schüttle mein greises Haupt;
Wie sucht ihr mich heim, ihr Bilder,
Die lang' ich vergessen geglaubt?«

Seine deutsche Heimat ließ ihn nicht los. 1963 hatte er sie zum ersten Mal wieder besucht. Im Oktober dieses Jahres wurde in Köln die Ausstellung »Monumenta Judaica. 2000 Jahre Geschichte und Kultur der Juden am Rhein« eröffnet. Er ging hin und stand mit jungen Leuten vor der Großaufnahme des Innern eines KZ-Blocks mit einem in der Mitte auf ganzer Länge durchlaufenden, in Ziegelstein gemauerten Kamin. Er versuchte, ihnen die Funktion dieses langen Kamins zu erklären, aber als er mit dem Finger zu nahe an das Foto kam, wies die Stimme eines Aufsehers ihn zurecht: »Bitte die Fotografie nicht berühren.« Dieser Befehlston eines »Uniformierten« weckte verborgene Ängste in ihm, er verstummte.

Er hatte keinen, mit dem er über das Erfahrene reden konnte. Aber als ihn dann 1982 ein Schreiben von Manfred Backhausen aus Pulheim erreichte, der ihm von einer Arbeitsgruppe des Pulheimer Geschichtsvereins berichtete, die die Geschichte der Stommelner Juden erforschen wolle, brach er sein Schweigen und begann, stoßweise und bruchstückhaft seine Erinnerungen niederzuschreiben. Es quälte ihn, in Worte zu fassen, was er erlitten hatte. Als es nicht mehr ging, versuchte er es mit einem Tonbandgerät und schickte schließlich das ganze Material an den Pulheimer Geschichtsverein. Zur Buchvorstellung des zweiten Bandes von »Juden in Stommeln« 1987 kam er in seinen Geburtsort. Auch in den USA hielt er seit dieser Zeit Vorträge vor Studenten und stellte sich 1991 für eine dreistündige Videoaufzeichnung zur Verfügung, die in der Reihe *South Carolina Voices: Lessons from the Holocaust* veröffentlicht wurde.[107]

Im Herbst 2010 führten Schüler der Papst-Johannes XXIII.-Schule in Stommeln unter Leitung ihres Lehrers Carsten Mayer eine öffentliche Aktion durch und hängten im Ort selbstgefertigte Todesanzeigen auf, in denen sie auf ermordete jüdische Kinder aus Stommeln und Fliesteden hinwiesen. Herr Mayer hatte mich in seine Klasse eingeladen, um den Schülerinnen und Schülern etwas über diese Kinder zu erzählen. Als die Schüler erfuhren, dass Rudy Herz noch lebte und ich seine Adresse kannte, beschlossen sie mit ihrem Lehrer, ihn nach Stommeln einzuladen. Trotz seines Alters von 85 Jahren sagte Rudy Herz spontan zu. Im Februar 2011 weilte er für fünf Tage in Stommeln und Köln. Bei einem »Begegnungsabend« in der Aula der Schule berichtete er vor 300 Besuchern in einem dreiviertel Stunden dauernden Vortrag von seinem Schicksal. Es war ein Abend, der das Publikum fast noch mehr erschöpfte als den alten Mann, der mit Stock vorne auf der Bühne stand oder saß und nicht zu bremsen war. Und es war zugleich ein Abend, der bei den Zuhörern tiefe Spuren hinterließ und eine Atmosphäre der mitfühlenden Verbundenheit schuf, die es Rudy Herz schließlich ermöglichte zu bekennen: »Ich bin ein Stommelner.« Am nächsten Morgen berichtete er am gleichen Ort noch einmal zweieinhalb Stunden lang den versammelten Oberstufenschülern von seinem persönlichen Schicksal und dem seiner Familie. Damals wurde Rudy Herz zur Symbolfigur für das Leid der Stommelner Juden und zur unüberhörbaren Mahnung zur Wahrhaftigkeit beim Erinnern und zur Versöhnung, die er selbst vorlebte. Bürgermeister Frank Keppeler empfing ihn am 15. Februar 2011 in Gegenwart aller Fraktionsvorsitzenden im Pulheimer Rathaus zum Eintrag in das Goldene Buch der Stadt. Ich selbst entschloss mich damals, eine Biographie über ihn zu schreiben.

Beflügelt kehrte Rudy Herz im Februar 2011 wieder nach Hause zurück. Vor allem die Anteilnahme der Schüler hatte ihn sehr berührt, und er war entschlossen, 2012 noch einmal zu kommen. Aber das war ihm nicht mehr vergönnt. Wegen einer Knieoperation musste er sich ins Krankenhaus begeben und fing sich einen multiresistenten Krankheitserreger ein, der ihm viele Wochen lang schwer zu schaffen machte. Im Frühherbst ging es dann wieder aufwärts, aber eine Lebensmittelvergiftung im Oktober 2011 warf ihn erneut aufs Krankenbett. Am 18. Oktober 2011 verstarb er im Hospital in Charleston, South Carolina. Bei der Trauerfeier verlas Sohn Raphael einen Nachruf des durch Krankheit verhinderten langjährigen Freundes P. L., in dem es u. a. hieß:

> »Rudy hatte einen hellen Geist, einen scharfen Verstand, ein liebenswürdiges Wesen, einen Sinn für Schönheit, ein gutes Herz und eine unstillbare geistige Neugier, wie ich sie noch bei keiner anderen Person gefunden habe. Und er hatte ein enzyklopädisches Wissen von praktisch allem unter der Sonne: Geschichte, Literatur, Theologie, Anthropologie, Philosophie, Botanik, Zoologie, Mythologie, Politik, Musik. […] Ihn zu kennen war eine Freude, mit ihm zu reden ein Vergnügen, und ihn als Freund gehabt zu haben war und wird für immer eine meiner teuersten Erfahrungen bleiben. […] Er war die einzige Person, die ich jemals kannte, die in allen Einzelheiten über Shakespeare diskutieren konnte, während sie eine verrostete Außen-Wasserpumpe ersetzte.«[108]

In Stommeln pflanzte eine Initiative von Bürgern und Schülern ihm zum bleibenden Gedenken 2012 eine Trauerzeder – neben dem Stommelner Ehrenmal unterhalb des Friedhofs und gegenüber dem ehemaligen Stommelner Krankenhaus, in dem er 1925 das Licht der Welt erblickte (vgl. S. 38 f.).

087 Letzter Besuch von Rudy Herz in Stommeln und Köln, Februar 2011: Stadtbummel mit der Nichte zweiten Grades Dorit Hahne geb. Pilar und ihrem Mann Walther Hahne

088 Rudy Herz, Februar 2011

089 Ursula Herz im Kreis ihrer Familie, November 2018; vorne, v. l.: Jacob Herz, Tobias Herz, Ursula Herz geb. Syré, Gabrielle Fryer, Isabella Fryer, Mike Fryer; hinten, v. l.: Raphael Herz, Susan Herz geb. McCarthy, Jim Thomas, Carolyn Thomas geb. Herz, Nathaniel Thomas, Chantal Fryer geb. Herz

5. STATION – VENLOER STRASSE 579

SOPHIA EHRLICH, PAULA ROSENDAHL, HELENE STOCK

Das zweigeschossige, traufenständige Gebäude ist in die Jahre gekommen, und doch fällt es auch heute noch auf in der Häuserzeile. Der glatte, rotbraune Backstein und die Gliederung der Fassade durch gelb geklinkerte Lisenen, Fensterbögen und Traufgesims sowie die zweifenstrige Mittelgaube mit markantem Treppengiebel geben dem Gebäude eine eher städtische Anmutung. Geplant war es von vornherein als Miethaus – auch das eine Besonderheit im bäuerlichen Stommeln. Bauherrin war die unverheiratete, ca. 1940 verstorbene Katharina Spell, geboren am 31.3.1856.[109] Sie hatte von ihren Eltern Conrad (*1811) und Margaretha Spell geb. Schmitz 13 Morgen Land geerbt. Durch deren Verkauf finanzierte sie den Neubau, von dessen Mieteinnahmen sie dann lebte. 1909, als Stommeln die erste Zentralwasserleitung bekam, ließ sie das Haus Venloer Straße 5 (heute 579) an das Leitungsnetz anschließen.[110] Daraus lässt sich schließen, dass es um 1900 errichtet worden sein dürfte. Für sich selbst ließ Katharina Spell an der Hauptstraße 30 ein kleines Häuschen mit langem Garten dahinter erbauen, das bis heute die Handschrift des gleichen Architekten verrät. Hier wohnte sie bis zu ihrem Tod als kleine, unscheinbare und zuletzt zunehmend verwahrloste Person.[111]

Im Erdgeschoss des Hauses an der Venloer Straße wohnte in den 1920er und 1930er Jahren die verwitwete und bereits betagte Sophia Ehrlich geb. Ullmann. Am 30. August 1840 war sie in Rödingen als Tochter von Abraham Ullmann und Sibilla Arentz geboren. Ihr Vater (1786–1868) betrieb zusammen mit seinem Bruder Isaak die Firma »Gebr. Ullmann, Handlungs-Gesellschaft für Vieh- und Fruchthandel«, betätigte sich aber auch als Immobilienmakler und betrieb ein Ellenwarengeschäft (Tuchwaren).[112] Der Bruder Isaak war Vorste-

090 Haus Venloer Straße 579 (2021)

her der jüdischem Spezialgemeinde in Rödingen, hatte 1841 das bis heute erhaltene »Vorsteherhaus« in Rödingen errichtet und den Hof hinter dem Haus im gleichen Jahr für die Errichtung einer kleinen Landsynagoge zur Verfügung gestellt. Beide Gebäude sind erhalten und dienen seit 2009 als LVR-Kulturhaus Landsynagoge Rödingen (Mühlenend 1).

Sophia Ehrlich geb. Ullmann entstammte also einer angesehenen, wohlhabenden jüdischen Familie. Am 4. Dezember 1873 heiratete sie in Düren den 32-jährigen Witwer Samuel Ehrlich aus Sindorf (*4.9.1841). In erster Ehe hatte dieser am 9. November 1869 Sara Jumpertz aus Aldenhoven geheiratet, die aber bereits 1870 in Sindorf verstorben war, möglicherweise im Kindbett. Sophia Ehrlich zog zu ihrem Mann nach Sindorf, wo dieser einen Viehhandel betrieb und auch als Makler tätig war. Sieben Kinder brachte sie zur Welt: Adele (*1874), Albert (*1876)[113], die Zwillingsschwestern Dora und Paula (*1878), Helene (1879)[114], Isidor (*1883) und Johanna (*1887).

1911 verstarb ihr Mann Samuel Ehrlich mit siebzig Jahren. Vermutlich ist sie bald danach von Sindorf nach Stommeln in die Nähe ihrer Tochter Dora gezogen, die dort am heutigen Josef-Gladbach-Platz 9 mit ihrem Mann Joseph Heymann lebte. In Haus Venloer Straße 579 bewohnte sie die Parterrewohnung. Für ihr waches politisches Interesse spricht die Tatsache, dass sie noch als 92-Jährige, damals älteste Einwohnerin Stommelns, beim zweiten Wahlgang zur Reichspräsidentenwahl am 10. April 1932 im Wahllokal in der Schule an der Eschgasse/Bahnhofstraße ihre Stimme abgab. Weil sie schon stark gehbehindert war, hatte man sie mit dem Auto hinbringen müssen.[115] Das abgebildete Foto (S. 116) hält fest, wie mehre-

091 Amalie Kappel und Sophia Ehrlich nach der Stimmabgabe bei der Reichstagswahl vom 7.12.1924 vor dem Wahllokal, v. l.: Henriette Jacobsohn geb. Kappel, Paula Rosendahl geb. Ehrlich, Amalie Kappel, Sophia Ehrlich, Dora Heymann, Joseph Heymann

092 Sophia Ehrlich, 92 Jahre alt, verlässt das Wahllokal (Volksschule Eschgasse/Bahnhofstraße) anlässlich des 2. Wahlgangs bei der Präsidentenwahl am 10.4.1932. Von der 1. Treppenstufe aus stützen sie Dina Moses geb. Monhajt (l.) und ihr Ehemann Ernst Moses (r.), von der 3. Stufe aus Tochter Helene Back geb. Ehrlich; im Hintergrund v. l.: Jakob Stock, Berta Stock, Paula Rosendahl geb. Ehrlich.

re jüdische Verwandte und Bekannte ihr nach dem Wahlgang wieder die Treppenstufen vor der Schultür hinunterhelfen.

Nachdem ihr Sohn Albert bereits 1914 als deutscher Soldat im Ersten Weltkrieg gefallen war, starb im Herbst 1926 auch ihre in Stommeln verheiratete Tochter Dora Heymann. Ihr Schwiegersohn Joseph Heymann verzog ein Jahr später nach Köln, nachdem seine drei Kinder bereits vorher Stommeln verlassen hatten. Vereinsamt war Sophia Ehrlich aber offenbar nicht. Anscheinend hat ihre Tochter Helene Back sich um sie gekümmert. Im Oktober 1936 zog dann ihre verwitwete Tochter Paula Rosendahl, geboren am 6. Mai 1878, die Zwillingsschwester von Dora Heymann, zu ihr. Ihr Mann Emil Rosendahl, mit dem sie in Gangelt in der Heinsberger Straße 2 gelebt und wo dieser eine Pferdehandlung betrieben hatte, war am 20. Januar 1935 verstorben.[116]

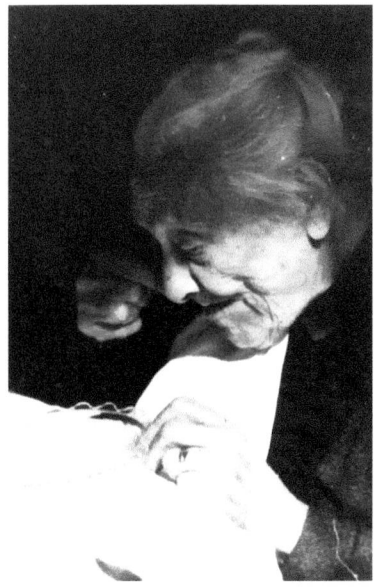

093 Sophia Ehrlich geb. Ullmann, um 1938
094 Zwei Töchter von Sophia Ehrlich, v. l.: Paula Rosendahl geb. Ehrlich und Johanna Kanarek geb. Ehrlich, 1920er Jahre

Für die hochbetagte Mutter war es ein Schock, als ihre Tochter Paula Rosendahl unerwartet am 20. Oktober 1938 an einem Herzschlag (»Herzlähmung«) verstarb.[117] Sie war erst sechzig Jahre alt. Zusätzlich überschattete die wachsende Diskriminierung der Juden die letzten Tage von Sophia Ehrlich, kulminierend in dem Pogrom vom 9./10. November 1938. Zehn Tage später, am 20. November 1938, verstarb sie, inzwischen 98 Jahre alt, im jüdischen Krankenhaus in Köln-Ehrenfeld. Wann sie dort eingeliefert wurde, ist nicht überliefert, vermutlich aber doch einige Tage früher. Als Todesursache nennt die Sterbeurkunde »Oberschenkelhalsbruch, Herzschwäche«.[118] Die zeitliche Nähe zum Novemberpogrom beunruhigt: Gibt es hier einen Zusammenhang? War der Sturz Sophia Ehrlichs, der zum Oberschenkelhalsbruch führte, eventuell eine Folge der mit dem Pogrom verbundenen Aufregung, vielleicht sogar von Vorgängen vor oder in ihrer Wohnung? Klären lässt sich das nicht mehr.

Nach ihrem Tod zog die Ortsgruppe der Stommelner NSDAP in die Parterrewohnung im Haus Venloer Straße 579 ein. Im Obergeschoss wohnte zunächst aber noch eine Jüdin: Helene Stock, eine Schwester von Jakob Stock in der Nettegasse. »Tante Lenchen«, wie man sie im Ort nannte, benutzte für einige Zeit die gleiche Haustür und den gleichen Flur wie die Stommelner Nazigrößen – was in deren Augen untragbar war. Aber die antijüdische Gesetzgebung in Deutschland schuf da Abhilfe, indem sie den Mieterschutz für Juden aufhob, sodass ihnen vorzeitig gekündigt werden konnte.[119] Ziel war die »Entjudung« »arischen« Hausbesitzes. Helene Stock zog zu ihrem Bruder Jakob Stock in der Nettegasse 7 (heute 11) in Stommeln. Das Haus an der Venloer Straße wurde damit endgültig zum »Braunen Haus« in Stommeln. Neben dem Büro des Stommelner Ortsgruppenleiters befanden sich hier fortan auch die Büros der NSV (Nationalsozialistische Volkswohlfahrt) und des Reichsnährstandes unter der Leitung des Ortsbauernführers.

6. STATION – BERLICH 36

FAMILIE JOSEF UND JOHANNA HEIDT

In dem stattlichen, vermutlich vor dem Ersten Weltkrieg erbauten Haus wohnte bis 1929 der aus Niederaußem stammende Viehhändler Josef Heidt (1864–1929)[120] mit seiner Frau Johanna geb. Stock (1871–1920) und den vier gemeinsamen Kindern. Das unten abgebildete Foto von 2001 zeigt rechts vom Wohnhaus ein Tor, das zum Hof führte. Entlang der Hauswand des rechten Nachbarhauses waren Stallungen und an der rückwärtigen Hofseite vermutlich eine Scheune. Seit 2020 steht auf diesem ehemaligen Hofgelände ein modernes Wohnhaus.

Zunächst hatte Josef Heidt mit seiner Frau in Glessen gewohnt; alle vier Kinder – Josefine, Julius, Max und Martha – wurden zwischen 1898 und 1905 dort geboren. Das Jahr des Umzugs nach Stommeln ist nicht bekannt. Vermutlich gab es hier einen Zusammenhang mit der Errichtung des neuen Wohnhauses am Berlich. Dass Stommeln seit 1899 an das Eisenbahnnetz angeschlossen war, machte den Wohnort attraktiv.

Josef Heidt war ein erfolgreicher Viehhändler, wenn er auch im Zuge der Agrarkrise seit 1927, wie andere auch, in geschäftliche Schwierigkeiten geriet. Er kaufte sein Vieh in größeren Stückzahlen auf den großen Viehmärkten in Lüneburg und Oldenburg, von Stommeln etwa 400 km entfernt. In Eisenbahnwaggons wurden die Tiere nach Stommeln gebracht. Hier wurden sie, wenn es sich nicht um einen bereits vorher vereinbarten Auftragskauf handelte, in dem langen Stallgebäude versorgt, bis sich ein Käufer fand. Zusätzlich

095 Haus der Familie Heidt, Berlich 36, um 2010; das Areal des ehemaligen Hofes und der Stallungen ist heute mit einem Wohnhaus bebaut.

096 Josef Heidt (l.), unterwegs auf dem Dorfanger in Stommeln, 1920er Jahre; in der Mitte Gastwirt Josef Esser. Der Stommelner Bach ist noch offen, im Hintergrund das damalige Postamt (heute „Alte Post").

war hier Platz für ein Pferd, das ihm als Zugtier für seine zweirädrige Pferdekutsche (Dogcart) diente, mit der er auch in den Nachbardörfern unterwegs war, um seine Kunden zu besuchen.

Für kleinere Viehtransporte über kürzere Entfernungen besaß Josef Heidt einen einspännigen Viehwagen, der zwei Tieren Platz bot. Wiederholt beauftragte er einen benachbarten Bauern damit, gegen Fuhrlohn mit diesem Wagen Schlachtviel zum Kölner Schlachthof zu bringen. Mit aufkommender Motorisierung übernahmen jedoch Lkw-Viehtransporter diese Aufgabe. Für die Nachbarn war es ein gewohntes Bild, dass morgens früh um 4 Uhr Peter Piel aus Köln-Junkersdorf mit seinem Viehtransporter vorfuhr, um Tiere zu verladen und nach Köln zu bringen. Unter dem Sohn und Geschäftsnachfolger Julius Heidt wurden diese Geschäftsbeziehungen fortgeführt, bis die nationalsozialistische Politik seinem »jüdischen« Viehhandel 1937 ein Ende machte.

Ein schwerer Schicksalsschlag war für Josef Heidt der frühe Tod seiner Frau Johanna am 23. Juni 1920; sie war erst 49 Jahre alt. Die beiden Töchter Josefine und Martha, damals 22 und knapp 15 Jahre alt, mussten nun die Haushaltsführung allein übernehmen. Ein Stückweit raubte dieses Schicksal ihnen ihre unbeschwerte Jugend und mag auch mit dazu geführt haben, dass beide unverheiratet blieben. Als neun Jahre später, am 25. April 1929, auch noch der Vater durch einen Unfall ums Leben kam, war die Familie bis ins Mark erschüttert. Josef Heidt war mit seinem Dogcart zu Kundenbe-

097 Johanna Heidt geb. Stock, um 1900
098 Johanna Heidt mit ihren beiden jüngsten Kindern Martha (*1905) und Julius (*1902), ca. 1907

suchen in Rommerskirchen und zuletzt in Ingendorf gewesen und befand sich auf dem Heimweg über den Feldweg im Kirchtal, als die Kutsche plötzlich umschlug und den Fahrer unter sich begrub. Das irritierte Pferd rannte mit dem umgestürzten Dogcart ins nahe Dorf und brachte die unheilvolle Kunde. An der Unglücksstelle fand man den schwerverletzten Josef Heidt und brachte ihn im Auto ins Stommelner Krankenhaus, wo er jedoch bald darauf verstarb.[121] Auf dem jüdischen Friedhof an der Nagelschmiedstraße befinden sich Relikte des während des Novemberpogroms 1938 zertrümmerten gemeinsamen Grabsteins von Johanna und Josef Heidt.

Die vier herangewachsenen Kinder waren nun sich selbst überlassen. Der zweitälteste Sohn Max, Getreidehändler von Beruf, hatte allerdings das Haus schon Anfang der 1920er Jahre verlassen. Bis 1922 wohnte er in Duisburg, wo er vermutlich bei einem Getreideimporteur angestellt war. Aus dieser beruflichen Tätigkeit ergaben sich Kontakte nach Rotterdam, wohin vermutlich seine Firma ihn 1922 schickte und wo er zunächst zur Untermiete mit wechselnden Adressen lebte. Am 28. August 1924 heiratete er die in Rotterdam geborene Eveline Pool.[122] Am 17. Juni 1925 wurde Sohn Eddy Josef geboren. Das Ehepaar lebte in der Nähe der Eltern bzw. Schwiegereltern (Heemraadssingel 30b). 1934 erhielt Max Heidt die niederländische Staatsbürgerschaft.

In Stommeln übernahm nach dem Tod des Vaters der älteste Sohn Julius das Viehhandelsgeschäft. Aber zwischen ihm und seinen Schwestern kam es bald zum Zerwürfnis. Am 19. September 1933 hatte er die Katholikin Elisabeth Beuth aus Pulheim, Tochter des Polizeibeamten Josef Beuth, geheiratet. Um das zu ermöglichen, war er zum katholischen Glauben konvertiert: Die katholische Kirche verlangte es vor einer kirchlichen Trauung und die Eltern der Braut ebenfalls. Für die jüdischen Freunde und die Geschwister von Julius Heidt bedeutete das jedoch einen Verrat an den jüdischen Wurzeln, und sie brachen den Kontakt zu ihrem Bruder und seiner Frau ab. Auch öffentliche Anfeindungen drohten, nachdem Hitler am 30. Januar 1933 an die Macht gekommen war. Weil die Brautleute Ausschreitungen bei einer größeren öffentlichen Hochzeitsfeier befürchteten, feierten sie nur im engsten Familienkreis im Elternhaus der Braut.[123] Nach der Hochzeit wohnte Julius Heidt in Pulheim im Haus Alte Kölner Straße 20.

Niemand von Julius' Geschwistern hat die Nazizeit überlebt. Max, der in Rotterdam lebte, konnte zwar seine beiden Schwestern 1936/37 nachholen, aber gerettet hat es sie letztlich nicht. Nach dem Wegzug der Schwestern wurde das Haus auf dem Berlich von der Kreissparkasse Köln gekauft, die im Untergeschoss ihre Geschäftsräume einrichtete.[124]

MAX, MARTHA UND JOSEFINE HEIDT

Der Neuanfang in den Niederlanden war für die Schwestern schwer. Vermögenswerte konnten sie nicht mitnehmen, das erlaubten die deutschen Devisengesetze nicht. Weitgehend mittellos kamen sie über die Grenze. Sie ließen sich nicht wie ihr Bruder in Rotterdam nieder, sondern in Amsterdam, wo damals Tausende von deutsch-jüdischen Emigranten lebten und wo am ehesten eine Unterstützung bei der Wohnungssuche und bei der Bestreitung des Unterhalts zu erwarten war, und zwar durch den Jüdischen Rat. Auch waren in Amsterdam die Chancen größer, in einer jüdischen Familie als Hausangestellte unterzukommen.

In den Niederlanden, deren Neutralität von den Nachbarstaaten anerkannt war, und erst recht in der weltoffenen und liberalen Stadt Amster-

099 Max Heidt, um 1935   100 Josefine H., um 1935   101 Martha Heidt, um 1935

dam fühlten die beiden Emigrantinnen sich zunächst sicher vor nationalsozialistischer Verfolgung. Aber dieser Eindruck trog. Mit dem Überfall und Einmarsch der deutschen Wehrmacht in die Niederlande am 10. Mai 1940 waren sie wieder im deutschen Herrschaftsbereich. Als die deutsche Luftwaffe am 14. Mai 1940 Rotterdam bombardierte, die ganze Altstadt in eine Schuttwüste verwandelte und 814 Menschen starben, fand auch Max Heidt den Tod. Seine Frau und Sohn Eddy Josef überlebten im Untergrund, wanderten nach 1945 in die Vereinigten Staaten aus und lebten in New York. Eddy Josef verzog später nach Florida.[125]

Die Vorbereitungen für die systematische Ermordung der Juden in den Niederlanden liefen bereits 1941 an. SS-Hauptsturmführer Ferdinand aus der Fünten war als Leiter der Zentralstelle für jüdische Auswanderung in Amsterdam zuständig für die Registrierung, Verhaftung und Deportation der in den Niederlanden lebenden Juden. Im Januar 1941 hatte der deutsche Reichskommissar für die Niederlande Arthur Seyß-Inquart die Registrierung aller im Land ansässigen Juden durch die Meldeämter der Gemeinden angeordnet, und daraus entstand bis September 1941 ein amtliches Judenregister; es umfasste 140 552 Juden, 14 549 »Halb«- und 5 719

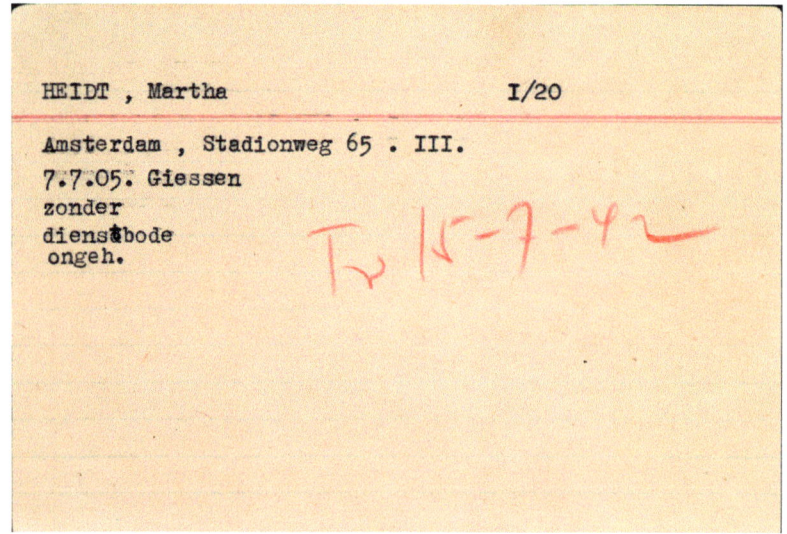

102 Karteikarte des Amsterdamer Judenrates für Martha Heidt mit dem Vermerk in Rot: »Tr[ansport] 15.7.42«

»Vierteljuden«.[126] Die deutschen Dienststellen waren über Namen und Adressen aller in den Niederlanden lebenden Juden also bestens informiert.

Ferdinand aus der Fünten, mit der Durchführung der Deportationen beauftragt, bestimmte Zahl und Termin der Transporte, überließ dem Jüdischen Rat in Amsterdam aber deren Zusammenstellung. Der Jüdische Rat wurde damit – ungewollt und machtlos – zum Kollaborateur, mit dem die Nationalsozialisten ihr infames Spiel trieben. Er versuchte das Schlimmste zu verhindern und hoffte auf ein baldiges Ende des Krieges, aber die guten Absichten änderten nichts daran, dass er durch seine erzwungene Mitarbeit bei der Organisation eines Völkermords seine moralische Integrität beschmutzte.

Als 1942 die systematische Deportation der Juden in Holland in die Vernichtungslager im Osten begannen, gehörte Martha Heidt, die als Dienstbotin in Amsterdam, Stadionweg 65, lebte, bereits dem ersten Transport an, der am 15. Juli 1942 vom Lager Westerbork aus in das Vernichtungslager Auschwitz-Birkenau führte. Dort starb sie am 30. September 1942 in der Gaskammer.

Der älteren Schwester Josefine Heidt, die in der Cliostraat 6 in Amsterdam wohnte, wurde noch eine Schonfrist gewährt. Aus der Fünten hatte dem Jüdischen Rat »großzügig« zugestanden, dass Personen, die für das Gemeindeleben wichtig waren, von den Transporten ausgenommen werden konnten, und der Rat bemühte sich, möglichst vielen Personen entsprechende Sperrvermerke zu bewilligen. Tausende Juden, getrieben von

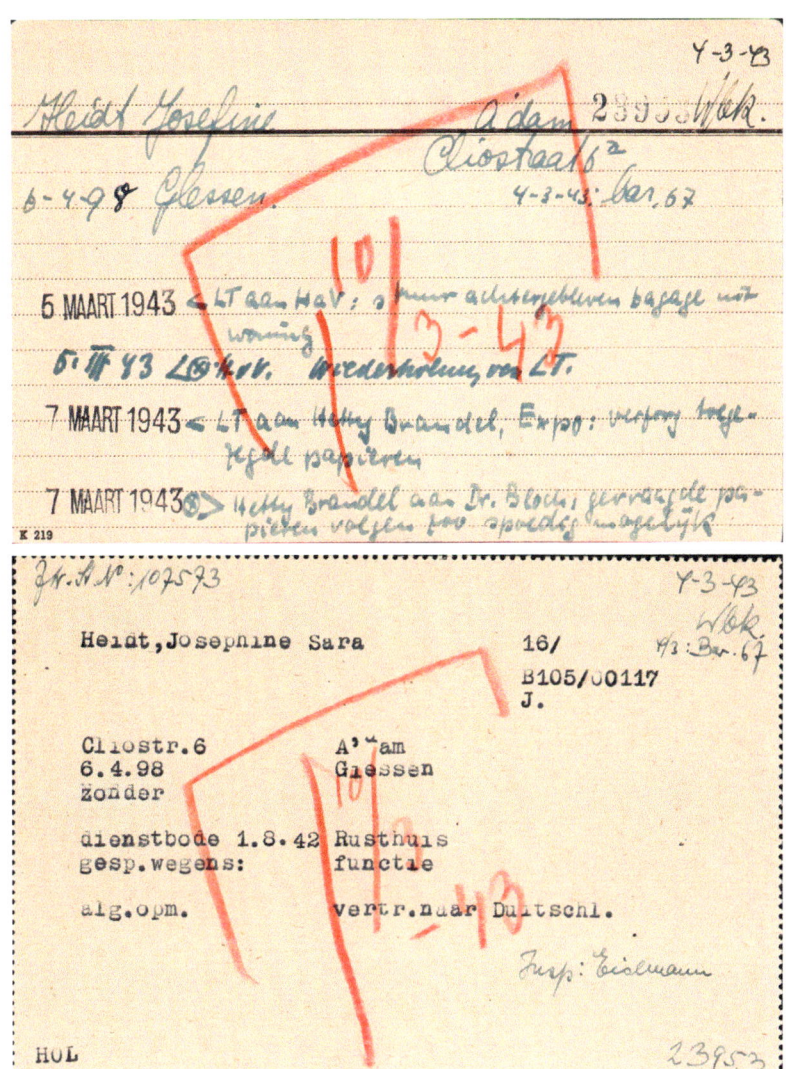

103 Karteikarte des Amsterdamer Judenrates für Josefine Heidt mit dem Vermerk in Rot: »T[ransport] 10.3.43«

104 Neu angelegte Karteikarte des Amsterdamer Judenrates für Josefine Heidt mit dem Eintrag »alg[emene] opm[erking]: vertr[okken] naar Duitschl[and]« (Allg. Bemerkung: abgefahren nach Deutschland) und dem handschriftlichen Vermerk in Rot: »T[ransport] 10.3.43«

der Angst vor der Deportation, versuchten, solche Vermerke zu erhalten. Josefine Heidt hatte dabei Erfolg. Am 1. August 1942 gewährte der Jüdische Rat ihr einen »Sperrvermerk« auf ihrer Karteikarte, weil sie als *Dienstbode* in einem Altersheim eine wichtige »Funktion« habe. Auf Dauer half es ihr jedoch nicht, sondern bescherte ihr nur einen Aufschub von wenigen Monaten voller Angst und Schrecken angesichts der unentwegt laufenden Verhaftungen in Amsterdam und der Überstellungen in die Hollandsche Schouwburg (ehemaliges Theater), die als Sammelplatz in der Stadt vor der

Weiterleitung in das Lager Westerbork (in der Provinz Drenthe) diente und der direkten deutschen Verwaltung unterstand. Am 4. März 1943 wurde Josefine Heidt in das Lager Westerbork eingeliefert und von dort am 10. März 1943 in das Vernichtungslager Sobibor deportiert, wo sie am 13. März 1943 in der Gaskammer starb.[127] Wer etwas erfahren will über die Abscheulichkeit, mit der in Sobibor gemordet wurde, sei auf Seite 336 f. verwiesen.

JULIUS HEIDT

Als einziger der vier Stommelner Geschwister überlebte Julius Heidt die Nazizeit. Pulheim hatte er allerdings 1937 verlassen und wohnte seitdem mit seiner Frau Elisabeth in Köln. Grund für den Wohnungswechsel waren wachsende Anfeindungen. An seinem Haus fand er antisemitische Schmierereien: »Hier wohnt ein Jude mit seiner Hure.« Er war zwar inzwischen katholisch, aber für die Nationalsozialisten machte das keinen Unterschied; ihr Antisemitismus war rassistisch begründet, Juden galten ihnen als eine besondere, parasitäre »Rasse«, als zerstörerischer Krankheitskeim im deutschen »Volkskörper«, der eliminiert werden musste, um die »Volksgesundheit« zu erhalten. »Jüdisches Blut« sollte sich nicht mit »deutschem« mischen, weshalb seit den Nürnberger Rassengesetzen von 1935 »Mischehen« verboten waren. Das Ehepaar Heidt floh vor den Anfeindungen in Pulheim und zog nach Köln, zunächst in die Brabanter Straße 25, 1938 dann in der Brüsseler Straße 83. Seinen Beruf als Viehhändler hatte Julius Heidt bereits vorher aufgeben müssen. Schon seit 1937 versuchten deutsche Behörden mit wachsenden Schikanen Juden aus dem Viehhandelsgewerbe zu vertreiben, bis es ihnen 1938 endgültig verboten wurde.[128] In Pulheim hielt Julius Heidt nichts mehr. Als er noch einmal dorthin zurückkehrte, wurde er vorübergehend von Nazis festgehalten. Pulheim war ein gefährliches Pflaster geworden, das er in der Folgezeit bis Kriegsende mied.[129]

In der Brüsseler Straße 83 erlebte das Ehepaar Heidt die Ausschreitungen in der Pogromnacht vom 9./10. November 1938. Sie sahen, wie man Apparate, Möbel und das Klavier eines gegenüber wohnenden jüdischen Zahnarztes am Morgen des 10. November auf die Straße warf und wie man einen jüdischen Metzger in seinem Geschäft zusammenschlug. Sie versteckten sich im Grüngürtel, und als sie sich am Abend vorsichtig auf den Heimweg machten, sahen sie die brennende Synagoge an der Roonstraße und verwüstete Geschäfte und Häuser.[130]

1938 war im Deutschen Reich die Kennkarte (Personalausweis) eingeführt worden.[131] Bei jüdischen Personen wurde ein großes rotes »J« für

105 Julius Heidt

»Jude« eingedruckt. Bei jedem Behördengang musste Julius Heidt sich damit ausweisen und als »Jude« zu erkennen geben. Zudem musste er seinem Namen noch einen »typisch jüdischen« hinzufügen und hieß nun: »Julius Israel Heidt«. Seit September 1941 musste er den sogenannten »Judenstern« tragen, sichtbar aufgenäht auf seiner Kleidung. Weil er mit einer Nichtjüdin verheiratet war, blieb er jedoch zunächst von den im Oktober 1941 anlaufenden Deportationen verschont; den massenhaften Aufschrei nichtjüdischer Ehepartner wollten die Nationalsozialisten sich ersparen. Wohl aber versuchte man, diese unter Druck zu setzen und dazu zu bewegen, sich von ihrem jüdischen Ehepartner zu trennen – was dann dessen Deportation zur Folge gehabt hätte. Auch Elisabeth Heidt wurde zur Gestapo ins EL-DE-Haus in Köln einbestellt und stundenlang unter Druck gesetzt, in eine Trennung einzuwilligen, aber sie lehnte es, wie Hunderte anderer tapferer Frauen auch, strikt ab.[132] Aber die Gefährdung ihres Mannes blieb bestehen. Im August 1943 ordnete Gauleiter Josef Grohé »die Evakuierung aller Juden ohne jegliche Ausnahme« an, ohne Rücksicht »auf den deutschblütigen Teil« bei Mischehen.[133] 1944 holte man dann endgültig zum Schlag

106 Julius Heidt

gegen gemischte Ehepaare aus. Im September des Jahres erhielten Julius und Elisabeth Heidt, wie rund 600 andere Kölner Mischehepaare auch, die Aufforderung, die Wohnung zu räumen und sich im Barackenlager in Köln-Müngersdorf einzufinden. Etwa die Hälfte der Aufgeforderten folgte der Anweisung jedoch nicht, sondern ging in den Untergrund. Das Ehepaar Heidt aber machte sich mit einigen Habseligkeiten auf den Weg. Was sie dann in Müngersdorf an erbärmlichen Lebensbedingungen vorfanden, war für sie ein Schock. Hinzu kam die in Gerüchten im Lager umgehende Angst vor der Trennung gemischter Ehepaare und vor der bevorstehenden Deportation der jüdischen Partner. Julius und Elisabeth Heidt nutzten deshalb die noch bestehende Möglichkeit, tagsüber zum Einkaufen das Lager zu verlassen, und kehrten verbotswidrig nicht mehr zurück. Julius Heidt, um nicht von der Polizei aufgegriffen zu werden, ging in den Untergrund. Der Fuhrunternehmer Peter Piel in Köln-Junkersdorf, der viele Jahre für Julius Heidts Vater und auch für ihn selbst Viehtransporte übernommen hatte, erwies sich als mutiger Freund, der ihn in seinem Haus aufnahm und in einem Verschlag unter dem Dach versteckte. Seine Frau machte sich als Hilfe im Haus nützlich.[134]

Anfang März 1945 kam die Befreiung durch die einrückenden Amerikaner. Julius Heidt kehrte mit seiner Frau nach Pulheim zurück. 1946 wurde er von der amerikanischen Militärregierung zum Bürgermeister ernannt. Er trat der neugegründeten CDU bei und wurde nach der ersten Kommunalwahl im September 1946 als Bürgermeister bestätigt und blieb in diesem Amt bis 1964. Bis Ende 1974 war er Mitglied des Gemeinderates.[135] An der Bachstraße 15 hatte er sich inzwischen ein neues Haus mit angeschlossenen Stallungen gebaut, um seinen Viehhandel wieder aufzunehmen.[136] Gegen Ende der 1960er Jahre gab er seine Gewerbetätigkeit jedoch auf, aus Altersgründen und wohl auch, weil der Viehbestand in der Pulheimer Gegend zurückging. Nach längerer Krankheit verstarb er am 18. August 1983 im Alter von 81 Jahren und wurde auf dem Friedhof an der Blumenstraße beigesetzt.

7. STATION – JOSEF-GLADBACH-PLATZ 9

FAMILIE JOSEPH UND DORA HEYMANN

Im Haus Nr. 9 am heutigen Josef-Gladbach-Platz (früher: Dorfstraße 71) lebten Joseph Heymann und seine Frau Dora mit ihren vier Kindern. Es ist ein zweigeschossiges, traufenständiges Backsteinhaus mit schöner Fassadengliederung, die allerdings durch den Einbau einer Garage in automobilen Zeiten gestört ist. Der Hof hinter dem Haus, an dessen Seite ein langgezogenes schmales Stallgebäude lag, ging über in einen Garten, der sich bis zum Fuß des Mühlenbergs erstreckte. Die heutigen drei hohen Dachgauben sind nicht historisch, sie entstanden im Zuge eines Dachgeschossausbaus in jüngerer Vergangenheit.

Das Haus zeugt vom gediegenen Wohlstand Joseph Heymanns. In die Wiege gelegt war der ihm nicht. Als neuntes von zehn Kindern war er 1868 im nahen Büsdorf geboren, wo sein Vater Gottschalk Heymann (auch: Heumann) mit seiner Frau Sara geb. Cahn als »Handelsmann« (vermutlich Viehhändler) lebte. 1853 hatten sie geheiratet, 1854 wurde das älteste Kind Abraham geboren, 1871 als letztes, zehntes Kind Tochter Eva. Keines der Kinder konnte eine höhere Schule besuchen. Sie mussten sich mit der Bildung zufriedengeben, die die Volksschule in Büsdorf ihnen vermittelte. Und besonders reiche geistige Anregungen gab es in dem etwas abseits gelegenen Bauerndorf nicht.

107 Haus der Familie Joseph Heymann, Josef-Gladbach-Platz 9, heutiger Zustand; ursprünglich war es ohne Dachgauben.

Joseph Heymann war offenbar ein aufgewecktes Kind und wurde ein »Selfmademan«, wie seine Enkelin Dorothea Heymann-Reder[137] ihn mit Recht charakterisierte. 1901 ist er zum ersten Mal mit der Berufsbezeichnung »Reisender« in Stommeln nachweisbar, 1904 als »Agent«, 1907 als »Makler«; 1913 gehörte er bereits zu den drei Höchstbesteuerten in Stommeln.[138] Vermutlich war er zunächst als Angestellter des in Bedburg lebenden, sehr erfolgreichen Immobilienmaklers Hermann Franken tätig, hatte vielleicht auch bei ihm als Lehrjunge die für das Maklergeschäft erforderlichen Grundkenntnisse erworben. 1905 verkaufte er zusammen mit Hermann Franken, wohl bereits auf eigene Rechnung, den stattlichen Abtshof in Oberaußem an die Familien Wintz und Schreier.[139] Offenbar verdiente er bald so viel Geld, dass er das beschriebene Wohnhaus für seine junge Familie in Stommeln bauen konnte. Nach dem Tod des ledig gebliebenen Levy Cahn (8.2.1915), der jahrzehntelang der kleinen jüdischen Gemeinde in Stommeln vorgestanden hatte, übernahm Joseph Heymann dieses Amt. Auch in der Dorfgesellschaft war er ein geachteter und gut vernetzter Mann. Regelmäßig traf er sich mit einigen wohlhabenden Bauern im Gasthaus Schauff am Stammtisch.[140] Die Gespräche hier waren für ihn nicht zuletzt eine wichtige Informationsbörse.

Ca. 1904 hatte Joseph Heymann die 1878 in Sindorf geborene Dora Ehrlich geheiratet, die älteste Tochter von Sophia Ehrlich, die ihre alten Tage als Witwe in Stommeln verlebte und von der schon die Rede war. Seit 1900, sie war damals 22 Jahre alt, hatte Dora in Düren gelebt und war als Verkäuferin bei »Löwenstein & Freudenberg« tätig.[141] Nach ihrer Heirat kam sie nach Stommeln und betrieb in ihrem Haus auch einen kleinen Laden mit Manufakturwaren (Tuch- und Kurzwaren), den sie von ihrer Schwiegermutter Sara Heymann übernahm, die als Witwe mit im Haus lebte und hier 1908 verstarb.[142] Vier Kinder brachte Dora Heymann in Stommeln zur Welt: Georg (1905), Änne (1907), Martha (1910) und Josefine (1917). Sie und ihr Mann hatten keine weiterführende Schule besuchen können, ihre Kinder aber schickten sie auf höhere Schulen in Köln – auch die drei Töchter, was damals in Stommeln noch absolut ungewöhnlich war: Georg auf das Schillergymnasium in Köln-Ehrenfeld, die Töchter auf die Königin-Luise-Schule in der St.-Apern-Straße. Hier kamen die Kinder mit neuen Geisteshaltungen und politischen Strömungen in Berührung, die ihr Gesichtsfeld weiteten und ihr weiteres Leben in ganz andere Richtungen lenkten, als es den Eltern vorgeschwebt hatte. Sohn Georg studierte Rechtswissenschaft, die beiden älteren Schwestern wurden nach dem Abitur Gewerbelehrerinnen, die jüngste Tochter Josefine erlernte nach der Mittleren Reife den Beruf

108 Dora Heymann geb. Ehrlich mit ihren Kindern Änne und Georg, um 1910

109 Dora Heymann im Hof ihres Hauses Josef-Gladbach-Platz 9, 1920er Jahre

7. Station – Josef-Gladbach-Platz 9

110 Joseph Heymann im Garten seines Hauses in Köln-Lindenthal, um 1930

der Schneiderin; das Abitur zu machen erlaubten die inzwischen an die Macht gekommenen Nationalsozialisten nicht.

Dora Heymann starb im Herbst 1926. Sie wurde nur 48 Jahre alt. Joseph Heymann ließ sie nicht in Stommeln, sondern auf dem jüdischen Friedhof Deckstein in Köln-Lindenthal beisetzen, unweit des Hauses Lindenburger Allee 30, das er vor Jahren bereits erworben hatte und das damals vermietet war. Offensichtlich trug er sich bereits mit dem Gedanken des Umzugs in dieses Haus in Köln, den er dann – nach der Familienüberlieferung – 1927 in die Tat umsetzen konnte.

ÄNNE HEYMANN

Die politischste unter den Schwestern war Änne. Die Ermordung des deutschen Außenministers Walther Rathenau, eines national denkenden deutschen Juden, im Juni 1922 durch antisemitische Rechtsradikale erschütterte sie, nicht zuletzt auch deshalb, weil sie kein isoliertes Ereignis war, sondern nur der Gipfel einer wachsenden Judenfeindlichkeit in der Weimarer Republik. Diese Erfahrung machte sie aufnahmebereit für die Ziele der Zionistischen Vereinigung für Deutschland (ZVfD), die 1897 in Basel als Dachorganisation bereits bestehender zionistischer Gruppierungen gegründet worden war. Da man die jüdischen Assimilationsbestrebungen im 19. Jahrhundert und den patriotischen Einsatz junger jüdischer Männer als deutsche Soldaten im Ersten Weltkrieg nicht belohnt sah durch die Anerkennung der Gleichberechtigung und Teilen der deutschen Juden deshalb ein gedeihliches christlich-jüdisches Zusammenleben in Deutschland also nicht möglich schien, wollte die Vereinigung die Auswanderung nach Palästina fördern, das Land dort kolonisieren und dem Volk Israel eine sichere Zuflucht verschaffen – Bestrebungen, die 1948 in die Gründung des Staates Israel einmündeten. Vor der Zeit des Nationalsozialismus blieb die zionistische Bewegung in den assimilierten jüdischen Gemeinden in Deutschland eine Minderheit, der einflussreiche »Central-Verein deutscher Staatsbürger jüdischen Glaubens« lehnte sie ab, in der Jugend aber fand sie wachsenden Anklang.

Köln war ein Zentrum der zionistischen Bewegung in Deutschland. Der hier lebende jüdische Rechtsanwalt Dr. Max I. Bodenheimer hatte bereits 1896 in seinen »Kölner Thesen« die Bildung eines jüdischen Staates verlangt. In Köln hatte er in David Wolffsohn einen überzeugten Mitstreiter. Sie gründeten bereits 1894 die »National-Jüdische Vereinigung Köln« (später »Kölner Zionistische Vereinigung«). Schon früh gelang es, in Köln erste kleine zionistische Gruppierungen zu gründen. Als Max Bodenheimer 1897 die Leitung der Zionistischen Vereinigung für Deutschland übernahm, wurde Köln endgültig zu einem Zentrum dieser Bewegung.[143] Hiermit kam Änne Heymann bereits als Schülerin in Berührung. Unter den zahlreichen jüdischen Jugendvereinen in den 1920er Jahren gab es auch kleine zionistische Vereinigungen.[144]

Im Mai 1930 emigrierte Änne Heymann, die seit 1927 in Köln lebte, nach Haifa, Palästina. Das 1924 in Berlin, Meinekestraße 10, gegründete Palästinaamt, eine Einrichtung, die die Ziele der Zionistischen Weltorganisation verfolgte und ca. 50 000 Menschen zur Auswanderung verhalf, wird ihr behilflich gewesen sein bei der Besorgung der Ausreiseerlaubnis und eines Einreisevisums in das unter britischem Völkerbundmandat stehende Palästina.

Die meisten der idealistisch eingestellten jungen Leute, die sich auf den Weg machten, lebten anschließend in einem Kibbuz. Änne Heymann aber sah ihre Zukunft nicht als *Chawera* (Genossin) mit der sprichwörtlichen Schaufel in der Hand in einem solchen Kibbuz. Als sie im Mai 1930 in Haifa an Land ging, war Palästina voller Unruhe, weil die Palästinenser die immer stärkere Präsenz jüdischer Einwanderer als Bedrohung empfanden. Ausgelöst durch einen Streit um die Nutzung der Klagemauer in Jerusalem, war es nach gewaltsamen Auseinandersetzungen zwischen Juden und Arabern im August 1929 in Hebron zu einem Massaker gekommen, bei dem 67 Juden getötet wurden. Hunderte andere wurden aus der Stadt vertrieben. Weitere Unruhen mit weiteren Toten, insgesamt 133, folgten. Die zionisti-

7. Station – Josef-Gladbach-Platz 9

sche paramilitärische Untergrundorganisation in Palästina, die »Hagana«, erhielt damals Zulauf von Tausenden junger Leute, die ihre Aufgabe im Schutz der jüdischen Siedler sahen. Man besorgte sich illegal ausländische Waffen, baute sich selbst auch Handgranaten und anderes militärisches Gerät und entwickelte sich zu einem ernstzunehmenden paramilitärischen Machtfaktor im Untergrund.

Änne Heymann, eine junge Zionistin, sah hier auch ihre Aufgabe. Sie wurde Mitglied der Hagana, bewährte sich als Kämpferin und wurde schließlich zum Colonel (Oberst) ernannt.[145] Als es in den Jahren 1936 bis 1939 zu einem landesweiten arabischen Aufstand kam, war sie wohl eingebunden in zahlreiche paramilitärische Einsätze zum Schutz jüdischer Siedlungen. Nach Beginn des Zweiten Weltkrieges begann die Zusammenarbeit der Hagana mit den Briten, die man zuvor als Gegner der eigenen Pläne zur Förderung jüdischer Einwanderung nach Palästina erfahren hatte, und mit deren Geheimdienst. Gleichzeitig verstärkte man seit 1944/45 die Bemühungen, illegale Einwanderung nach Palästina zu ermöglichen.

111 Änne Heymann (5. v. r.) mit jüdischen Soldatinnen, die einen Kochkurs an einer WIZO-Schule in Galiläa besuchten, vermutlich nach 1948

Nach Kriegsende begann man, in den *Displaced Persons (DP) Camps* in Deutschland, Österreich und Italien Zweigstellen der Hagana einzurichten und hier vorgefundenen ehemaligen jüdischen KZ-Häftlingen zu einer illegalen Auswanderung nach Palästina zu verhelfen. Änne Heymann wurde 1946 als Verbindungsoffizier der Hagana bei den US-Streitkräften zuständig für die DP-Lager in Deutschland. Im Rahmen dieser Tätigkeit besuchte sie 1948 auch ihren Geburtsort Stommeln, fand aber keinen Kontakt zu der Bevölkerung.[146] Ganz unbemerkt blieb ihr Besuch allerdings nicht. Um 1960 schickte ihr ein unbekannter Stommelner einen silbernen Kidduschbecher zu, den ihr Vater einst der Synagoge geschenkt hatte.[147]

Nach Gründung des Staates Israel 1948 wurde die Hagana in die Israelischen Streitkräfte überführt. Inzwischen war Änne Heymann 41 Jahre alt und musste sich neu orientieren. Der zionistischen Bewegung blieb sie aber zeit ihres Lebens treu und arbeitete viele Jahre lang für die *Women's International Zionist Organisation* (WIZO), eine international tätige karitative Frauenorganisation, die ihren Hauptsitz 1949 von London nach Israel verlegte. Der Nahrungsmittelsektor war der Schwerpunkt ihrer Arbeit. Sie wurde schließlich zur Direktorin der WIZO im Nordbezirk Israels ernannt[148] und hatte hier bis zu ihrer Pensionierung ein reiches Betätigungsfeld bei der Betreuung von Müttern und Kindern oder bei der Integration von Neueinwanderern. Die Erinnerung an ihre rheinische Heimat pflegte sie durch ihre Mitgliedschaft in der Vereinigung ehemaliger Kölner und Rheinländer in Haifa, ihrer neuen israelischen Heimatstadt.[149]

MARTHA UND JOSEFINE HEYMANN

Änne Heymann war als erste der drei Heymann-Töchter nach Palästina emigriert. 1933 folgte ihr die Schwester Martha. Mit ihrem Mann Leopold Schwarz ließ sie sich in der Siedlung Shavei Zion (»Rückkehrer nach Zion«) nieder, die im April 1938 von über hundert gemeinsam aus dem Dorf Rexingen im Nordschwarzwald nach Palästina ausgewanderten jüdischen Familien gegründet worden war. Leopold Schwarz entstammte einer dieser schwäbischen Familien, die sich hier im Norden Palästinas, an der Mittelmeerküste gelegen, gemeinsam eine neue Heimat aufbauten, und zwar als Moschav, in dem es – im Unterschied zum (ursprünglichen) Kibbuz mit ausschließlichem Kollektivbesitz – auch Privatbesitz gibt. Das Siedlungsareal hatte der aus Rexingen stammende reiche amerikanische Lederfabrikant Arthur Löwengart für sie erworben. Zwei Kinder brachte Martha Schwarz zur Welt, Josef und Yigal.

7. Station – Josef-Gladbach-Platz 9

112 Änne Heymann und Martha Schwarz geb. Heymann vor der renovierten Synagoge in Stommeln, 2.6.1987

113 Änne Heymann und Martha Schwarz geb. Heymann werden von Stadtdirektor Dr. Karl August Morisse (l.) und Bürgermeister Wilhelm Mevis empfangen, rechts Manfred Backhausen, 2.6.1987

Im Januar 1936 folgten auch der Vater Joseph Heymann und die jüngste Schwester Josefine nach Palästina, nachdem diese in Köln ihre Ausbildung zur Schneiderin abgeschlossen hatte. Erster Anlaufpunkt war Schwester Änne in Haifa. Hier starb Joseph Heymann bereits im Oktober des gleichen Jahres. Er wurde nur 68 Jahre alt.

Seine Tochter Josefine konnte in Palästina eine Familie gründen. Als deutsche Emigranten 1939 mit Hilfe der Siedlungsgesellschaft Rassco *(Rural and Suburban Settlement Company)* 29 Kilometer nördlich von Tel Aviv, an der Mittelmeerküste gelegen, eine neue Siedlung, ein Moschav, gründeten, schloss sie sich den Siedlern mit ihrem Mann Elchanan Plaut an. Nach dem deutschen Zionistenführer Yitzhak (Isaak) Feuerring nannte man das neue Dorf Beit Yitzhak, das sich aus kleinsten Anfängen heute zu einem der größten Dörfer in Israel mit über 2 000 Einwohnern entwickelt hat.[150] Josefine Plaut geb. Heymann gehörte mit ihrem Mann zu den Pionieren der neuen Siedlung. Zwei Kinder brachte sie hier zur Welt, Yal und Michal.

Im Mai 1980 hatte Manfred Backhausen, der als erster Kontakte zu ehemaligen Stommelner Juden in aller Welt geknüpft hat, Änne Heymann in Haifa besucht. Sie erfuhr von den Bemühungen des Pulheimer Geschichtsvereins um die Geschichte der Stommelner Juden, und das veranlasste sie schließlich dazu, Anfang August 1981 ihren ehemaligen Heimatort zu besuchen.[151] Der damals noch desolate Zustand der Synagoge machte sie sehr betroffen. 1987 folgten sie und ihre Schwester Martha verh. Schwarz einer offiziellen Einladung der Stadt Pulheim und wurden von Stadtdirektor Dr. Morisse und Bürgermeister Mevis empfangen.[152]

7. Station – Josef-Gladbach-Platz 9

DR. GEORG HEYMANN

Der Lebensweg von Georg Heymann verlief noch schwieriger als der seiner drei Schwestern.[153] Nach dem Abitur ca. 1924 am Schillergymnasium in Köln hatte er an den Universitäten in Köln und Berlin Rechtswissenschaften studiert und wurde schließlich um 1930 bei Prof. Hans Carl Nipperdey in Köln zum Dr. jur. promoviert. Im gleichen Jahr heiratete er mit erst 25 Jahren die vier Jahre jüngere Alice David, eine Studentin der Zahnmedizin, und lebte mit ihr in einer eigenen Wohnung in Köln. Alice war politisch aktiv im kommunistischen Widerstand gegen den aufstrebenden Nationalsozialismus, und Georg schloss sich diesem Kampf an. Vater Joseph Heymann hatte vergebens versucht, diese Heirat zu verhindern; die kommunistischen Ideen, denen sein Sohn nachhing, waren ihm ein Graus. Er brach jede Beziehung zu ihm und seiner jungen Frau ab, und die drei Töchter folgten ihm darin.

Den damals dreijährigen Ausbildungsdienst als Gerichtsreferendar konnte Georg Heymann wohl noch absolvieren, aber seinen Traum, Richter zu werden, konnte er sich nicht erfüllen. Nach dem Reichstagsbrand am 27. Februar 1933, den die kurz vorher an die Macht gekommenen Nationalsozialisten den Kommunisten in die Schuhe schoben, wurde Georg Heymann im Rahmen massenhafter Verhaftungen im März 1933 zum ersten Mal in sogenannte Schutzhaft genommen, die er im neu eingerichteten Konzentrationslager in der Arbeitsanstalt Brauweiler verbrachte. Nach sieben Wochen wurde er wieder freigelassen. Seine Frau Alice wurde im Frauengefängnis des Kölner Klingelpütz in Schutzhaft genommen.

Nicht nur der Richterberuf war Georg Heymann durch das Berufsbeamtengesetz vom 7. April 1933 und den darin enthaltenen Arierparagraphen versperrt; durch das Gesetz über die Zulassung zur Rechtsanwaltschaft vom gleichen Tag war ihm auch die Neuzulassung als Rechtsanwalt untersagt. Juden durften nur noch jüdischen Klienten als »Rechtsberater« dienen. Georg Heymann tat dies u. a. für das jüdische Kaufhaus Leonhard Tietz, das allerdings bereits 1934 unter dem Druck der Nationalsozialisten in die »Westdeutsche Kaufhof AG« umgewandelt wurde.

Auch nach der Entlassung aus ihrer Schutzhaft waren Georg Heymann und seine Frau Alice im politischen Widerstand aktiv und druckten kommunistische Flugblätter in seiner Wohnung am Hansaring 35, die auch Treffpunkt von Mitgliedern der Widerstandsgruppe war, der sie angehörten. Als diese aufflog, wurde Georg Heymann am 3. April 1936 in seiner Wohnung verhaftet. Über ein Jahr lang blieb er in Untersuchungshaft der

Gestapo. Im Verhör wurde er so geschlagen, dass ein dabei verletztes Auge erblindete. In einem Massenprozess wurde er am 24. April 1937 vom Oberlandesgericht in Hamm wegen »Vorbereitung eines hochverräterischen Unternehmens« unter Anrechnung der Untersuchungshaft zu drei Jahren Haft verurteilt, die er im Zuchthaus Siegburg verbüßen musste. »Hochverrat« war für die nationalsozialistische Justiz jede Form der Betätigung für die Kommunistische oder auch Sozialdemokratische Partei. Am 24. April 1939 wurde er nach Verbüßung seiner Haftstrafe entlassen.

Seine Frau Alice war nicht zu Hause gewesen, als er im April 1936 in seiner Wohnung verhaftet worden war. Von Freunden gewarnt, flüchtete sie auf schnellstem Weg nach Holland. In Amsterdam fand sie Unterstützung, blieb politisch weiterhin tätig und wurde schließlich stellvertretende Leiterin des Hauses Oosteinde, eines Begegnungs- und Kulturzentrums für jüdische Flüchtlinge. Im Herbst 1943 musste sie untertauchen, um der Deportation zu entgehen. In Holland lernte sie den Widerstandskämpfer Werner Stertzenbach kennen, kehrte mit ihm 1946 nach Deutschland zurück und heiratete ihn. Die vielen Jahre der Trennung hatten zur Scheidung ihrer ersten Ehe mit Georg Heymann geführt.

114 Georg Heymann in Palästina, Ausweisfoto vom Februar 1940 mit hebräischer Unterschrift

7. Station – Josef-Gladbach-Platz 9

115 Georg Heymann und seine zweite Frau Eva geb. Weiss, Juli 1954

Nach dessen Entlassung aus dem Zuchthaus 1939 hatte sie ihm jedoch von Holland aus noch zu einem Visum nach England und zu einer Schiffspassage nach Southampton verholfen. Von dort konnte er, wohl mit Hilfe seiner Schwester Änne in Haifa, nach Palästina weiterreisen. Aber ein herzliches Verhältnis bestand zwischen den Geschwistern nicht mehr. Änne machte ihm offenbar den Vorwurf, der Vater sei aus Gram seinetwegen körperlich und seelisch zerbrochen und so früh verstorben. Auf Georg lasteten solche Vorwürfe schwer. Hinzu kam, dass es wegen der Vielzahl der Flüchtlinge damals in Palästina sehr schwirig war, Arbeit zu finden. Auch deshalb meldete Georg Heymann sich bei der Royal Air Force und wurde britischer Soldat. Wegen seiner Einäugigkeit durfte er zwar nicht fliegen, war wegen seines guten Gedächtnisses als Bodenpersonal aber geschätzt. Als Copilot saß er trotzdem gelegentlich im Cockpit und kämpfte bis 1945 gegen die Deutschen, um deren Vorstoß von Nordafrika aus nach Palästina zu verhindern. Zwei Jahre lang war er in Kenia im Ort Eldoret stationiert.

Nach Kriegsende 1945 fand er einen Job bei der Post und später, nach der Gründung des Staates Israel, eine Anstellung im israelischen Innenministerium. In Jerusalem lernte er Eva Weiss kennen und heiratete sie. Aber die Ehe war nicht glücklich und blieb kinderlos.

Seine Tochter Dorothea charakterisierte 2013 in einem Vortrag seine Rückkehr nach Deutschland und den späten Beginn eines neuen Lebens im rheinischen Brühl so:

»Geographisch, politisch, beruflich und privat entwurzelt, bereiste Georg Ende der 1950er Jahre wieder Deutschland. Hier traf er um

1960 herum, mit 55 Jahren, seine dritte Ehefrau, Käthe, eine Nichtjüdin, mit der er endlich eine Familie gründete. Das Paar heiratete 1962 und bekam zwei Töchter, meine Schwester (*1962) und mich (*1963).

In seiner ersten Zeit in Deutschland schrieb er für den Radiosender Deutsche Welle Reportagen über den Nahostkonflikt. Später wurde er im Wege der Restitution (Wiedergutmachung) rehabilitiert und im Rang eines Landgerichtsrats pensioniert. Ich begriff erst spät, dass mein Vater Jude war. Er hat es mir nicht gesagt und hielt sich auch für einen Atheisten. Niemand sollte wissen, dass er Jude war, er hatte bis zu seinem Tod Angst vor Verfolgung und fühlte sich von Nazis umgeben. Er saß gewissermaßen auf gepackten Koffern, wollte immer irgendwohin auswandern, am besten nach Frankreich oder Israel. Dennoch blieb er vor allem eines: Rheinländer.

Georg Heymann war öffentlichkeitsscheu und bescheiden, lehnte jegliche Auftritte als Zeitzeuge ab. Er wollte sich nicht als Held stilisieren oder als Verfolgter bemitleiden lassen. Selbst der Nennung seines Namens in einschlägigen Publikationen widersprach er: ›Es ist kein Verdienst, verfolgt worden zu sein.‹ Dass im Nachkriegsdeutschland die alte Führungsschicht aus bekennenden Nazis weiterhin in Politik, Gesellschaft und Justiz tonangebend war, verbitterte ihn. […] Er litt bis ins hohe Alter an Alpträumen.

Politisch blieb er zeit seines Lebens ein wacher, kritischer, intellektueller Geist und großer Spötter. Er sympathisierte weiter mit der Linken, stand aber keiner Partei wirklich nahe. Er liebte zivilen Ungehorsam, Freiheitswillen, Querdenken, verabscheute Heuchelei, Bigotterie und alles Religiöse. Er war bedingungsloser Pazifist und Nonkonformist, ein ironischer, hellsichtiger Kommentator.

Georg Heymann war vielleicht kein Held, aber er war einer derjenigen, die aufgestanden sind und dem NS-Terror die Stirn geboten haben, ohne Rücksicht auf ihr eigenes Leben. Das erfordert Mut, Überzeugung und Unbeugsamkeit.«

Georg Heymann verstarb am 4. März 1994 in Brühl bei Köln.

8. STATION – NETTEGASSE 1

FAMILIE CARL UND SARA MOSES

Im Oktober 1913 versammelte sich vor dem kleinen, eingeschossigen Haus Nettegasse 1 eine elfköpfige Festgesellschaft zur Familienfeier und stellte sich zur Erinnerung zu einem Gruppenfoto auf. (s. Abb. 117) Carl Moses, geboren am 23. Oktober 1857 in Stommeln, und seine Frau Sara geb. Haas, in der zweiten Reihe von oben stehend, feierten ihre Silberne Hochzeit zu Hause im Familienkreis, bevor sie sich mit ihrer Tochter Antoinette auf Hochzeitsreise an die See begaben. Alle hatten sich auf der dreistufigen Treppe vor dem Haus[154] versammelt. Zwischen den Köpfen der oben stehenden Frauen liest man auf dem ovalen Emailleschild auf der Tür den Namen des Hausbesitzers »Carl Moses« und darunter sein Geschäft: »Viehhandlung«. Das Haus, im Kern ein Fachwerkhaus, war damals verputzt und weiß getüncht. Die heutige Verklinkerung entstand erst nach dem Zweiten Weltkrieg. Links vor dem Haus, auf dem Foto nicht zu sehen, befand sich bis zur Spitze der Einmündung des Kattenbergs in die Nettegasse ein kleiner, eingezäunter Vorgarten, in dem u. a. Johannisbeersträucher standen. Heute gehört dieses Stückchen Land der Stadt und ist zu einem verbreiterten Bürgersteig gepflastert.

Die Identität der zur Feier versammelten Besucher ist nur in zwei Fällen überliefert, lässt sich aber für alle mit hinreichender Wahrscheinlichkeit erschließen. Vorne rechts (mit Hut) steht Carl Moses' Schwester Antoinette, die seit 1889 mit Hermann Roesberg aus Rommerskirchen verheiratet war; neben ihr, in einem hellen Kleid, wohl ihre Tochter Helene, damals 22 Jahre alt, und in der obersten Reihe links die jüngere Tochter Anna (19 Jahre). Von den sieben Kindern des Jubelpaares sind vermutlich die Tochter Antoinette (vorne links, 22 J.) sowie in der zweiten Reihe die Söhne Georg (fast 22 J.), Hugo (20 J.) und Ernst (18 J.) und weiter hinten neben dem

116 Haus der Familie Carl und Sara Moses, Nettegasse 1, Zustand September 2021

117 Silberhochzeit von Carl und Sara Moses (3. Reihe), Familienfoto auf der Treppe vor Haus Nettegasse 1, 1913

Vater erhöht die Tochter Else (15 J.) zu sehen. Es fehlen die jüngeren Geschwister: Anna (14 J.) und Frieda (10 J.). Und es fehlt auch Carl Moses' Schwester Johanna, die unverheiratet am Kattenberg (Nr. 27) lebte. Sie hatte ein sehr enges Verhältnis zu ihrem Bruder und seiner Familie, erhaltene Fotos belegen es. Dass sie in der Festgesellschaft fehlte, hing vermutlich damit zusammen, dass sie die jüngeren Kinder bei sich in Obhut hatte. Noch mehr als elf Personen konnte das kleine Haus unmöglich aufnehmen.

8. Station – Nettegasse 1

118 Carl und Sara Moses mit ihrer Tochter Antoinette auf ihrer Silbernen Hochzeitsreise, 1913

Überhaupt fragt man sich, wie sieben Kinder darin großwerden konnten. Für sieben Kleinkinder mögen die Kammern oben unter der Dachschräge noch hingereicht haben, aber inzwischen waren die älteren Geschwister zu jungen Erwachsenen geworden. Wo war für sie ein angemessener Platz? Es sei mir erlaubt, meiner Fantasie im Rahmen der Plausibilität etwas Spielraum zu geben. In Carl Moses' Elternhaus lebte seine Schwester Johanna allein, dort war Platz. Konnte man da nicht auf den Gedanken kommen, dass es hier für den einen oder anderen aus der jungen Generation ein Zimmer gab?

Dass Carl Moses nach wie vor auf sein Elternhaus angewiesen war, erhellt auch aus der Tatsache, dass er – als Metzger – im Haus Nettegasse 1 kein Schlachthaus besaß, das in Preußen bei regelmäßigen, erwerbsmäßigen Schlachtungen – im Gegensatz zu Hausschlachtungen – verpflichtend war und vorgeschriebenen hygienischen Standards entsprechen musste. Er benutzte nach wie vor das kleine Schlachthaus seines Vaters Philipp Moses, das sich hinter dem Haus Kattenberg 27 befand und über einen schmalen Weg rechts neben dem Haus zugänglich war. Offenbar müssen wir uns das Zusammenleben der Familie Moses als verteilt auf zwei Häuser vorstellen.

Die Kombination von Metzger- und Viehhändlerberuf war von der Sache her naheliegend und verbreitet. Umfangreich kann der Viehhandel von Carl Moses aber nicht gewesen sein. Sein Haus verfügte noch nicht einmal über ein Stallgebäude, sodass er gar nicht in der Lage war, bei sich Tiere für ein paar Tage unterzustellen. Sein Handel bestand offenbar nur aus Kommissionsgeschäften; er führte also im Auftrag eines Dritten den Kauf oder Verkauf eines Tieres aus und bezog dafür eine Provision.

Wenn man durch die Seitentür des Hauses in den dahinter liegenden, von Mauern umschlossenen kleinen Hof tritt, findet man die letzten Spuren vom Beruf des ehemaligen Hausbesitzers. In Kniehöhe erkennt man in der Außenwand zum Kattenberg hin einen Eisenring, an dem man ein Tier anbinden konnte, und schräg darüber in Schulterhöhe einen schweren Eisenhaken zum Aufhängen von Tierhälften. Hier konnten die Kunden die von ihnen bestellten Fleischstücke abholen. Lange aufbewahren konnte Moses das Fleisch ja nicht; dafür fehlte es ihm an Räumlichkeiten und vor allem an Kühlmöglichkeiten. Geschlachtet wurde auf Bestellung. Carl Moses' Metzgerei, die für seine Glaubensbrüder und -schwestern wichtig war, um nach den jüdischen Speisegesetzen leben zu können, hatte also in ihrem Geschäftskonzept wenig gemein mit einem Fleischergeschäft heutzutage.

Carl Moses' Ehefrau Sara geb. Haas war auch in Stommeln geboren (1860). Er war knapp drei Jahre älter als sie. Beiden kannten sich also von Kindertagen an. Am 8. August 1888 heirateten sie, und Sara brachte in den Jahren danach bis 1903 sieben Kinder zur Welt. Sie hatte damit mehr als alle Hände voll zu tun, und sie war sicher dankbar, wenn ihre Schwägerin Johanna Moses sie bei der Kinderbetreuung unterstützte. Als sie ihre Silberhochzeit feierten, war Sara 53 Jahre alt. Die Kinder waren herangewachsen, lebten aber noch zu Hause. Die an das Fest anschließende Hochzeitsreise war für die Eltern ein kostbares Geschenk nach all den Jahren der Mühe. Ein Jahr später, 1914, begann der Erste Weltkrieg, in dem Sohn Hugo Moses, der als patriotisch

119 Georg und Hugo Moses (v. l.) als deutsche Soldaten im Ersten Weltkrieg, 1914; Hugo ist 1915 gefallen.

8. Station – Nettegasse 1

120 Geschwister Moses, v. l.: Frieda, Anna, Else

gesinnter Freiwilliger in den Krieg gezogen war, 1915 in Russland fiel. Sein zwei Jahre älterer Bruder Georg, der ebenfalls als Soldat im deutschen Heer gedient hatte, kehrte aus dem Krieg zurück.

Die Hungerjahre 1917/18, die politischen Unruhen nach dem verlorenen Krieg, die totale Entwertung des Geldes im Inflationsjahr 1923 waren schwierige Umstände, die das weitere Leben der Familie mitprägten. Am 3. August 1929 verstarb die Mutter Sara Moses mit 69 Jahren. Die Kinder, inzwischen alle verheiratet, hatten das Elternhaus verlassen. 1932 aber kehrten Sohn Ernst und seine Frau Dina geb. Monhajt mit ihren beiden kleinen Kindern nach Stommeln zurück. Sie schenkten damit dem Vater für einige Zeit die Geborgenheit in einer Familie. Aber er wusste, dass all seine Kinder, die meisten davon in Köln lebend, spätestens seit 1937 sich mit dem Gedanken trugen, ihr Heimatland zu verlassen und in die Vereinigten Staaten auszuwandern. Dass Juden im nationalsozialistischen Deutschland keine Zukunft hatten, war zu offensichtlich. Als erster trat der bei ihm wohnende Sohn Ernst Moses im April 1937 mit Frau und Sohn (aber ohne die geistig beeinträchtigte Tochter Ilse) die Reise in die Vereinigten Staaten an. Carl Moses starb am 22. Juli 1937 und wurde als Letzter auf dem jüdischen Friedhof in Stommeln beigesetzt.

Danach stand des Haus Nettegasse 1 leer und wurde von den Kindern zum Verkauf angeboten. Durch Kaufvertrag vom 22. Juli 1938 ging es schließlich zum Kaufpreis von 2 600,– RM in den Besitz von Christine Leufgen geb. Abts über (geb. am 31.9.1909 in Rheidt), die mit ihrem Mann, dem Landarbeiter Gerhard Leufgen, bisher im Haus Kattenberg 32 wohnte, jetzt aber in die Nettegasse 1 umzog. Als sie 1949 nach Hüchelhoven verzog, verkaufte sie das Haus am 22. April 1949 an Christine Huth geb. Schall.[155]

Als die in die Vereinigten Staaten ausgewanderten Kinder von Carl Moses 1952 Wiedergutmachungsansprüche stellten, versuchte die in Hüchelhoven lebende Christine Leufgen in ihrer Stellungnahme vom 3. September 1952 nachzuweisen, dass es sich nicht »um eine ungerechtfertigte Entziehung« gehandelt habe und berief sich auf die angebliche 50-jährige Freundschaft ihres Vaters, der das Haus für sie gekauft habe, mit »Herrn Moses«. Und dann stilisierte sie ihren Vater zum Nazigegner und Judenfreund:

> »Über das gute Verhältnis meines Vaters zur Judenschaft allgemein, und zwar bis zum letzten Tag, kann hier im Ort jeder Auskunft geben. Mehrmals hat mein Vater aus Freundschaft sein eigenes Leben in Gefahr gebracht. So ist z. B. heute hier noch jedem in Erinnerung, dass man meinen Vater damals in Rommerskirchen, als er sich bei einem Juden namens Roesberg versteckt hielt, totschlagen wollte. Als Roesberg durch die bekannte Kristallnacht alles verloren hatte, hat derselbe sich noch eine Zeitlang bei meinem Vater verborgen gehalten.«

Nichts an dieser Geschichte ist wahr,[156] obwohl Christine Leufgen vermutlich daran geglaubt hat. Die menschlichen Gedächtnisinhalte sind kein unverfälschtes Abbild der Vergangenheit, sondern das Bild, das wir uns von ihr machen. Unangenehme Dinge werden gern unterdrückt und vergessen, willkommene Erinnerungsfetzen aber zu einem erwünschten Gesamtbild gefügt, das das Gewesene nicht nur verändert, sondern völlig verfälscht. Die rosarote Erinnerungsbrille führt dazu, dass die Wahrheit geleugnet, die Unwahrheit aber geglaubt wird. Es war ein psychologisches Muster, das nach dem Zweiten Weltkrieg im deutschen Volk beim Rückblick auf die Greuel der Nazizeit stark verbreitet war. Immerhin willigte Christine

Leufgen am 22. Juli 1953 in einen Vergleich ein und zahlte 2 600,- DM an Wiedergutmachung.[157]

Im Folgenden sollen die Lebensschicksale der damals noch lebenden Kinder – Sohn Hugo war ja im Ersten Weltkrieg gefallen – dargestellt werden.

ANTOINETTE MOSES VERH. KAHN

Die älteste Tochter Antoinette, geboren am 19. September 1889, blieb lange unverheiratet. Der deutliche Frauenüberschuss in den 1920er Jahren in der jüngeren Generation infolge der vielen männlichen Gefallenen des Ersten Weltkrieges mag mit dazu beigetragen haben. Nach ihrer Schulzeit ist Antoinette vermutlich als »Haustochter« in eine andere jüdische Familie gegangen, um die Kenntnisse und Fertigkeiten zu erwerben, die eine Frau brauchte, um Haushalt und Küche nach den jüdischen Religionsgesetzen führen zu können. Ein solcher Bildungsgang war bei jüdischen Mädchen, die den Besuch eines hierauf spezialisierten jüdischen Pensionats nicht finanzieren konnten, durchaus üblich. Jedenfalls hat sie später als Haushaltshilfe – vermutlich in einer Kölner Familie – gearbeitet. Wann sie Stommeln verlassen hat, ist nicht bekannt, vermutlich aber schon früh. Im Februar 1941 wohnte sie in Köln-Lindenthal, Dürener Straße 270. Eigentümerin dieses Hauses war die seit vielen Jahren verwitwete Emma Schloß. Es mag also sein, dass Antoinette Moses viele Jahre mit dieser Dame zusammengelebt hat.

121 Antoinette Moses mit ihrer Nichte Hella Katz vor den Treppenstufen zur Synagoge in der Roonstraße in Köln, ca. 1938

In Köln musste sie schmerzhaft erleben, wie ihre Familie in Stommeln sich mehr und mehr auflöste. 1929 war die Mutter gestorben, im Juli 1937 der Vater. Ihr Bruder Ernst war bereits vorher, im April 1937, mit Frau Dina und Sohn Herbert in die Vereinigten Staaten ausgewandert. Im Mai 1938 folgte ihm die noch unverheiratete Schwester Frieda, im Oktober/November 1938 die Schwester Else mit ihrem Mann Joseph Froehlich und schließlich im Februar 1940 Bruder Georg mit seiner Frau Elli und zwei Kindern. Nur die verwitwete Schwester Anna Katz lebte noch mit ihrer Tochter Hella in Köln in der Lochnerstraße 12–14 sowie die nach dem Novemberpogrom aus Stommeln zu ihr gekommene Tante Johanna Moses und die geistig beeinträchtigte Nichte Ilse, Tochter von Bruder Ernst Moses, die Anna im März 1939 aus einer Behindertenanstalt in Essen zu sich nach Köln geholt hatte. Ihre Wohnung in der Lochnerstraße war zum Zentrum des Restes der Familie geworden. Eigene Hoffnungen auf eine Möglichkeit der Flucht aus Deutschland schwanden mehr und mehr dahin.

In Köln lernte Antoinette Moses den verwitweten, sieben Jahre älteren Kaufmann Max Kahn kennen, geboren am 2. September 1882 im thüringischen Simmershausen. Er entstammte einer kinderreichen Familie und hatte mit seiner ersten Frau Helene Magdalene geb. Fey in Nürnberg, Sandstraße 27, gelebt. Zwei Kinder wurden hier geboren: Hans Hermann (*29.7.1919) und Friedrich (*4.11.1929).

Als Max Kahn in Köln Antoinette Moses kennenlernte, hatten schwere Schicksalsschläge sein Leben völlig verändert.[158] 1937 war seine Frau verstorben, und die judenfeindlichen Pressionen in der Stadt steigerten sich zum Unerträglichen. Der in Nürnberg residierende NSDAP-Gauleiter Julius Streicher war einer der widerlichsten Judenhasser im nationalsozialistischen Deutschland und Herausgeber des antisemitischen Hetzblattes »Der Stürmer«. Nürnberg war die Stadt der NSDAP-Reichsparteitage. 1935 waren hier die Nürnberger Rassengesetze verabschiedet worden, die den Grundstein legten für die rassistischen Verfolgungen. Bereits im August 1938, drei Monate vor der landesweiten Pogromnacht, ließ Schleicher die Nürnberger Hauptsynagoge am Hans-Sachs-Platz niederreißen. Drei Monate später zogen SA-Horden durch die Stadt, fielen über jüdische Häuser und Geschäfte her und steckten die Synagoge in der Essenweinstraße in Brand. Mehr als zwanzig Nürnberger Juden fielen ihrem Terror zum Opfer, davon mindestens zehn durch Selbsttötung aus Verzweiflung. Der Onlinedienst der Nürnberger Nachrichten berichtete 2013 darüber, wie akribisch man die Aktion vorbereitet hatte:

»Wochen vor dem 9. November hatten die Nazis Stäbe und Brechstangen geordert, die sie am Abend auf dem Hauptmarkt verteilen ließen. Kein jüdisches Geschäft blieb beim anschließenden Zug durch die Straßen verschont. Ein Augenzeuge erinnert sich daran, wie in der benachbarten Sandstraße die SA-Meute in ein vierstöckiges Wohnhaus eindrang – Erwachsene und Kinder, allesamt jüdische Bewohner, wurden aus dem Anwesen geprügelt – und mussten sich den Synagogenbrand ansehen.«[159]

In der Sandstraße 27 wohnte Max Kahn und erlebte das gewalttätige Treiben der SA-Trupps. Er wurde noch in der Nacht zusammen mit 160 anderen Juden festgenommen und in das Nürnberger Polizeigefängnis gebracht und von dort am frühen Morgen des 11. November nach Dachau deportiert.[160] Ziel des KZ-Terrors war es, die Juden aus dem Land zu vertreiben. Wer nachweisen konnte, dass er eine Möglichkeit hatte, ins Ausland auszuwandern, wurde entlassen. Für Max Kahn kam dieser Tag am 20. November.

Offenbar kehrte er nicht mehr nach Nürnberg zurück. Seinen neunjährigen Sohn Friedrich (Fritz) hatte er noch nach Monaco – in vermeintliche Sicherheit – bringen können,[161] der zehn Jahre ältere Sohn Hans Hermann wanderte in die Vereinigten Staaten aus.[162] Vater Max Kahn wandte sich nach Köln. Hier wohnte inzwischen seine Schwester Flora, die mit ihrem Mann Adolph Mayer in Düren gelebt und wo dieser in der Kölner Straße 85 ein Schuhhaus geführt hatte, das er aber nach dem Novemberpogrom hatte aufgeben müssen. Beide waren danach nach Köln geflohen. Im Februar 1941 lebten sie in der Eugen-Langen-Straße 22. Zu ihnen kam nun auch Max Kahn und lernte in Köln Antoinette Moses kennen. Am 6. Februar 1941 heirateten sie vor dem Standesamt in Köln-Lindenthal (Urkunde Nr. 31).

Die Heiratsurkunde nennt als Max Kahns Beruf »Fabrikarbeiter« und als Wohnadresse in Köln die Eugen-Langen-Straße 22. Dass er sein Leben lang als Kaufmann erfolgreich gearbeitet hatte, galt vor dem Kölner Standesamt nicht mehr. Sein Geschäft in Nürnberg hatte er aufgeben müssen, er war arbeitslos, und die ihm auferlegte Judenvermögensabgabe hatte ihn in die Armut getrieben. Um überleben zu können, musste er akzeptieren, dass das Arbeitsamt ihn zum Geschlossenen Jüdischen Arbeitseinsatz verpflichtete, d. h. zur separierten Arbeit in geschlossenen Kolonnen, die von den »arischen« Arbeitern getrennt wurden und mit demütigenden, weniger angesehenen Handarbeiten beschäftigt wurden. Gezahlt wurden hierfür nur niedrigste Hilfsarbeiterlöhne. In welcher Kölner Fabrik er zur Zwangsarbeit in einer jüdischen Arbeitskolonne eingesetzt wurde, ist nicht bekannt.

Trauzeugen bei der Hochzeit waren Antoinettes Schwester Anna Katz und ein Arbeitskollege von Max Kahn, der »Fabrikarbeiter Israel Adolf Mayer« mit der gleichen Adresse wie der Bräutigam: Eugen-Langen-Straße 22. Es war der Schwager des Bräutigams, der in Düren sein Schuhgeschäft hatte aufgeben müssen und mit seiner Frau nach Köln geflohen war.[163] Das Haus, in dem sie wohnten bzw. das man ihnen zugewiesen hatte, war ein geschichtsträchtiges Gebäude. Es hatte dem jüdischen Fabrikanten Moritz Leipziger gehört, dem Miteigentümer der ehemaligen »Leipziger & Co. Feld- & Industriebahnwerke GmbH«, die 1936 in die »R. Dolberg AG Feld- und Normalbahnen« aufgegangen war. Moritz Leipziger, geboren am 12. März 1869 in Breslau, war 1941 ein 72 Jahre alter Mann und lebte zum Zeitpunkt der Heirat von Max Kahn und Antoinette Moses vielleicht noch mit seiner Frau Margot in diesem Haus, bis beide im Frühjahr 1942 in das im Komplex der ehemaligen Synagoge in der St.-Apern-Straße 29–31 eingerichtete Sammellager zwangsweise umquartiert wurden.[164]

Ob es den beiden Brautleuten vergönnt war, nach der Eheschließung eine eigene gemeinsame Wohnung zu beziehen, etwa im Haus der Schwester Anna Katz in der Lochnerstraße 12–14 oder im Haus Eugen-Langen-Straße 22, ist ungewiss. Gewiss aber ist, dass ihnen dieses letzte Glück, wenn überhaupt, nur sehr kurze Zeit vergönnt war. Noch im Laufe des Jahres 1941 wurden sie in das »Judenhaus« Eburonenstraße 10–12 eingewiesen. Wer hier einquartiert wurde, dem blieb nur noch das Warten auf den Zeitpunkt der Deportation. Mehr als ein Zimmer gab es hier für beide nicht, und was sie noch an Privateigentum besaßen, mussten sie zurücklassen bis auf das Allernotwendigste.

Am 30. Oktober 1941 wurden Max Kahn und seine Frau Antoinette geb. Moses von Köln-Deutz aus nach Lodz abtransportiert. Max Kahn starb hier am 13. Juni 1942 mit 59 Jahren. Das Todesdatum seiner Frau Antoinette ist nicht bekannt; sie ist verschollen.

GEORG MOSES

Georg, geboren am 28. Januar 1891, war das zweitälteste der sieben Kinder von Carl und Sara Moses. Er hatte den Beruf des Kaufmanns erlernt, nachdem er vermutlich vorher an einer Kölner weiterführenden Schule das »Einjährige« (Obersekundareife) erreicht hatte. Es war wohl sein Beruf, der ihm die Bekanntschaft mit seiner zukünftigen Frau ermöglichte: Elli

122 Carl Moses und seine Schwester Johanna (r.) mit vier Enkelkindern: Hella (Tochter von Anna Katz), Alice (Tochter von Georg Moses), Herbert (Sohn von Ernst Moses), Inge (Tochter von Georg Moses), ca. 1930

Walter, die 1894 in Siegburg geborene, später aber in Köln lebende Tochter des Inhabers eines Herrenmodegeschäftes in Köln-Lindenthal, Schallstraße 22 (»Walter & Cahn«). Beide heirateten ca. 1921 und wohnten anfangs vermutlich in Bonn, später (1930) aber in Köln, Schallstraße 22.[165] Sie bekamen zwei Töchter, Inge (*1922 Bonn) und Alice (*1927 Köln). 1937 lebte die Familie in der Brüsseler Str. 4.[166] Über die Hintergründe dieses Umzugs ist nichts bekannt. Möglicherweise ist er im Zusammenhang mit der Aufgabe des Geschäftes und dem damals bereits vorhandenen Entschluss zu sehen, in die USA auszuwandern.

Welche Erfahrungen die Familie während der Pogromnacht 1938 gemacht hat, ist nicht überliefert. Jedenfalls war Georg Moses damals bereits intensiv darum bemüht, für sich und seine Familie im amerikanischen Konsulat in Stuttgart Einreisevisa zu erhalten. Der in New York lebende Bruder seiner Frau, R. Walter, stellte seinem Schwager und dessen Familie ein *Affidavit of Support* aus, d. h. eine Bürgschaftserklärung, dass er für sie in den USA aufkommen werde. Am 14. Dezember 1939 erhielt die Familie schließlich ihre Einreisevisa für die Vereinigten Staaten und konnte, nach der Beschaffung der deutschen Auswanderungsgenehmigung und weiterer Bescheinigungen, am 10. Februar 1940 in Rotterdam an Bord der SS Volendam gehen, die am 22. Februar 1940 den Hafen von New York erreichte.[167] Der Zweite Weltkrieg hatte zu diesem Zeitpunkt bereits mit dem deutschen Überfall auf Polen begonnen, im Westen aber gab es noch keine Kriegshandlungen, und die Niederlande waren noch ein neutrales Land. Wenige Wochen später marschierte die deutsche Wehrmacht aber in die Niederlande ein, und die Holland-Amerika-Linie musste ihre Dienste einstellen. Die Familie Moses entkam also nur knapp den Verfolgungen der Nazis.

Georg Moses ließ sich mit seiner Familie in Florida nieder, wie seine Schwester Else mit ihrem Mann Joseph Froehlich auch. Er starb am 27. Juli 1967 mit 76 Jahren.

ERNST UND DINA MOSES

Ernst war am 1. Februar 1895 als viertes der sieben Moses-Kinder in Stommeln geboren. Nach einer kaufmännischen Ausbildung arbeitete er als Reisevertreter. 1925 heiratete er die drei Jahre jüngere Dina Monhajt aus Köln, deren Elternhaus am Mauritiuswall 106a stand. Dort lebten die Mutter (Vater Leon war verstorben) und der Bruder Norbert (Prokurist). Das neuvermählte Paar wohnte in der Bonner Straße 7 in Köln. Zwei Kinder wurden hier geboren: Herbert Leon (1926) und Ilse (1929).

Ilse war ein geistig behindertes Kind, und das mag einer der Gründe dafür gewesen sein, dass die Eltern in den 1930er Jahren wieder nach Stommeln in das Elternhaus von Ernst Moses zogen. Zugleich konnten sie sich hier um den seit August 1929 verwitweten Vater Carl Moses kümmern. Zugleich wussten sie ihre Tochter Ilse hier in der liebevollen Umgebung ihres Großvaters und der in der Nähe auf dem Kattenberg wohnenden Großtante Johanna Moses gut aufgehoben.

Schon damals trugen sie sich mit Plänen, aus Deutschland auszuwandern.[168] Drei Geschwister der Mutter lebten in den Vereinigten Staaten (Alfred Monhait, Julius Monhait, Minna Karo), ein Onkel (Rosenzweig) war nach Argentinien ausgewandert. Für beide Länder stellten sie Einreiseanträge, und da Ernst glaubte, am ehesten für Argentinien die erforderlichen Visa zu erhalten, lernte er Spanisch.

Neben den Vereinigten Staaten war Argentinien, seit 1816 ein souveränes Land, ein häufiges Ziel der europäischen Emigration. Zwischen

8. Station – Nettegasse 1

123 Ernst Moses mit Tochter Ilse und Sohn Herbert auf der Außentreppe des Hauses Nettegasse 1 in Stommeln, ca. 1933

1870 und 1930 fanden rund sechs Millionen Europäer, vor allem Italiener und Spanier, hier eine neue Heimat. Nach der Eroberung der weiten Grassteppen *(Pampa)* zwischen den Flüssen Paraná und Uruguay und der Vertreibung der dortigen indigenen Völker standen riesige Ländereien für die Kultivierung durch eingewanderte Siedler zur Verfügung. Aber dafür brauchte man gesunde, tatkräftige Siedler; für die behinderte Tochter Ilse gab es keine Einwanderungschance.

Bevorzugtes Ziel der Auswanderung waren für Ernst und Dina Moses sowieso die Vereinigten Staaten von Amerika. Dina Moses' Bruder Julius Monhait in New York (1037 Kelly Street, Bronx) stellte ihnen ein *Affidavit of Support* aus. Am 10. Februar 1937 bewilligte der amerikanische Konsul in Stuttgart ihnen Einreisevisa, und am 21. April 1937 konnten sie in Hamburg mit der SS Washington, einem Turbinenschiff der United States Lines, die Seereise antreten. Am 29. April 1937 erreichten sie New York.[169]

Für die Tochter Ilse hatten die Eltern kein Einreisevisum erhalten, weil sie kein ärztliches Zeugnis für ihre körperliche und geistige Gesundheit vorlegen konnten. Schweren Herzens entschlossen sie sich, Ilse in Deutschland zunächst in der Obhut der Familie zurückzulassen, dabei hoffend, sie später nachholen zu können.

Ernst und Dina Moses, die ihren Namen in den USA in »Moore« änderten, lebten nach ihrer Ankunft in New York zunächst in einem Apartmenthaus in der Bronx (518 East 138th Street). Etwa 1939 zogen sie nach Roslyn Estates auf der Insel Long Island, NY. Später ließen sie sich in der dörflichen Gemeinde Monmouth Junction in New Jersey nieder. Sie erwarben eine Geflügelfarm und reihten sich ein in die große Schar der *Jewish poultry farmers,* die nach der Flucht aus Deutschland sich auf diese Weise eine neue, aber sehr arbeitsintensive Existenz aufbauten. Eine Autostunde entfernt zwischen den Millionenstädten New York und Philadelphia gelegen, be-

124 Ernst Moses

125 Ernst und Dina Moore (Moses) in den Vereinigten Staaten

126 Herbert Moore (Moses)

stand hier eine große Nachfrage nach Eiern und Geflügelfleisch; zudem förderte der Staat die sich in diesem Gewerbe niederlassenden Einwanderer durch Förderkredite. »Dina Moore war das Herz des Betriebes, und dies trotz ihrer angegriffenen Gesundheit«,[170] während ihr Mann Ernst Moore sich anfangs schwertat, dann aber doch ein anerkannter Fachmann und angesehenes Mitglied in kommunalen Organisationen wurde. Dass es den Eltern nicht möglich war, ihre Tochter Ilse in die USA nachzuholen, war eine mit Schuldgefühlen behaftete Bürde, die schwer auf ihnen lastete. Die todbringende Verfolgung durch den NS-Staat hatte sie in ein unlösbares moralisches Dilemma gestürzt, aus dem es kein schuldfreies Entkommen gab. Dina Moore starb am 2. November 1972 mit 74 Jahren, ihr Mann Ernst am 22. Mai 1975 in New York. Er wurde 77 Jahre alt.

Herbert Moore, der 1944 achtzehn Jahre alt geworden war, wurde zum Militär eingezogen und diente zwei Jahre lang als GI der US-Armee in Europa, u. a. 1945 in Italien. Nach der Entlassung aus dem Militärdienst begann er sein Studium an der Syracuse University und machte dort 1952 sein Abschlussdiplom als Lehrer an einer High School. Noch im gleichen Jahr begann er seine Tätigkeit als Geschichtslehrer an der High School in der Kleinstadt Carmel im Bundesstaat New York. Ein Jahr später, am 23. August 1953, heiratete er Ruth Constance Berkower, die an verschiedenen Schulen Hauswirtschaft lehrte, zuletzt zehn Jahre lang in Brewster, NY, fünf Kilometer entfernt vom Wohnort Carmel. Beide waren auch Mitglied der dortigen Synagogengemeinde »Temple Beth Elohim«. Zwei Kinder brachte Ruth Moore zur Welt: Karl Barry (1956) und Susan (1958). Um 1991 ging Herbert Moore in den Ruhestand und bestätigte sich anschließend als freier Autor und als Mitarbeiter des Musikprogramms der örtlichen freien Radiostation. Daneben übernahm er die Gestaltung von Werbeaufträgen für den Rundfunk und die Zeitung.[171]

ILSE MOSES

Kehren wir zurück nach Deutschland, das Ernst und Dina Moses 1937 verlassen hatten, ohne ihre geistig behinderte Tochter Ilse mitnehmen zu können. Sie war damals sieben Jahre alt. Eine ehemalige Nachbarin, die ich vor vielen Jahren noch sprechen konnte und die sie als Kind erlebt hatte, schilderte sie als ein liebenswertes, fröhliches, unbeschwertes junges Mädchen, das sich offenbar gerne und oft bei der Großtante Johanna Moses auf dem Kattenberg aufhielt. Als die Eltern es bei ihrer Auswanderung in die USA im April 1937 zurücklassen mussten, glaubten sie es bei Großvater Carl und Großtante Johanna in guten Händen. Als Carl Moses drei Monate später verstarb, blieb zwar noch die Großtante Johanna Moses, die sich um Ilse kümmern konnte. Aber den Eltern war doch bewusst, dass das keine Lösung auf längere Dauer

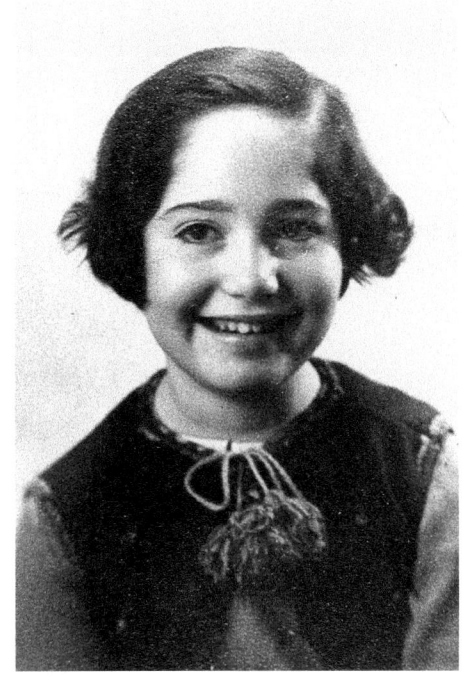

127 Ilse Moses

sein konnte. Um sie vor dem direkten Zugriff der Nazis zu schützen, bis sie sie nachholen konnten, brachten sie sie mit Hilfe ihrer noch in Köln lebenden Familienangehörigen am 15. August 1937 im katholischen Franz-Sales-Haus in Essen unter.[172] Dass das Leben eines geistig behinderten Kindes im nationalsozialistischen Deutschland gefährdet war, war offensichtlich. Bereits am 1. Januar 1934 war das Gesetz zur Verhütung erbkranken Nachwuchses (vom 14.7.1933) in Kraft getreten, das aus Gründen der sogenannten »Rassenhygiene« die Zwangssterilisation vermeintlich Erbkranker legalisierte. Bereits seit 1935 wurde die Bevölkerung in Zeitungsartikeln, auf Plakaten und in den Monatsheften und Filmen des Rassenpolitischen Amtes der NSDAP propagandistisch auf die angebliche Gefährdung der Volksgesundheit durch »Erbkranke« und auf die Kosten für die Volksgemeinschaft durch diese »unnützen Esser« hingewiesen, um so die geplante »Vernichtung unwerten Lebens« vorzubereiten. 1940 mündete diese Politik in die Ermordung von Menschen mit Behinderungen, euphemistisch als »Euthanasie« bezeichnet. Die kleine Ilse, weil sie Jüdin war, war doppelt gefährdet.

Das Franz-Sales-Haus in Essen-Huttrop war 1884 von dem »Verein zur Erziehung und Pflege katholischer idiotischer Kinder beiderlei Geschlechts aus der Rheinprovinz« gegründet worden und hatte sich im Laufe der Jahre einen hervorragenden Ruf in der Behindertenbetreuung erworben. 1937 lebten hier mehr als 1 200 Kinder unter der Obhut von über achtzig katholischen Ordensschwestern (Barmherzige Schwestern von der hl. Elisabeth). Leiter der Anstalt an der Steeler Straße 261 war der katholische Geistliche Hermann-Josef Schulte-Pelkum. Die siebenjährige Ilse Moses wurde in die ca. 20 bis 25 jüdische Mädchen und Kleinkinder umfassende »Privatstation« aufgenommen, die sich damals auf der ersten Etage im Verwaltungsgebäude des Franz-Sales-Hauses befand und von der 70- bis 80-jährigen Schwester Columba und ihrer jungen Mitschwester Maximina betreut wurde. Durch diese Separierung in einer Sondergruppe sollten die jüdischen Kinder geschützt werden.

Am 22. März 1939 wurde Ilse Moses aus dem Franz-Sales-Haus entlassen; ihre verwitwete Tante Anna Katz geb. Moses holte sie ab und nahm sie zu sich und ihrer neunjährigen Tochter Hella in ihre Wohnung in der Lochnerstraße 12–14 in Köln. Die Beweggründe mögen finanzieller Natur gewesen sein, vielleicht lagen sie aber auch in der Erkenntnis, dass die Unterbringung in einer Behindertenanstalt im nationalsozialistischen Deutschland zunehmend lebensgefährlich wurde. In der Tat bewahrte die Abholung durch ihre Tante Ilse möglicherweise davor, Opfer des nationalsozialistischen Euthanasieprogramms zu werden, dem die meisten Kinder aus der Essener Anstalt seit 1940 zum Opfer fielen.

Im Haus Lochnerstraße 12–14,[173] wo Tante Anna Katz wohnte, lebte inzwischen auch die aus Stommeln nach dem Novemberpogrom 1938 geflohene Großtante Johanna Moses. Ilse konnte sich hier zu Hause fühlen – ein letztes Mal und nur für kurze Zeit. Im Frühjahr 1941 (vor dem 1. Juni) wurde Anna Katz mit ihrer Tochter Hella in das Haus Eburonenstraße 10–12 zwangseingewiesen. Johanna Moses musste damals in die Kurfürstenstraße 18 umziehen, und die kleine Ilse ging mit ihr.

Ilses Namen finden wir dann auf der Liste der Deportation von Köln-Deutz nach Riga am 7. Dezember 1941. Sie wird darin ganz allein aufgeführt, ohne die Begleitung ihrer Großtante Johanna Moses oder eines anderen Erwachsenen. Sie musste sich mit den anderen tausend für diesen Transport bestimmten Personen mit ein paar Habseligkeiten und Verpflegung in einem Rucksack oder Köfferchen vor der Messehalle in Köln-Deutz einfinden, Registrierung und Leibesvisitation über sich ergehen lassen und mit den anderen in der Messehalle auf Hobelspänen oder Stroh eine Nacht verbringen, bis man sie dann am folgenden frühen Morgen zum Bahnhof Deutz-Tief trieb, wo sie in den Deportationszug »verladen« wurden.

Über diesen viertägigen Transport nach Riga durch winterliche Eiseskälte berichtet einer der wenigen Überlebenden (Hans Baermann):

»Unterwegs bekamen wir keinerlei Verpflegung und ein einziges Mal Wasser zum Trinken. Auf dem Güterbahnhof Skirotava [2 km vor Riga] wurden wir von der lettischen SS mit Peitschen und Eisenstangen aus den Waggons gejagt. An die Mitnahme von Gegenständen war überhaupt nicht mehr zu denken. Dann mußten wir bei 24 Grad Kälte einen qualvollen Fußmarsch zum Rigaer Getto antreten. Dieses hatte zwei Tage vor unserem Eintreffen 34 500 Menschen beherbergt. Als wir ankamen, sahen wir nur noch Leichen in Blutlachen sowie ungeheure Verwüstungen in allen Wohnungen.«[174]

Den Neuankömmlingen bot sich in der Tat ein fürchterlicher Anblick. Die gefrorenen Blutlachen und Leichen in den Straßen, mit deren Beseitigung Kommandos von lettischen Juden beschäftigt waren, zeugten von einem barbarischen Massaker in den vorangegangenen Tagen. In den zugewiesenen Wohnungen fand man teilweise gedeckte Tische vor; die angerichteten, aber nicht mehr verzehrten Speisen waren steinhart in den Schüsseln gefroren.[175] Zehn blutige Tage lang, vom 30. November bis 9. Dezember 1941, hatte deutsche und lettische SS in dem erst 37 Tage zuvor in der Moskauer Vorstadt errichteten Judenghetto gewütet. Viele wurden noch im Ghetto erschossen, die meisten in einem Waldstück bei der Bahnstation Rumbuli mit Maschinengewehrsalven niedergestreckt und in Massengräbern verscharrt. Mehr als 27 000 Menschen wurden Opfer dieser Massaker. In die verwüsteten Wohnungen der Ermordeten zogen nun die aus Köln und anderen Städten des Reiches herbeigeschafften deutschen Juden ein. Riga war ein Ort des Grauens, in dem sich die Spuren der zwölfjährigen Ilse Moses verlieren.

Ihr Schicksal hat die Schriftstellerin Edith Biewend (1923–2005) zu ihrem 1995 erschienenen Roman »Odyssee mit Josef« animiert, wie sie im Nachwort schreibt: »Dieses Buch schrieb ich zum Gedenken an das Kind Ilse Moses.« Sie hatte aus dem 1987 erschienenen Buch »Juden in Stommeln«, Bd. 2, von ihr erfahren. Es ist ein fiktiver Roman, aber mit historischem Hintergrund. Vieles hat die Schriftstellerin jedoch geändert: Das Kind ist nun ein Junge, heißt Josef und ist ein »Mischling«, da er eine christliche Mutter hat, und gilt doch als »Volljude«, weil er beschnitten ist. Die Grundstruktur von Ilses Schicksal bleibt: die Auswanderung der Eltern nach Amerika bei Zurücklassung eines ihrer Kinder in der Essener Behindertenanstalt; die Abholung dort durch einen Verwandten, der es beschützen will (im Buch der Opa mütterlicherseits); die Gefährdung des Kindes in einer judenfeindlichen Umwelt. Aber es gibt entscheidende Änderungen: Das Kind ist nicht von Geburt an in seiner Entwicklung eingeschränkt, sondern wurde es infolge der traumatischen Erfahrung als Dreijähriger, als sein Vater in der Pogromnacht 1938 zusammengeschlagen wurde. In Situationen äußerster Gefährdung gibt es immer wieder Personen, die dem Kind und seinem Großvater helfen. Und der in die USA ausgewanderte Vater kommt im fiktiven Roman mit falschen Papieren über die Schweiz nach Deutschland zurück, um sein Kind zu holen, aber er wird im Luftschutzbunker von ehemaligen Nachbarn erkannt, von der Gestapo verhaftet und in den Tod deportiert. Und vor allem: Entgegen der historischen Vorlage gelingt es dem Großvater, das Leben des Kindes zu retten. Nach einer langen Odyssee durch Süddeutschland, Böhmen und Mähren siegt schließlich doch die Humanität. Auf den letzten Seiten des Buches, nach Kriegsende, erfährt der Leser, dass die Mutter in den USA ihrem Kind Briefe und ein Foto von sich geschickt hat, und der Opa will mit ihm zu ihr nach Princeton reisen: »Ich freu mich auf sie, Opa.« Die Schriftstellerin kommt dem Leser entgegen, der sich ein spannendes Buch und ein gutes Ende wünscht. Aber das Lebensschicksal der kleinen Ilse ist nicht spannend im Sinne eines ungewissen Ausgangs, sondern gekennzeichnet durch den Sog des Unausweichlichen. Die historischen Fakten sind brutaler als die literarische Fiktion; sie zeigen keinen Ausweg, kein Licht der Hoffnung, sondern nur sprachlos machende Finsternis. Das Schicksal von Ilses Cousine Hella, mit der sie zusammengelebt und gespielt hat und von der weiter unten noch genauer die Rede sein wird, führte am Ende in die gleiche Düsternis.

ELSE MOSES VERH. FROEHLICH

Über das Lebensschicksal von Else Moses, geboren am 7. Januar 1898, sind nur wenige Einzelheiten bekannt. Nach ihrer Eheschließung im Jahr 1937[176] mit dem aus Sinzenich stammenden Joseph Froehlich, der nach seiner Schneiderausbildung als Reisevertreter tätig war, lebte sie mit diesem in der Venloer Straße 47 in Köln. Durch die Hilfe ihres Bruders Ernst, der bereits 1937 in die USA ausgewandert war und damals mit seiner Familie auf Long Island, NY, lebte, erhielten sie und ihr Mann ein Affidavit (Bürgschaftserklärung), das vom amerikanischen Konsul in Stuttgart anerkannt wurde, sodass sie am 24. Oktober 1938, noch vor dem Novemberpogrom,

Einreisevisa für die USA erhielten. Bereits am 29. Oktober 1938 konnten sie in Rotterdam an Bord der SS Nieuw Amsterdam gehen, eines modernen, noch jungen Dampfturbinenschiffes der Holland-America Line mit luxuriöser Ausstattung. Bereits am 4. November 1938 erreichten sie den Hafen von New York.[177]

Über ihr Leben in den USA ist wenig bekannt. Das Ehepaar wohnte in Miami Beach, Florida (2829 Indian Creek Drive), und blieb kinderlos. Else Froehlich starb im Alter von 88 Jahren am 17. Juli 1986.[178] Ihr Mann überlebte sie.

ANNA MOSES VERH. KATZ UND TOCHTER HELLA

Als sechstes von sieben Kindern wurde Anna Moses am 12. April 1899 in Stommeln geboren. 1927 heiratete sie in Stommeln den aus Göttingen stammenden, in Köln lebenden Kaufmann Walter Katz. Er war vier Jahre älter als sie. Sie wohnten in der Mainzer Straße 39 in Köln. 1929 wurde Tochter Hella geboren. Aber das Familienglück währte nur kurze Zeit. Am 27. März 1936 starb Walter Katz mit erst vierzig Jahren.

1937 zog Anna Katz in die Lindenstraße 23 in Köln, im Herbst 1938 in das Haus Lochnerstraße 12–14,[179] wohin wenig später auch ihre Tante Johanna Moses kam, nachdem sie nach dem Novemberpogrom Stommeln fluchtartig verlassen hatte. Möglicherweise haben sie zusammen in einer Wohnung gelebt. Auch ihre Nichte Ilse, Tochter des emigrierten Bruders Ernst Moses, holte sie damals aus der Behindertenanstalt in Essen in diese neue Wohngemeinschaft. Ihren letzten Immobilienbesitz in Stommeln musste sie unter dem wachsenden Verfolgungsdruck verkaufen, nicht

128 Walter und Anna Katz geb. Moses

nur das Haus Kattenberg 23, sondern auch Gartenland an dem Weg Im Schildchen.[180]

Aber der Verfolgungsapparat des nationalsozialistischen Staates zerstörte dieses letzte Glück sehr bald. Am 12. Mai 1941 ordnete die Kölner Gestapo an, dass alle noch in »arischen Häusern« wohnenden Juden bis zum 1. Juni d. J. in jüdischen Häusern unterzubringen seien.[181] In Köln mussten daraufhin alle Juden auf der rechten Rheinseite (Deutz, Kalk, Mülheim etc.) und in den westlichen Vororten (Bayenthal, Marienburg, Zollstock, Lindenthal, Braunsfeld und Müngersdorf) ihre Wohnungen räumen. Fortan durften sie nur noch in jüdischen Häusern der Alt- und Neustadt sowie der nördlichen Vororte (Ehrenfeld, Nippes etc.) wohnen. Die betroffenen Juden mussten sich dabei mit engstem Wohnraum begnügen; jeder Familie stand grundsätzlich nur noch ein Raum zur Verfügung, Einzelpersonen wurden mit anderen zusammengelegt. An Möbeln durfte nur das Allernotwendigste (Bett, Tisch, Stuhl) mitgenommen werden, die übrigen Möbel wurden in den Räumen der Synagoge an der Roonstraße eingelagert.[182] Die »jüdischen Häuser« nahmen den Charakter von Ghettohäusern an, in denen Juden vor ihrer Deportation gesammelt wurden. Anna Katz musste mit ihrer Tochter Hella in das Haus Eburonenstraße 10–12 umziehen, ihre Tante Johanna Moses mit der Großnichte Ilse in die Kurfürstenstraße 18.

Mit ihrer Tochter Hella wurde Anna Katz dann am 22. Oktober 1941 nach Lodz deportiert, zusammen mit 1018 Personen. Ihre ältere Schwester Antoinette Kahn geb. Moses, die zuletzt ebenfalls im Haus Eburonenstraße 10–12 untergebracht war, folgte ihr am 30. Oktober 1941 mit dem zweiten Kölner Transport nach Lodz.

Im Februar 1940 hatten die Deutschen damit begonnen, in zwei ärmlichen Vierteln der Stadt Lodz, umbenannt in Litzmannstadt, ein Ghetto einzurichten; Ende April riegelte man es mit einem Stacheldrahtzaun von der übrigen Stadt ab. Auf der kleinen Fläche von nur vier Quadratkilometern pferchte man hier schließlich 160 000 Menschen in heruntergekommenen Häusern zusammen. Das Ghetto entwickelte sich zu einem Arbeitslager, in dem hungernde Menschen in Betrieben für die deutsche Kriegsführung schuften mussten. In der Zeit zwischen Oktober und November 1941 kamen rund 20 000 Juden neu in das Lager, darunter auch die der beiden Kölner Transporte. Weil aber die Lebensmittelzuteilungen für das ganze Ghetto nicht angepasst, d. h. vergrößert wurden, herrschte eine wachsende Hungersnot. Am 3. November 1941 wurde die tägliche Brotration von 33 g auf 28 g gekürzt. Wegen der Unhaltbarkeit der Zustände gab das Reichssicherheitshauptamt in Berlin Anweisung, 30 000 Ghettobewohner zu »beseitigen«.¹⁸³ In dem kleinen Dörfchen Chelmno, zu Deutsch Kulmhof, nordwestlich von Lodz gelegen, wurde in Dezember 1941 ein Vernichtungslager eingerichtet, in dem die Menschen in geschlossenen Lkw-Kastenwagen, in die man die Abgase des Benzinmotors (Kohlenstoffmonoxid) leitete, vergast wurden. Mit Lkw transportierte man die Menschen aus dem Ghetto unter der Vortäuschung, es gehe zu einem – willkommenen – anderweitigen Arbeitseinsatz, dorthin in den Tod.

Anna Katz und ihre Tochter Hella sind in Lodz verschollen. Von Hella gibt es allerdings noch eine letzte Spur: Lt. Gedenkbuch des Bundesarchivs wurde sie am 9. September 1942 mit unbekanntem Ziel aus Lodz abtransportiert. Die Vermutung liegt nahe, dass Chelmno das Ziel war. Zwischen dem 5. und 12. September wurden 15 859 Personen aus

129 Hella Katz, 1939

dem Ghetto nach Chelmno gebracht und dort ermordet.¹⁸⁴ Es ist davon auszugehen, dass auch Hellas Leben in dieser Welt der Finsternis endete. Ob die Mutter bis zuletzt bei ihr war und das gleiche Schicksal wie die Tochter erlitt, ist ungewiss.

Die in die Vereinigten Staaten geflohenen Geschwister von Anna Katz erhielten als deren Erben am 28. September 1960 für die entzogene, nach Ansicht der Wiedergutmachungskammer Köln ursprünglich »wertvolle Wohnungseinrichtung« ihrer Schwester einen Schadensersatz in Höhe 27 500,- DM und für die Entziehung von Wäsche, Hausrat und Silbersachen 14 600,- DM.¹⁸⁵

FRIEDA MOSES VERH. LEVY

Frieda Moses, geboren am 17. Januar 1903 in Stommeln, gelang 1938 die Auswanderung in die Vereinigten Staaten. Am 9. Februar 1938 hatte sie ein Einreisevisum erhalten. Ihr im Jahr zuvor ausgewanderter und in New York lebender Bruder Ernst hatte ihr ein Affidavit ausgestellt. Am 17. Mai 1938 trat sie in Hamburg mit der SS Washington ihre Ausreise an und erreichte New York am 26. Mai.¹⁸⁶ Sie lebte in New York und arbeitete zunächst als Diamantschleiferin, dann als Masseurin. 1950 heiratete sie den

8. Station – Nettegasse 1

vier Jahre älteren Max Levy, geboren 1899 in Köln.[187] Bereits 1929 war er in die Vereinigten Staaten ausgewandert und lebte in New York, Manhattan (335 Second Avenue).[188] Er arbeitete dort als Kellner in einem großen Hotel. Die Ehe blieb kinderlos. Nach dem Tod ihres Mannes 1979 zog Frieda Levy zu ihrer Schwester Else Froehlich in Miami Beach, Florida. Bruder Georg, der sich nach der Emigration mit seiner Familie ebenfalls in Florida niedergelassen hatte, war zu diesem Zeitpunkt bereits verstorben. Als 82-Jährige besuchte Frieda Levy 1985 noch einmal ihren Heimatort Stommeln und war Gast bei Dr. Paul Schauff. Ihr Sterbedatum ist nicht bekannt.

130 Anna Katz geb. Moses (l.) und ihre Schwester Frieda, 1937

131 In einem Park in Hialeah, FL, USA, v. l.: Max und Frieda Levy geb Moses, Else Froehlich geb. Moses, Joseph Froehlich, Ernst Moor (Moses), 1967

9. STATION – KATTENBERG 27

JOHANNA MOSES

Im April 2019 stand ich mit der 87-jährigen Marlene Straus geb. Roesberg und mehreren ihrer Familienmitglieder, angereist aus den USA, vor dem Haus Kattenberg 27, in dem einst Johanna Moses gelebt hatte; sie war die Schwester ihrer Großmutter. Ich zeigte der Besuchergruppe ein Foto von Johanna Moses (Abb. 134), und dabei hörte ich Marlene, die sonst englisch sprach, vor sich hinmurmeln: »Tante Hannchen«. Die Äußerung kam spontan, nicht in der Absicht einer Mitteilung für andere, sondern als Ausdruck der Selbstvergewisserung einer alten, nie vergessenen emotionalen Nähe zu einem geliebten Menschen. Mit sieben Jahren hatte Marlene Deutschland verlassen, aber mit sich nahm sie das Bild dieser kinderfreundlichen, liebevollen Großtante. Mehrere Fotos von Moses Hannchen, wie sie in Stommeln genannt wurde, sind erhalten, und alle bestätigen dieses Bild. Auch in der Nachbarschaft war sie wohlgelitten. Zwei Stommelnerinnen, die ich vor bald vierzig Jahren noch sprechen konnte und die in der Nähe auf dem Kattenberg großgeworden waren, berichteten, wie freundlich sie zu ihnen als Kinder immer gewesen sei. In ihrem kleinen Laden stand ein großes, rundes Glas mit Himbeerbonbons, und daraus durften sie sich immer eine Näscherei nehmen, bevor sie den Laden verließen. Sie berichteten auch, dass Johanna Moses in der Pessachwoche, um die Tage der christlichen Karwoche, Mazzen an die Nachbarn verteilte, damit sie einmal probieren konnten, was es mit dem »ungesäuerten Brot« auf sich hatte, das

die frommen Juden während dieser Festwoche zur Erinnerung an den Auszug aus der Knechtschaft in Ägypten aßen. Und vielleicht wussten die frommen Katholiken auch, dass diese Mazzen in einem direkten

132 Haus Kattenberg 23

9. Station – Kattenberg 27

133 Ilse Moses mit ihrer
Großtante Johanna Moses
auf der Treppenmauer des
Hauses Kattenberg 27

Zusammenhang stehen zur Hostie der christlichen Eucharistie, war doch Jesu Abendmahl, dessen am Gründonnerstag in besonderer Weise gedacht wird, nichts anderes als das jüdische Pessachmahl.

Das oben abgebildete Foto zeigt Johanna Moses, geboren am 4. August 1864 in Stommeln, zusammen mit ihrer Großnichte Ilse Moses, auf den Seitenmauern der mehrstufigen Haustreppe sitzend. Das Haus ist auch für den heutigen Besucher noch wiederzuerkennen, trotz der schwerwiegenden Veränderungen, die es erlitten hat, um modernen Wohnansprüchen zu genügen. Es war Johannas Elternhaus, in dem sie mit zahlreichen Ge-

134 Johanna Moses

schwistern aufwuchs. Ihr aus Wesseling gebürtiger Vater Philipp Moses (2.6.1822–11.2.1876), verheiratet mit der aus Lohmar stammenden Amalie Hoffmann (25.7.1828–18.5.1912), betrieb hier eine Metzgerei, die die jüdische Gemeinde mit koscherem Fleisch versorgte. Der schmale Gang rechts neben dem Haus führte zu dem dahinter liegenden kleinen Schlachthaus. Philipp Moses betätigte sich wohl auch als Viehhändler.[189] Sechs Kinder wurden zwischen 1857 und 1870 geboren, Johanna war das vierte.[190] Die finanziellen Verhältnisse der Familie waren eng. In einer Wählerliste von 1865, die die Wahlberechtigten wegen des geltenden Dreiklassenwahlrech-

135 Zylindrische Hohlmaße für Schüttgut mit Henkeln aus dem Laden von Johanna Moses, Zinnlegierung (heute im Stommelner Heimatmuseum):
1. ½ Liter: H 11 cm, ø 6,1 cm; Hersteller C. H. Altenberg, Coeln, 1911, mit Eichstempel 11 D. R. 12; Eichstempel am oberen Rand für die Jahre 1914 bis 1937: 14, 18, 21, 23, 25, 27, 29, 31, 33, 35, 37
2. 0,1 Liter: H 5,9 cm, ø 5,5 cm, 1909, Hersteller: Sesiani & Zamponi, Coeln (Alter Markt 40), 1909, mit Eichstempel 9 D.R. 38; Eichstempel am oberen Rand: 9 D.R. 38, 14, 21, 23, 25, 27, 29, 31, 33, 35, 37
3. 0,05 Liter: H 4,5 cm, ø 4,7 cm; Hersteller: Sesiani & Zamponi, Coeln (Alter Markt 40), 1909, mit Eichstempel 9 D.R. 39; Eichstempel am oberen Rand: 9 D.R. 38, 14, 29, 31, 33, 35, 37

tes in drei Steuerklassen einteilte, findet sich sein Name in der untersten Steuerklasse, bei der Masse der armen Bevölkerung.[191]

Der Vater verstarb bereits mit 54 Jahren am 11. Februar 1876.[192] Der älteste Sohn Carl, damals 18 Jahre alt, musste das Geschäft des Vaters weiterführen. Im Laufe der 1880er Jahre verließen dann Johannas Geschwister nach ihrer Heirat das Haus, 1888 auch ihr ältester Bruder Carl, der im Haus Nettegasse 1 ein neues Zuhause fand. Johanna blieb mit ihrer Mutter allein im Elternhaus am Kattenberg 27 zurück und lebte von dem kleinen Nachbarschaftsladen, den sie in dem Haus betrieb. »Handlung Johanna Moses« stand auf der Glasscheibe des Oberlichts der Haustür. Reklameschilder im

Schaufenster und auf dessen Fensterläden teilten mit, was es hier u. a. zu kaufen gab: Persil und andere Waschmittel, Maggi usw. Aber auch alles für den täglichen Bedarf gab es hier: Rübenkraut, Mehl und Petroleum für die Petroleumlampen (siehe Emailleschild direkt neben der Tür) genauso gut wie Aufnehmer oder Putzmittel, Salz oder Zucker. Bei ihr gab's auch Gewürze, »Spezereien«, wie man früher sagte. Zu Recht konnte Johanna Moses deshalb ihre Profession mit »Spezereiwarenhändlerin« angeben. Eigentümerin des Hauses war sie allerdings nicht, sondern hatte nur ein lebenslanges Nießbrauchrecht.

Nachdem 1912 auch die Mutter gestorben war, lebte Johanna als einzige in dem Haus, aber sie war deshalb nicht allein. Das Haus ihres ältesten Bruders Carl war kaum 200 Meter entfernt, und er kam regelmäßig, um das Schlachthaus seines Vaters zu benutzen. Auch dessen Kinder gingen wohl bei ihr ein und aus.

Bis zuletzt hat Johanna Moses ihren kleinen Laden geführt. Die Eichstempel auf den von ihr genutzten kleinen Hohlmaßen belegen es. Aber der Naziterror machte ihrem friedlichen Leben ein Ende. Nach der Pogromnacht postierten sich am 10. November 1938 SA-Männer vor ihrem kleinen Laden. Ob es auch zu Verwüstungen im Innern kam, ist nicht bekannt. Aber weiterführen konnte Johanna Moses, inzwischen 74 Jahre alt, ihr Geschäft nicht. Durch Erlass wurde allen Juden mit Wirkung vom 1. Januar 1939 der Betrieb von Einzelhandelsgeschäften verboten. Sie floh nach dem Novemberpogrom 1938 aus Stommeln zu ihrer verwitweten Nichte Anna Katz, einer Tochter ihres verstorbenen Bruders Carl, die in der Lochnerstraße 12–14 in Köln mit ihrer neunjährigen Tochter Hella zur Miete wohnte. 1939 kam noch die geistig behinderte Nichte Ilse Moses hinzu.

Nach ihrer Flucht nach Köln brach Johanna Moses alle Beziehungen zu ihrem Heimatort Stommeln ab. Eine andere Wahl blieb ihr auch gar nicht. Sie betrat nie mehr Stommelner Boden. Am 22. Dezember 1938 ging sie mit ihrer Nichte Anna Katz zum Termin bei Notar Hermann Flatten für den Verkauf ihres Hauses am Kattenberg 23 (heute 27) samt Grundstück an den Stommelner Metzger Josef Dufrenne und seine Frau Sofia geb. Bonn.[193] Sie war selbst nicht Eigentümerin dieses vom Vater Philipp Moses überkommenen Hauses, sondern hatte nur ein lebenslanges Nießbrauchrecht. Eigentümer waren ihre Nichte Anna Katz und ihr Bruder Siegmund Moses. Den gezahlten Kaufpreis von 5 000,- RM hat Anna Katz nie gesehen. Er wurde beim Notar hinterlegt und ist wohl an das für Stommeln zuständige Finanzamt Köln-Süd geflossen, u. a. zur Begleichung der Judenvermögensabgabe. Vor der Wiedergutmachungskammer des Landgerichts

9. Station – Kattenberg 27

136 Wohnhaus Kurfürstenstraße 18 (r.), 2017

Köln wurde am 2. März 1953 in einem Vergleich eine Wiedergutmachungszahlung von 4 000,- DM an die Erben der ermordeten ehemaligen Besitzerin Anna Katz vereinbart.[194]

Ein Ehrenbürger Stommelns, nach dem eine Straße in Stommeln benannt ist, hat 1952 zur Miete in dem Haus am Kattenberg gewohnt, in dem Johanna Moses jahrzehntelang ihren kleinen Nachbarschaftsladen geführt hatte: der Reichsbahnbeamte i. R. Benedikt Pesch.

Wohl vor dem 1. Juni 1940 musste Anna Katz mit ihrer Tochter ihre Wohnung in der Lochnerstraße verlassen und wurde zwangsweise in das »Judenhaus« Eburonenstraße 10–12 einquartiert. Für Johanna Moses galt Ähnliches: Sie musste damals in die Kurfürstenstraße 18 umziehen, zusammen mit der kleinen Ilse, die dann – allein – am 7. Dezember 1941 nach Riga deportiert wurde. Anna Katz mit Tochter Hella waren bereits im Oktober nach Lodz deportiert worden. Für Johanna Moses war es eine Zeit der Schrecken. Sie wurde noch einmal umquartiert, jetzt in das »Judenhaus« Bachemer Straße, vermutl. Nr. 95, von wo aus sie schließlich am 15. Juni 1942 ab Bahnhof Köln-Deutz nach Theresienstadt deportiert wurde.

Dieses angebliche Vorzugslager für ältere deutsche Juden war für die meisten nur eine Zwischenstation auf dem Weg in die Vernichtungslager. Das galt auch für Johanna Moses. Am 19. September 1942 wurde sie in einem Massentransport von etwa 2 000 Personen in das Vernichtungslager Treblinka gebracht, wo sie am 21. oder 22. September 1942 in der Gaskammer starb, erstickt durch die Abgase eines Benzinmotors. Ihr Transport war der erste von zehn, die zwischen dem 19. September und 22. Oktober 1942 insgesamt etwa 18 000 Personen von Theresienstadt nach Treblinka in den Tod brachten.

10. STATION – NETTEGASSE 11

FAMILIE JAKOB UND EMMA STOCK

Zu Beginn des zwanzigsten Jahrhunderts wohnte im Haus Nettegasse 7 (heute: 11) der uns schon beim Besuch des Kriegervereinsdenkmals auf dem Friedhof begegnete Lazarus Stock mit seiner Frau Bertha geb. Kaufmann und ihren elf Kindern:[195] Johanneta (Jeanette, *1867), Jakob (*1869), Moses (*1872), Amalie (*1874), Helene (*1876), Clara (*1878), Albert (*1879), Emil (*1881), Toni (*1882), Max (*1885) und Josef (*1887). 1881 starben die Söhne Albert und Emil bereits mit siebzehn bzw. drei Monaten, ebenso Tochter Clara schon als Kleinkind und Tochter Amalie 1889 mit 15 Jahren in Essen,[196] wo sie vermutlich als »Haustochter« in einem jüdischen Haushalt lebte, um die Kenntnisse und Fertigkeiten einer jüdischen Hausfrau zu erlernen. Der jüngste Sohn Josef fiel 1916 als deutscher Soldat im Ersten Weltkrieg. Die sechs Jahre jünge-

137 Haus Nettegasse 11 (l.); Nachfolgebau für das ehemalige Haus Stock. Das Nachbargebäude rechts steht auf dem ehemaligen Gartengrundstück der Familie. 2021.

138 Soldatengrab des gefallenen Unteroffiziers Josef Stock in Frankreich, gestorben am 27.9.1916 in St. Quentin, Kriegslazarett, 1916

re Schwester Helene blieb unverheiratet in Stommeln und lebte später im Haus Venloer Straße 579. Von ihr war weiter oben schon die Rede.

Als ältester Sohn war Jakob, wie damals üblich, als Geschäftsnachfolger des Vaters vorgesehen. Die übrigen noch lebenden vier Geschwister Jakobs verließen deshalb ihr Elternhaus und ihren Heimatort früh, sodass die Erinnerung an sie im Ort verblasst war. Max Stock heiratete die Düsseldorferin Rosel Bruch. Seit 1920 ist er in den Düsseldorfer Adressbüchern nachweisbar, und zwar als Mitinhaber des Möbelhauses Gebrüder Stock[197] in der Hohe Straße 22; er wohnte am Rathausufer 23 auf der Beletage. Die Weltwirtschaftskrise hat dann aber wohl seinem Geschäft zugesetzt. Seit 1930 war er umgezogen in die Kaiserswerther Straße 222, 1. Etage. 1934 wohnte er im gleichen Haus im Souterrain (Die Straße war inzwischen in Richthofenstraße umbenannt worden). Das Geschäft an der Hohe Straße firmierte jetzt als Bettenspezialhaus. Noch in den 1930er Jahren konnte er dann nach Argentinien auswandern.[198]

Auch Jeanette Stock lebte nach ihrer Heirat mit David Sander in Düsseldorf, wo dieser 1910 im Adressbuch als »Agent«, 1915 als »Gemäldehändler« und seit 1920 als »Prokurist« (möglicherweise bei einer Bank) nachweisbar ist. Das Ehepaar lebte im gleichen Haus wie Bruder Max Stock: Rathausufer 23. 1930 ist David Sander zum letzten Mal im Adressbuch nachweisbar, 1934 ist seine Frau als Witwe aufgeführt. 1935 verstarb sie selbst.

Die Brüder Toni (1924 Namensänderung in: Toni Dago) und Moses Stock gingen nach Köln und wurden beide deportiert und ermordet. Am Ende dieses Kapitels soll darüber genauer berichtet werden.

JAKOB STOCK

Zunächst wollen wir uns mit Jakob Stock beschäftigen, der in seinem Stommelner Elternhaus in der Nettegasse 7 blieb.[199] Heute steht hier ein um 1955 entstandenes neues Wohnhaus mit der Nummer 11. Rechts neben dem Haus, wo heute Haus Nr. 13 steht, befand sich der Garten der Familie. Wegen seiner auffallenden Körpergröße nannte man Jakob Stock im Ort »Stocks Lang« – ein wohlwollender, Vertrautheit spiegelnder Beiname innerhalb der Dorfgemeinschaft. Er war wie alle, die ihren Militärdienst abgeleistet hatten, Mitglied im Kameradschaftlichen Kriegerverein. Um 1900 hatte er von seinem Vater Lazarus das Viehhandelsgeschäft übernommen und war schon berufsbedingt häufig im Ort unterwegs und in Kontakt mit vielen Bauernfamilien. Regelmäßig fuhr er dienstags nach Dortmund oder

139 Jakob und Emma Stock geb. Adler, um 1905

140 Werbeanzeige von Jakob Stock in der Festschrift des Kameradschaftlichen Kriegervereins, 1926

141 Emma Stock, 1935

Dinslaken, um mittwochs auf den dortigen Melkviehmärkten Rinder bzw. Kühe für seine Stommelner Kundschaft einzukaufen. Das von seinen Kunden in Zahlung genommene Fettvieh verkaufte er auf dem montäglichen Fettviehmarkt in der Liebigstraße in Köln-Ehrenfeld an dortige Metzger.

Die Viehtransporte übernahmen die Kölner Fuhrunternehmer Peter Piel aus Junkersdorf oder Jean Flau aus Ehrenfeld.

Jakob Stock besaß nur einen kleinen Stall mit zwei Einstellplätzen, den er allerdings 1924 ausbauen ließ.[200] In der Regel wurde das Vieh sofort in die Ställe der Käufer überführt. War der Kunde mit dem gelieferten Tier nicht zufrieden, so blieb Jakob Stock, um diesen nicht zu vergraulen, nichts anderes übrig, als es zurückzunehmen. Um es in seinem Stall für einige Tage versorgen zu können, bis ein neuer Interessent gefunden war, musste er sich kurzfristig dann bei den Bauern des Ortes Stroh und Futter besorgen. Einfach war sein Geschäft nicht. Das galt insbesondere auch, wenn er zahlungsunfähigen Käufern längere Zahlungsfristen oder Ratenzahlung einräumen musste.

Für den Eigenbedarf wurde gelegentlich in der Toreinfahrt ein Tier geschlachtet. Der eine oder andere Nachbar wird dabei auch auf Bestellung ein Stück Rindfleisch erworben haben, als gewerbliche Tätigkeit eines Metzgers war das jedoch nicht anzusehen. Es handelte sich um Hausschlachtungen, wie sie auch auf den Bauernhöfen stattfanden, allerdings nach den Vorschriften des mosaischen Gesetzes (Schächtung).

1904 heiratete Jakob Stock die gleichaltrige Emma Adler aus Kelsterbach. Sie bekamen drei Kinder: Berta (*1906), Hans (*1908) und Hilde (*1911). Emma war eine tiefreligiöse Frau, die ihren Haushalt streng nach den Regeln der jüdischen Orthodoxie führte. Die Familie lebte in bescheidenen Verhältnissen. Trotzdem ermöglichten die Eltern zweien ihrer Kinder den Besuch Kölner Gymnasien: Berta ging auf die Königin-Luise-Schule, Hans bis zur Mittleren Reife auf das Schiller-Gymnasium, um anschließend eine kaufmännische Ausbildung anzutreten – eine Bildungslaufbahn, wie sie in vielen jüdischen Familien damals üblich war. Tochter Hilde war Ähnliches nicht vergönnt. Nach eigenem Bekunden erschien sie ihren Eltern »zu dünn und schwächlich«, um täglich die Hin- und Rückreise nach Köln anzutreten. Sie besuchte also – wohl von 1918 bis 1926 – die Volksschule in der Eschgasse in Stommeln. Einen Beruf hatte sie nicht erlernt. Sie ging vermutlich, wie es für viele jüdische Mädchen damals zutraf, als »Haustochter« in eine andere jüdische Familie, um sich mit allen Aufgaben einer jüdischen Hausfrau vertraut zu machen, und arbeitete danach als Haushaltshilfe. Als Einzige der Kinder von Jakob Stock überlebte sie die nationalsozialistische Verfolgung.

Als Hitler am 30. Januar 1933 Reichskanzler wurde und damit die Schreckenszeit der Verfolgung begann, waren Jakob und Emma Stock 63 Jahre alt. Die drei Kinder lebten alle noch zu Hause. Gedanken, sich zur

142 Hilde Stock (3. Reihe von oben, rechts außen) als Schülerin in der Mädchenklasse der Volksschule Stommeln, 1924

Ruhe zu setzen, konnte Jakob Stock sich noch nicht machen. Aber die Zeitumstände wurden zunehmend schwer für ihn. Der jüdische Viehhandel war den Nazis ein Dorn im Auge, den sie propagandistisch bekämpften und in Misskredit zu bringen versuchten. Wachsende Schikanen und Juden diskriminierende Verordnungen zwangen Jakob Stock vermutlich bereits 1937, seine berufliche Tätigkeit einzustellen. Im Juli 1938 wurde Juden der Viehhandel endgültig verboten.[201] Für Jakob Stock war es das geschäftliche Aus, das seine Familie in wachsende Armut trieb und ihn wohl auch abhängig machte von dem, was die Kinder verdienen konnten.

10. STATION – NETTEGASSE 11

HANS STOCK: KZ-HAFT IN DACHAU

Inwieweit die Familie unter Ausschreitungen der SA in der Reichspogromnacht vom 9./10. November zu leiden hatte, ist nicht überliefert. Noch am 10. November war sie dann aber betroffen von einer reichsweiten Verhaftungswelle, die ausschließlich jüdische Männer im besten Alter betraf, die Ernährer ihrer Familien. Organisiert wurde diese »Judenaktion« von der Staatspolizeistelle in Köln, die den örtlichen Polizeistellen entsprechende Verhaftungsanweisungen erteilte. Im Amt Pulheim, zu dem Stommeln damals gehörte, wurden also Bürgermeister Josef Degraa als Ortspolizeibehörde und Polizeihauptmeister Wilhelm Güldenring, der im ehemaligen Bürgermeisteramt an der Venloer Straße in Stommeln wohnte, tätig, um den Verhaftungsauftrag auszuführen. Der damals dreißigjährige Hans Stock wurde festgenommen und in den Zellenbau in der Arbeitsanstalt Brauweiler eingeliefert, wo damals ein Sammellager für die verhafteten Juden aus dem Regierungsbezirk und der Stadt Köln eingerichtet wurde. In zwei Transporten wurden am 13. und 15. November 1938 insgesamt etwa 600 Juden vom Bahnhof Großkönigsdorf aus in das Konzentrationslager Dachau bei München deportiert.[202] Hans Stock gehörte zum ersten der beiden Transporte und wurde am 15. November im KZ Dachau unter der Häftlingsnummer 27 134 registriert. Die KZ-Nummer belegt die Massenhaftigkeit der von den Nationalsozialisten seit 1933 vorgenommenen Verhaftungen und die riesigen Dimensionen, die dieses »Muster-KZ« inzwischen angenommen hatte. »Arbeit macht frei« stand auf dem Eingangstor, als handle es sich bei den Inhaftierten um Arbeitsscheue, die zur

143 Hans Stock

Arbeit angehalten werden mussten; in Wahrheit aber gab es im Lager keine Arbeit, und es herrschte ein terroristisches Regiment, wie die Juden es bisher noch nie erfahren hatten. Es war eine Hölle der Erniedrigung und Gewalt, die die Betroffenen als Schock erlebten. Barbara Distel, von 1975 bis 2008 Leiterin der KZ-Gedenkstätte Dachau, berichtete in einem Beitrag vom 9. November 1978 in der Süddeutschen Zeitung:

> »Die Dachauer SS-Männer stürzten sich mit Schlägen und Beschimpfungen auf die Neuankömmlinge […]. Das Ritual der ›Aufnahme‹ mit Registrierung, neuen Mißhandlungen im Bad und [bei der] Einkleidung […] zog sich über Tage hin. Zunächst gab es keinerlei Verpflegung. […] Nachts wurden sie in die überfüllten Baracken gepfercht, tagsüber mußten sie unbeweglich auf dem Appellplatz stehen. In einem Bericht heißt es: ›Wir marschierten auf den großen Appellplatz, und aus allen Barackengassen strömten Juden – Juden – Juden – etwas 10 000! […] Die Alten, Kranken, Zerschlagenen humpelten mit, so gut es ging. Ein Zug des Leids, des Elends, des Grauens.‹«[203]

Ziel des Naziterrors war die Vertreibung der Juden aus Deutschland. Wer nachweisen konnte, dass seine Auswanderung bevorstand, wurde nach Hause entlassen. Also bemühten sich die Familien zu Hause, Visa für die Einreise in Auswanderungsländer zu beschaffen. Auch die Familie Stock in Stommeln dürfte solche Anstrengungen unternommen haben. Aber unüberwindbare Hindernisse standen ihr im Wege. Wer z. B. in die Vereinigten Staaten auswandern wollte, musste sich auf eine lange Liste setzen lassen, bis er nach monatelangem Warten innerhalb der für das betreffende Jahr zur Verfügung stehenden Einwanderungsquote an die Reihe kam. Zudem musste er eine notariell beglaubigte Bürgschaftserklärung *(Affidavit of Support)* einer in den USA lebenden Person vorlegen, dass sie für die Einwanderungswilligen aufkommen wollte, und dieser Bürge musste nachweisen, dass er auch dazu imstande war. Eine solche Person in den Vereinigten Staaten kannte die Familie Stock aber nicht. Hinzu kam, dass sie nicht in der Lage war, aus eigenen Mitteln die Schiffspassage zu bezahlen.

Als unmittelbar nach dem Novemberpogrom den Juden am 12. November 1938 auch noch eine finanziell ruinöse »Judenvermögensabgabe« in Höhe von schließlich einem Viertel des gesamten mobilen und immobilen Besitzes auferlegt wurde, die in Raten an das Finanzamt abzuführen war, brach das der Familie das wirtschaftliche Rückgrat. Aus bescheidenen, aber sicheren Lebensverhältnissen war staatlich gewollte Armut geworden.

10. Station – Nettegasse 11

Am 23. Dezember 1938 wurde Hans Stock, ähnlich wie eine Großzahl der Häftlinge, aus dem KZ Dachau entlassen. Über die Entlassungsmodalitäten berichtete der britische Konsul in München am 5. Januar 1939 an Außenminister Lord Edward Halifax in London:

»Der Tag der Entlassung ist ein wahrhafter Prüfstein. […] Bevor sie das Lager verlassen, hält der Kommandant eine Ansprache und rät ihnen, so schnell wie möglich aus Deutschland zu verschwinden, denn sollten sie je wieder in das Lager zurückkommen, würden sie nie mehr befreit werden. Sie werden auch gewarnt, daß, sollten sie ›Greuelgeschichten‹ im Ausland erzählen, dies nicht zum Vorteil ihrer in Deutschland verbleibenden Glaubensgenossen sein werde. Dann verlangt man, daß sie ein Schriftstück unterzeichnen, in dem sie bestätigen, daß sie nicht mißhandelt worden seien, sich keine ansteckenden Krankheiten zugezogen und ihr persönliches Eigentum in unversehrtem Zustand zurückerhalten hätten. Dann erlaubt man ihnen, zum Bahnhof zu gehen und ihre Fahrkarte für die Heimfahrt zu lösen, die sie selbst bezahlen müssen. Viele sind unfähig zu laufen, und manch einer von ihnen ist bewußtlos zum Bahnhof getragen worden.«[204]

Kahlgeschoren kehrte Hans Stock nach Stommeln zurück. Der einst so kontaktfreudige junge Mann, der in besseren Zeiten ein begeisterter Anhänger des Fußballsports gewesen war und die Heimspiele des VfR Stommeln nie versäumt hatte und mit anderen Fußballfreunden zu den Auswärtsspielen seines Vereins gefahren war, war ein vom KZ-Terror gebrochener Mann. Über das Erlebte verlor er in der Öffentlichkeit kein Wort, er hätte sich damit selbst erheblich gefährdet. Aber es fragte ihn auch niemand danach. Das Opfer verstummte, und seine Nachbarn, von denen manche vielleicht im Innersten so etwas wie Scham und Schuld empfanden, wollten nichts wissen, um nicht gestört zu werden in ihren Alltagsgeschäften oder gar zum Handeln sich aufgefordert zu fühlen. Eine Mauer des Schweigens tat sich auf zwischen den christlichen Stommelnern und ihren jüdischen Nachbarn, die alle Handlungsenergien lähmte und es den Nazis ermöglichte, ohne nennenswerten Widerstand die immer mehr sich steigernde tödliche Gewalt gegen Juden auszuüben.

Für die Familie Stock wurde die Lage von Tag zu Tag unerträglicher. Jakob Stocks Schwester Helene musste im Laufe des Jahres 1939 ihre bisherige Wohnung im Haus Venloer Straße 579 verlassen und zu ihrem Bruder in die Nettegasse 7 ziehen. Es wurde nicht weiter geduldet, dass sie als Jüdin in einem »arischen« Haus wohnte. Das Heim der Familie Stock war damit zum Stommelner »Judenhaus« geworden, in dem die letzten noch im Ort verbliebenen Juden lebten.

HILDE STOCK: AUSWANDERUNG NACH ENGLAND

In dieser zunehmend verzweifelten Lage gelang es der damals 27 Jahre alten Tochter Hilde 1939, nach England auszuwandern. Die Voraussetzungen dafür waren damals extrem schwierig. Als nach dem Novemberpogrom 1938 die Hoffnungen der deutschen Juden, die Tage könnten sich wieder zu ihren Gunsten ändern, endgültig zerstoben und ein nie dagewesener Run auf die ausländischen Konsulate einsetzte, um ein Visum zu erhalten, machten die Länder ihre Grenzen dicht, nicht zuletzt auch deshalb, weil die jüdischen Flüchtlinge mittellos ins Land kamen. Der deutsche Staat forcierte einerseits zwar durch seine Unterdrückungsmaßnahmen bewusst den

144 Hilde Stock, 13 Jahre (1. Reihe, rechts außen), auf einem Foto der Abschlussklasse der Volksschule Stommeln, Ostern 1925

Auswanderungswillen der jüdischen Bevölkerung, aber er wollte andererseits verhindern, dass sie dabei größere Vermögenswerte mit ins Ausland nahmen; sie sollten im Gegenteil ihr gesamtes Vermögen zurücklassen, das sich dann der Staat aneignete. Das Argument der ausländischen Staaten, sie wollten sich nicht durch die Aufnahme und Unterstützung beraubter jüdischer Flüchtlinge zum Komplizen des deutschen Staates machen und diese Vertreibungspolitik noch fördern, war nicht von der Hand zu weisen. Vorherrschend war aber die Sorge, dass die öffentlichen Haushalte durch die Aufnahme von Mittellosen zu stark belastet und Einheimischen Arbeitsplätze weggenommen würden. Also versuchten die Staaten durch eine verschärfte Einwanderungspolitik, die jüdischen Fluchtwilligen nicht ins Land zu lassen.

Gleichzeitig regte sich in vielen Ländern, nicht zuletzt auch in England, der Wille, den unübersehbar in Not und lebensbedrohliche Gefahr geratenen Menschen in Deutschland zu helfen. Im April 1939 schlossen sich in England verschiedene jüdische Hilfsorganisationen zum *Jewish Refugees Committee* zusammen, um Juden aus Deutschland die Flucht zu ermöglichen. Das Komitee, das sich vor Kriegsbeginn 1939 in *German Jewish Aid Committee* umbenannte, übernahm die Abwicklung der Einreiseformalitäten und die alleinige Verantwortung für die Grundversorgung der Neuankömmlinge in Großbritannien. Gleichzeitig sorgte es dafür, dass Aussicht bestand, dass die eingewanderte Person in absehbarer Zeit selbst für ihr Auskommen sorgen konnte. Dabei musste man aber, entsprechend dem Willen der Regierung, darauf achten, dass die Flüchtlinge nicht einem Briten einen möglichen Arbeitsplatz wegnahmen, sodass im Wesentlichen nur Anstellungen als Haushaltshilfen und Pflegepersonal in Frage kamen, weil dafür Arbeitskräfte fehlten. Um die Überprüfung der Einreisewilligen nicht wie bisher den Einreisehäfen zu überlassen, wurde in Großbritannien am 2. Mai 1938 die Visumpflicht für Deutsche eingeführt, sodass schon bereits durch die Konsulate vor der Vergabe eines Visums sichergestellt wurde, dass alle staatlicherseits gestellten Anforderungen erfüllt waren.[205]

Ohne das britische Hilfskomitee für deutsche Juden hätte Hilde Stock ihre Auswanderung nach England nicht gelingen können. Genauso wichtig für sie aber war, dass es Verwandte in London gab. Ein Bruder ihrer Mutter, Moritz Adler, war um 1900 nach London ausgewandert (32 Hatton Garden), und man darf wohl davon ausgehen, dass er behilflich war, für seine Nichte Hilde Stock jemanden zu finden, der sie als Haushaltshilfe einstellte.

Nach Erfüllung aller Voraussetzungen stellte das britische Konsulat in Köln Hilde Stock ein Einreisevisum aus, sodass sie am 31. Juli 1939, einen

145 Personalblatt des German Jewish Aid Committee für Hilde
Stock, 1939, mit ergänzenden Eintragungen bis Februar 1941

Monat vor Kriegsbeginn, vermutlich in einer vom Komitee betreuten Reisegruppe mit der Kanalfähre in Dover anlanden konnte. Am 5. Dezember 1939 erhielt sie eine zeitlich befristete Aufenthaltsgenehmigung *(Green Card)*. Ein gutes Jahr lang lebte sie bei Mrs. Leo Kaufmann, Templers Avenue, Golders Green in London. Offenbar handelte es sich um eine deutschjüdische Emigrantenfamilie.[206] Finanziell wurde sie vom Komitee unterstützt, weil die Gastfamilie selbst offenbar gar nicht in der Lage war, eine Hausangestellte zu finanzieren. In dieser Zeit konnte sie sich hinreichende Englischkenntnisse erwerben, möglicherweise auch eine Sprachschule besuchen. Ob sie damals zeitnah vom Tod ihrer Mutter erfuhr, die am 29. Juni 1940 in Stommeln verstarb, ist angesichts des nach Kriegsbeginn eingestell-

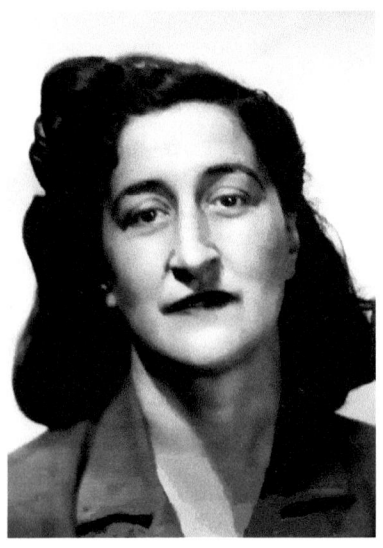

146 Hilde Altman geb. Stock

147 Dr. Ernst Altmann, 1939

ten Postverkehrs zwischen Deutschland und England ungewiss. Als Hilde Stock zum 22. Februar 1941 dann eine Anstellung bei der offenbar wohlhabenden Mrs. Levy, 2 Hendon Park Mansions Queens Road in London NW, fand und in deren Haus zog, stellte das Komitee seine Hilfszahlungen ein.

Inzwischen hatte Hilde einen anderen Emigranten aus Deutschland kennengelernt, Dr. Ernst Altman(n), der an der Sächsischen Technischen Hochschule in Dresden Maschinenbau studiert hatte und dort 1925 zum Dr. ing. promoviert worden war.[207] Seine Eltern Adolf und Ida Altmann waren Inhaber einer Papierfabrik in Bautzen, deren Geschäftsführung inzwischen Ernsts Bruder Curt und sein Schwager Kurt Riess übernommen hatten. Ernst suchte deshalb im Dezember 1927 sein Glück in den USA und arbeitete in Boston für die Firma Irving M. Sobin Inc., die mit Chemikalien handelte. 1931, auf dem Höhepunkt der Weltwirtschaftskrise, kehrte er nach Deutschland zurück, übernahm die in Konkurs geratene Schlerath AG in Neudorf/Spree im Landkreis Bautzen und gründete dort die Hartpappenfabrik Spreemühle GmbH. Er entwickelte hier die Produktion von Spezialpappen für die Auto- und Radioindustrie; sein Hauptabnehmer war die Adam Opel AG in Rüsselsheim.[208] Unmittelbar nach dem Novemberpogrom vom 9./10. November 1938 wurde Ernst Altmann verhaftet und für vier Wochen als »Schutzhäftling« im Konzentrationslager Buchenwald inhaftiert. Er wurde gezwungen, seine Firma zu verkaufen («»Zwangsarisierung«) und das Land zu verlassen. Im März 1939 gelang es ihm, mit Hilfe

148 Hilde und Ernst Altman

des *German Jewish Aid Committee* nach England auszuwandern, vier Monate früher als seine spätere Frau Hilde Stock.

In einem Café an der Golders Green Road in London NW, einem beliebten Treffpunkt deutscher Immigranten, waren sie sich zum ersten Mal begegnet, am 4. Juni 1941 heirateten sie. Eine größere Hochzeitsfeier oder ein Hochzeitsfoto gab es nicht. Die Zeiten waren nicht danach. Seit September 1940 war London im Rahmen der in Deutschland propagierten »Schlacht um England« Ziel deutscher Luftangriffe; Ende Oktober 1940 wurden sie bei Tag zwar eingestellt, bei Nacht aber hielten sie noch bis Mai 1941 an. Für die deutsch-jüdischen Flüchtlinge in London waren das doppelt schwierige Zeiten, denn in den Augen der Öffentlichkeit waren sie Deutsche, die aus dem Land kamen, dem man das Elend des Krieges verdankte.

Schlimmer noch waren die Nachrichten, die Hilde in der Presse oder im Rundfunk über die allgemeine Kriegssituation in Deutschland und insbesondere die Lage der dort noch lebenden Juden erhielt. Vater, Schwester und Bruder in Stommeln waren davon betroffen, und Hildes Sorgen um sie wurden noch dadurch verstärkt, dass sie keinerlei Nachrichten darüber hatte, wie es ihnen ging. Bis zum Kriegsende blieb diese schreckliche Ungewissheit.

Hilde und Ernst Altman gelang es in schwieriger Zeit, sich in London ein neues, gemeinsames Leben aufzubauen. Im Oktober 1941 wurde Sohn Peter geboren, im September 1948 Tochter Vivien. Bereits 1945 konnte

10. Station – Nettegasse 11

149 Dr. Ernst Altman, 1945
150 Hilde Altman geb. Stock, 1981

die Familie in London NW2, 141 Cumbrian Gardens, ein eigenes Haus beziehen. 1947 erhielten sie die britische Staatsangehörigkeit. Ernst hatte aufgrund seiner Qualifikation als Maschinenbauingenieur eine Anstellung bei der Londoner Sicherheitsdruckerei De La Rue gefunden, die den Druck von Banknoten zu ihrem wichtigsten Geschäftsfeld gemacht hatte. Im Dezember 1940 wurden die Produktionshallen in der Bunhill Row in London zwar durch einen deutschen Luftangriff zerstört, aber die Firma hatte inzwischen Zweigwerke im Fernen Osten, in Shanghai und Rangun, gegründet und sich dort einen lukrativen Markt erobert. Auch in London gelang es, trotz der Kriegszerstörungen den Geschäftsbetrieb weiterzuführen. Nach dem Krieg expandierte die Firma dann immer mehr und entwickelte sich zum weltweit größten nichtstaatlichen Hersteller von Banknoten. In diesem rasanten Expansionsprozess gab es für Ernst Altman interessante und herausfordernde ingenieurtechnische Planungsarbeit, die ihn während seines ganzen Berufslebens begleitete. Er starb am 29. November 1962 in London im Alter von nur 68 Jahren. Hilde überlebte ihren Mann 26 Jahre lang. Sie starb am 18. April 1989 im Alter von 77 Jahren.

DEPORTATION DER FAMILIE STOCK

Kehren wir zurück nach Stommeln. Am 29. Juni 1940 starb Hildes Mutter Emma Stock. Sie wurde auf dem jüdischen Friedhof in Köln-Bocklemünd beerdigt. Auf dem Stommelner Friedhof war das nicht möglich. Er war damals, nach dem Zerstörungswerk der SA in der Pogromnacht vom November 1938, völlig verwüstet.

Am 1. Oktober 1938 war eine Verordnung über Kennkarten[209] in Kraft getreten. Die Beantragung und Ausstellung einer solchen Kennkarte (Personalausweis) war für alle Juden, Männer und Frauen, ab 15 Jahren verpflichtend, bei »arischen« Deutschen nur für Männer ab 18 Jahren. Bei jedem Besuch auf dem Amt, wo Juden diese Kennkarte vorlegen mussten, gaben sie sich als Juden zu erkennen, für die besondere, diskriminierende gesetzliche Regelungen galten. Die Innenseite der Kennkarte wies ein großes, rotes J für »Jude« auf, und dem Vornamen war bei Männern der Name Israel, bei Frauen Sara hinzugefügt. Seit dem 1. Januar 1939 war die Führung dieser zusätzlichen Namen für Juden Pflicht.

151 Kennkarte für »Jacob Israel Stock« mit eingedrucktem roten »J« für »Jude«, ausgestellt am 20. Dezember 1939

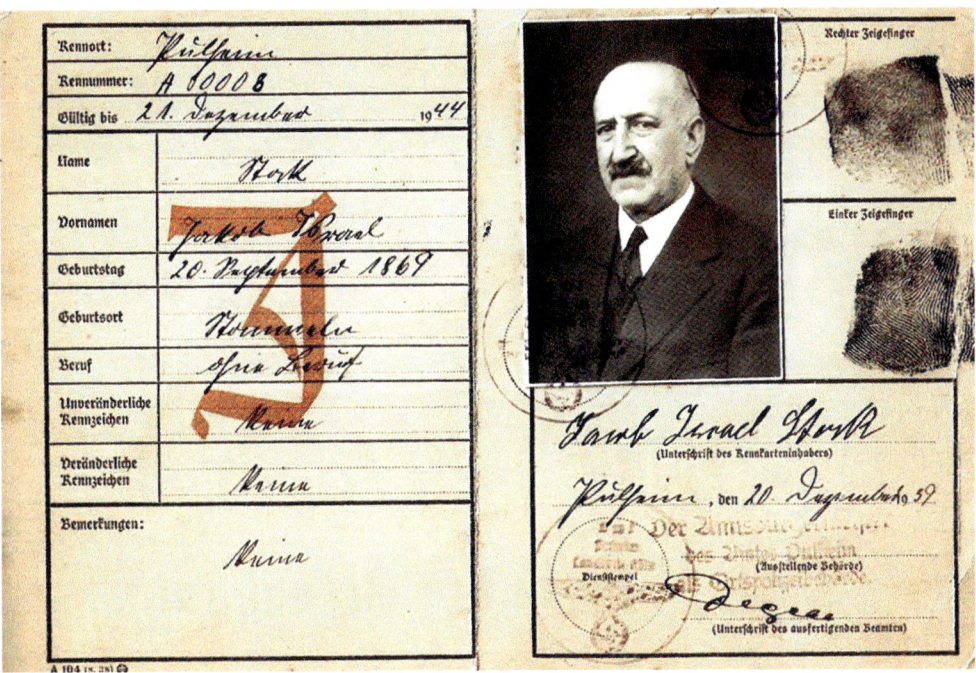

152 »Judenstern«, lt. Polizeiverordnung vom 19.9.1941 von allen Juden in Deutschland aufgenäht auf der Kleidung zu tragen

1941 wurde die Stigmatisierung der Juden auch öffentlich. Nachdem in Polen bereits 1940 der »Judenstern« eingeführt worden war, wurde er im September 1941 auch im Deutschen Reich für die gesamte jüdische Bevölkerung ab dem sechsten Lebensjahr verpflichtend. Der handtellergroße sechszackige Stern auf braungelbem Stoff mit dem jüdelnden Schriftzug »Jude« musste auf der linken Brustseite der Kleidung aufgenäht werden. Wer sich als Jude ohne den Stern zeigte, machte sich strafbar. Mit welcher inneren Empörung mag man sich im Hause Stock darangemacht haben, diesen »gelben Lappen« auf die Kleidungsstücke zu nähen, und wie groß war wohl die schamvolle Hemmung, sich mit diesem entwürdigenden Stigma in der Stommelner Öffentlichkeit zu zeigen.

Am 22. Oktober 1941 setzten die Deportationen der Kölner Juden in die Lager im Osten ein, und einen Tag später wurden die Dienststellen der

Geheimen Staatspolizei über die streng geheime Verordnung informiert, dass ein absolutes Ausreiseverbot für alle Juden verhängt worden sei. Die »Endlösung der Judenfrage«, d. h. die millionenfache Ermordung europäischer Juden, hatte begonnen. Da aus dem damaligen Landkreis Köln die allermeisten Juden nach dem Novemberpogrom 1938 in die Stadt, insbesondere nach Köln, geflohen waren, gab es im Kreis nur noch wenige verbliebene Juden – wie in Stommeln die Familie Stock. Sie standen deshalb nicht im Fokus der nationalsozialistischen Verfolger, und das brachte den Juden im Landkreis noch eine letzte, bange Überlebensfrist.

Am 15. Juni 1942 kam auch für die Familie Stock der Tag der Deportation. Am 7. Juni war ihnen ein Schreiben der Bezirksstelle der Reichsvereinigung der Juden in Deutschland zugegangen, die im Auftrag der Kölner Gestapo sich an die »Abwandernden« wandte. In dem langen Schreiben heißt es u. a.:

> »Im Auftrag der Geheimen Staatspolizei, Staatspolizeistelle Köln, teilen wir Ihnen mit, daß Sie sich für einen Abwanderungstransport, der am 15. d. Mts. abgeht, ab 13.6.1942 zur Verfügung zu halten haben.«[210]

Mit dem Schreiben wurde der Familie Stock ein sechzehnseitiges Formular für eine »Vermögenserklärung« zugestellt, das sorgfältig auszufüllen war. Bargeldbestände waren darin anzugeben, Wertpapiere, Grundstücke, Versicherungspolicen, Gehalts- oder Rentenansprüche. Das Inventar der Wohnung und vorhandene Kleidungsstücke waren zu benennen und die jeweilige Anzahl aufzuführen: Sessel, Stühle, Servietten, Matratzen ebenso wie Pullover, Strümpfe, Schuhe, Damenwäsche. Nichts wurde außer Acht gelassen, und alles musste von den Ausfüllenden in Reichsmark bewertet werden. Die Opfer wurden gezwungen, ihre eigene endgültige Beraubung durch den Staat bürokratisch vorzubereiten. Wohin die »Abwanderung« gehen sollte, wurde den Betroffenen nicht mitgeteilt.

Wohl am Morgen des 14. Juni fuhr ein Lkw mit offener Ladefläche vor dem Haus Nettegasse 7 vor, auf dem sich möglicherweise schon einige Juden befanden, und Jakob Stock, seine Schwester Helene und Tochter Berta mussten aufsteigen und wurden mit den wenigen Habseligkeiten, die sie mitnehmen durften, zur Messehalle nach Köln-Deutz gebracht, wo sie registriert und einer Leibesvisitation unterzogen wurden und eine schlaflose Nacht auf ausgestreutem Stroh oder Sägemehl zubringen mussten. In der Frühe des 15. Juni 1942 wurden sie dann zum Bahnhof Deutz-Tief geführt, wo sie in den Deportationszug nach Theresienstadt »verladen« wurden.

DEPORTATION VON HANS STOCK

Der Sohn Hans Stock wurde am 14. Juni nicht aus Stommeln abtransportiert, er war, so berichtete man mir vor vielen Jahren, nicht zu Hause, weil er in einem Kölner Betrieb in einer jüdischen Arbeitskolonne zur Zwangsarbeit eingesetzt war. Es herrschte damals infolge der massenhaften Einziehung der jungen Männer zur Wehrmacht Arbeitskräftemangel, und Hans Stock war wohl an seinem Arbeitsplatz nicht entbehrlich.[211] Als letzter Stommelner Jude wohnte er noch für einige Wochen im Haus Nettegasse 7 in Stommeln und fuhr mit der Eisenbahn frühmorgens nach Köln zur Arbeit, mit dem Judenstern auf seinem Jackett. Juden durften damals eigentlich keine öffentlichen Verkehrsmittel mehr benutzten, es sei denn, sie hatten eine Sondergenehmigung, um z. B. zur Arbeit fahren zu können. Einen Anspruch auf einen Sitzplatz im Abteil hatten sie aber nicht, sie mussten stehen. Für Hans Stock waren es noch die altbekannten Stommelner Gesichter, mit denen er im Zugabteil nach Köln fuhr, aber die Beziehung zueinander war bis ins Mark vergiftet. Bevor der Zug kam, stellte er sich

153 Bahnhof Stommeln, ca. 1950

154 Christina Kreuer geb. Abels, 1937

deshalb auch nicht zu den anderen unter das Vordach, bevor ein Bahnbeamter beim Einfahren des Zuges das Törchen im Holzgatter öffnete, die Fahrkarten kontrollierte und den Weg zu den Gleisen freigab. Hans Stock wartete auf der Rückseite des Bahnhofsgebäudes, als Paria, der nicht mehr dazugehörte. Die anderen taten, als nähmen sie ihn nicht wahr – oder, um es schärfer zu formulieren, als warteten sie darauf, dass er endlich für immer verschwand. Nur der Stommelner Versicherungskaufmann Heinrich Boes ging noch zu ihm hin und sprach mit ihm. Alle anderen nahmen von Hans Stock keine Notiz, so berichtete mir vor vielen Jahren beschämt der Stommelner Zahnarzt Dr. Paul Schauff (1909–1987), der damals täglich mit der Bahn nach Köln fuhr; sie sahen weg, er selbst auch. Als Hans Stock dann im Juli 1942 auch deportiert wurde, war es für die anderen wie eine Befreiung. Beim Warten auf den Zug konnte man wieder die Blicke schweifen lassen, ohne leibhaftig schreiendem Unrecht zu begegnen, das einem Mitmenschen geschah und an dem man irgendwie auch selbst mitbeteiligt war. Hilflosigkeit und Unsicherheit verbargen sich hinter dem Wegschauen, aber auch der Egoismus der moralischen Bequemlichkeit, jeder Entscheidung aus dem Weg zu gehen.

Nicht nur Heinrich Boes bewies damals eine unbeirrte moralische Haltung, sondern auch Christina Kreuer, deren Garten hinter ihrem Haus am Kattenberg an das Haus Stock in der Nettegasse grenzte. Nach hinten zu besaß das Haus Stock ein kleines Fenster. In den Wochen, in denen Hans Stock allein und verlassen noch hier wohnte, stellte sie ihm, wenn er von der Arbeit zurückkam, zubereitetes Essen auf die Fensterbank. Niemand im Ort konnte es bemerken und sollte es auch nicht. Es waren unmenschliche Zeiten, in denen Menschlichkeit es vorzog, sich zu verstecken.

Am 20. Juli 1942 wurde Hans von Köln-Deutz aus nach Minsk deportiert. Auch er hatte, davon ist auszugehen, vorher die Aufforderung erhalten, sich für die »Abwanderung« zur Verfügung zu halten, und musste schließlich den Schlüssel zum Haus der Polizei übergeben.

10. Station – Nettegasse 11

VERSTEIGERUNG DES HAUSRATS VOR DEM HAUS STOCK

Über das zurückgelassene Vermögen der Familie Stock machte sich nun der deutsche Staat her. Dafür hatte man auch eine Rechtsgrundlage geschaffen, damit der bürokratische Apparat reibungslos funktionieren konnte. Eine 11. Verordnung zum Reichsbürgergesetz vom 25. November 1941[212] hatte bestimmt, dass ein Jude, wenn er seinen gewöhnlichen Aufenthalt im Ausland hatte oder dort nahm – z. B. durch die Deportation in ein Konzentrationslager außerhalb der Reichsgrenzen[213] –, die deutsche Staatsangehörigkeit verlor; sein Vermögen verfiel dem Reich und sollte »zur Förderung aller mit der Lösung der Judenfrage in Zusammenhang stehenden Zwecke dienen«. Ein vom Finanzamt bestellter Taxator, versehen mit dem Hausschlüssel, erschien dann auch und überprüfte anhand der vorliegenden Vermögenserklärung, ob alles darin Aufgeführte im Haus vorhanden war, und kontrollierte die Angemessenheit der Bewertung der einzelnen Positionen in Reichsmark durch den ehemaligen jüdischen Besitzer.

Das Haus wurde nun vom Staat vermietet, die Miete war an das Finanzamt zu zahlen. Für das Inventar ordnete die Finanzverwaltung im Fall der Familie Stock eine öffentliche Versteigerung[214] an, die ein paar Tage vorher bekanntgemacht wurde. Polizeihauptwachtmeister Wilhelm Güldenring sorgte für Ruhe und Ordnung auf der Straße vor dem Haus, zu dem etliche Stommelner erschienen, um sich für wenig Geld aus der Hinterlassenschaft der Familie Stock Nützliches anzueignen. Das Haus war zwar alt, aber die fünf Wohnräume darin plus einer offenen Küche waren bestens ausgestattet mit Möbeln und sonstigem Hausinventar. Der jüngste Bruder von Jakob Stock, Toni Dago, hatte in Köln ein Möbelhaus betrieben, und man darf davon ausgehen, dass das eine günstige Einkaufsquelle gewesen war für die Stommelner Verwandten. Will man sich eine Vorstellung machen von Umfang und Dauer der Versteigerung, dann ist der Vergleich mit einem Umzug einer fünfköpfigen Familie und der damit verbundenen Beladung eines Möbeltransporters hilfreich. Mehrere Stunden muss die Versteigerung gedauert haben. Vieles gab es hier für skrupelfreie Kaufwille billig zu erwerben: Wohn- und Schlafzimmermöbel, Wandbilder, Lampen, Teppiche, Porzellan, Bestecke, Bett- und Tischwäsche, Kleidungsstücke und was auch immer. Stühle und Tische mussten von den Erwerbern nach Hause getragen oder mit dem Handwagen befördert werden. Große Teile der Bevölkerung, auch wenn sie sich nicht selbst an der Versteigerung beteiligten, müssen das makabre Schauspiel beobachtet haben. Die Verfolgung der Juden geschah nicht im Verborgenen, sondern in aller Öffentlichkeit, und viele waren daran beteiligt, auch wenn sie »nur« in den Grenzen des Privatmanns handelten. Der Erlös der einzelnen Verkaufsstücke wurde mit Namen der Käufer bürokratisch dokumentiert und dem Finanzamt übergeben, samt dem Gesamterlös, abzüglich der Entlohnung des Taxators. Mehrere Personen waren damit beschäftigt, das einstige Vermögen der Familie Stock zu »verwerten«.

Als seit 1949 in der Britischen Besatzungszone, zu der Stommeln gehörte, durch das Militärgesetz Nr. 59[215] die Rückgabe von Vermögensgegenständen, die in der Zeit der nationalsozialistischen Herrschaft in Deutschland »aus Gründen der Rasse, Religion, Nationalität oder politischen Überzeugung« entzogen worden waren, an die Beraubten bzw. deren Erben angeordnet wurde, meldete der damals in Köln lebende Jakob Stock Rückerstattungsansprüche an. Nachdem 1957 das Bundesrückerstattungsgesetz erlassen worden war, griff Hilde Altman, die in London lebende Tochter, diese Ansprüche wieder auf und listete 1960 auf sechs Seiten aus der Erinnerung detailliert das Inventar ihres Elternhauses auf, das 1942 in Stommeln öffentlich versteigert worden war.[216]

Schriftliche Unterlagen besaß sie nicht, auch bei der Finanzverwaltung oder bei der Gemeindeverwaltung gab es keine Unterlagen. Allerdings sagte die Stommelnerin H. N. aus eigener Anschauung aus, dass alle fünf Wohnräume und die Küche mit Möbeln ausgestattet gewesen seien. Gemeindedirektor Paul Sassen in Stommeln bestätigte am 5. April 1961, dass es diese Versteigerung gegeben habe, und H. S. aus Stommeln bescheinigte, dass er hierbei ein [Eichen-]Büffet und einen [Ruscheweyh-]Ausziehtisch für 180 RM erworben habe.[217] Der Tatbestand war also erwiesen, aber Belege für den Umfang des Versteigerungsgutes gab es nicht. Die Wiedergutmachungskammer beim Landgericht Köln schätzte den Gesamtwert jedoch auf 10 000,- DM und gewährte Hilde Altman am 28.4.1961 eine entsprechende Entschädigung.

SCHICKSALE DER DEPORTIERTEN DER FAMILIE STOCK

Wenden wir uns nun dem Schicksal der deportierten Mitglieder der Familie Stock zu. Als Erste starb Helene Stock mit 71 Jahren am 5. April 1944 in Theresienstadt. Für ihre Nichte Berta Stock war das Ghetto Theresienstadt nur eine Zwischenstation. Rudy Herz aus Stommeln, der sie von frühen Kindertagen her kannte und selbst mit seinen Eltern und Geschwistern nach Theresienstadt deportiert worden war, hat sie dort wiederholt getrof-

10. Station – Nettegasse 11

155 Berta und Hilde Stock

fen und gesprochen. Nach gut zwei Jahren im Ghetto wurde sie am 19. Oktober 1944, zusammen mit 1 500 Männern, Frauen und Kindern, nach Auschwitz-Birkenau transportiert; nach der Selektion von 169 Frauen und 173 Männern wurden die übrigen 1 158 Menschen am 20. Oktober 1944 in der Gaskammer des Krematoriums III getötet.[218] Berta Stock war wohl unter den Opfern. Sie war 38 Jahre alt.

Ihr Bruder Hans Stock war am 20. Juli 1942 zusammen mit 1 164 Personen von Köln-Deutz aus nach Minsk in Belarus (Weißrussland) deportiert worden.[219] Übereinstimmend wird in allen einschlägigen Datenbanken im Internet der 24. Juli 1942 als sein Sterbedatum und Maly Trostinez als sein Sterbeort angegeben. Daraus ergibt sich folgender Ablauf für die letzten Tage von Hans Stock:

In Minsk war bereits wenige Wochen nach der Einnahme durch die deutsche Wehrmacht ein Ghetto eingerichtet worden, in dem auf zwei Quadratkilometern 60 000 Juden zusammengepfercht wurden. Trotz dieser massiven Übervölkerung sollten weitere 25 000 deutsche, österreichische und tschechische Juden hierhin deportiert werden. Reinhard Heydrich, der Chef des Reichssicherheitshauptamtes in Berlin, ordnete deshalb im Frühjahr 1942 an, die neu eintreffenden Juden unmittelbar nach ihrer Ankunft zu töten. Daraufhin begann man mit dem Ausbau des zwölf Kilometer südöstlich von Minsk gelegenen Gutes Maly Trostinez zu einem neuen Mordzentrum. Als Exekutionsstätte wählte man eine schlecht einsehbare Lichtung in dem einen Kilometer entfernten Wald Blagowschtschina, benannt nach dem ehemaligen Besitzer Blagow, der im Zuge der russischen Revolution enteignet worden war. Von russischen Kriegsgefangenen ließ man riesige Gruben ausheben, an deren Rand die Opfer durch Genickschuss getötet wurden.

Der Kölner Deportationszug vom 20. Juli 1942 erreichte am frühen Morgen des 24. Juli, nach langen Wartezeiten auf Abstellgleisen in der Sommerhitze, sein Ziel, den Minsker Güterbahnhof, nachdem die Deportierten an der belarussischen Grenze aus den anfänglichen Personenwaggons in Güterwaggons hatten umsteigen müssen. Den auf dem Bahnsteig angetretenen, durch die viertägige Fahrt zermürbten Menschen log ein SS-Führer in einer Ansprache vor, jetzt gehe es an die Arbeit in landwirtschaftlichen Betrieben. Aber die Lkw, die sie bestiegen, brachten sie in das Waldgebiet Blagowschtschina, wo sie sich ausziehen mussten. In Gruppen wurden sie dann von Exekutionskommandos zu der auf einer Lichtung ausgehobenen riesigen Grube geführt – 60 Meter lang, drei Meter tief –, an deren Rand sie durch Genickschuss getötet wurden. 16 000 Menschen wurden auf diese Weise zwischen Mai und Oktober 1942 in Maly Trostinez ermordet.

Nicht unerwähnt lassen möchte ich eine andere Überlegung. Als ich 1986, vor fast vierzig Jahren also, zum ersten Mal nach Informationen zum Lebensschicksal von Hans Stock suchte, berichtete mir eine Stommelnerin, von einem heimgekehrten Stommelner Soldaten gehört zu haben, er habe ihn »1944« im Osten, sie meinte in Polen, noch einmal gesehen. Sein Militärtransportzug habe wegen Gleisarbeiten auf der Strecke halten müssen, und dabei habe er in dem dort tätigen Arbeitskommando Hans Stock gesehen und ein paar Worte mit ihm gewechselt. Er sei furchtbar abgemagert gewesen.[220]

Man kann diese Zeitzeugenaussage aus zweiter Hand als irrig abtun. Man könnte aber auch zu folgender Überlegung kommen: Hans Stock könnte auf dem Güterbahnhof in Minsk zu einer Handvoll junger Männer gehört haben, die zum Arbeitseinsatz zunächst in das Ghetto Minsk gebracht wurden. In dem bereits 1956 von dem Überlebenden Karl Loewenstein veröffentlichten Bericht über das Ghetto Minsk findet sich im Anschluss an die Schilderung der SS-Ansprache auf dem Güterbahnhof in Minsk der Satz: »Dann wurden junge, kräftig aussehende Männer ausgesucht und beiseite gestellt – insgesamt vierzig Männer von tausend Männern, Frauen und Kindern, vierzig von tausend! Die übrigen mussten die Lastwagen besteigen.«[221]

Hans Stock könnte unter den wenigen ins Ghetto Geführten gewesen und hier einem Arbeitskommando zugeteilt worden sein, mit dem er täglich außerhalb des Ghettos zum Arbeitseinsatz für die Organisation Todt geführt wurde – z. B. zu Gleisarbeiten im Raum Minsk. Und hier, nicht in Polen, könnte dann die Begegnung mit dem Stommelner Bekannten stattgefunden haben, jedoch nicht 1944, sondern 1943. Aber auch wenn Hans Stock diese Überlebensfrist noch vergönnt war, führte sein Lebensweg letztlich doch an eine der Gruben im Wald Blagowschtschina, sei es nach einer der Razzien im Ghetto, sei es spätestens bei dessen Liquidierung am 21. Oktober 1943.

34 Massengräber gab es im Wald von Blagowschtschina. Um die Zeugnisse ihrer Massaker nicht in die Hände der verrückenden Roten Armee fallen zu lassen, leitete die SS im Oktober 1943 eine sogenannte »Enterdungsaktion« ein. Hundert russische Gefangene, die in ausbruchsicheren Erdbunkern in der Nähe der Massengräber untergebracht wurden, zwang man, mit metallenen Haken die Leichen aus den Gruben zu ziehen und zu drei bis vier Meter hohen Stapeln aufzuschichten, die man dann anfangs mit Dieselöl oder Benzin, später Schicht für Schicht mit Flammöl durchtränkte und anzündete. Mit einem Drahtsieb wurde die Asche nach Edelmetallen (Zahn- oder Schmuckgold) durchsucht und anschließend zerstreut. Bis Mitte Dezember 1943 dauerten die Arbeiten. Anschließend wurden die russischen Arbeitshäftlinge erschossen.

RÜCKKEHR AUS THERESIENSTADT: JAKOB STOCK

In Gedanken wollen wir zurückkehren in das Ghetto Theresienstadt im damaligen Reichsprotektorat Böhmen und Mähren. Am 15. Juni 1942 war Jakob Stock hierhin deportiert worden. Drei Jahre lang lebte er hier unter den widrigsten Lebensumständen. Offenbar war er trotz seines fortgeschrittenen Alters in einer guten körperlichen Verfassung, sonst hätte er die Strapazen nicht überleben können. Am 8. Mai 1945, dem Tag des Kriegsendes, kam die Befreiung des Ghettos durch die Rote Armee, nachdem es bereits einige Tage zuvor von der SS in die Verantwortung des Internationalen Roten Kreuzes übergeben worden war.

Fünf Tage zuvor war in Köln Konrad Adenauer von der amerikanischen Besatzungsmacht wieder als Oberbürgermeister der Stadt eingesetzt worden. Als er bereits in den ersten Tagen seiner Amtszeit Nachrichten von überlebenden, vorwiegend kommunistischen Häftlingen in den Konzentrationslagern Buchenwald und Dachau und von überlebenden Kölner Juden in Theresienstadt erhielt, bemühte er sich sofort um deren Rückholung nach Köln. Es gelang ihm, von den Besatzungsbehörden die Genehmigung

156 Jakob Stock kurz nach seiner Rückkehr aus Theresienstadt nach Köln, 1945

zu erhalten, sie mit städtischen Bussen abzuholen.²²² Gleichzeitig ließ Adenauer am Hansaring 6 eine Fürsorgestelle für die politischen Opfer der Naziherrschaft einrichten. Sie sollte den Befreiten behilflich sein bei der Versorgung mit Lebensmitteln, Kleidung, Unterkunft usw. Um den 20. Juni 1945 machten sich zwei Busse auf den Weg nach Theresienstadt, am 4. Juli kamen sie mit achtzig überlebenden Männern und Frauen wieder zurück. Einer der Rückkehrer war der 75-jährige Jakob Stock.

In der Blankenheimer Straße 55 kam er unter. Es war das Gebäude des ehemaligen Kindergartens der Kölner Synagogengemeinde, das zwar auch Kriegsschäden aufwies, »in sehr eingeschränktem Maße« aber noch nutzbar war. Die neu gegründete jüdische Gemeinde rüstete es um zu einem Flüchtlingsheim, in dem schließlich 65 Personen untergebracht werden konnten.²²³ Noch am 15. August 1951 lebte er hier,²²⁴ also bis kurz vor seinem Tod.

In seinem Haus in Stommeln wohnten andere Menschen, und allein hätte er dort auch nicht leben können, er brauchte Hilfe. Aber trotz allem Schrecklichen, das er erlebt hatte, hing er doch an seinem Heimatort. Der

10. Station – Nettegasse 11

157 Ausflug zum Drachenfels, 1951: Hilde Altman geb. Stock und ihr Sohn Peter

Stommelner Zahnarzt Dr. Paul Schauff berichtete, dass Jakob Stock wiederholt an Wochenenden nach Stommeln gekommen sei, um im Haus Schauff, in dem er bis 1937 regelmäßig verkehrt hatte, alte Bekannte zu treffen. Um 1950 konnte er auch seine Tochter Hilde in London besuchen. 1951 kam sie mit ihrem inzwischen zehn Jahre alten Sohn Peter nach Köln. Jakob Stock, ein alters- und schicksalsgeschwächter Mann, wird es als Glücksmoment erlebt haben.

Den Ausflug seiner Tochter Hilde mit ihrem Sohn zum Drachenfels konnte er nicht mitmachen. Für Hilde war es eine nostalgische Reise in ihre Kindheit. Was gab es Schöneres für ein Kind aus dem Kölner Land, als einen Ausflug auf den Drachenfels zu machen: mit der Bahn nach Königswinter zu fahren, dann mit einem bereitstehenden Esel sich den Bergweg hinauftragen zu lassen und oben die Aussicht auf den Rhein zu genießen oder in die Ferne nach Norden zu spähen, ob man irgendwo am Horizont die Türme des Kölner Doms entdecken konnte. Bevor man mit dem Esel lostrottete, bot ein Fotograf dem Eselsreiter ein Erinnerungsfoto vor der Leinwandkulisse des Rheins und des Siebengebirges an. Indem Hilde ihrem zehnjährigen Sohn Peter all das schenkte, wollte sie in ihm die eigene beglückende Kindheitserfahrung erneuern. Für den Augenblick mochte es gelingen, auf diese Weise Kontinuität des Lebens herzustellen, aber in Wahrheit war es eine Illusion, so wie auch das Eselsreiter-Foto vor einer illusionären Kulisse entstand. In Wahrheit ging ein harter Riss durch ihr Leben. Mit der Bahn musste sie zurück in das zerbombte Köln, und dort wartete der altersschwache Vater, gezeichnet durch die Jahre im Ghetto Theresienstadt, auf sie – und zugleich auch die Erinnerung an ihre ermordeten Geschwister Berta und Hans. Hilde fuhr wieder zurück nach London in ihr neues, anderes Leben. Ihr Vater starb wenige Wochen später, am 24. September 1951, im Alter von 82 Jahren in Köln-Ehrenfeld, vermutlich in einem der notdürftig hergerichteten Räume im Untergeschoss des weitgehend zerstörten Israelitischen Asyls in der Ottostraße 85, wohin man ihn zuletzt gebracht hatte.

Hilde Stock kam wiederholt in den Folgejahren nach Stommeln und besuchte alte Bekannte aus ihren Jugendtagen, zuletzt noch 1968 beim Klassentreffen des Einschulungsjahrgangs 1918. Es ging ihr wie ihrem Vater: Die Erinnerung ließ sie nicht los. Die tiefe Verankerung dieser inneren Bindung belegte zugleich, wie schrecklich für sie die Vertreibung durch die Nationalsozialisten war. Gesprochen hat sie darüber aber nie, vor allem nicht vor ihren Kindern, die davon unbelastet aufwachsen sollten. Sie starb am 18. April 1989 in London im Alter von 77 Jahren.

Nachzutragen bleiben noch Informationen zu zwei Brüdern Jakob Stocks, die beide in der Gaskammer ermordet wurden.

MOSES STOCK

Moses Stock, geboren am 30. Januar 1872 in Stommeln, war drei Jahre jünger als sein Bruder Jakob. Die Erinnerung an ihn ist in seinem Geburtsort verblasst, weil er bereits vor dem Ersten Weltkrieg seinen Heimatort verlassen hatte. Er hatte die am 11. Juli 1877 in Bad Windsheim geborene Nanni (Nanny, Anna) Weiß geheiratet und lebte mit ihr in Köln, wo er als Kaufmann tätig war und in der Maastrichter Straße 14 ein Konfektionshaus betrieb. Zwei Kinder brachte Nanni Stock zur Welt, Oskar[225] und Berta.[226] Seinem Heimatort Stommeln blieb Moses Stock nach wie vor verbunden. 1926 schaltete er, wie seine Brüder Jakob und Toni Dago, eine ganzseitige Werbeanzeige in der Jubiläumsschrift des Kameradschaftlichen Vereins in Stommeln, um deren Finanzierung zu sichern. Zugleich hoffe er natürlich

10. Station – Nettegasse 11

158 Werbeanzeige von Moses Stock, Köln, in der Festschrift des Kameradschaftlichen Kriegervereins in Stommeln, 1926

auch auf Kundschaft aus seinem Heimatort. Im Kölner Adressbuch von 1930 ist Moses Stock mit der Adresse »Kyllburger Str. 16« und der Berufsbezeichnung »Kaufmann« vermerkt.

Im Adressbuch von 1938 fehlt sein Name. Vermutlich waren Moses und Nanni Stock zu diesem Zeitpunkt bereits vor der wachsenden Verfolgung durch die Nationalsozialisten in die Niederlande geflohen – wie rund 140 000 andere Juden, die zwischen 1933 und 1937 ihre deutsche Heimat verließen. Tausende dieser Flüchtlinge suchten Schutz in Holland, wo die Gleichberechtigung der Juden gelebte Praxis und das bösartige Wort von der »Judenfrage« unbekannt war. Auch wegen der geographischen, kulturellen und sprachlichen Nähe zur deutschen Heimat bot das Nachbarland sich als Zufluchtsort an. Zudem schien Hollands Neutralität, die auch Hitler anfangs anerkannte, Sicherheit vor Verfolgung zu bieten. Der genaue Zeitpunkt der Übersiedlung von Moses Stock und seiner Frau in die Niederlande ist ebenso wenig bekannt wie die damit verbundenen Umstände. Sie ließen sich in Hilversum nieder (Taludweg 81); vermutlich war es ihnen gelungen, unter Umgehung der strengen deutschen Devisengesetze Vermögenswerte über die Grenze zu retten, da zum damaligen

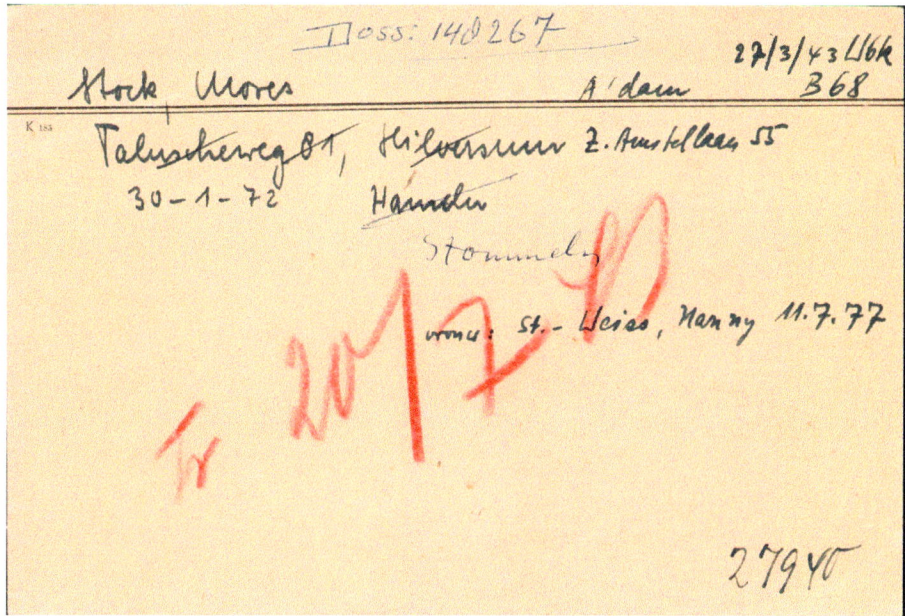

159 Karteikarte des Jüdischen Rates in Amsterdam für Moses Stock; quer in Rot das Deportationsdatum: 20.7.1943

Zeitpunkt eine Einreise nach Holland noch ohne Visum möglich war. Ob Moses und Nanni Stock den Versuch unternommen haben, nach Großbritannien oder in die Vereinigten Staaten weiterzureisen, und dabei scheiterten wie viele deutsch-jüdische Emigranten, ist unbekannt. Weil er einer Rückkehraufforderung der deutschen Behörden verständlicherweise nicht nachkam, wurde ihm die deutsche Staatsangehörigkeit aberkannt, und sein Vermögen verfiel dem Staat.[227]

Mit dem Einmarsch der deutschen Wehrmacht am 10. Mai 1940, der fünf Tage später folgenden Kapitulation und der Einrichtung einer deutschen Zivilverwaltung in den besetzten Niederlanden fand die trügerische Sicherheit ihr jähes Ende. Nach anfänglicher Zurückhaltung der deutschen Besatzer wurden im Januar 1942 die ersten Vorbereitungen für die Deportation aller Juden in den Niederlanden in den Osten getroffen. Über das Land zerstreut wurden Arbeitslager für Juden eingerichtet und die Juden aus den Provinzen nach Amsterdam evakuiert oder direkt in das zentrale Lager Westerbork eingewiesen. Innerhalb kürzester Zeit mussten die Juden ihre Wohnungen verlassen und durften nur wenige Koffer mit Kleidung auf

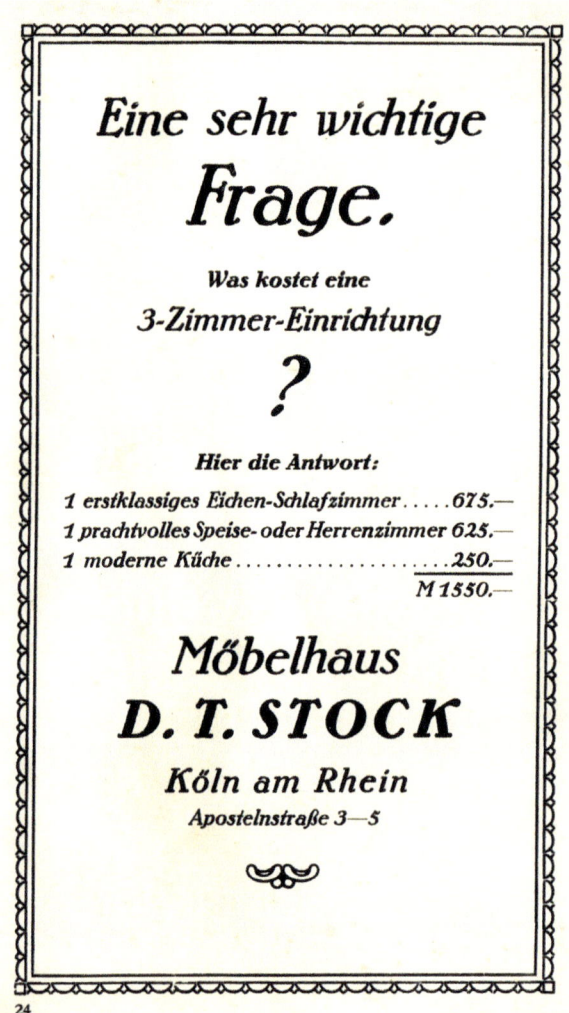

160 Werbeanzeige von Toni Dago Stock, Köln, in der Festschrift des Kameradschaftlichen Kriegervereins in Stommeln, 1926

ihren Abtransport mitnehmen. Die Wohnungsschlüssel nahm die niederländische Polizei an sich und versiegelte anschließend die Hauseingänge. Anschließend räumten Mitglieder des deutschen »Einsatzstabs Reichsleiter Rosenberg« die Wohnungen leer. Der konfiszierte Hausrat wurde nach Deutschland transportiert und diente zur Versorgung von Bombengeschädigten. Hilversum wurde auf diese Weise am 29. Januar 1942 »judenfrei«.

Es ist davon auszugehen, dass Moses und Nanni Stock von diesen Vorgängen betroffen waren und ihre Wohnung in Hilversum verlassen mussten. Durch zwei überlieferte Karteikarten des Amsterdamer Judenrates[228] ist belegt, dass sie mit dessen Hilfe in Amsterdam-Zuid in der Amstellaan 55 eine neue Unterkunft fanden. Mittel- und arbeitslos, waren sie ganz auf dessen Unterstützung angewiesen.

Auf der Karteikarte des Judenrates ist vermerkt, dass sie am 27. März 1943 nach Westerbork gebracht und von dort am 20. Juli 1943 in das Vernichtungslager Sobibor deportiert wurden, wo sie am 23. Juli 1943 in der Gaskammer starben.

161 Werbeanzeige von Toni Dago Stock, Köln, in der Festschrift des Kameradschaftlichen Kriegervereins in Stommeln, 1926

TONI STOCK (SEIT 1924: TONI DAGO STOCK)

Am 8. September 1882 wurde er als neuntes der elf Kinder von Lazarus Stock in Stommeln geboren. Er war also knapp dreizehn Jahre jünger als sein Bruder Jakob. Im Kölner Adressbuch von 1925 findet man ihn unter dem Namen Toni Dago Stock als Inhaber einer Möbelhandlung (»Spezialhaus für bessere und mittlere Wohnungsausstattungen«) in der Apostelnstraße 3–5. Für die Festschrift des Stommelner Kameradschaftlichen Kriegervereins schaltete er 1926 gleich zwei ganzseitige Anzeige. Er wohnte in der Moltkestraße 51, und zwar auf der ersten Etage – der Beletage, wie man früher zu sagen pflegte –, was darauf schließen lässt, dass es ihm finanziell gutging. Verheiratet war er mit Else Apfelbaum, geboren am 17. Juni 1887 in Arnhem (Arnheim), NL. Offenbar brachte sie eine Tochter namens Hildegard mit in die Ehe, die Toni Dago Stock adoptierte. Sohn Erich war ihr gemeinsames Kind.

1930 findet sich der Name Toni Dago Stock zum letzten Mal im Kölner Adressbuch, aber ohne die 1925 noch erfolgte besondere Hervorhebung seines Geschäfts durch Fettdruck. Das signalisiert den Niedergang des Geschäftes in der Weltwirtschaftskrise, die damals Massenelend und Massenarbeitslosigkeit über Deutschland brachte und viele Geschäftsleute in den Ruin trieb. Auch der Umzug 1930 in die Zülpicher Straße 83 war wohl verursacht durch die wirtschaftlichen Schwierigkeiten Toni Dago Stocks. 1932 lief ein Vergleichsverfahren mit seinen Gläubigern, nachdem bereits seit 1931 Zahlungsschwierigkeiten bestanden.[229]

Im Frühjahr 1933 entschloss er sich zur Emigration nach Holland, dem Geburtsland seiner Frau. Möglicherweise hat er Köln bereits im Mai verlassen. Um wenigstens seine noch vorhandene wertvolle Wohnungseinrichtung und -ausstattung zu retten, ließ er sie in 22 »Kisten«, d. h. aus Holz gezimmerte, unterschiedlich große Holzcontainer, verpacken und mit der Bahn zu seiner in Düsseldorf lebenden Schwägerin Selma Apfelbaum[230] transportieren, vermutlich in der Hoffnung, mit deren Hilfe diese Vermögensgegenstände nach Holland transferieren zu können. Aber noch auf dem Düsseldorfer Bahnhof wurden die Kisten beschlagnahmt, und am 23. Juni 1933 wurde das Konkursverfahren gegen Toni Dago Stock eröffnet.[231]

Seit dem 16. Juni 1933 war Toni Dago Stock in Amsterdam gemeldet und lebte dort unter verschiedenen Adressen, ab dem 14. August 1939 in der Beethovenstraat 124.[232] Er betrieb dort einen Bridgeclub.[233] Offenbar hat Toni Dago Stock in Amsterdam wieder Fuß fassen können. Die Kinder sind allerdings wohl bereits im Herbst 1936 emigriert, Sohn Erich in die Vereinigten Staaten, Tochter Hildegard nach Johannesburg, Südafrika.[234]

Mit der Besetzung der Niederlande durch die deutsche Wehrmacht im Mai 1940 gelangte Toni Dago Stock erneut in den lebensbedrohlichen Machtbereich der Nationalsozialisten. In dieser Zeit neuer Bedrängnis, am 29. Mai 1940, wurde seine Ehe mit Else Apfelbaum in Amsterdam geschieden. 1942 begann die systematische Deportation der Juden in den Niederlanden. Toni Dago Stock wurde am 15. Januar 1943 wegen politischer Betätigung verhaftet und im Polizeilichen Durchgangslager Amersfoort (Pro-

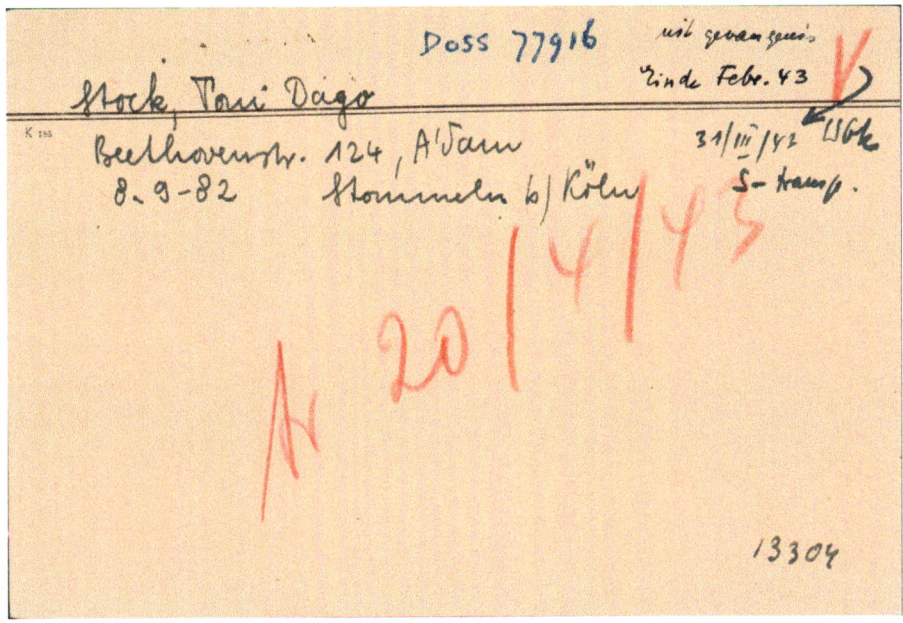

162 Karteikarte des Jüdischen Rates in Amsterdam für Toni Dago Stock, quer in Rot das Deportationsdatum: 20.4.43

vinz Utrecht) inhaftiert.[235] Ende Februar wurde er entlassen, kam aber bald darauf, am 31. März 1943, in das Lager Westerbork, von wo aus er am 20. April 1943 in einem Transport mit 1 166 Personen nach Sobibor deportiert wurde; am 23. April 1943 starb er dort in der Gaskammer.

Seine geschiedene Frau Else geb. Apfelbaum hat wohl überlebt, ist aber vor 1959 verstorben.[236] Genauere Informationen liegen nicht vor.

11. STATION – NETTEGASSE 35

FAMILIE ALEX UND SIBYLLA HEYMANN

Alex Heymann, geboren am 25. September 1854 in Büsdorf, war der dreizehn Jahre ältere Bruder von Joseph Heymann, der mit seiner Familie am heutigen Josef-Gladbach-Platz in Stommeln lebte. Wie dieser war auch Alex ein erfolgreicher Immobilienmakler.[237] U. a. war er für Friedrich Leopold Freiherr von Fürstenberg (Schloss Hugenpoet, Mülheim-Mintard a. d. Ruhr) tätig, der 1908 drei große Höfe in Stommelerbusch erwarb: Gertrudenhof, Sophienhof und Hahnenhof; ebenfalls für Johannes Freiherr von Diergardt (Schloss Bornheim b. Bonn), der größeren Landbesitz in Ingendorf hatte. In die Wiege gelegt worden war Alex Heymann sein geschäftlicher Erfolg nicht. Er stammte aus ärmlichen Verhältnissen, aus einer mit neun Kindern gesegneten Familie in Büsdorf, die ihm keine höhere Schulbildung ermöglichen konnte. Wie sein Bruder Joseph war er ein Selfmademan, der sich selbst rasch hochgearbeitet hatte.

Das älteste von ihm erhaltene Foto aus dem Jahr 1911 zeigt ihn vor seinem Haus in der Nettegasse 35 (s. Abb. 164). Schon vor 1900 hatte er dieses traditionsreiche Haus erworben. Es war ein Bauernhof mit Stallungen und Scheune. Die Inschrift auf einem heute zugedeckten Balken nennt die Erbauer des Hauses: Johann Werres und Gertrud Stupp. In den 1880er Jahren wohnte Wilhelm Mansteden in dem Haus und betrieb hier neben der Landwirtschaft eine Gaststätte, in der 1881 der Stommelner Männergesangverein gegründet wurde und in der er auch anfangs seine wöchentli-

163 Haus der Familie Alex und Sibylla Heymann in der Nettegasse 35

164 Alex Heymann auf den Eingangsstufen seines Hauses Nettegasse 35, 1911; in den Fenstern Familienangehörige

chen Chorproben abhielt. 1885 wurde Alex Heymann zum Ehrenpräsidenten dieses Vereins ernannt.[238]

1881 hatte er die gleichaltrige Kölnerin Sibylla Baum geheiratet. Ihr Vater Jacob Baum, verheiratet mit Sara Solomon, betrieb in der Großen Brinkgasse 19 in Köln ein Kolonial- und Manufakturwarengeschäft und ein Kommissionsgeschäft in Immobilien.[239] Zehn Kinder brachte seine Frau Sara zur Welt, von denen aber nicht alle das Erwachsenenalter erreichten. Sibylla war die Älteste und brachte sicherlich kein größeres Vermögen mit in die Ehe, das den geschäftlichen Aufstieg ihres Mannes gefördert hätte. Fünf Kinder brachte sie in den 1880er Jahren in Stommeln zur Welt: Alfred Gottschalk (*1882), Sara gen. Selma (*1883), Emil (*1884), Karl (*1886) und Henriette (*1888). Aber noch während des Ersten Weltkrieges musste sie 1917 den Tod ihrer jüngsten Tochter Henriette (Jettchen) beklagen. Schon als Mädchen litt sie an Tuberkulose, einer damals meist unheilbaren Krankheit. Sie wurde nicht einmal dreißig Jahre alt. Vier Jahre später starb auch die Mutter 1921 im Alter von 67 Jahren, und im Jahr darauf auch der Sohn Karl, der nach seiner Heirat 1916 nach Dortmund verzogen war; auch er, erst 35 Jahre alt, wurde 1922 ein Opfer der Tuberkulose.[240]

In den 1920er Jahren wohnte Alex Heymann noch allein in dem Haus Nettegasse 35. Tochter Sara Selma lebte verheiratet in Berlin-Spandau; Sohn Alfred, Kaufmann von Beruf, emigrierte schon früh in die Vereinigten Staaten, wo er sich in Chicago niederließ; Emil Heymann, ebenfalls Kaufmann, lebte verheiratet in Wuppertal-Barmen. In den Schulferien

11. Station – Nettegasse 35

165 Familie Alex Heymann; oben v. l.: Haushälterin, Enkeltochter Dorothea Goldberg; unten: Enkeltochter Frieda Goldberg, Alex Heymann, Schwiegertochter Else Heymann geb. Wolff (Frau von Sohn Emil Heymann), ca. 1926

kamen oft Enkelkinder zu ihrem Opa nach Stommeln, der dann Nachbarskinder zum Spielen ins Haus holte.

Am Ende der Nettegasse besaß Alex Heymann einen großen Garten. Für die Stommelner ungewöhnlich waren die Spargelbeete darin; sie selbst, dem traditionellen Stommelner Speiseplan verpflichtet, aßen solch »neumodischen Kram« nicht. Noch in der ersten Karnevalssitzung nach dem Zweiten Weltkrieg reimte ein hiesiger Karnevalist in seiner Büttenrede:

»Spargel es doch kee Jemööß,
noh Spargel wit me amourös,
Spargel oßen damals nur
die Döktersch, Jüdde un Pastur.«

Aus beruflichen Gründen war Alex Heymann viel im Ort unterwegs. Bei kühler Witterung trug er dabei jahrelang immer das gleiche grüne Lodencape mit zwei Schlitzen für die Arme, die jedoch darunter verborgen blieben. Stattdessen ragte aus dem Schlitz auf der linken Seite die Spitze eines Gehstocks senkrecht nach oben. Diese Eigentümlichkeit und der graue Spitzbart machten seine Erscheinung unverwechselbar. Lange Jahre war auch er an Tuberkulose erkrankt, was ihm den Beinamen »Kötschjüd« eintrug, weil er häufig »kötschen« musste (husten mit blutigem Auswurf).

Alex Heymann starb am 30. Juni 1927 in Stommeln. Das Haus wurde im gleichen Jahr an die jetzige Eigentümerfamilie verkauft.[241]

SARA SELMA HEYMANN VERH. GOLDBERG[242]

Die 1883 in Stommeln geborene Selma arbeitete nach Schule und Ausbildung in der Textilbranche; in welcher Stellung, ist unbekannt. Man mag an Näherin oder Verkäuferin denken. 1903 heiratete sie den knapp sieben Jahre älteren, aus dem westpreußischen Gorzno (heute: Górzno, Polen) stammenden Samuel Goldberg. Zunächst lebte das junge Ehepaar wohl in dem kleinen, kaum 500 Einwohner zählenden Ort Schmidthorst, der zu Duisburg-Hamborn gehörte. Hier wurden die beiden ältesten Kinder geboren: Dorothea (*29.1.1905) und Frieda (*1.8.1907). Sohn Josef wurde am 17. März 1909 in Stommeln geboren. Möglicherweise ist das ein Indiz dafür, dass die Familie zeitweilig zurück nach Stommeln gezogen ist. Diese Vermutung wird dadurch unterstützt, dass Selma mit ihrem Sohn Josef auf dem 1911 entstandenen Foto des Hauses Nettegasse 35 (Abb. 164) im Fenster links von der Haustür liegt, im Fenster über der Tür sieht man die beiden Schwestern.

Ob Samuel Goldberg im Ersten Weltkrieg als deutscher Soldat dienen musste, ist nicht bekannt. Seit 1921 lebte die Familie in Berlin-Spandau, Schönwalder Straße 111. Samuel Goldberg praktizierte hier als Dentist und betätigte sich auch kaufmännisch durch den Ankauf von Edelmetallen (Gold, Silber). Besonders ertragreich scheinen beide Geschäftszweige in der schwierigen Nachkriegs- und Inflationszeit aber nicht gewesen zu sein. Selma Goldberg übernahm 1924 das Textilwarengeschäft Louis Salomon in der Seegefelder Straße 38, das sie unter der Firmierung »Louis Salomon Nachfolger Elsana« im Haus Schönfelder Straße 111, 2. und 3. Etage, weiterführte. Bei ihr konnte die ärmere Stadtbevölkerung Textilwaren auf Raten kaufen. Da das Geschäft sich sehr gut entwickelte, gab Samuel Goldberg Ende 1925 seine Tätigkeit als Dentist auf und betätigte sich hinfort als Kaufmann im gemeinsamen Textilgeschäft mit seiner Frau. Am 2. Dezember 1925 wurde die Firma »Elsana« unter der Nr. 51 HRA 76948 ins Handelsregister eingetragen.[243] Das Geschäft in den Obergeschossen des Hauses Schönfelder Straße 111 lief so gut, dass man bereits nach etwa zwei Jahren in das Eckhaus Neuendorfer Straße 17/Triftstraße 1 umzog, ein Gebäude mit einem geräumigen Ladenlokal mit acht Schaufenstern zu beiden Straßenseiten hin. Neben Herren- und Damenkonfektion gab es hier Gardinen, Teppiche, Schuhe u. a., und alles zu günstigen Teilzahlungsbedingungen. Das Ehepaar Goldberg kam zu Wohlstand und konnte sich zwei Autos, ein Motorrad und ein Motorboot leisten. In Spandau waren die Goldbergs wohlangesehen, die jüdische Gemeinde wählte Samuel 1929 in ihre Repräsentantenversammlung.

Mi den antijüdischen Boykottmaßnahmen der Nationalsozialisten am 1. April 1933 – »Deutsche, kauft nicht bei Juden!« – begann die Zeit der Verfolgung. Das Ehepaar Goldberg, vorsichtig, wenn nicht gar ängstlich von Natur, wollte der SA keinen Anlass geben zu Aktionen vor ihrem Geschäft. Sie verlegten es deshalb wieder zurück ins 2. Stockwerk des Hauses Schönfelder Straße 111, ebenso ihre Wohnung. Die Kundschaft blieb ihnen vielfach treu, sodass die Geschäfte bis 1938 zwar zurückgingen, aber noch hinreichend einträglich blieben. Für die Öffentlichkeit fiel das schaufensterlose Geschäft im Obergeschoss weniger auf, und für die Kunden war es von Vorteil, dass sie das Haus betreten konnten, ohne direkt als Käufer »beim Juden« identifiziert und gebrandmarkt zu werden.

Aber bekannt war das jüdische Geschäft den Nazis sehr wohl, sie verfügten im Gegenteil über detaillierte Informationen. Die Verordnung über die Anmeldung des Vermögens von Juden vom 26. April 1938 hatte das Ehepaar Goldberg gezwungen, beim Berliner Polizeipräsidenten in umfangreichen Listen ihr gesamtes Vermögen detailliert anzumelden und jede einzelne Position in Reichsmark zu bewerten. Es war ein vorbereitender Schritt für die von Hermann Göring, dem Beauftragten für den Vierjahresplan, geplante Ausschaltung der Juden aus dem deutschen Wirtschaftsleben, die dann nach dem Novemberpogrom 1938 durch die Verordnung vom 12. November 1938 verwirklicht wurde. Im Zuge der Ausschreitungen vom 9./10. November 1938 musste das Ehepaar Goldberg auf Verlangen des Hauseigentümers, der erklärte, »er dulde keinen Tag länger Juden im Haus«, ihre Wohnung und ihr Geschäft in der Schönfelder Straße 111 fristlos räumen und alles zurücklassen, samt wertvollem Warenlager und umfangreicher Kundenkartei der zahlreichen zahlungspflichtigen Kreditnehmer. Am 16. Dezember 1938 beantragte Samuel Goldberg beim Amtsgericht Charlottenburg die Löschung seiner Firma im Handelsregister und fügte die vielsagende Bemerkung hinzu: »nachdem sie erloschen ist«.[244]

Das Ehepaar, das bisher in einer großzügigen Wohnung gelebt hatte, fand Unterschlupf als Untermieter bei dem ihm bekannten Uhrmacher und Juwelier Oskar Jonas in der Roonstraße 1 in Berlin-Spandau. Die Kinder waren im Ausland, sie selbst lebten in einem Zimmer in einem fremden Haus und waren erwerbs- und arbeitslos. Der plötzliche Verlust ihres Geschäftes, aber auch die den Juden nach dem Pogrom auferlegte Sondersteuer in Höhe von insgesamt 25 Prozent des Gesamtvermögens (»Judenvermögensabgabe«) trieb das Ehepaar Goldberg in drückende Armut, sodass ihm nichts anderes übrigblieb, als sich beim Arbeitsamt zu melden für die Einordnung in eine von der übrigen »Gefolgschaft« separierte jüdische Arbeitskolonne, sei es in einem der Berliner Rüstungsbetriebe oder – beim Ehemann – bei einem Straßen- und Tiefbauunternehmen. Gezahlt wurden nur niedrigste Hilfsarbeiterlöhne für ungelernte Arbeitskräfte. Im September 1939 zog das Ehepaar nach Berlin um, musste dort aber verfolgungsbedingt neunmal innerhalb weniger Monate seine Unterkunft wechseln. Recht- und heimatlos wurden sie in ihrer eigenen Heimatstadt hin- und hergeschoben. Am 9. Februar 1940 kamen sie schließlich bei einer Schwester Samuel Goldbergs in der Westarpstraße 2 unter (»bei Wernau«). Selmas Bruder Emil Heymann in Wuppertal-Barmen, der selbst in Bedrängnis war, unterstützte sie finanziell. Sie konnten ihn deshalb noch im November 1940 anlässlich der Bar-Mitzwa seines Sohnes Rolf in Wuppertal-Barmen besuchen.

Ihren Kindern hatten die Eltern den Besuch einer Oberrealschule bzw. eines Gymnasiums ermöglicht, auch den Töchtern. Nach dem Abitur nahmen alle ein Universitätsstudium auf. Dorothea studierte nach ihrem Abitur 1925 an der Oberrealschule-Studienanstalt in Spandau von 1926 bis 1928 Rechtswissenschaften in Berlin, beendete aber das Studium ohne Abschlussprüfung, nachdem sie sich mit dem späteren Rechtsanwalt Hans Guttmann verlobt hatte. Auch nach der Heirat am 30.1.1930 blieb das Paar in Spandau (Schönwalder Str. 95–97[245]). Hans Guttmann erhielt nach seinem zweiten Staatsexamen noch die Zulassung als Anwalt, diese wurde ihm aber, weil er Jude war, bald nach dem Regierungsantritt Hitlers auf der Grundlage des Gesetzes über die Zulassung zur Rechtsanwaltschaft vom 7. 4. 1933[246] wieder entzogen. Weil ihm damit jede berufliche Perspektive in Deutschland verbaut war, wanderte er 1934 mit seiner Frau nach Prag aus. Hitlers aggressive Expansionspolitik gegen die Tschechoslowakei, die am 15. März 1939 in Hitlers Einmarsch in Prag mündete, zwang das Paar 1939 zur Flucht nach Montevideo in Uruguay. Um ihren Mann, der seinen Vornamen in »Juan« umänderte, bei dem schwierigen Unterfangen zu unterstützen, in der neuen, spanischsprachigen Umgebung beruflich Fuß zu fassen, führte Dorothea Guttmann etwa zehn Jahre lang ein Papiergeschäft in Montevideo.[247]

Ihre Schwester Frieda Goldberg studierte nach dem Abitur 1928 Medizin und wanderte Ende 1935 mit ihrem Ehemann, dem Dermatologen Dr. David Julius Arnsdorf (Heirat am 29.10.1935 in Spandau) nach Palästina aus, um den nationalsozialistischen Repressalien gegen jüdische Ärzte zu entgehen, und praktizierte als Kinderärztin in Tel Aviv. 1936 und 1937 konnte sie noch zweimal ihre Eltern in Spandau besuchen. Diese dazu zu bewegen, ihr nach Palästina zu folgen, gelang ihr nicht, obwohl sie bereits ein Einwanderungszertifikat der britischen Mandatsregierung für sie beschafft hatte. Die Eltern hofften, aufgrund ihres vorhandenen Vermögens die gegenwärtigen Drangsale durchstehen zu können, bis wieder bessere Zeiten kämen. Es war ein folgenschwerer Irrtum. Nach Ausbruch des Zweiten Weltkrieges brach der Kontakt ab und wich quälender Ungewissheit über das Schicksal der Eltern. David Julius Arnsdorf verstarb in Tel Aviv am 20. Oktober 1961, seine Frau Frieda überlebte ihn bis nach 1990.[248]

Josef Goldberg, der jüngste der drei Geschwister, war am 17. März 1909 in Stommeln geboren. Nach seinem Abitur in Spandau studierte er wie seine älteste Schwester Rechtswissenschaften. Nach der Machtübernahme der Nationalsozialisten gab es für ihn aber, weil er Jude war, keine Berufsmöglichkeit mehr in seiner deutschen Heimat als Jurist. Er wanderte deshalb um 1938 in die Vereinigten Staaten aus, wo er sich unter dem geänderten Namen Robert Brandt in Chicago niederließ. Hier starb er am 30. August 1962.[249]

Den Kindern gelang die Flucht vor todbringender Verfolgung, den Eltern nicht. Beide wurden am 26. Februar 1943 von Berlin aus nach Auschwitz-Birkenau deportiert (Ankunft am 27. Februar). Von den 913 jüdischen Männern, Frauen und Kindern wurden am gleichen Tag 651 in den Gaskammern getötet, 156 Männer und 106 Frauen als Häftlinge in das Lager eingewiesen.[250] Hier verlieren sich die Spuren von Selma und Samuel Goldberg; ihr Alter von fast 60 und 67 Jahren lässt vermuten, dass sie an diesem Tag in der Gaskammer starben.

In Stommeln zeugt bis heute die Marienkapelle an der Einmündung des Kattenbergs in die Nettegasse von Selma Goldbergs Großherzigkeit. Sie verhalf der katholischen Kirchengemeinde durch ihre Schenkung zu dem Grundstück, auf dem sie errichtet wurde, indem sie 1930 der Witwe Heinrich Schmitz in Stommeln ein 44 qm großes Grundstück (Flur V II, Parzelle 1277/201) ohne Entgelt übertrug, wofür diese dann der katholischen Pfarrgemeinde das Baugrundstück für die Marienkapelle (Flur VII, Parzelle 1274/192, 31 qm) und zusätzlich der Gemeinde Stommeln 30 qm Vorgelände überließ.[251]

Als die Alliierte Kommandantur Berlin in ihrer Rückerstattungsanordnung (REAO) vom 26. Juli 1949 die »Rückerstattung feststellbarer Vermögensgegenstände an Opfer der nationalsozialistischen Unterdrückungsmaßnahmen« anordnete, meldeten die beiden Töchter in Montevideo und Tel Aviv bei den hierfür eingerichteten Berliner Wiedergutmachungsämtern Rückerstattungsansprüche an, insbesondere für das beschlagnahmte Warenlager und die in der Kundenkartei erfassten Außenstände ihrer Eltern; den Gesamtwert bezifferten sie auf mindestens 500 000,– RM. Erfolg hatten sie letztlich nicht. Sie konnten keine gerichtsfesten Belege vorweisen, und das zuständige Finanzamt war durch Bomben zerstört – und mit ihm auch die Akten über entzogenes jüdisches Eigentum. Es war nicht zu ermitteln, durch wen das Warenlager und die Kundenkartei abgeholt und wohin sie gebracht worden waren. Damit war es nicht möglich nachzuweisen, dass die Vermögensgegenstände der aufgelösten Firma »Elsana« in den Besitz des Deutschen Reiches gelangten und dieses damit rückerstattungspflichtig war. Die entstandenen Verluste und Schäden seien »wahrscheinlich durch unkontrollierte Elemente« verursacht worden, nicht aber »auf Grund staatlicher Machtbefugnisse«. Der Rückerstattungsantrag wurde deshalb als »unschlüssig begründet« zurückgewiesen.[252]

Abgelehnt wurde auch der Rückerstattungsantrag für den 1933 von der SA beschlagnahmten Studebaker-Pkw (Wert 12 000,– RM). Diese Beschlagnahmung wurde zwar nicht bestritten, aber es handle sich dabei nicht um eine Entziehung seitens der NSDAP, sondern um eine kriminelle, »sogenannte ›wilde Aktion‹, für die eine Haftung [des Deutschen Reiches] nicht bestände«.[253] Gegen die Bewilligung einer Entschädigung durch die Wiedergutmachungskammer für entzogenen Schmuck und Silbersachen in Höhe von 2 374,40 DM legte der Berliner Senator für Finanzen Beschwerde ein. Die Kinder der Ermordeten und Beraubten hatten vor der Berliner Wiedergutmachungskammer einen schweren Stand und gingen leer aus.

EMIL HEYMANN

Emil Heymann, geboren am 12. September 1884, wuchs als Kind in Stommeln heran, als es hier noch keine Eisenbahnverbindung nach Köln gab. Der Besuch eines Kölner Gymnasiums war für ihn deshalb wohl nicht möglich. Er war später als Kaufmann tätig, hatte also eine kaufmännische Ausbildung absolviert, über die

166 Emil Heymann

167 Emil und Else Heymann mit Sohn Rolf, Wuppertal-Barmen, 5.5.1938

aber keine Informationen vorliegen. Eine für sein weiteres Leben entscheidende Wende war sein Umzug nach Barmen (seit 1929: Wuppertal) um 1910. Am 4. Februar 1911 schickte ihm seine Schwester Selma aus Stommeln dorthin das auf S. 205 (Abb. 164) abgebildete Foto des Elternhauses als Postkarte. Als seine Adresse gab sie an: »Adr. Herren Gebr. Kaufmann, Barmen«. Das lässt den Schluss zu, dass der damals 26-Jährige eine Anstellung in dem Manufaktur- und Konfektionsgeschäft Gebr. Kaufmann in der Werther Straße 20–22 hatte, dem führenden Geschäft für Herren- und Damenmoden der Stadt. Eine selbständige Wohnung besaß er damals offenbar noch nicht. Das Einwohnerbuch der Stadt Barmen führt ihn 1925/26 erstmalig mit der Adresse Mühlenweg 27 auf. Genau in dieser Zeit, am 12. Januar 1926, heiratete er, inzwischen 41 Jahre alt, die zwei Jahre jüngere Else Wolff, die aus Goch am Niederrhein stammte, damals aber in Barmen wohnte. Erst spät gelang ihm also die Gründung einer Familie. Am 13. November 1927 wurde Sohn Rolf geboren. Beruflich war Emil Heymann erfolgreich und mietete schließlich für seine Familie eine geräumigere Wohnung mit Ladenlokal in der Sonntagstraße 18, machte sich selbständig und betrieb ein eigenes Textilgeschäft.

Schlimme Erfahrungen machte er in der Pogromnacht vom 9./10. November 1938. Seine Textilhandlung wurde demoliert und geplündert und er selbst auch so schwer misshandelt, dass er danach eine Zeitlang im jüdischen Krankenhaus in Köln-Ehrenfeld behandelt werden musste.[254] Seine wirtschaftliche Existenz war zerstört, sein Geschäft musste er aufgeben, und durch die Judenvermögensabgabe vom 12. November 1938, die insgesamt ein Viertel des gesamten Vermögens betrug und an das Finanzamt in fünf Raten abgeführt werden musste, war er finanziell ruiniert. Ihm und seiner Familie blieb nur noch die Flucht ins Ausland. Einerseits war das ganz im Sinne des nationalsozialistischen Staates, andererseits aber wollte dieser durch die Reichsfluchtsteuer sicherstellen, dass das Vermögen dem deutschen Staat zur Verfügung stand. Mehrfach war sie erhöht worden und kam 1939 einer Konfiskation gleich. Bereits im Vorgriff belegte das Finanzamt in Wuppertal-Barmen Heymanns Grundvermögen, das er in Stommeln besaß, mit einer »Sicherungshypothek« zugunsten des Deutschen Reiches, die im Grundbuch eingetragen wurde. Da man ihm »Fluchtgefahr« unterstellte, sollte auf diese Weise die Zahlung der Reichsfluchtsteuer sichergestellt werden. Die Höhe der Sicherungshypothek entsprach der der veranschlagten Reichsfluchtsteuer und zugleich dem Wert der Grundstücke. Ohne Tilgung dieser Sicherungshypothek war eine Ausreise ins Ausland unmöglich, sodass Emil Heymann nichts anderes übrigblieb, als sein Grundvermögen in Stommeln zu verkaufen.

Dabei handelte es sich um insgesamt 59,91 Ar (ca. 2,4 Morgen) Garten- und Ackerland in verschiedenen Ortslagen in Stommeln.[255] Emil Heymann hatte es 1933 zum Kaufpreis von 4 000,– RM erworben.[256] Für den gleichen Gesamtpreis verkaufte er die Grundstücke in drei Verträgen vom 29. November 1938 in ungleich großen Anteilen an die Brüder Paul, Johann und Matthias Nelles aus der Nettegasse 24 in Stommeln, die noch unverheiratet waren und sich eine Existenz als Landwirte bzw. als Müller aufbauen wollten. Es waren ehemalige Nachbarn, die Emil Heymann gut kannte. Paul und Matthias wollten die neu erworbenen Grundstücke nutzen für die Vergrößerung der viel zu kleinen Eigenland-Basis ihrer landwirtschaftlichen Betriebe; Johann Nelles wollte ein Grundstück neben seinem 1933 in der Nettegasse 15 errichteten Mühlengebäude erwerben, um dort ein Haus zu bauen und den Rest als Hausgarten zu nutzen. Die drei Käufer hinterlegten bei Abschluss der Kaufverträge insgesamt 4 000,- RM bei Notar Dr. Custodis, der sie zur Erteilung des Löschungsbewilligung für die 1937 im Grundbuch eingetragene »Sicherungshypothek« für etwa fällige Reichsfluchtsteuer an das Finanzamt Wuppertal-Barmen weiterleiten sollte.[257] Für Emil Heymann bedeutete das eine Enteignung zugunsten des Deutschen Reiches, um für sich die Möglichkeit der Ausreise aus Deutschland offenzuhalten.

Aber das Deutsche Reich billigte ihm noch nicht einmal zu, sein Eigentum an ihm genehme Käufer zu verkaufen. Am 3. Dezember 1938 war eine »Verordnung über den Einsatz des jüdischen Vermögens«[258] ergangen, die

die Juden zwang, ihre Gewerbebetriebe zu verkaufen oder abzuwickeln, ihren Grundbesitz zu veräußern und ihre Wertpapiere bei einer Devisenbank zu hinterlegen. Außerdem durften sie Juwelen, Edelmetalle und Kunstgegenstände nicht mehr frei veräußern, sondern mussten sie bei staatlichen Ankaufstellen bis zum 31. März 1939 abliefern. Der Name der Verordnung machte den staatlichen Eigentumsraub unübersehbar: Den Juden wurde ihr Verfügungsrecht über ihr Hab und Gut, ein Wesensbestandteil des Eigentumsrechts, genommen, und das Deutsche Reich entschied über dessen »Einsatz«. Das Eigentum wird im Verordnungstext auch nicht als Privateigentum jüdischer Personen angesprochen, sondern als »das jüdische Vermögen«, als handle es sich um Vermögensanteile einer imaginierten weltumspannenden jüdischen Geheimorganisation.

Nach § 8 der Verordnung bedurfte jede Verfügung eines Juden über Grundstücke der Genehmigung, im vorliegenden Falle des Oberpräsidenten (Landeskulturabteilung) der Rheinprovinz in Koblenz. Der Oberpräsident aber lehnte Anfang November 1939 die Genehmigung der Kaufverträge mit den Gebrüdern Nelles ab, um »die richtige Lenkung des jüdischen landwirtschaftlichen Grundbesitzes im Interesse der Neubildung, Stärkung und Erhaltung deutschen Bauerntums« sicherzustellen. Nach »der örtlichen Besichtigung und Erörterung mit den dazu berufenen und bestellten Organen« (Reichsnährstand [Ortsbauernführer], Partei, Verwaltungs- und Siedlungsbehörden) hielt man es für geboten, die zum Verkauf stehenden Grundstücke zunächst der Siedlungsgesellschaft »Rheinisches Heim« in Bonn zur Verfügung zu stellen. Außerdem bemängelte man die Höhe des Kaufpreises, der »in einem groben Mißverhältnis zum Wert der Grundstücke« stehe – obwohl der Kaufpreis exakt der Summe entsprach, für die Emil Heymann fünf Jahre zuvor die Grundstücke gekauft hatte. Inzwischen hatten auch andere Interessenten sich zu Wort gemeldet, unter anderem das Amt Pulheim, das die Grundstücke als dringend benötigtes Bauland für sich beanspruchte. Bürgermeister Josef Degraa unterstellte den Gebrüdern Nelles sogar, »den Erwerb der Grundstücke nur zu Spekulationszwecken vorgenommen« zu haben. Er verhandelte auch mit Emil Heymann, um ihn zum Verkauf an die Amtsgemeinde zu bewegen, aber der hielt an seinen Käufern fest. Die Brüder Nelles legten umgehend Beschwerde beim Oberpräsidenten ein, und als sie damit keinen Erfolg hatten, wandten sie sich an den Reichsminister für Ernährung und Landwirtschaft in Berlin mit der Bitte um eine Entscheidung. Der aber sah sich dazu nicht in der Lage und ordnete weitere Klarstellungen an, aber noch im Frühjahr 1942 lag keine Entscheidung vor, bis die Angelegenheit durch die eingetretenen

EMIL UND ELSE HEYMANN

168 Bar Mitzwa im Hause Emil Heymann, Adolf-Hitler-Straße 283, Wuppertal-Barmen, November 1940: 1 Rolf Heymann, 2 Samuel Goldberg, 3 Else Heymann, 4 Selma Goldberg, 5 Emil Heymann. Alle fünf Personen wurden ermordet.

Ereignisse überholt war und eingestellt wurde: Am 17. März 1942 teilte der Polizeipräsident in Wuppertal mit, dass »der Jude Emil Israel Heymann am 11.10.1941 nach Minsk abgeschoben worden« sei. Damit aber war sein gesamtes Vermögen aufgrund der inzwischen ergangenen Elften Verordnung zum Reichsbürgergesetz vom 25. November 1941 dem Reich verfallen. Mit einem Federstrich eignete der deutsche Staat sich das Grundvermögen an, das Emil Heymann hatte verkaufen wollen.

Die letzten beiden Jahre vor der Deportation verliefen dramatisch für die Familie Heymann. Die Auswanderungspläne ließen sich nicht verwirklichen. Nach den verheerenden Ereignissen in der Pogromnacht im November 1938 musste die Familie ihre Wohnung in der Sonntagstraße verlassen. Sie kam zunächst in der gleichen Straße in Haus Nr. 68 unter, bald darauf wechselten sie in die Adolf-Hitler-Straße 283. Die mehrfachen

Umzüge zeigen den Verfolgungsdruck. In dieser bedrückten Lage feierte der Sohn Rolf, der inzwischen von den »deutschen« Schulen ausgeschlossen worden war, im November 1940 als Dreizehnjähriger seine Bar Mitzwa. An diesem Tag seiner Religionsmündigkeit hätte er in der Synagoge zum ersten Mal einen Abschnitt aus der Thora vorlesen sollen, aber das war nicht möglich, denn die Synagoge in Wuppertal-Barmen war in der Pogromnacht 1938 in Brand gesteckt worden und vollständig ausgebrannt. Ob es möglich war, eine Ersatzfeier zu organisieren, sei dahingestellt. Wenigstens aber kamen Tante Selma und ihr Mann Samuel Goldberg aus Berlin-Spandau zu Besuch, trotz der extrem schwierigen Situation, in der sie sich damals befanden. Ein Gruppenfoto der kleinen Festgemeinschaft (Abb. 168) zeigt zum letzten Mal die fünf Familienmitglieder. Von der dramatischen Gefährdung, in der sich alle befanden, lässt das Bild nichts ahnen. Als Betrachter neigt man dazu, sich eine harmonische, unbeschwerte Familienfeier vorzustellen. Schaut man allerdings länger und intensiver hin, dann glaubt man in den Gesichtszügen doch etwas davon zu ahnen, welches Leid und welche Gefährdung über diese Menschen gekommen war. Alle starben im Holocaust.

Am 10. November 1941 wurde Emil Heymann mit seiner Frau Else und Sohn Rolf nach Minsk in Belarus deportiert.[259] 998 Juden umfasste der Transport aus den Städten Düsseldorf, Essen und Wuppertal, von denen nur vier überlebten. Der Zug startete in Düsseldorf-Derendorf und machte eine Zwischenstation in Wuppertal-Steinbeck, wo Waggons mit den bereits »verladenen« 242 Juden aus Wuppertal bereitstanden, um angehängt zu werden. Vier Tage dauerte die Fahrt bis Minsk. Die Deportierten, schon von der Kälte zermürbt, wurden seit der Einfahrt in russisches Gebiet nicht einmal mehr mit Wasser versorgt.

Zusammen mit dem Düsseldorfer Transport trafen im November 1941 an die 7000 andere Juden aus Deutschland (einschließlich Österreich) und dem Protektorat Böhmen und Mähren in Minsk ein. Sie wurden nicht in das Hauptghetto für die russischen Juden eingewiesen, sondern in einem separaten Ghetto untergebracht. Über das Schicksal der Familie Emil Heymann in diesem Lager liegen keine Informationen vor. Sie sind vermutlich einem der Pogrome, als »Aktionen« verniedlicht, zum Opfer gefallen. Diese Massenmorde zielten auf die als arbeitsunfähig eingestuften Ghetto-Häftlinge ab, aber wegen der katastrophalen Lebens- und Arbeitsbedingungen im Lager galt das zunehmend schließlich für alle. Angehörige der Sipo (Kriminalpolizei, Gestapo) und des SD (Sicherheitsdienst), unterstützt durch Ordnungspolizei, Mitglieder der Waffen-SS und einhei-

Kulturamt in Köln.   Köln, den 14. März 1942.
LK. 44.3.   Blumenthalstraße 3
An den

Herrn Oberpräsidenten der
   Rheinprovinz
 - Landeskulturabteilung -

in K o b l e n z .

Betrifft: Verwertung des jüdischen landwirtschaftlichen Vermögens.
Zum Erlaß vom 27. 2. 1942, L.K. VII 44.3.2.0 (B).

    Nach Mitteilung des Polizeipräsidenten in Wuppertal ist der
Jude Emil Israel Heymann am 11.10.1941 nach Minsk abgeschoben
worden.

                                              Der Vorsteher
                                              gez.Dr. Heckenbach
                                              Beglaubigt

169 Mitteilung des Kulturamtes in Köln an den Oberpräsidenten über
die Deportation Emil Heymanns (und seiner Familie) am 11.10.1941
nach Minsk.

sche Helfershelfer,[260] zerrten sie die Menschen aus ihren Wohnungen und
exekutierten sie. Angesichts des Alters des Ehepaares Heymann von fast
60 Jahren und ihres minderjährigen Sohnes Rolf muss man davon ausgehen, dass sie keine lange Überlebenschance hatten. Die meisten deutschen
Juden wurden bei den größten »Aktionen« zwischen dem 28. und 31. Juli
1942, am 8. März 1943 und im Herbst 1943 ermordet. Bei der Befreiung
des Ghettos durch die Rote Armee am 3. Juli 1944 waren nur noch zehn
deutsche Juden am Leben.[261]

EXTRA ORDINEM: EINSCHÜBE

1. DREI WEITERE STOMMELNER OPFER NATIONALSOZIALISTISCHER VERFOLGUNG

In diesem Kapitel sei an drei Personen erinnert, die sehr früh ihren Heimatort verließen und an die die Erinnerung völlig verblasst ist. Wo sie einmal in ihrer Kindheit in Stommeln wohnten, lässt sich nicht mehr ausmachen, sodass sie nicht in die Abfolge der Stationen aufgenommen werden konnten. Die Erinnerung an sie soll jedoch nicht untergehen.

HERMANN ELIAS

Am 13. Februar 1870 war er in Stommeln als Sohn von Joseph Elias (*1835 Stommeln) und Johannette geb. Jonas aus Merzig geboren. Er war das jüngste von sechs Kindern (vier Schwestern und ein Bruder).[262] Bereits sein Großvater David war in Stommeln als Makler tätig gewesen,[263] und sein Vater war wohl jahrzehntelang in dessen Fußstapfen getreten. Aber noch im Alter erkannte er, dass die damals stark expandierende Stadt Köln ihm bessere Berufschancen bot als das bäuerliche Stommeln, wo es vorwiegend um Acker- und Gartenland ging. Nach Köln richtete sich zunehmend seine Aufmerksamkeit.

Bis 1881 hatten die mittelalterliche Stadtmauer sowie der ihr vorgelagerte, einen Kilometer breite militärische Rayon (Schussfeld), der nicht bebaut werden durfte, und der preußische Festungsring mit mehreren Forts Köln in seiner Entwicklung eingeschnürt. 1881 begann man mit dem Abbruch der Stadtmauer, und der innere Festungsring, der durch die weiterentwickelte Militärtechnik, insbesondere die Reichweite der Kanonen, überholt war, wurde aufgegeben zugunsten eines neuen, äußeren Festungsringes. Die Kölner Ringe als neue Prachtstraße wurden angelegt, und auf dem Gebiet des ehemaligen Rayons entstand seit 1881 die Kölner Neustadt. Die Zahl der Einwohner explodierte geradezu. Von 1885 bis 1895 verdoppelte sie sich von 160 000 auf 320 000. Bis 1917 stieg sie, auch dank der Eingemeindung von Vororten 1888, auf über 609 000.

Die mit dem Anwachsen der Einwohnerzahlen einhergehende städtebauliche Erweiterung machte Köln zu einem erfolgversprechenden Ar-

170 Eintrag des Immobilienmaklers Hermann Elias im Kölner Adressbuch von 1925

Hermann Elias (E)
Immobilien, Hypotheken u. Finanz.
(Gegr. 1895.
Sprechzeit von 8–10 u. 2–4 Uhr.
Meister Gerhard-Straße 29.
Fernsprecher Ulrich 4099. PSK 19660.

beitsfeld für Immobilienmakler, um Bauinvestoren und Kauf- oder Mietinteressenten zusammenzubringen. Joseph Elias aus Stommeln hatte dies erkannt, zog nach Köln und eröffnete dort um 1900 in der Weyerstraße 29 eine Immobilienagentur.[264] Das Haus, in dem er zur Miete wohnte, gehörte den bekannten Architekten Emil Schreiterer und Bernhard Below, deren Bauten das Gesicht der Kölner Neustadt mitprägten. Vermutlich hatte Joseph Elias bereits von Stommeln aus mit diesen Kölner Architekten in Kontakt gestanden bei Immobiliengeschäften in Köln. Der Umzug dorthin war die logische Konsequenz der Verlagerung seines Geschäftsschwerpunktes.

Damit ebnete Joseph Elias seinem Sohn Hermann den beruflichen Werdegang. Dieser war offenbar bereits um 1896 nach Köln gezogen und hatte sich zunächst im Kolonialwarenhandel versucht. In den Kölner Adressbüchern von 1897 und 1898 ist er mit einer Kolonialwarenhandlung in der Peterstraße 6 aufgeführt. 1899 und 1900 arbeitete er dann als Versicherungsagent, zuerst in der Severinstraße 48, dann seit 1900 im Haus Weyerstraße 29, wo sein Vater lebte. 1901 änderte er sein Berufsfeld erneut und arbeitete nun als »Immobilien- und Hypothekenmakler«, offenbar eng zusammen mit seinem damals bereits 66 Jahre alten Vater und im gleichen Haus und in den gleichen Geschäftsräumen mit einheitlichen Geschäftszeiten (8–10 und 14–16 Uhr).

1909/10 zog Hermann Elias mit seinem Immobiliengeschäft in die Lindenstraße 87 um. Der Vater, der sich inzwischen zur Ruhe gesetzt hatte, wohnte gegenüber (Nr. 87). Im Kölner Adressbuch von 1925 wird Hermann Elias als Eigentümer des Hauses Meister-Gerhard-Straße 29 aufgeführt, wo er inzwischen auch sein Geschäft für »Immobilien, Hypotheken und Finanzierungen« betrieb. Wenn er in dem oben abgebildeten Geschäftseintrag im Kölner Adressbuch von 1925 die Gründung der Firma mit »1895« angab, war damit wohl die Kölner Geschäftstätigkeit seines Vaters gemeint, als dessen Nachfolger er sich sah.

Verheiratet war Hermann Elias mit Elise Weberberg aus Paderborn (*6.7.1869). Am 7. März 1898 wurde Sohn Dagobert in Köln geboren.

Die Geschäfte liefen offenbar gut. Bereits 1925 war Hermann Elias nicht nur Eigentümer des Hauses Meister-Gerhard-Straße Nr. 29 mit mehreren Mietwohnungen, sondern auch des Miethauses Kurfürstenstraße 18. Noch im Adressbuch von 1938 wird er mit gleicher Adresse und der Geschäftsbezeichnung »Immobilien und Hausverwaltung« aufgeführt. Trotz seiner 68 Jahre war er also noch berufstätig. Am 3. Juli 1938 wurde den Juden allerdings verboten, als Makler tätig zu sein.[265] Für Hermann Elias bedeutete es das endgültige Ende seines Geschäftes. Noch konnte er von seinen Mieteinnahmen leben, aber auch darauf richtete sich der nationalsozialistische Verfolgungsdrang. Nach dem Novemberpogrom 1938 und der »Verordnung zur Ausschaltung der Juden aus dem deutschen Wirtschaftsleben« vom 12. November 1938 mussten alle Juden eine nur für sie geltende Sondersteuer, die »Judenvermögensabgabe«, in Raten an das Finanzamt zahlen, deren Höhe schließlich ein Viertel des gesamten mobilen und immobilen Vermögens betrug. Hermann Elias muss das wirtschaftlich hart getroffen haben, denn er verfügte über beachtlichen Immobilienbesitz. Sein Haus in der Kurfürstenstraße 18 konnte er nicht halten. Er war gezwungen, es zu verkaufen, um die »Judenvermögensabgabe« an das Finanzamt zahlen zu können.

Aber freie Hand ließ man ihm beim Verkauf dieses Hauses nicht, lt. Verordnung vom 3. Dezember 1938 brauchte er eine Genehmigung, und die verweigerte man ihm.[266] Der am 27. April 1939 mit dem Kaufmann Wilhelm Cossmann aus Kuchenheim ausgehandelte Kaufvertrag wurde vom Oberbürgermeister der Stadt Köln nicht genehmigt, nicht wegen der Kaufsumme von 37 250,- RM, sondern wegen der politischen Einstellung des Käufers; von dem »zuständigen Hoheitsträger«, vermutlich dem Kuchenheimer NSDAP-Ortsgruppenleiter, wurde ihm wegen der »durchaus negativen Einstellung zum nationalsozialistischen Staate« die politische Zuverlässigkeit abgesprochen. Elias fand notgedrungen mit dem Kaufvertrag vom 7. Juli 1939 einen neuen Käufer, das Ehepaar Fritz und Elisabeth Thelen aus Köln-Klettenberg, das den »Hoheitsträgern« der NSDAP genehm war, sodass der Kölner Oberbürgermeister am 4. August 1939 seine Genehmigung erteilte, allerdings mit dem gleichzeitigen Entzug des Verfügungsrechts von Hermann Elias über seinen Verkaufserlös. In seinem Genehmigungsschreiben heißt es:

> »Über die Kaufsumme darf nur mit Genehmigung der Devisenstelle Köln verfügt werden. Der Kaufpreis ist für rückständige Steuern beim Finanzamt Weidenbach sicherzustellen.«[267]

171 Der NSDAP-Gauwirtschaftsberater lehnt in einem »streng vertraulichen« Bescheid den »Volksgenossen« Cossmann wegen seiner »durchaus negativen Einstellung zum nationalsozialistischen Staate« als Käufer des »durch Maßnahmen der Partei frei« gewordenen »deutschen Bodens« in der Kurfürstenstraße 18 (vgl. Abb. 136) ab.

Der Verkaufserlös diente also dazu, rückständige Steuern, d. h. insbesondere die Judenvermögensabgabe, zu zahlen, der Rest kam auf ein Sperrkonto, über das der Inhaber nicht frei verfügen konnte, sondern nur mit der Genehmigung der Devisenstelle im Hansahochhaus in Köln. De facto kam das einer Enteignung gleich.

Als die Nationalsozialisten in Köln seit dem Sommer 1941 damit begannen, weite Gebiete der Stadt »judenfrei« zu machen, entwickelte sich das Haus in der Kurfürstenstraße 18 zu einem der Judenhäuser, in denen ghettoartig die Juden gesammelt wurden, bevor sie seit Oktober 1941 in den Tod nach Osten deportiert wurden. Die bisherigen nichtjüdischen Mieter verließen das »Judenhaus«. Rechtsgrundlage für diese Maßnahmen war das Gesetz über Mietverhältnisse mit Juden vom 30. April 1939, das den rechtlichen Schutz für jüdische Mieter aufhob und Zwangsausweisungen von Juden legalisierte. Sie sollten zukünftig nur noch in Häusern jüdischer Eigentümer wohnen, weil man ihr Zusammenleben mit »Ariern« aus rassischen Gründen für unzumutbar hielt; allerdings kam das Haus Kurfürstenstraße 18 im August 1939 in »arische« Hände.

Seit dem Frühjahr 1941 fand auch Johanna Moses aus Stommeln, die ihren Heimatort nach dem Novemberpogrom 1938 hatte verlassen müssen, mit ihrer Großnichte Ilse Moses hier Unterkunft. Johanna kannte den ehemaligen Hauseigentümer aus ihren Kindertagen in Stommeln.

Bei den ersten Kölner Deportationen seit Oktober 1941 waren zahlreiche Bewohner des Hauses Kurfürstenstraße 18 betroffen, Personen, die vorher aus ihren alten Wohnungen ausgewiesen und hier gesammelt worden waren. Bei dem Transport vom 22. Oktober 1941 nach Lodz war es eine Person, am 30. Oktober 1941 nach Lodz sechs, am 7. Dezember 1941 nach Riga acht, innerhalb von sechs Wochen also fünfzehn Personen. Vierzehn Stolpersteine vor dem Haus Kurfürstenstraße 18 erinnern heute an diese Vorgänge.

Die Eltern Elias mussten auch erleben, dass ihr Sohn Dagobert mit seiner Frau Else (Elly) geb. Cahn (*12 2. 1902 Neuwied) und Tochter Helga (*6. 3. 1925 Köln) aus der Wohnung der Familie am Rathenauplatz 9 (damals umbenannt in Hort-Wessel-Platz) ausgewiesen und in das »Judenhaus« Zülpicher Platz 4 in Köln eingewiesen worden war. Von dort wurden alle drei am 22. Oktober 1941 von Köln-Deutz aus nach Lodz deportiert. Die Eltern und die 16-jährige Tochter Helga starben im Frühjahr 1942 durch Giftgas (Kohlenmonoxid) in Chelmno.[268]

In diesen finsteren Wochen der rasant sich verschärfenden Verfolgungsmaßnahmen verstarb Hermann Elias am 22. November 1941 mit 71 Jahren. Bis zuletzt hatte er mit seiner Frau im Haus Meister-Gerhard-Straße 29 gelebt. Zwei Wochen später wurde das Haus in der Kurfürstenstraße 18 mit dem Transport nach Riga weitgehend gelehrt, zurück in Köln blieb von den Hausbewohnern offenbar nur Johanna Moses, die jetzt in die Bachemer Straße umziehen musste. Inzwischen war die Stadt dazu übergegangen, die noch verbliebenen Juden auch aus jüdischen, eventuell sogar ihren eigenen Häusern auszuquartieren und in das ehemalige Militärgefängnis Fort V in Köln-Müngersdorf und in das daneben entstehende Barackenlager einzuweisen. Mehr als tausend gebrechliche und kranke Personen wies man ins Jüdische Asyl (Altersheim) in der Ottostraße in Köln-Ehrenfeld ein. Zu diesem Personenkreis gehörte die inzwischen 72-jährige, alleinstehende Witwe Elise Elias. Ein halbes Jahr später, am 15. Juni 1942, wurde sie zusammen mit Johanna Moses nach Theresienstadt und von dort am 19. September 1942 nach Treblinka deportiert, wo sie am 21. oder 22. September 1942 in der Gaskammer verstarb.

LEOPOLD FRANKEN

Am 9. März 1872 wurde er in Stommeln geboren. Sein Vater Gottschalk Franken stammte aus Sinnersdorf, war aber dann nach Stommeln gezogen. Am 14. Januar 1898 heiratete sein Sohn Leopold in Linnich die dort am 28. März 1870 geborene Rebekka Mendel. Offenbar ist er bald nach der Hochzeit mit seiner Frau nach Köln gezogen, wo drei Kinder geboren wurden: Ernst (*22.4.1903), Georg und Elfriede (*18.11.1910).[269] Leopold betrieb am Großen Griechenmarkt 75 eine Metzgerei und war schließlich Hauseigentümer.[270] Er hatte es also zu bescheidenem Wohlstand gebracht, gemessen an der verbreiteten Armut in dem Viertel südlich des Neumarktes, in dem er lebte. Zahlreiche Ostjuden, geflohen vor den Pogromen im Osten, vorwiegend aus Galizien, hatten sich seit Beginn des 20. Jahrhunderts in dem Viertel um den Großen und Kleinen Griechenmarkt sowie in der Thieboldsgasse, Agrippastraße oder Sternengasse angesiedelt. Nach Köln kamen so insgesamt zwischen 3 000 und 4 000 Ostjuden, zwischen 15 und 20 Prozent der jüdischen Gesamtbevölkerung Kölns.[271] Es waren streng orthodoxe, chassidische Juden. Um den Griechenmarkt entstanden mehrere kleine Geschäfte, die diese Zugezogenen mit den gewünschten koscheren, nach den jüdischen Speisegesetzen hergestellten Lebensmitteln versorgten.[272] Die Metzgerei von Leopold Franken gehörte zu diesen koscheren Läden. Als in der Pogromnacht vom 9./10. November 1938 die jüdischen Geschäfte verwüstet wurden, war Leopold Franken 64 Jahre alt, hat also möglicherweise die Schrecken dieser Nacht zusammen mit seiner Frau am eigenen Leib in Köln erfahren müssen. Ein Bericht von K. K. aus dem Jahr 1983 über seine Erlebnisse als sechzehnjähriger Hitlerjunge am Morgen des 10. November 1938 lässt jedenfalls Schlimmes befürchten:

> »Das Volk zog zur Kämmergasse und zum Griechenmarkt und man sah zu, wie den Juden ihre Geschäfte zerstört wurden und wie man die Menschen mit Tritten und Schlägen auseinandertrieb. Die Bevölkerung war geteilter Meinung, manche gingen mit einem verbissenen Gesicht hinweg und andere waren voll Zustimmung. Auch ich war erst erschrocken, als man mit roher Gewalt gegen diese Menschen vorging, aber es hieß immer wieder: ›Die Juden sind unser Unglück‹, und wir hatten harte Zeiten erlebt und unterdrückten die Regung, was hätte es auch letztendlich gebracht?«[273]

Für Leopold Frankens Geschäft war spätestens zu diesem Zeitpunkt das Ende gekommen. Sein Sohn Georg konnte damals in die Vereinigten Staaten fliehen und lebte danach in Chicago. Auch Sohn Ernst überlebte unter unbekannten Umständen und wohnte nach dem Krieg in Berlin-Halensee.[274] Tochter Elfriede, die in Düren, Gutenbergstraße 16, mit dem Viehhändler Benni Cohen (*19.10.1898) verheiratet war, wurde dagegen ebenso wie ihr Mann deportiert und ermordet; sie starb in Izbica, er in Sobibor.[275] Leopold Frankens Wohnhaus diente nach dem Novemberpogrom 1938 als eines der jüdischen Ghettohäuser am Griechenmarkt,[276] in denen die Juden vor ihrer Deportation in äußerster Beengtheit konzentriert wurden.

Die späteren Stationen der Deportation von Leopold und Rebekka Franken lassen vermuten, dass beide Anfang 1942 in das am Fort V in Köln-Müngersdorf errichtete Barackenlager eingewiesen wurden, um die Stadt Köln zunehmend »judenfrei« zu machen. In der Deportationsliste vom 15. Juni 1942 ab Köln nach Theresienstadt erfahren wir dann, dass beide aus dem Lager Mausbach nahe Stolberg bei Aachen diesem Transport zugeführt wurden.[277] Daraus ergibt sich für ihr Schicksal folgendes Bild:

Durch den Tausend-Bomber-Angriff in der Nacht vom 30. auf den 31. Mai 1942 wurde die Stadt Köln in bisher unbekanntem Ausmaß zerstört

---

172 Ghetto Theresienstadt, Todesfallanzeige vom 6.7.1942 für Leopold Franken; angegebene Todesursache: Herzschwäche nach vorangegangener Lungenentzündung. Als letzte Adresse in Köln wird noch, unter Berufung auf die Kennkarte („Legitimation"), „Großer Griechenmarkt 75" angegeben. Seine Frau Rebekka überlebte ihn bis zum 15.2.1944.

GHETTO THERESIENSTADT
Der Ältestenrat
Abteilung für Gesundheitswesen.

23. TODESFALLANZEIGE.

Theresienstadt, am 6/VII 1942

Es starb am 6/7 1942 um 2:30 Uhr in Theresienstadt
B-IV /Gebäude u.Raum/

NAME Franken Vorname Leopold Tr.Nr. 700/IV/1
/bei Frauen auch Mädchenname/ 700/III/1
geboren am 9.1.1872 in Hommeln Bezirk Köln
Stand verheiratet Beruf Fleischer Religion mos. National jüd.
Tag u.Ort der letzten Eheschliessung: 16.1.1898
Anzahl der Kinder aus der letzten Ehe:
Staatszugehörigkeit: Deutsches Reich Heimatsgemeinde Köln
Letzter Wohnort /Adresse/: Köln, Grosser Griechen-Markt 25
wohnhaft in Theresienstadt /Gebäude/ B-IV Zimmer Nr. 166 1942

Name u.Vorname der Eltern /auch verstorbener/
/Beruf u.letzter Wohnort/

Behandelnder Arzt Dr. Franz Lewit
Krankheit /in Blockschrift/ BRONCHOPNEUMONIE
Todesursache /in Blockschrift/ ADYNAMIA CORDIS
Die Leichenbeschau führte durch Dr. Kleine Ebermann 6/7/42 um 12:00
Ort, Tag und Stunde der Beisetzung
Verwandte in Theresienstadt Rebekka geb. 26.3.1870 geb. Mendel 699/III/1
/Name, Tr.Nr., Wohnung, bei Gatten u.Kindern auch Geburtsdaten/
BIV 194

Nächste Verwandte im Protektorat
/bei Gatten u.Kindern auch Geburtsdaten/

Legitimation Nr. 1.04431 ausgestellt am 15/7/39
von Polizei Köln

Unterschrift des Referenten Unterschrift des Unterschrift des
des Beerdigungswesens. behandelnden Arztes. Chefarztes:
Der Leiter des Gesundheitswesens:
12.-III-25.1.42 Amtsarzt.

und verwüstet; auch Krankenhäuser waren betroffen, an Krankenbetten bestand aber wegen der vielen Verletzten vermehrter Bedarf. Das Israelitische Krankenhaus mit angeschlossenem Altersheim in Köln-Ehrenfeld war unversehrt geblieben. Die Gestapo ließ deshalb diese Gebäude für die Aufnahme nichtjüdischer Kölner räumen und die jüdischen Kranken und Alten in das Müngersdorfer Lager bringen. Um dort hierfür Platz zu schaffen, wurden am 10. und 12. Juni 1942 Hunderte von Juden von hier in den Raum Aachen in provisorisch neu eingerichtete Lager abtransportiert, und zwar in die ehemaligen, wegen des Krieges ungenutzten Reichsarbeitsdienst-Baracken in Niederbardenberg und Pley bei Herzogenrath und in Mausbach, Gemeinde Gressenich, bei Stolberg. Leopold und Rebekka Franken wurden nach Mausbach gebracht, aber bereits wenige Tage später, am 14. Juni, mit weiteren Personen aus dem Lager Niederbardenberg in die Messehalle in Köln-Deutz zurücktransportiert und am Tage danach, am 15. Juni 1942, vom Bahnhof Köln-Deutz Tief aus in das Ghetto Theresienstadt deportiert. Unter den schwierigen dort herrschenden Lebensbedingungen hatten ältere Menschen kaum eine längere Überlebenschance. Untergebracht waren sie in einem mehrfach belegten Zimmer in der ehemaligen Hannover-Kaserne. Leopold Franken starb bereits am 6. Juli 1942 in Theresienstadt, seine Frau Rebekka am 15. Februar 1944.[278] Von den 962 mit ihnen deportierten Personen wurden 925 ermordet, nur 37 überlebten (3,8 Prozent).

WILHELMINE MENDEL GEB. STOCK

Wilhelmine kam am 10. November 1860 als Tochter von Simon Stock und seiner Frau Ester geb. Cahn in Stommeln zur Welt. Sie war eine Enkelin jenes Moses Cahn, der den Bau der ersten Stommelner Synagoge 1832 ermöglicht hatte, und eine Nichte von Sibilla Stock (»Tante Billa«) in Stommeln, von denen bereits die Rede war. Verheiratet war sie mit dem 1854 in Coesfeld geborenen Salomon Mendel. Sie wohnten in Köln am Mauritiussteinweg, wo Salomon Teilhaber der Militär-Effektenfabrik Gebr. Mendel war. Köln war bis zum Ersten Weltkrieg eine Garnisonstadt, die Nachfrage nach Ausrüstungsteilen aller Art für das Militär war dementsprechend groß, z. B. nach Uniformen und allem, was dazugehörte. 1893 war die Firma lt. Adressbuch in die Huhnsgasse 21 umgezogen, und Salomon und seine Frau Wilhelmine wohnten in der Roonstraße 31. Kurz darauf verstarb jedoch Salomon Mendel im Alter von noch nicht einmal 40 Jahren, und seine Witwe Wilhelmine Mendel verzog um in die Pfälzer Straße 46. Als

Teilhaberin der Firma Gebr. Mendel war sie finanziell offenbar abgesichert. Nach dem Ersten Weltkrieg und mit der im Versailler Friedenvertrag 1919 festgeschriebenen weitgehenden Demilitarisierung des Deutschen Reiches und dem Ende der Garnisonstadt Köln kam auch das Aus dieser Firma.

Zuletzt wohnte Wilhelmine Mendel in der Cäcilienstraße. Eine frei gewählte Wohnung war das allerdings nicht mehr. Das Gebäude war vielmehr das vielleicht größte der ca. 270 »Judenhäuser«,[279] die 1941 in Köln entstanden und in denen Juden vor ihrer Deportation gesammelt wurden. Am 12. Mai 1941 hatte die Kölner Gestapo, wie bereits berichtet, verfügt, dass Juden bis zum 1. Juni 1941 ihre Wohnungen in »arischen Häusern« zu räumen hätten und in jüdischen Häusern unterzubringen seien.

> »Villen oder baulich hervorstechende Gebäude, die sich noch in jüdischem Besitz befinden, sind ebenfalls zu räumen. Mit der Durchführung dieser Maßnahmen habe ich die jüdische Kultusgemeinde beauftragt, die dafür zu sorgen hat, daß die Wohnungen in arischen Häusern geräumt und die Juden in jüdischen Häusern untergebracht werden.«[280]

Damals musste Wilhelmine Mendel ihre Wohnung in der Pfälzer Straße 46 verlassen und wurde in den großen Gebäudekomplex Cäcilienstraße 18–22 eingewiesen. Hierbei handelte es sich um das ehemalige Vereinshaus der von wohlhabenden und engagierten Juden 1888 gegründeten Rheinlandloge (Moriah-Loge), die als kulturelle und soziale Stiftung sich die geistige und ethische Erziehung und gesellschaftliche Förderung der Glaubensgenossen zum Ziel gesetzt hatte. Das Vereinshaus, das 1902 eingeweiht werden konnte, war ein wichtiges Bildungs- und Begegnungszentrum für das Kölner und rheinische Judentum. In ihm gab es einen repräsentativen Festsaal, einen Speisesaal und zahlreiche Gesellschaftsräume im ersten Stock sowie eine kleine Synagoge. Als die Rheinlandloge 1935 infolge des wachsenden politischen Druckes ihre Tätigkeit einstellen musste (endgültiges Verbot im April 1937), wurde das Gebäude von der Synagogengemeinde an der Roonstraße übernommen und zum »Israelitischen Gemeindehaus« umgebaut. Der Festsaal wurde zu einem Theater mit 500 Plätzen erweitert, und ein Restaurant für mehr als 30 Personen und ein Café für etwa 80 Gäste wurden eingerichtet. Im dritten Stock waren jüdische Wohlfahrtseinrichtungen untergebracht, ebenso jüdische Vereinigungen wie das Palästinaamt, der Hilfsverein, die Zionistische Vereinigung und der Kulturbund, der den Theatersaal für seine Aufführungen nutzte. Nach dem Novemberpogrom und der Zerstörung der Kölner Synagogen im November 1938 feierte die Gemeinde ihre Gottesdienste in der kleinen Synagoge des Gemeindehauses.

Seit 1940 kam es zu zwangsweisen Einweisungen vorwiegend älterer Menschen in dieses Gebäude. 1941/42 wurde es dann komplett als Ghettohaus in Beschlag genommen.[281] In Ausführung des Erlasses vom 12. Mai 1941 wurden darin die aus ihren Wohnungen vertriebenen Menschen zusammengepfercht. Wilhelmine Mendel verbrachte hier, beraubt ihrer Freiheit und privaten Existenz, die letzten Monate ihres Lebens in ihrer Heimatstadt. Als Köln in der Nacht vom 30. auf den 31. Mai durch den verheerenden Tausend-Bomber-Angriff heimgesucht wurde, war auch das Gebäude Cäcilienstraße 18–22 davon betroffen, was die Unterbringung der darin lebenden Menschen noch schwieriger, chaotischer und immer unhaltbarer machte. Am 15. Juni 1942 wurde Wilhelmine Mendel von Köln-Deutz aus nach Theresienstadt deportiert, zusammen mit 962 Personen; 105 von ihnen kamen aus dem Ghettohaus Cäcilienstraße, das damals leergeräumt wurde.

Wilhelmine Mendel überlebte in Theresienstadt nur drei Monate. Am 23. September 1942 starb sie im Alter von noch nicht ganz 82 Jahren.

2. AUGENÄRZTIN DR. ROSEMARIE KLEIN UND HEINRICH KLEIN[282]

Rosemarie Klein war keine gebürtige Stommelnerin und hat auch nicht während der Nazizeit in Stommeln gewohnt. Erst 1947 kam sie in den Ort. Insofern gehört sie nicht zu dem Personenkreis, dessen Schicksalen dieses Buch gewidmet ist. Aber ihr Mann Heinrich Klein war ein gebürtiger Stommelner, und gemeinsam mit seiner Frau hat er deren Verfolgung wegen des antisemitischen Rassenwahns der Nationalsozialisten durchleiden müssen und ihr geholfen zu überleben. Insofern haben beide es verdient, dass in diesem Buch an sie erinnert wird.

Von 1970 bis 1982 unterhielt Rosemarie Klein in Stommeln an der Bahnhofstraße 14 eine Augenarztpraxis. Ich selbst, Stommelner Neubürger seit 1966, habe sie damals als ihr Patient kennengelernt. Persönliches über sie wusste ich jedoch nicht. Sie lebte zurückgezogen und trat in der Öffentlichkeit kaum in Erscheinung. Bei ihren Patienten aber hatte sie den Ruf besonderer Tüchtigkeit.

173 Doppelhaus Bahnhofstraße 12/14, 2021

Daraus ergab sich für mich eine Mischung aus Respekt und ungestillter Neugier, was es mit dieser Person auf sich hatte. Das galt in gleichem Maße für ihren Mann Heinrich Klein. Mitte der 1950er Jahre hörte ich wiederholt aus dem Haus Bahnhofstraße 12, wo die Familie Klein damals wohnte, beeindruckendes klassisches Klavierspiel, wenn er, wie ich erfuhr, auf seinem Steinway-Flügel übte, denn er war Pianist. Mein Bruder hatte damals als junger Musikstudent die Organistenstelle in der katholischen Pfarrkirche in Stommeln angenommen und lebte in seiner Dienstwohnung im Haus Bahnhofstraße 10, also in direkter Nachbarschaft zum Haus Klein, und wenn ich ihn besuchte, dann vernahm ich gelegentlich diese virtuosen Klänge, die man in Stommeln nicht erwartete. Für mich blieb es ein Rätsel: Was hatte diesen hochqualifizierten Pianisten nach Stommeln verschlagen? Persönlich gesehen habe ich ihn nie, und über künstlerische Engagements war nichts zu erfahren. Ich ahnte, dass hinter dem Ehepaar Klein sich das Geheimnis eines ungewöhnlichen Lebensschicksals verbarg.

Meine spätere Beschäftigung mit der Geschichte Stommelns und insbesondere Recherchen im Internet in jüngster Zeit brachten mich auf die richtige Spur. Heinrich Klein war am 26. Februar 1908 in der katholischen Pfarrkirche in Stommeln getauft worden.[283] Sein Vater Wilhelm Klein wohnte vor dem Ersten Weltkrieg mit seiner Frau Margarete geb. Schäfer in dem Haus Bahnhofstraße 12 und war auch Eigentümer des Nachbarhauses Bahnhofstraße 14.[284] Beruflich war er als Reisender der Stommelner Bierbrauerei Creischer tätig, die bis 1928 bestand.[285] Am 13. November 1918, nach der Novemberrevolution, wurde er in den neunköpfigen Stommelner Arbeiter-, Bürger- und Bauernrat berufen und war danach eines der führenden Mitglieder der örtlichen Zentrumspartei. Er wurde dann die treibende Kraft in dem damals gegründeten Denkmalkomitee zur Errichtung eines (1920 realisierten) Kriegerdenkmals für die Gefallenen des Ersten Weltkrieges und danach Vorsitzender des Vereins zur Unterhaltung des Kriegerdenkmals.[286] Er war ein angesehener Mann im Ort.

Seinen beiden Söhnen Eberhardt (*30.11.1898) und Heinrich (*1908) ermöglichte er den Besuch eines Kölner Gymnasiums, und weil Heinrich sich als besonders musikalisch erwies, ließ er ihm auch Klavierunterricht erteilen. Eberhardt fiel kurz nach seinem 19. Geburtstag und wenige Monate nach seinem Abitur im vorletzten Jahr des Ersten Weltkrieges am 30. November 1917 bei Cambrai in Nordfrankreich.[287] Heinrich studierte nach dem Abitur an der Kölner Musikhochschule, um sich zum Konzertpianisten ausbilden zu lassen. Während seiner Studienzeit engagierte er sich ehrenamtlich in seinem Heimatort Stommeln; mit den Kindern der von den Schwestern des Stommelner Krankenhauses betriebenen Kinderheilstätte studierte er Musikbeiträge ein für ein Weihnachtsspiel 1928, ebenso für eine Saalfeier der katholischen Pfarrgemeinde 1929. Die Schwestern waren ihm auch deshalb wohlgesonnen, weil er bei Gottesdiensten in ihrer Krankenhauskapelle das Harmonium spielte. Dem Kirchenchor stellte er sich regelmäßig als Begleiter an der Orgel zur Verfügung. Von 1933 bis 1936 war er Dirigent des Stommelner Männergesangvereins und komponierte selbst auch einige Musikeinlagen für einen Theaterabend, den der Verein 1932 veranstaltete.

1936 endete Heinrich Kleins künstlerische Tätigkeit in Stommeln, denn er verzog nach Beendigung seines Studiums nach Berlin, wo er eine Anstellung als Pianist beim »Reichssender Berlin« fand. Hier lernte er 1940 seine spätere Frau kennen, Rosemarie Mankiewicz, geboren am 26. Februar 1912 im brandenburgischen Sommerfeld (heute Stadtteil von Kremmen). Eine unbeschwerte Kindheit war ihr nicht vergönnt. Als sie fünf Jahre alt war (1917), verstarb ihre Mutter Marianne Elsbeth geb. Reichart an einer Grippeerkrankung und fünf Jahre später (1922) auch ihr Vater durch den Sturz von einem Baum. Mit zehn Jahren war die Tochter Rosemarie eine Vollwaise. Fritz Robert Mankiewicz[288], ein Bruder des Vaters und wohlhabender Oberamtmann und Domänenpächter, nahm sie bei sich auf. Auf dem von ihm gepachteten hohenzollernschen Gut Falkenrhede, nordwestlich von Potsdam, wuchs sie auf. Von 1918 bis 1920 besuchte sie das Butte'sche Privatlyzeum in Potsdam und ging danach nach Eisenach, wo sie 1931 an der Westend-Schule, einem Reformrealgymnasium für Mädchen, ihr Abitur machte.

Irritierend in ihrem Lebenslauf ist, dass sie noch vor dem Abitur als Oberstufenschülerin mit gerade einmal 18 Jahren am 1. Dezember 1930 in die NSDAP eintrat (Mitgliedsnummer 498 702) – in eine männerbündnerische Partei, die Frauen von jeder leitenden politischen Verantwortung ausschloss und ihnen nur dienende Funktionen zubilligte. Ihre Beweggründe dafür sind nicht überliefert. Die politische Einstellung ihres Onkels mag eine Rolle gespielt haben, vielleicht auch der Einfluss der Schule, vor allem aber wohl die allgemeine politische Entwicklung in Thüringen, wo die NSDAP früh erstarkte. Bereits seit Anfang 1930 stellte sie mit Wilhelm Fricke den Innen- und Volksbildungsminister sowie einen Staatsrat ohne Ressort in der Landesregierung. Und Fricke nutzte seine Position zur Entlassung kommunistischer Lehrer, zur Entfernung sozialdemokratischer Beamter aus der Verwaltung und zur Bevorzugung von Nationalsozialisten in der Landespolizei. Bei den Landtagswahlen vom 31. Juli 1932 erreichte die NSDAP 42,5 % der Stimmen und führte fortan die thüringische Landesregierung an. Auf die junge Rosemarie Mankiewicz mag dieses politische Gesamtklima in Thüringen nicht ohne Wirkung gewesen sein.

Aber bereits im Juni 1933, wenige Monate nach Hitlers Regierungsantritt, trat sie wieder aus der Partei aus, zu einer Zeit, wo so viele Deutsche in die Partei aufgenommen werden wollten, dass diese einen Aufnahmestopp verhängte. Auch für den Parteiaustritt ist die Ursache nicht überliefert, aber die Beweggründe liegen auf der Hand. Ihr zum Protestantismus konvertierter Onkel Fritz Mankiewicz geriet seiner jüdischen Abstammung wegen ins Visier nationalsozialistischer Verfolgung; 1939 gelang ihm die Flucht nach Norwegen, nachdem eine befreundete Familie im norwegischen Hamar eine hohe Bürgschaft für ihn gestellt hatte. Nach der Besetzung Norwegens durch die deutsche Wehrmacht im Frühjahr 1940 geriet er jedoch wieder in den Machtbereich der Nationalsozialisten. Als er am 26. Oktober 1942 verhaftet wurde, nahm er sich noch in der gleichen Nacht im Gefängnis in Hamar das Leben. Ein 2015 dort verlegter Stolperstein erinnert an ihn.[289]

Rosemarie Mankiewicz wurde durch die Verfolgung ihres Onkels aus rassistischen Gründen bewusst, dass ihr bereits 1922 verstorbener Vater Walter Mankiewicz in den Augen der Nazis trotz seiner Konversion zum Protestantismus ebenfalls ein Jude war – und sie selbst eine Halbjüdin, ein »jüdischer Mischling ersten Grades«. Rosemaries evangelische Taufe änderte daran nichts. Sie hatte nie daran gedacht, dass sie eine Jüdin sei, jetzt zwang der nationalsozialistische Staat sie dazu, sich ihrer Herkunft zu erinnern. Ihr Austritt aus der NSDAP war da nur konsequent, bewahrte sie aber nicht vor weiterer Verfolgung.

Unmittelbar nach ihrem Abitur 1931 nahm sie in Göttingen ihr Studium auf, zunächst das der Physik, dann der Medizin. Im November 1935 immatrikulierte sie sich an der Universität in Münster und legte dort am 3. Juli 1937 ihr 1. Staatsexamen an der Medizinischen Fakultät ab. 1938 reichte sie ihre Dissertation aus dem Bereich der Augenheilkunde ein und bestand am 14. Juli 1938 die anschließende mündliche Prüfung mit der Note »sehr gut«. Die Universität verweigerte ihr jedoch die Ausstellung der Promotionsurkunde, weil sie Halbjüdin war. Das Reichsinnenministerium lehnte aus dem gleichen Grund am 26. August 1938 ihre Zulassung als Ärztin (Approbation) ab, und Ende Dezember 1938 unterband die Ärztekammer auch ihre wenige Monate vorher aufgenommene Arbeit als Volontärassistentin an der Universitätsaugenklinik in Münster. Ihr Berufswunsch, sich als Augenärztin niederzulassen, war unerreichbar geworden.

Sie ging nach Berlin und arbeitete 1939 als Sprechstundenhilfe bei einem Augenarzt. 1940 lernte sie dann den Pianisten Heinrich Klein kennen, der seiner künstlerischen Tätigkeit wegen »UK« (unabkömmlich) gestellt, also nicht zur Wehrmacht eingezogen worden war. Sie wollten heiraten, aber eine Heiratserlaubnis wurde ihnen verweigert. Zwecks »Reinhaltung des deutschen Blutes« hatte das »Gesetz zum Schutze des deutschen Blutes und der deutschen Ehre« vom 15. September 1935 Eheschließungen zwischen Juden und Nichtjuden verboten; außerehelicher Geschlechtsverkehr wurde als »Rassenschande« mit Gefängnis und Zuchthaus bestraft. Durch Verordnung vom 14. November 1935 wurde festgelegt, dass »Halbjuden« nur mit ausdrücklicher Genehmigung »Deutschblütige« heiraten durften. Entsprechende Anträge wurden jedoch durchweg abgelehnt, so auch der von Heinrich Klein und Rosemarie Mankiewicz. Aber sie hielten ihre Liebesbeziehung aufrecht und führten das, was man damals eine »wilde Ehe« nannte. In der Herbertstraße bezogen sie eine gemeinsame Wohnung. Zwei Kinder, Barbara und Christoph, brachte Rosemarie 1941 und 1942 zur Welt, aber sie mussten davon ausgehen, dass die Gestapo nach der Ablehnung des Heiratsgesuchs sie beobachtete und möglicherweise auch der Vorwurf der Rassenschande zum Tragen kam, obwohl Rosemarie nur eine »Halbjüdin« war. Die Kinder trugen den Familiennamen der Mutter. Durch die Unterstützung eines befreundeten Lebensmittelhändlers konnte Heinrich Klein den Lebensunterhalt seiner Familie sicherstellen.

Als seine UK-Stellung endete und er als Soldat des Geheimen Funkmeldedienstes bei der Organisation Canaris, dem militärischen Nachrichtendienst der Wehrmacht, einberufen wurde, konnte er den Kontakt zu seiner Familie zunächst noch aufrechterhalten, da diese Organisation unter Wilhelm Canaris sich unter der offiziellen Bezeichnung »OKW-Amt Ausland/ Abwehr« im Gebäude dieses Oberkommandos der Wehrmacht am damaligen Tirpitzufer 75–76 befand (heute Reichpietschufer). Die Funkzentrale war zunächst in Stahnsdorf bei Berlin in einem Wäldchen an der Ruhlsdorfer Straße, etwa 20 km entfernt von der Wohnung in der Herbertstraße. Vermutlich war Heinrich Klein hier mit der Sendung und dem Empfang von Funknachrichten und deren Ver- oder Entschlüsselung beschäftigt. 1942 wurde die Funkzentrale, u. a. wegen der zunehmenden Luftangriffe auf Berlin, nach dem weiter entfernten Belzig in der Mark Brandenburg verlegt, und die Abwehrsoldaten wurden dort in Wohnbaracken untergebracht. Der regelmäßige Kontakt mit seiner Familie war Heinrich Klein damit nicht mehr möglich. Die aus Stalingrad seit dem Herbst und Winter 1942/43 eingehenden Nachrichten und schließlich die Kapitulation der 6. Armee dort Anfang Februar 1943 machten ihm und vielen seiner Kollegen schon früh klar, dass der Krieg verloren war. Ob er auch in Berührung kam mit Widerständlern unter den Nachrichtenoffizieren, ist nicht überliefert.

Seine Frau blieb während dieser Zeit allein mit den Kindern in Berlin zurück, und seine Sorge um sie wuchs von Tag zu Tag, nicht nur der Luftangriffe wegen. Im Oktober 1941 hatten die Deportationen der jüdischen Bevölkerung in die Vernichtungslager eingesetzt. »Mischlinge« wurden dabei zunächst verschont. Als aber in der SS die Forderungen nach einem härteren Vorgehen gegen diese immer lauter wurden und schließlich Reinhard Heydrich auf der Wannseekonferenz Anfang 1942 forderte, »Mischlinge ersten Grades« grundsätzlich in die Deportationen einzubeziehen, kam die Bedrohung immer näher. 1949 schrieb Rosemarie Klein über ihren Mann:

> »Er stand mutig zu mir, obwohl er sich dadurch selbst gefährdete, und 1943, als in Berlin Maßnahmen gegen Halbjuden begannen, gelang es ihm, mich mit unseren beiden 1941 und 1942 geborenen Kindern in Harzgerode im Harz unterzubringen unter Verwischung unserer Spuren in Berlin, wo wir bis dahin gelebt hatten.«[290]

Ohne amtliche Abmeldung verließ die Mutter mit den beiden Kindern Berlin, und auch in der neuen Wohngemeinde im Harz meldeten sie sich nicht an. Sie lebten von nun an illegal. In Harzgerode wohnten entfernte Verwandte von Rosemarie Mankiewicz, und bei ihnen fand sie mit den beiden Kleinkindern Unterschlupf. Wegen der dauernden Bombennächte verließen damals viele Berlin und suchten Schutz im ländlichen Umland. »Die Häuser waren mit Ausgebombten aus Sachsen, Thüringen, Schlesien und Westfalen bis unter die Dachluken vollgestopft.«[291] Fremde Gesichter weckten deshalb nicht sofort – potentiell gefährliche – Neugier. Trotzdem war es ratsam, sich möglichst wenig in der Öffentlichkeit zu zeigen. Um den Einkauf von Lebensmitteln zu ermöglichen, verschafften die Verwandten und weitere Freunde ihr illegale Lebensmittelkarten. Bis Kriegsende blieb sie unentdeckt, aber es waren zwei Jahre voller Angst, verhaftet zu werden. Im Herbst 1944 erlitt sie einen schweren Nervenzusammenbruch. Zu der Angst um die persönliche Sicherheit kam noch die Sorge um wertvolles Inventar in der verlassenen Berliner Wohnung, insbesondere um den Steinway-Konzertflügel. Es gelang Rosemarie Mankiewicz, ihn auf dem Gut Falkenrhede unterzustellen, wo es noch Vertraute von ihr gab. Mitte April 1945 kam mit dem Einmarsch der Amerikaner die Befreiung. Am 1. Juli 1945 zogen die Amerikaner sich aber wieder zurück und überließen die Stadt Harzgerode den Sowjets als Teil ihrer Besatzungszone.

Rosemarie Klein hatte sich inzwischen auf die Suche nach ihrem Mann gemacht. Er hatte bis zuletzt in Belzig seinen Dienst versehen, bis Anfang Mai 1945 die sowjetische Armee in die Stadt einrückte. Mit seiner Nachrichteneinheit hatte er aber bereits vorher Belzig verlassen und geriet in Gefangenschaft der vom Westen her vorrückenden US-Armee. Mit Zigtausenden anderen kam er in das bei Helfta (nahe Eisleben) von den Amerikanern errichtete Sammellager (eine mit Stacheldraht gesicherte riesige Wiese ohne Baracken für die Unterkunft, vergleichbar mit den Rheinwiesenlagern im Westen). Wegen der chaotischen Zustände dort lösten die Amerikaner das Lager bereits am 23. Mai 1945 auf. Wohl im Zusammenhang damit gelang es Rosemarie Klein, ihren Mann aus dem Lager herauszuholen: Sie brachte ihm Zivilkleidung, und nachdem er sie im Gebüsch gegen seine Uniform ausgetauscht hatte, gelang es beiden, sich in das gut 40 km entfernte Harzgerode durchzuschlagen, das (bis Ende Juni) noch von den Amerikanern besetzt war, die aber bald von den Sowjets abgelöst wurden. Tochter Barbara schreibt über diese Zeit in Harzgerode:

> »Meine frühesten Erinnerungen sehen meinen Vater am Klavier spielend vor russischen Zuhörern. Er begleitete die Primaballerina der Berliner Staatsoper, die es dorthin verschlagen hatte, zu ihrem Tanz: Ilse Meudtner.«[292]

Vor dem Standesamt in Oschersleben im Harzvorland, wo es auch entfernte Verwandte gab, heirateten Heinrich Klein und Rosemarie Mankiewicz am 9. Oktober 1945. Rosemarie und die beiden Kinder trugen von nun an den Namen Klein. Die wirtschaftliche Lage der Familie war äußerst prekär. Die unsicheren Einnahmen Heinrich Kleins durch gelegentliche Engagements reichten nicht aus für den Lebensunterhalt. In Notsituationen musste man sich durch Verkauf verbliebener Schmuckstücke helfen. Rosemaries Versuche, eine Stelle als Assistenzärztin zu finden, blieben ohne Erfolg. Heinrich Klein drängte deshalb darauf, in seinen Heimatort Stommeln zurückzukehren. Geführt von einem Ortskundigen, gingen sie über die damals noch »grüne Grenze« zwischen der Sowjetischen und der Amerikanischen Besatzungszone und gelangten nach Osterode am Harz, von wo aus sie dann mit der Bahn in völlig überfüllten Zügen nach Westen fuhren, über die inzwischen provisorisch wieder instandgesetzte Hammer Eisenbahnbrücke bei Düsseldorf den Rhein überquerten und Anfang Januar 1947 Stommeln erreichten, wo es wenigstens eine kostenlose Wohnung gab, denn Heinrich Klein war Alleinerbe des Hauses Bahnhofstraße 12–14. Es gelang beiden sogar, trotz der schwierigen Zonenverhältnisse, den auf Gut Falkenrhede bei Potsdam untergestellten Konzertflügel zusammen mit einigem Hausrat in einem Eisenbahnwaggon nach Stommeln zu holen. Aber auch im Rheinland waren die beruflichen Perspektiven für den Konzertpianisten Heinrich Klein düster. Anfragen beim Nordwestdeutschen Rundfunk in Köln oder bei Konzertagenturen führten zu keinem Erfolg. Die wirtschaftliche Lage der Familie blieb äußerst prekär.

Am 1. Juni 1948 wandte Rosemarie Klein sich an den Dekan der Medizinischen Fakultät der Universität Münster und forderte die Anerkennung ihrer Dissertation, die ihr dann auch am 29. Juli 1948 mit dem Gesamturteil »sehr gut« bescheinigt wurde. Der Sozialminister des Landes NRW stellte ihr daraufhin am 30. April 1948 eine Approbationsurkunde als Ärztin aus mit rückwirkender Geltung vom 15. Juli 1938. Danach nahm sie bei einem Kölner Augenarzt eine Stelle als Assistenzärztin auf, mit einem Gehalt von 250 DM monatlich.

Bereits am 22. August 1949 hatte Rosesemarie Klein beim Landkreis Köln die Anerkennung als Verfolgte des Naziregimes beantragt, unter Berufung auf erlittene schwerwiegende wirtschaftliche und gesundheitliche Schädigung: ihre Familie stehe völlig mittellos da, sie selbst könne ihre Facharztausbildung nicht beenden und ihren Beruf nicht ausüben und ihre Gesundheit sei beeinträchtigt. Ohne das von den Nazis auferlegte Berufsverbot hätte sie sich längst eine sichere Existenz als Augenärztin aufbauen können. Am 5. September 1949 erkannte der Kreissonderhilfeausschuss des Landkreises Köln sie als politisch Verfolgte an.

Am 1. Mai 1952 gab Rosemarie Klein ihre Tätigkeit als Assistenzärztin bei dem Kölner Augenarzt auf, um die für ihre Facharztweiterbildung wichtige, aber unbezahlte Stelle als Assistenzärztin in der Krankenanstalt Lindenburg (Universitätsaugenklinik Köln) anzutreten. Anderthalb Jahre arbeitete sie hier unentgeltlich. Die wirtschaftliche Notlage der Familie wurde dadurch noch weiter vergrößert. Sie wandte sich deshalb an den Landkreis Köln und beantragte eine Ausbildungsbeihilfe, die ihr auch am 13. Mai 1952 mit folgender Begründung gewährt wurde:

»Die Familie befindet sich in einer Notlage. Es ist nicht möglich, dringend notwendige Anschaffungen an Bekleidung, Wäsche und Schuhwerk zu machen, dabei fehlt es an allem. Der Antrag wird mit Rücksicht auf die besondere Lage des Falles befürwortet, zumal bis heute Beihilfen weder bezahlt noch beantragt worden sind.«

Vom 1. Mai 1952 bis zum 28. Februar 1954 wurden ihr insgesamt 3 300,- DM Ausbildungsbeihilfe ausgezahlt, in monatlichen Raten von 150 DM. Als das Bundesergänzungsgesetz zur Entschädigung für Opfer der nationalsozialistischen Verfolgung[293] vom 18. September 1953 eine Entschädigung für Schaden durch eine erzwungene Unterbrechung in der Ausbildung ermöglichte, wandte sie sich an den Regierungspräsidenten, der ihr eine Ausbildungsbeihilfe in Höhe von insgesamt 5 000,- DM bewilligte; die ihr vom Landkreis bisher gezahlte Beihilfe wurde jedoch angerechnet, sodass nur ein Restbetrag von 1 700,- DM blieb, der ihr in monatlichen Teilbeträgen von 150,- DM bis Februar 1955 ausbezahlt wurde.

Vom 1. April 1954 an arbeitete Rosemarie Klein als unbezahlte Volontärin im Maria-Hilf-Krankenhaus in Stommeln, um das für ihre Facharztausbildung erforderliche allgemeinärztliche Jahr zu absolvieren. Am 21. Dezember 1955 erhielt sie dann endlich ihre Anerkennung als Fachärztin im Bereich der Augenheilkunde.

In der Kapelle des Stommelner Krankenhauses wurden Heinrich und Rosemarie Klein im Oktober 1945 auch kirchlich getraut, und zwar katholisch. Ein ehemaliger deutscher China-Missionar, der bei den Schwestern des Krankenhauses untergekommen war und für sie und die Kranken in der kleinen Kapelle die Messe las, nahm die Trauung vor. Die Schwestern, die es gut mit Heinrich Klein meinten, nicht zuletzt wegen seines Harmoniumspiels im Gottesdienst, mögen den Weg hierzu bereitet haben.

Eine Urkunde über diese kirchliche Heirat gibt es nicht, und nach katholischem Kirchenrecht war sie zwar gültig, weil die Ehepaare sich selbst das Sakrament der Ehe spenden, formal aber nicht korrekt zustande gekommen, d. h. ohne Mitwirkung des zuständigen Pfarrers und ohne eine

174 Heinrich Klein

von diesem vorgenommene Beurkundung. Die beiden Kinder wurden katholisch erzogen und gingen in Stommeln mit zur ersten heiligen Kommunion. Mit der Zeit aber kam es zu wachsenden Spannungen zwischen Heinrich Klein und dem Stommelner Pfarrer Josef Becker, einem buchstabengetreuen Kirchenmann, die 1957 dazu führten, dass Heinrich Klein aus der katholischen Kirche austrat und zur evangelischen Kirche konvertierte, ebenso die beiden Kinder.

Im Frühjahr 1957 zog die Familie nach Meinerzhagen, in ein überwiegend protestantisch geprägtes Umfeld, wo Rosemarie Klein seit dem 1. April 1957 eine eigene Praxis als Augenärztin eröffnete. Wirtschaftlich ging es der Familie von da an besser, und Rosemarie konnte in den 1960er Jahren nach Südtirol in Urlaub fahren, um dort ihre geliebten Bergwanderungen zu unternehmen. Aber ihr Mann war nach all den Jahren der Verfolgung und des vergeblichen Bemühens um ein berufliches Fortkommen als Konzertpianist psychisch erkrankt und arbeitsunfähig geworden. Er wurde zum Betreuungsfall. Rosemarie widmete sich dieser Aufgabe mit ganzer

174a Rosemarie Klein an ihrem 90. Geburtstag 2004

Kraft, so wie ihr Mann einst ihr in den Zeiten der nationalsozialistischen Verfolgung zur Seite gestanden hatte.

Ihre Praxis in Meinerzhagen florierte, und zwar so sehr, dass ihr zu wenig Zeit blieb für die Betreuung ihres Mannes. Sie entschloss sich deshalb, sich kleiner zu setzen und in Stommeln eine Augenarztpraxis zu eröffnen. An Stelle des alten Hauses Nr. 14 in der Bahnhofstraße hatte sie vorher einen Neubau errichten lassen, in dessen Erdgeschoss sie sich eine kleine Praxis einrichtete. Von 1970 bis zum Erreichen der damals gültigen Altersgrenze von 70 Jahren im Jahr 1982 praktizierte sie hier als Augenärztin. Neben ihrem Beruf war es vor allem ihr seelisch kranker, arbeitsunfähiger Mann, dem sie ihre Aufmerksamkeit und Fürsorge schenkte. Diese familiäre Belastung, die sie ständig ans Haus fesselte, verstärkte noch ihre Neigung zum Einzelgängertum.

1990 nahm die inzwischen verheiratet im niedersächsischen Binnen lebende Tochter Dr. med. Barbara Brandes ihren kranken Vater zu sich. Hier verstarb Heinrich Klein 1993. Seine Frau Rosemarie lebte zunächst noch zurückgezogen allein in Stommeln. Als sie dann aber zunehmend hinfällig wurde, zog sie 2002 in das AWO-Seniorenzentrum am Goldberg in Marklohe, sieben Kilometer von Binnen, dem Wohnort der Tochter, entfernt. Im Februar 2004 konnte sie in Binnen zusammen mit ihren beiden Kindern und deren Ehepartnern ihren 90. Geburtstag feiern. Bis ins hohe Alter war sie bei klarem, wachem Verstand und in regelmäßigem Kontakt zu ihrer Familie. Das Doppelhaus in Stommeln wurde 2007 verkauft. Bald darauf, am 18. August 2007, verstarb Rosemarie Klein im Alter von 94 Jahren.

Zusätzlich zu den von allen Deutschen zu tragenden schweren Lasten des Krieges hatte der nationalsozialistische Rassenwahn ihr Leben und das ihres Mannes um die Möglichkeit gebracht, sich frei zu entfalten, und beiden auch dann noch immer neue Hindernisse in den Weg geworfen, als der Nazi-Spuk für die meisten vergangen war; für sie war er es nicht, sondern wirkte sich aus bis zu ihrem Lebensende.

Die Tochter Barbara Brandes schreibt über ihre Mutter:

»Meine Mutter hat viel geleistet, für sie war es aber auch eine ›Leistung‹, die in ihre Beurteilung von Menschen einging. Nach dem Krieg hat sie durchblicken lassen, dass sie durchaus Lebensfreude kannte, aber dann tief getroffen war, wie gute Freunde von ihr abrückten, und der Versuch solcher ›Freunde‹, nach dem Krieg wieder Kontakt aufzunehmen, strikt verweigert wurde.«

Nicht unerwähnt bleiben soll, dass Dr. Barbara Brandes 2015 für ihr langjähriges kirchliches und gesellschaftliches Engagement innerhalb des evangelisch-lutherischen Kirchenkreises Nienburg mit der Bundesverdienstmedaille ausgezeichnet wurde.[294]

12. STATION – NAGELSCHMIEDSTRASSE

JÜDISCHER FRIEDHOF

»Beth Ha Kwaroth« (Gräberstätte) oder auch »Beth Olam« (Haus der Ewigkeit) nennen fromme Juden ihren Friedhof. Ungestörte, ewige Grabesruhe soll er den Toten gewähren. Es gibt keine zeitliche Begrenzung der Ruhefrist und keine anschließende Neubestattung an gleicher Stelle wie auf christlichen Friedhöfen. Ein jüdischer Mann betritt diesen mit religiöser Heilserwartung verbundenen Ort nur mit Kopfbedeckung, wie es auch für die Synagoge Vorschrift ist. Bei Beerdigungen wird der Leichnam in einem einfachen Sarg mit Blick nach Osten in die Erde gelegt, zum Tempelberg in Jerusalem hin, dem universalen Heilszentrum, dem der Verstorbene im Bündel der vorangegangenen Generationen zugeordnet wird. Am Kopfende errichtet man einen Grabstein mit dem Namen des Betroffenen und weiteren Angaben zu seiner Person.

Das Grundstück des Stommelner Friedhofs ist längs nach Nordosten ausgerichtet. Man belegte den Friedhof von Westen nach Osten, fing also

175 Jüdischer Friedhof in Stommeln, 2021

hinten auf dem Grundstück an, und zwar grundsätzlich – anfangs ausschließlich – in Einzelgräbern. Nur bei Paaren, die das Ehebett miteinander geteilt hatten, machte man in jüngerer Zeit eine Ausnahme und ließ deren benachbarte Bestattung zu. Drei Grabmäler für Ehepaare auf dem jüdischen Friedhof in Stommeln belegen es. Die christliche Tradition von Familiengrabstätten mag hierfür Vorbild gewesen sein.

Dass der Jüdische Friedhof außerhalb der ehemaligen Stommelner Ortslage liegt, entspricht jüdischer Tradition, und es war – in Abkehr von den alten »Kirchhöfen« – seit napoleonischer Zeit aus hygienischen Gründen auch für die christlichen Friedhöfe allgemeine Vorschrift. Bis dahin hatten die christlichen Begräbnisplätze rund um die Pfarrkirchen gelegen. Im Judentum wäre hingegen eine Beisetzung der Verstorbenen um die Synagoge herum nicht infrage gekommen. Es hätte den religiösen Reinheitsvorschriften widersprochen, über den Friedhof in die Synagoge zu gehen. Wer einen Friedhof betritt und damit in die Nähe von Toten kommt, wird dadurch nach den halachischen Gesetzen unrein, und in diesem Zustand hätte man nicht die Synagoge betreten wollen. Die Begräbnisplätze der Juden lagen deshalb schon immer außerhalb der Siedlungen, oft sogar sehr weit weg.

Der Stommelner jüdische Friedhof war ursprünglich mit einer Dornenhecke umzäunt. Das hatte etwas damit zu tun, dass man Wildtiere von ihm fernhalten wollte, vor allem aber damit, dass man den Raum der Toten von dem der Lebenden abschirmen wollte. Zusätzlich hing die abgeschiedene Lage jüdischer Friedhöfe aber auch damit zusammen, dass der Pachtzins für abgelegene und deshalb weniger leicht nutzbare Flächen günstiger war. Mit dem Abbau jüdischer Rechtsungleichheit seit der napoleonischen Zeit und der Möglichkeit jüdischen Grunderwerbs trat dieser Aspekt allerdings in den Hintergrund.

Der Stommelner Jüdische Friedhof (Flur 15, Flurstücke 656 und 657), etwa 788 Quadratmeter groß, war Eigentum der jüdischen Gemeinde. Wegen seiner Nähe zur Stommelner Windmühle, die im Alltags- und Wirtschaftsleben der Bauern eine wichtige Rolle spielte, lag er auch nicht außerhalb des Blickfeldes der Bevölkerung. Wann die jüdische Gemeinde dieses Grundstück erworben hat, lässt sich nicht klären. Da jedoch ein eigener Friedhof zu den zentralen Einrichtungen einer jeden jüdischen Gemeinde gehört, ist wohl davon auszugehen, dass er eine ähnlich lange Geschichte hat wie die hiesige Synagoge, also auf die Zeit um 1830 zurückgeht. Schriftliche Belege dafür gibt es allerdings nicht. Bereits in den 1860er Jahren wusste Bürgermeister Joseph Hubert Weidt keine Antwort auf die Frage, seit wann die jüdische Gemeinde einen eigenen Friedhof besitze.

Immer wieder waren und sind jüdische Friedhöfe Ziele antisemitischer Schändungen. Aus Stommeln ist ein Fall vom Juni 1892 bekannt. Levy Cahn, Vorsteher der jüdischen Gemeinde, meldete damals dem Bürgermeister Herriger, auf dem Jüdischen Friedhof, der verschlossen und mit einer Dornenhecke umzäunt sei, hätten Unbekannte die beiden Grabsteine von Samuel Cahn und Carl Heymann böswillig beschädigt. Bürgermeister Herriger eilte zum Jüdischen Friedhof und fand bestätigt, was man ihm gemeldet hatte: Der Grabstein von Samuel Cahn war umgeworfen, die Marmorplatte auf dem Mittelteil zertrümmert, und vom Grabstein des Carl Heymann hatte man das oberste Stück abgenommen, und auf beiden beschädigten Grabsteinen entdeckte er die Schmierschrift: »Gebaschter Jud« (zerbrochener Jude). Die Täter wurden nie ermittelt, aber der zeitgeschichtliche Hintergrund ist offensichtlich: Damals war in Xanten der Jude Adolf Wolff Buschhoff angeklagt worden, an einem fünfeinhalbjährigen Jungen einen Ritualmord begangen zu haben. Am 14. Juli 1892 wurde Buschhoff zwar wegen erwiesener Unschuld freigesprochen, aber das beruhigte die erhitzten Gemüter nicht, sondern führte zu schweren Ausschreitungen am ganzen Niederrhein. Offenbar gab es auch in Stommeln Menschen, die den widerlichen Ritualmordvorwürfen gegen Juden Glauben schenkten und sich in ihrem Wahn auch nicht belehren ließen.

26 Grabstellen weist der jüdische Friedhof heute noch auf. Ursprünglich müssen es jedoch wesentlich mehr gewesen sein. Das ergibt sich aus der einfachen Überlegung, dass die Zahl der Toten, die hier in einem Zeitraum von geschätzt 110 Jahren bestattet wurden, deutlich höher liegen muss. Dieser Verlust ist im Wesentlichen die Folge der Verwüstungen, die ein SA-Trupp aus dem damaligen Amt Pulheim, zu dem auch Stommeln gehörte, am 10. November 1938 hier angerichtet hat. Mit welch hasserfüllter Gewalt man gegen leblose Steine vorgegangen ist, wird augenfällig, wenn man die zerschlagenen Trümmerreste des einst großen Doppelgrabsteines für Johanna Heidt geb. Stock, gest. 1920, und ihren Ehemann Josef Heidt, gest. 1929, betrachtet (Grabstein Nr. 3). Es waren die Eltern des konvertierten, seit 1933 in Pulheim lebenden Julius Heidt, der dort zur Zielscheibe öffentlichen Hasses wurde.

Schaut man sich im hinteren Teil des Friedhofes um, dann findet man die Reste zerstörter Grabsteine, aus denen oben noch die Eisendübel ragen, mit deren Hilfe einst die Steinmetze behauene Werksteine aufgesetzt haben, die man heruntergestoßen bzw. zerschlagen hat. Die Grabstelle Nr. 23 ist nur noch ein Torso. Mehrere Grabsteine weisen leere, eingetiefte Felder auf, in denen die einst hier angebrachten Inschriftplatten aus weißem Marmor fehlen. Während des Novemberpogroms hat die SA sie zerschlagen. Bei dem Grabstein von Bertha Stock (Nr. 16) sind zwei solcher Marmorplatten auf dem Sockel und dem Aufsatz erhalten, aber sie weisen beide mit der Spitzhacke oder einem ähnlichen Werkzeug geschlagene Löcher auf, von denen strahlenförmige Risse ausgehen. Aus unbekannten Gründen blieb das Zerstörungswerk unvollendet, das dadurch aber umso eindringlicher dokumentiert wird. Unzerstört erhalten sind vier Grabmäler der Familie Heymann aus Muschelkalkstein sowie mehrere Grabsteine aus Granit. Sie wurden vermutlich nur umgestoßen.

Nur wenige der Grabsteine auf dem Stommelner Jüdischen Friedhof weisen besonderen symbolischen Zierrat oder künstlerischen Schmuck auf. Auf einem Grabstein findet man einen Palmwedel mit einem Efeuzweig eingraviert, auf einigen Grabsteinen auch den Davidstern, der uns heute als zentrales Symbol des Judentums erscheint. Allerdings hat er diese Bedeutung erst seit dem Ende des 19. Jahrhunderts erlangt. Auch die 1882 erbaute Synagoge in Stommeln trägt ihn auf ihrer Frontseite. Möglicherweise wiesen auch manche der heute verlorenen Stelenaufsätze das Symbol des Davidsterns auf. Der Siebenarmige Leuchter, die Menora, findet sich auf keinem der Grabsteine, wohl aber auf der Gedenkstele, die die Stadt Pulheim 1988 im vorderen Friedhofsbereich errichtet hat.

Auffällig ist die Darstellung zweier zum Segnen erhobener, gespreizter Hände, so z. B. bei dem wohl ältesten erhaltenen Grabstein (Nr. 10), der vermutlich für den 1845 verstorbenen Moses Cahn gesetzt wurde; 1831/32 hatte er den Umbau des Stalles hinter seinem Wohnhaus zur ersten Stommelner Synagoge ermöglicht. Der Grabstein ist stark verwittert und wurde möglicherweise zusätzlich auch noch in der Pogromnacht 1938 geschändet, jedenfalls ist die hebräische Inschrift nicht mehr mit hinreichender Sicherheit entzifferbar. Aber die in flachem Relief dargestellten segnenden Hände sind noch gut erkennbar, und sie weisen den hier Bestatteten als Kohen, als Mitglied der von Aaron, dem älteren Bruder des Moses und ersten Hohenpriester der Israeliten, abstammenden Priesterschaft der Kohanim aus. Im Tempel von Jerusalem hatten sie den Dienst am Altar versehen, und in der jüdischen Diaspora wurden ihnen im Gottesdienst gewisse Ehrenfunktionen zuerkannt, insbesondere das Amt, der Gemeinde den Aaronitischen Segen (Num 6, 24–26) zu erteilen, den auch Christen als feierlichen Schlusssegen kennen: »Der Herr segne und behüte dich. Der Herr lasse sein Angesicht leuchten über dir und sei dir gnädig. Der Herr wende sein

Angesicht zu dir und gebe dir Frieden.« Die genealogische Zugehörigkeit zur Priesterschaft der Kohanim drückte sich in bürgerlichen Familiennamen wie Kahn bzw. Cahn, Cohen o. ä. aus. Für Stommeln war »Cahn« die betreffende Namensform. Auch auf dem Grabstein von Albert Cahn (Nr. 22) finden sich die segnenden Kohanim-Hände als Ritzung.

Während der ganzen Kriegszeit und auch noch in den ersten Jahren danach lag der Friedhof als verwüstetes Grundstück da, bedeckt mit umgestoßenen Grabsteinen und zertrümmerten Steinbrocken. Ein Stommelner Zeitzeuge berichtete mir vor vielen Jahren, dass seine Eltern ihm als Kind ausdrücklich verboten hätten, auf den Friedhof zu gehen und dort zu spielen und sich mit den Steintrümmern zu schaffen zu machen. Seinen Spielkameraden ging es genauso. Der verwüstete Friedhof war ein tabuisierter Ort der eigenen Schande. Als die nach Palästina emigrierte Änne Heymann 1948 zum ersten Mal wieder nach Stommeln kam, fand sie den Friedhof noch unverändert in dieser Verwüstung vor. Später dann, so berichtete mir ein anderer Zeitzeuge, habe man den Steinschutt abgefahren, um damit hinter einem Neubau an der Straße Auf der Höhe die am Hang gelegene Terrasse zu befestigen und zu verbreitern.

176 Restaurierte Grabstelen der Familie Alex Heymann auf dem Jüdischen Friedhof in Stommeln, 1957; links Ausschnitt: Grabstein Karoline Kaufmann

Irritierend ist ein Foto aus dem Jahr 1957, das insbesondere die weitgehend formgleichen vier Grabsteine für Jettchen, Sibylla, Alex und Karl Heymann zum Gegenstand hat. Sie waren offensichtlich kurz vorher restauriert worden (Reinigung und Nachziehung der Schrift). Der damit beauftragte Steinmetz hatte wohl nach Erledigung des Auftrags das Foto gemacht und der Auftraggeberin, vermutlich Dr. Frieda Arnsdorf geb. Goldberg in Tel Aviv, als Beleg zugeschickt. Dr. Arnsdorf war eine Enkelin von Alex Heymann in Stommeln, die vier Grabsteine betrafen also Mitglieder ihrer Familie. Das noch blanke, durch Fußtritte zertrampelte Erdreich in dem betroffenen Areal des Friedhofs belegt, dass die Restaurierungsmaßnahmen, zu denen möglicherweise auch die Wiederaufrichtung der umgestoßenen Grabstelen gehörte, gerade erst abgeschlossen waren.

Irritierend ist auch, dass die Anordnung der auf dem Foto vorhandenen Grabsteine von der jetzigen Situation abweicht. Die Steinumrandungen um die Heymann-Gräber fehlen heute, und die Platzierung der vier Stelen stimmt nicht mit der heutigen überein. Die Grabstele von Sibylla Heymann ist weiter nach hinten verlegt worden, an die Stelle eines am linken Bildrand angeschnittenen Grabsteins, der seinerseits an eine andere Stelle versetzt worden ist. Den auf dem Foto ausgewiesenen Platz der Grabstele von Sibylla Heymann, zwischen zwei anderen Heymann-Stelen, nimmt heute ein großer, aus unpassenden Teilen zusammengesetzter Sockel-Torso ein.

Mit Hilfe einer Lupe kann man auf dem Originalfoto die Inschrift auf dem am linken Bildrand angeschnittenen Grabstein entziffern:

> Hier ruht
> Unsere liebe Schwester
> Schwägerin u. Tante
> Karol. Kaufmann
> Gest. 9. Aug. 1905
> im Alter von 60 Jahren.
> Ruhe sanft!

Der Grabstein ist zwar an einem anderen Platz auf dem Friedhof erhalten (Nr. 21), aber die Inschrifttafel aus weißem Marmor fehlt, ebenso der bekrönende, rund abschließende Aufsatz, in dessen Mitte in einer kleinen, runden Mulde ein Davidstern abgebildet war.

Auf dem Foto von 1957 sieht man hinten rechts von der Mitte eine Stele aus Muschelkalk auf hohem Sockel mit rundbogigem oberem Abschluss und weißer, ebenfalls gerundeter Marmortafel mit Inschrift (auf dem Originalfoto noch ahnbar, aber nicht mehr lesbar). Rund um das im oberen Rund befindliche Loch war ein Davidstern in den Marmor eingraviert. Heute fehlen sowohl der Sockel als auch die Inschrifttafel. Noch Ende der 1950er Jahre ist es offenbar zu Verlusten und Veränderungen der ursprünglichen Ordnung auf dem Friedhof gekommen.

Die jüdischen Friedhöfe, einst Eigentum der jeweiligen Gemeinden, hatte nach deren Zerstörung durch die Nationalsozialisten der deutsche Staat sich angeeignet. 1949 ordnete der nordrhein-westfälische Innenminister deren Rückübertragung an die Jewish Trust Corporation (JTC) an, die als Treuhänderin erbenloser jüdischer Vermögen handelte. Später wurde das Eigentum an Friedhöfen, die nicht neugegründeten jüdischen Gemeinden übertragen werden konnten, dem 1945 geschaffenen Landesverband der Jüdischen Gemeinden von Nordrhein übertragen. 1949 verpflichtete die nordrhein-westfälische Kultusministerin Christine Teusch die Kommunen zur Instandhaltung der geschlossenen jüdischen Friedhöfe. Nach ersten Aufräumarbeiten wurde der Friedhof von der Gemeinde Stommeln in den 1960er Jahren neu gestaltet. Unterlagen hierzu sind im Stadtarchiv Pulheim leider nicht erhalten. Die aufgezeigten Diskrepanzen zwischen der damals entstandenen Gräberordnung und der auf dem Foto von 1957 lassen jedoch Zweifel daran aufkommen, ob dabei mit der notwendigen Sorgfalt vorgegangen wurde. Offenbar hat man Grabsteine versetzt und möglicherweise heruntergefallene marmorne Inschrifttafeln einfach entsorgt.

Die Stadt Pulheim, die im Zuge der kommunalen Neugliederung 1975 die Friedhofspflege übernommen hat, ließ 1988, zum 50. Jahrestag der Reichspogromnacht von 1938, auf dem vorderen Teil des Friedhofs einen Gedenkstein für die jüdischen Holocaustopfer aus Stommeln errichten. Der damit beauftragte Steinmetz Rolf Dunkel (Köln und Rommerskirchen) hat sich bei der Gestaltung der Stele an einer Grabsteinform orientiert, die er auf dem Friedhof mehrfach vorfand, nämlich bei den Gräbern der Familie Heymann. Kennzeichnend ist der halbrunde, leicht eingezogene obere Abschluss. Als Material wählte der Steinmetz Flossenbürger Granit. Er soll an jüdisches Leiden im KZ Flossenbürg im Oberpfälzer Wald, nahe der tschechischen Grenze, erinnern, wo die SS eine eigene Bausteinfirma gründete und die KZ-Insassen im Steinbruch für sich ausbeutete. Heute führt eine private Firma diesen Steinbruch weiter.

Zwei Symbole des Judentums schmücken zu beiden Seiten das obere Halbrund der Stele: vorne ein Davidstern, hinten ein Siebenarmiger Leuchter. Die hebräische Abkürzung unten auf der Vorderseite der Stele entspricht jüdischer Tradition und findet sich auch, soweit erhalten, auf allen

Grabsteinen; der damit formulierte Segensspruch ist dem 1. Buch Samuel (25,29) entlehnt und bedeutet: »Ihre Seelen seien eingebunden ins Bündel des Lebens.«

Wortlaut der Inschrift:

Vorderseite

ZUM GEDENKEN AN
DIE IN DER ZEIT DES
NATIONALSOZIALISMUS
ERMORDETEN
JÜDISCHEN BÜRGER
AUSCHWITZ
SARA GOLDBERG geb. HEY-
MANN · MARTHA HEIDT ·
ERNST HERZ · LILLY HERZ ·
geb. JACOBSOHN · JOHANNA
HERZ . JONA HERZ · WAL-
TER HERZ · BERTA STOCK
BERGEN-BELSEN
ALFRED HERZ
LODZ
ANTOINETTE KAHN
geb. MOSES ·
ANNA KATZ geb. MOSES

Rückseite

MALY TROSTENEC
JOHANNA MOSES
MINSK
HELENE STOCK
NIEDERLANDE
MAX HEIDT
RIGA
ILSE MOSES
SOBIBOR
JOSEFINE HEIDT

THERESIENSTADT
HENRIETTE JACOBSOHN
geb. KAPPEL · ROSALIE LEVY
geb. CAHN
VERSCHOLLEN
EMIL HEYMANN · HANS
STOCK

DIE BÜRGERINNEN und BÜRGER
DER STADT PULHEIM
NOVEMBER 1988

Die Informationen der Inschrift entsprechen dem damaligen Stand der Forschung. Der Leser dieses Buches wird erkennen, dass auf der Grundlage des heutigen Wissensstandes einiges korrigiert und ergänzt werden müsste. Der Aussagekraft des Gedenksteins tut das aber keinen Abbruch.

Abschließend seien noch ein paar Überlegungen zu dem Segensspruch am Fuße der Gedenkstele und am Ende der Grabsteininschriften gestattet: »Seine|Ihre Seele sei eingebunden ins Bündel des Lebens« (nach 1 Sam, 25,29). Aus ihm spricht die Hoffnung auf ein ewiges Leben nach dem Tod, wie das Christentum sie vom Judentum übernommen hat, und zwar nicht im Sinne einer Auflösung der personalen Lebenskräfte in die universalen, vergleichbar mit der Verflüchtigung des Flusswassers nach seiner Mündung in der Unendlichkeit des Meeres; vielmehr wird das Fortleben nach dem Tod als ein personales gedacht. Die Seele des Menschen, die seine Personalität ausmacht, hat ewigen Bestand. Auch der Verstorbene behält gleichsam seinen Namen, mit dem Gott ihn im Buch des Lebens verzeichnet hat. Er bleibt ein zwar umgestaltetes, aber identifizierbares Glied in dem »Bündel«, das von einem allumfassenden göttlichen Band zusammengehalten, »gebündelt« wird. Dieses Band ist Sinnbild für die Gemeinschaft mit Gott, in der in umgewandelter Form Generationen von Vorfahren fortleben und in die auch die jetzt Lebenden eingehen werden. Es ist ein Bild, das mit der christlichen Vorstellung von der Gemeinschaft aller Heiligen, die im Hochgebet der katholischen Messe jedes Mal aufgerufen wird, verwandt ist und das die Malerbrüder Jan und Hubert van Eyck auf den fünf Tafeln der unteren Hälfte der Innenseite des Genter Altares so großartig in Szene gesetzt haben mit den unübersehbaren, aus allen Himmelsrichtungen dem eucharistischen Lamm sich nähernden Scharen. Jüdische Vorstellungen leben hier in christlicher Umdeutung fort.

177 Gedenkstele für die Holocaustopfer aus Stommeln, Vorder- und Rückseite

GRABSTEINE AUF DEM JÜDISCHEN FRIEDHOF IN STOMMELN *

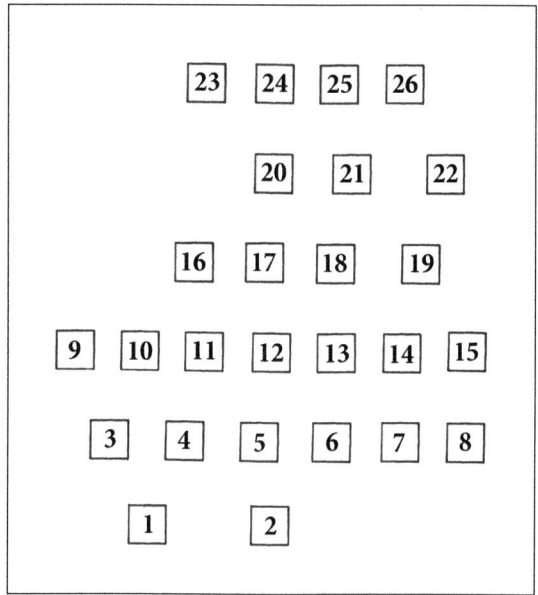

Lageplan der Grabstellen

1 Jakob Jacobsohn (1868–1934)
2 Abraham Kappel (1827–1911)
3 Johanna Heidt (1871–1920)
　Josef Heidt (1864–1929)
4 Aron Simon (1804–1877)
　Caroline Simon geb. Kaufmann (1807–1877)
5 [Verlorene Inschrift]
6 Amalie Moses geb. Hoffmann (1828–1912)
7 Sara Moses geb. Haas (1860–1929)
　Carl Moses (1857–1937)
8 Karl Heymann (1886–1922)
9 Johanna Frank geb. Meyer (1839–1911)
10 [vermutlich] Moses Cahn (1797–1845)
11 [Verlorene Inschrift, Lazarus Stock?]
12 [Verlorene Inschrift]
13 Jettchen (Henriette) Heymann (1888–1917)
14 [Verlorene Inschrift]
15 Alex Heymann (1854–1927)
16 Bertha Stock geb. Kaufmann (1842–1899)
17 Sibylla Heymann geb. Baum (1854–1921)
18 Sara Heymann geb. Cahn (1823–1908)
19 [Verlorene Inschrift]
20 [Verlorene Inschrift]
21 [Verlorene Inschrift, Karoline Kaufmann]
22 Albert Cahn (1865–1921)
23 [Verlorene Inschrift]
24 [Verlorene Inschrift]
25 Ester Cahn verh. Stock (1831–1861)
26 Sybilla Stock (1828–1915)

* Die Abschrift und Übersetzung der hebräischen Inschriften besorgte Johannes Wachten, Köln.

ERLÄUTERUNGEN ZU DEN HEBRÄISCHEN INSCHRIFTEN

Von den insgesamt 26 ganz oder fragmentarisch erhaltenen Grabsteinen des Friedhofs haben acht ihre Inschriften vollständig oder weitestgehend verloren. Die übrigen 18 Grabsteine sind mehr oder weniger zweisprachig, hebräisch und deutsch. Auf den jüngeren ist das Hebräische auf die – abgekürzte – Eingangsformel »Hier ist begraben« und auf die ebenfalls abgekürzte, abschließende Segensformel »Seine Seele sei eingebunden ins Bündel des Lebens« reduziert, die in der Übersetzung je nachdem in weiblicher Form oder bei Ehepaaren auch in der Mehrzahl wiederzugeben ist. Diese Formeln rahmen den Namen, die Lebensdaten und sonstige Angaben zur Person ein, die alle deutsch geschrieben sind. Die älteren Grabsteine nennen die Personen zusätzlich mit ihren hebräischen Namen und gegebenenfalls ehrenden Attributen sowie den Daten des jüdischen Kalenders.

NAMEN

In den hebräischen und den deutschen Inschriften werden die Namen der Person unterschiedlich notiert. Um das zu verstehen, muss man sich bewusst machen, dass Juden erst am Anfang den 19. Jahrhunderts, im damals französischen Rheinland z. B. 1808, auf staatliche Anordnung hin feste, den nachfolgenden Generationen weiterzugebende Familiennamen angenommen haben. Bis dahin war es üblich, dass – gleicherweise bei Söhnen wie bei Töchtern – neben dem Rufnamen der Name des Vaters geführt wurde und es keine festen Familiennamen gab. Albert Cahn z. B. heißt in der hebräischen Inschrift auf Grabstein Nr. 22 »Abraham ben Samuel«, d. h. »Abraham, Sohn des Samuel« oder in gesprochener Sprache auch: »Awraham ben Schmuel«. Trotz der neuen bürgerlichen Namen behielt man – besonders im religiösen Bereich, z. B. in der Synagoge, bei Eheverträgen und auf Grabsteinen – die alten hebräischen Namen bei.

Wer seine Abstammung von Priestern (Kohanim) und Leviten, dem besonderen religiösen Gesetzen verpflichteten Kultpersonal des in der Römerzeit zerstörten Jerusalemer Tempels, ableitete, führte entsprechende Beinamen: Albert Cahn (Nr. 22) wird hebräisch »Abraham ben Samuel haKohen« genannt, wobei der Familienname »Cahn« aus »Kohen« hergeleitet ist. Abraham Kappel (Nr. 2) heißt »Abraham bar Jakob haLevi«. Priesterliche Abstammung von Frauen findet sich in den Beinamen der Väter (Nr. 6 und 7), bei Nr. 25 in der Form »KaTz«, d. h. »Kohen tsedeq« (gerechter Priester).

Frauen werden in den hebräischen Inschriften gerne mit ihren Rufnamen benannt: Caroline Simon (Nr. 4) als »Knendela« (für Caroline), Amalie Moses (Nr. 6) als »Malka« (hebr.: Königin), Johanna Frank (Nr. 9) als »Schejncha« (d. i. Schönchen). Henriette Heymann (Nr. 13) wird auch in der deutschen Inschrift des Grabsteins als »Jettchen« bezeichnet. Gerne erhalten Frauen auch lobende Attribute, die sich oft auf biblische Wendungen zurückführen lassen. Die darin genannten Tugenden entsprechen einem allgemein anerkannten Wertekanon, dem die Frauen entsprochen haben – gilt es doch kulturübergreifend als schicklich, über Tote nur Gutes zu sagen.

DATIERUNG

Die älteren und umfangreicheren hebräischen Inschriften enthalten eine genaue Datierung nach jüdischem Kalender mit Angabe von Tag, Monat und Jahr, was im Einzelnen nach dem gregorianischen Kalender umzurechnen ist.

Jahreszahlen
Seit der Mitte des 4. Jahrhunderts christlicher Zeitrechnung zählt der jüdische Kalender die Jahre von der Erschaffung der Welt an, die aufgrund verschiedener Kalkulationen mit relativen Zeitangaben der Bibel sowie bestimmter astronomischer Gegebenheiten für das Jahr 3 761 vor der christlichen Zeitrechnung errechnet wurde. Da der Jahresanfang im Herbst liegt, ist ein jüdisches Jahr einem christlichen um drei bis vier Monate »voraus«. Der exakte Anfang des Jahres 1, d. h. der erste Tag von dessen erstem Monat, lässt sich auf Sonntag, 6. Oktober 3761 v. Chr., abends 23 Uhr 11 Min. 20 Sek. berechnen. Das Jahr 1 ist also das Jahr 3761/3760 v. Chr. Und das Jahr 2022 n. Chr. ist nach jüdischem Kalender das Jahr 2022 + 3760 = 5782, das freilich bereits am 7. September 2021 beginnt. Die Fünf-Tausender-Stelle lässt man in den Inschriften in der Regel allerdings weg, gekennzeichnet als »nach der kleinen Zahl«, was sich auch als »Kurzzahl« verstehen lässt. Das Jahr 2022 n. Chr. entspricht also dem jüdischen Jahr 782 »nach der kleinen Zahl«, das freilich am 25. September 2022 endet, da am 26. September 2022 bereits das jüdische Jahr (5)783 beginnt.

Die Zahlen werden nicht durch eigene Zahlzeichen (wie die weit verbreiteten arabischen Zahlen), sondern durch die 22 Buchstaben des hebräischen Alphabets ausgedrückt: Einer durch die ersten neun, Zehner durch die nächsten neun, die ersten vier Hunderter durch die restlichen vier

Buchstaben und die weiteren durch Addition der vorherigen. Das jüdische Jahr beginnt mit dem zweitägigen jüdischen Neujahrsfest »Rosch HaSchana« am ersten und zweiten Tag des Monats Tischri. Im bürgerlichen Jahr 2022 wird z. B. am 26. und 27. September (beginnend am Vorabend) Rosch HaSchana des Jahres 5783 gefeiert.

Monatsnamen
Das jüdische Jahr ist ein Lunisolarjahr, das sowohl die Wechsel der Mondphasen als auch den Ablauf der von der Sonne bestimmten Jahreszeiten berücksichtigt. In der Regel besteht es aus 12 Mondmonaten, in die aber zum Ausgleich mit dem elf Tage längeren Sonnenjahr alle zwei bis drei Jahre, in einem sogenannten Schaltjahr, nach bestimmten Regeln ein 13. Monat eingeschaltet wird, ein zweiter Adar, der dem letzter Monat des jüdischen Jahres mit gleichem Namen vorangestellt wird.

Der mittlere Wert eines Mondmonats, die Zeit zwischen zwei aufeinanderfolgenden Neumonden, umfasst nach der traditionellen jüdischen Einteilung: 29 Tage 12 Stunden 44 Minuten 3 ⅓ Sekunden, was nur um eine Drittelsekunde vom modernen wissenschaftlichen Wert von 29,53 Tagen abweicht. Da im Kalender aber nur mit ganzen Tagen gerechnet werden kann, haben die Monate eine wieder nach bestimmten Regeln festgesetzte Dauer von 29 oder 30 Tagen.

Monate des jüdischen und des bürgerlichen Jahres:

1. Tischri (30 Tage)	September/Oktober
2. Cheschwan (29–30 T.)	Oktober/November
3. Kislew (30–29 T.)	November/Dezember
4. Tewet (29 T.)	Dezember/Januar
5. Schwat (30 T.)	Januar/Februar
6. Adar (29 T.)	Februar/März
7. Nissan (30 T.)	März/April
8. Ijjar (29 T.)	April/Mai
9. Siwan (30 T.)	Mai/Juni
10. Tammus (29 T.)	Juni/Juli
11. Aw (30 T.)	Juli/August
12. Elul (29 T.)	August/September

Tagesangabe
Wie im bürgerlichen Kalender erfolgt die genaue Bezeichnung des Datums durch die Nennung des Monats und den vorangestellten, gezählten Monatstag; »10. Nissan« ist der 10. Tag im Monat Nissan. Zur genauen Datierung kann auch ein jüdischer Feiertag dienen. Auf Grabstein Nr. 2 ist es das »Wochenfest«, hebräisch Schawuot, ein Erntedankfest am Ende des Frühlings, sieben Wochen oder 50 Tage nach dem Pessachfest. Zusätzlich zum Monatstag kann auch noch der Wochentag angegeben werden (vgl. Grabstein Nr. 25). Mit dem Sonntag beginnend, werden die Tage der Woche einfach durchgezählt. Nur der 7. Tag, der biblische Wochenruhetag, hat seinen eigenen Namen: »Schabbat«, und wird nicht gezählt, sondern mit seinem Namen benannt (vgl. Nr. 6). Bei allen Datierungen muss man berücksichtigen, dass der jüdische Tag zwar auch in 24 Stunden zerfällt, aber mit dem Eintritt der dunklen Nacht beginnt, also nicht erst um Mitternacht wie im bürgerlichen Kalender, sondern bereits am Abend des Vortages, nach Sonnenuntergang. Der Schabbat fängt am Freitagabend an und endet mit Sonnenuntergang am Samstagabend.

1 JAKOB JACOBSOHN

פ״נ
יעקב בר נפתלי
נפטר כ׳ו חשון ת׳ר׳צ״ה לפ״ק

JAKOB JACOBSOHN
GEB. 15.7.1868
GEST. 4.11.1934

Übersetzung der hebräischen Inschrift:
Hier ist begraben:
Jakob bar Naftali
Gestorben 26. Cheschwan 695 nach der kleinen Zahl
Seine Seele sei eingebunden ins Bündel des Lebens.

Jakob Jacobsohn wohnte im Haus Venloer Straße 567. Sein Sohn Siegfried fiel als deutscher Soldat im Ersten Weltkrieg, seine Frau Henriette starb nach ihrer Deportation in Theresienstadt. Sohn Hermann überlebte im Untergrund in Köln, Tochter Lily verh. Herz, ihr Ehemann und vier ihrer Kinder wurden im Holocaust ermordet. Das Grabzeichen aus schwarz poliertem Granit und mansarddach-förmigem Abschluss steht auf einem grob bossierten Werksteinsockel.

2 ABRAHAM KAPPEL

פ״נ
אברהם בר יעקב הלוי
איש תם וישר
נולד ערב שבועות ת׳ק׳צ׳ז׳ לפ״ק
מת ביום א׳ אלול ת׳ר׳ע׳א׳ לפ״ק
ת׳נ׳צ׳ב׳ה׳

Hier ruht
Abraham Kappel
gestorben am 24. August 1911
im Alter von 84 Jahren

Übersetzung der hebräischen Inschrift:
Hier ist begraben:
Abraham bar Jakob HaLevi
ein rechtschaffener und aufrechter Mann
geboren am Vorabend des Wochenfestes 587 nach der kleinen Zahl
gestorben am Tag 1. Elul 671 nach der kleinen Zahl
Seine Seele sei eingebunden ins Bündel des Lebens.

Anm.:
Vorabend des Wochenfestes 5587 war Donnerstag, 31. Mai 1827.
1.Elul 5671 entfällt mehrheitlich auf Freitag, den 25. August 1911, beginnt aber schon am Vorabend, sodass Abraham Kappel am Donnerstag, dem 24. August 1911 zwischen Sonnenuntergang und Mitternacht gestorben sein dürfte.
Die drei hebräischen Abkürzungsbuchstaben für die Angabe »nach der kleinen Zahl« sind als Ligatur geschrieben.

Abraham Kappel (31.5.1827–24.8.1911) war der Erbauer des Hauses Venloer Str. 567. Seine Tochter Henriette war verheiratet mit Jakob Jacobsohn (s. Grabstein Nr. 1); sie starb nach ihrer Deportation in Theresienstadt.
Während des Novemberpogroms 1938 wurde die dreiteilige Stele umgestoßen. Der obere Teil mit der hebräischen Inschrift war deshalb nach dem Krieg bei der Herrichtung des verwüsteten Friedhofs separat aufgestellt worden. Erst um 1990 korrigierte man den Fehler.
Das hoch aufragende, zweiteilige Grabzeichen aus schwarzem, poliertem Granit steht auf einem grob bossierten, quadratischen Werksteinsockel und besteht aus einem Sockel mit deutscher Inschrift und einer darauf stehenden, spitzgiebelig abschließenden Stele mit hebräischer Inschrift. Der obere Stelenteil weist in den äußeren Ecken des eingravierten Kleeblattbogens Efeu-Dekor als Symbol ewigen Lebens auf.

JÜDISCHER FRIEDHOF

3 JOHANNA UND JOSEF HEIDT
Davidstern

פ״נ

[אשת חי]ל חנה בת אברהם

JOHANNA HEIDT GEB. STOCK

GEB. 3. MAI 1871 GEST. 23. JUNI 1920

[איש] ישר יוסף [בר] שמואל סגל

JOSEF HEIDT

[GEB. 14. SE]PT. 186[4] [GEST. 25. APRIL 1929]

ת׳נ׳צ׳ב׳ה

Übersetzung der hebräischen Inschrift:
Hier sind begraben:
[eine tüchtige] Frau, Hannah Tochter des Abraham

[ein aufrechter Mann] Josef [Sohn des] Samuel Segal

Ihre Seelen seien eingebunden ins Bündel des Lebens.

Anm.: Die Ergänzungen ergeben sich aus kleinsten Buchstabenresten und stereotypisch verwendeten Beifügungen wie »eine tüchtige Frau« (nach Spr 31,10; vgl. auch Nr. 16).

Das große Grabmal aus Muschelkalkstein des Ehepaares Heidt, Berlich Nr. 36, zog offenbar den besonderen Hass der SA auf sich und wurde während des Novemberpogroms 1938 weitgehend zerstört. Damals waren drei der vier Kinder bereits in die Niederlande geflohen, fanden aber alle nach dem deutschen Einmarsch 1940 den Tod im Holocaust.
Sohn Julius Heidt wohnte nach seiner Heirat 1933 mit einer katholischen Pulheimerin und der eigenen Konversion zum Katholizismus zunächst in Pulheim, wegen schlimmer Anfeindungen ab 1937 in Köln, wo er im Untergrund überlebte. 1946 wurde er Bürgermeister in Pulheim.

4 ARON UND CAROLINE SIMON

Dekor: Palmzweig, zusammengebunden mit einem Efeuzweig

פ״נ
אהרון בר דוד נפטר י׳ד
כסלו תרל״ח ואשתו
קנענדלא בת יצחק
נפטרה כ׳ט טבת
תרל״ז לפ״ק
ת׳נ׳צ׳ב׳ה

Hier ruhen
unsere lieben Eltern
Aron Simon
gest. 19. November 1877 im Alter von 73 Jahren
und
Caroline Simon
geb. Kaufmann
gest. 14. Januar 1877 im Alter von 69 Jahren
Sie ruhen in Frieden!

Übersetzung der hebräischen Inschrift:
Hier sind begraben:
Aron, Sohn des David, gestorben den 14.
Kislew 638, und seine Gattin
Knendela, Tochter des Isaak,
gestorben den 29. Tewet
637 nach der kleinen Zahl.
Ihre Seelen seien eingebunden ins Bündel des Lebens.

Anmerkung:
14. Kislew 5638 entfällt mehrheitlich auf Dienstag, den 20. November 1877, beginnt aber schon am Vorabend, sodass Aron Simon am Montag, dem 19. November 1877, zwischen Sonnenuntergang und Mitternacht gestorben sein dürfte.
29. Tewet 5637 entfällt auf Sonntag, den 14. Januar 1877.

Aron Simon betrieb in Stommeln einen »Ellenwarenhandel« (Stoffhandel).
Das zweiteilige Grabmal aus schwarzem Granit steht auf einem Werksteinsockel und besteht aus einem Sockel mit deutscher Inschrift und einer darauf stehenden, spitzgiebelig abschließenden Stele mit hebräischer Inschrift. Der Palmzweig auf der oberen Hälfte der Stele erinnert an Psalm 92,13: »Der Gerechte wird grünen wie ein Palmenbaum.« Der damit zusammengebundene immergrüne Efeuzweig symbolisiert ewiges Leben.

5 UNBEKANNT

Auf flachem Sockelstein ist nur der nackte, leicht konisch geformte Aufsatz erhalten. Die ursprüngliche darauf angebrachte Inschrifttafel wurde wohl bei dem Novemberpogrom 1938 zerschlagen, der Aufsatz auf dem flachen Giebelabschluss wurde auch zerstört oder entwendet.

Anm. zur hebräischen Inschrift (rechts):
Statt »2. Ijjar« (d. i. Freitag, 19. April) muss es heißen »2. Siwan« (d. i. Samstag, 18. Mai 1912).

Die Verstorbene war verheiratet mit Philipp Moses (1822–1876). Das Ehepaar lebte mit seinen sechs Kindern in dem Haus Kattenberg 27. Amalie Moses war die Mutter von Carl Moses (s. Grabstein Nr. 7) und Johanna Moses, die bis zum November 1938 im Elternhaus auf dem Kattenberg einen Nachbarschaftsladen betrieb, danach nach Köln floh und schließlich 1942 deportiert und im Holocaust ermordet wurde.
Das Grabmal aus Granit mit schwarz polierter Vorderseite steht auf einem grob bossierten Werksteinsockel.

6 AMALIE MOSES

פ״נ
מלכא בת יעקב הכהן
אשה ישרה ונעימה
מתה ביום ש״ק ב׳ אייר תרע״ב לפק
ת׳נ׳צ׳ב׳ה

Hier ruht Frau
AMALIE MOSES
GEB. HOFFMANN
GEB. 25. Juli 1828
GEST. 18.5.1912

Übersetzung der hebräischen Inschrift:
Hier ist begraben:
Malka, Tochter des Jakob haKohen,
eine aufrechte und wohlgefällige Frau,
gestorben am hl. Schabbat, dem 2. Ijjar 672
nach der kleinen Zahl.
Ihre Seele sei eingebunden ins Bündel des Lebens.

7 SARA UND CARL MOSES

פ״נ

שרה בת נפתלי נפטרה כ״ו תמוז תרפ״ט לפ״ק

Sara Moses geb. Haas

geb. 2. Juni 1860 gest. 3. Aug. 1929

יעקב בר בנימין הכהן נפטר ט״ו אב תרצ״ז לפ״ק

Carl Moses

23.10.1857 – 22.7.1937

ת׳נ׳צ׳ב׳ה

Übersetzung der hebräischen Inschrift:

Hier sind begraben:
Sara, Tochter des Naftali, sie verstarb den 26. Tammus 689 nach der kleinen Zahl
---
Jakob bar Benjamin haKohen, er verstarb den 15. Aw 697 nach der kleinen Zahl.

Ihre Seelen seien eingebunden ins Bündel des Lebens.

Das Ehepaar Sara und Carl Moses wohnte im Haus Nettegasse 1. Die Beerdigung von Carl Moses war die letzte auf dem jüdischen Friedhof. Keines der sieben Kinder des Ehepaares lebte damals noch in Stommeln. Ein Sohn war als deutscher Soldat im Ersten Weltkrieg gefallen, vier Kinder waren in die USA geflohen. Die beiden noch in Köln lebenden Töchter sowie zwei Enkelkinder wurden im Holocaust ermordet.
Ursprünglich stand der querrechteckige Grabstein aus Granit mit schwarz polierter Vorderseite wenigstens auf einer Bodenplatte, wenn nicht auf einem Sockel. Dieser Unterbau ist jedoch seit der Pogromnacht im November 1938 verloren. Im Mai 2021 ist der Grabstein umgefallen.

8 KARL HEYMANN

Davidstern

פ״נ

KARL

HEYMANN

GEB. 13.9.1886

GEST. 24.2.1922

ת׳נ׳צ׳ב׳ה

Übersetzung der hebräischen Inschrift:

Hier ist begraben:

Seine Seele sei eingebunden ins Bündel des Lebens.

Karl Heymann war der Sohn von Alex und Sibylla Heymann, Nettegasse 35. Nach seiner Heirat 1916 war er nach Dortmund gezogen. Er verstarb als 35-Jähriger an Tuberkulose. Die Stele aus Muschelkalkstein ist an den Schultern buckelförmig eingezogen und schließt rundbogig ab.

9 JOHANNA FRANK

HIER RUHT
FRAU
HERMANN FRANK
JOHANNA GEB. MEYER
GEB. 28.1.1839 GEST. 12.1.1911

פ״נ
שיינכא בת אשר
אשה ישרה ונעימה
מתה ביום י״ב טבת תרע״א לפ״ק
ת׳נ׳צ׳ב׳ה

Übersetzung der hebräischen Inschrift:
Hier ist begraben:
Schejncha, Tochter des Ascher,
eine aufrechte und wohlgefällige Frau,
gestorben am Tag des 12. Tewet 671 nach der kleinen Zahl
Ihre Seele sei eingebunden ins Bündel des Lebens.

Anm.: Die drei hebräischen Abkürzungsbuchstaben für die Angabe »nach der kleinen Zahl« sind als Ligatur geschrieben. – *Das stichbogig abschließende Grabmal aus schwarz poliertem Granit steht auf einem grob bossierten Werksteinsockel.*

10 [vermutlich] MOSES CAHN
[15.8.1798–21.1.1845]

Weitgehend zerstörte hebräische Inschrift
Rekonstruktionsversuch
unter der Annahme, dass es sich um den
Grabstein von Moses Cahn handelt:

Kohanim-Hände

[פ״נ]

איש [תם וישר...]

[...משה בר...כ״ץ]

[...נפטר ונקבר]

ב[יום ג׳ י״ג שבט תר״ה לפ״]ק

[תנצב״ה]

Übersetzung der rekonstruierten hebräischen Inschrift:

[Hier ist begraben:]
ein recht[schaffener und aufrechter Mann ...]
[... Mose Sohn des ... KaTz]
[... gestorben und begraben]
am [Dienstag, dem 13. Schwat 605 nach der kleinen Zahl]
[Seine Seele sei eingebunden ins Bündel des
Lebens.]

Vermutlich handelt es sich um den ältesten erhaltenen Grabstein auf dem Friedhof. Die relativ kleine aus rotem Sandstein und einem rundbogigen oberen Abschluss über flach aufsteigender Schulter weist oben in einem Relief zum Segnen erhobene Hände mit gespreizten Fingern auf. Das lässt den sicheren Schluss zu, dass der hier Bestattete ein Angehöriger des Priesterstammes der Kohanim war. In Stommeln zählte die Familie Cahn hierzu. Im Zusammenhang mit dem Alter des Grabsteins und der Geschichte der Familie Cahn in Stommeln liegt die Vermutung nahe, dass hier jener Moses Cahn beerdigt ist, der 1831/32 den Bau der ersten Synagoge in Stommeln ermöglicht hat. Der Grabstein seines Enkels Albert Cahn (Nr. 22) weist ebenfalls die Kohanim-Hände auf.
Der Zustand des Grabsteins ist wohl auf die starke Verwitterung des weichen Sandsteines zurückzuführen, zusätzlich aber vielleicht auch auf Zerstörungen durch die SA während des Novemberpogroms 1938.

11 [LAZARUS STOCK] (?)

Maße in cm: Sockel: H 63, B 60, T 33,5; Stele: H 82, B 47,5–42, T 19

Material (roter Sandstein) und Form lassen vermuten, dass es sich um einen Grabstein vom Ende des 19. Jahrhunderts handelt. Eine ursprünglich zu vermutende Bedachung fehlt. Sowohl der profilierte hohe Sockel auf einer Bodenplatte als auch die aufgesetzte Stele weisen stark eingetiefte, leere Felder für die Anbringung von zwei Inschrifttafeln (vermutlich aus weißem Marmor) auf. Sie wurden offensichtlich während der Ausschreitungen im November 1938 von der SA zerschlagen. In der Gestaltung und den Maßen weist der Grabstein starke Ähnlichkeit mit dem von Bertha Stock (Nr. 16) auf. Die Vermutung erscheint deshalb nicht ganz abwegig, dass es sich hier um den Grabstein von Lazarus Stock (1838–1914) handelt, Berthas Ehemann. Sie waren die Stammeltern der Familie Stock in Stommeln (Nettegasse 11).

12 UNBEKANNT

Stele aus Muschelkalkstein in Felsanmutung auf flachem Sockel. Auf dem Stichbogenabschluss der Stele türmt sich Felsgestein. Das eingetiefte Plattenfeld ist leer. Die darin einst befindliche weiße, marmorne Inschrifttafel wurde vermutlich während des Novemberpogroms 1938 zerschlagen. Der den Grabstein bekrönende Aufsatz fehlt, möglicherweise aus dem gleichen Grund.

13 JETTCHEN HEYMANN

14 UNBEKANNT

Davidstern
פ״נ
JETTCHEN
HEYMANN
GEB. 17.12.1888
GEST. 31.8.1917
תנצב״ה

Übersetzung der hebräischen Inschrift:
Hier ist begraben:

Ihre Seele sei eingebunden ins Bündel des Lebens.

Henriette Heymann, gen. Jettchen, war eine Tochter von Alex und Sibylla Heymann (Grabsteine Nr. 15 und 17). Die Familie wohnte in der Nettegasse 35. Jettchen starb mit 28 Jahren an Tuberkulose.
Die Stele aus Muschelkalk schließt oben mit einem im Ansatz leicht eingezogenen Rundbogen ab.

Auf Bodenplatte und Werksteinsockel, dessen vier Oberkanten abgefast sind, steht ein weiterer, profilierter Sockel aus rotem Sandstein mit leerem, eingetieftem Feld für eine Schriftplatte. Der zu vermutende Stelenaufsatz (mit weiterer Inschrift) fehlt. Die Übergröße des Sandsteinsockels verrät, dass er bei der Herrichtung des verwüsteten Friedhofs mit einem unpassenden Werksteinsockel kombiniert wurde; die Teile gehören nicht zusammen. Der Sandsteinsockel trägt auf der Rückseite die Signatur des Kölner Bildhauers und Steinmetzen »J[ohann] Hansmann« (1812–1859). Daraus ergeben sich Rückschlüsse auf die Entstehungszeit.

12. Station – Nagelschmiedstrasse

15 ALEX HEYMANN

Davidstern
פ״נ
ALEX
HEYMANN
GEB. 25.9.1854
GEST. 30.6.1927
ת'נ'צ'ב'ה

Übersetzung der hebräischen Inschrift:
Hier ist begraben:

Seine Seele sei eingebunden ins Bündel des Lebens.
Mit seiner Frau Sibylla (Grabstein Nr. 17) lebte er im Haus Nettegasse 35. Er war der Bruder von Joseph Heymann, der am Josef-Gladbach-Platz 9 in Stommeln wohnte, und war Makler von Beruf. Tochter Sara Selma wurde mit ihrem Mann von Berlin aus und Sohn Emil mit Frau und Sohn von Wuppertal aus in den Tod deportiert.
Stele aus Muschelkalkstein mit im Ansatz leicht eingezogenem rundbogigem Abschluss.

16 BERTHA STOCK

פ״נ
אשת חיל תפארת
בעלה ובניה פעלה
טוב בכל ימיה מרת
בערטא בת יםטוב(!)
נפתרה בערב ביום ה׳
כ״א בתמוז ונקברה
כ״ב בתמוז תרנ״ט לפ״ק
ת׳נ׳צ׳ב׳ה׳

Hier ruht
unsere theure Gattin
und Mutter
Bertha Stock
geb. Kaufmann
geb. 24. Febr. 1842
gest. 29. Juni 1899

Wer ins Leben ist gekommen,
Immer mehr dem Tod sich naht.
Wen der Tod zu sich genommen,
Wandelt erst den Lebenspfad.
Ruhe sanft.

Übersetzung der hebräischen Inschrift:
Hier ist begraben:
Eine tüchtige Frau, Zierde
ihres Gatten und ihrer Söhne, sie tat
Gutes all ihre Tage, Frau
Berta, Tochter des Jomtow,
sie verstarb abends, am Donnerstag,
21. Tammus, und wurde begraben am
22. Tammus 659 nach der kleinen Zahl.
Ihre Seele sei eingebunden ins Bündel des Lebens.

Maße in cm: Sockel: H 62, B 61, T 33,5; Stele: H 86,3, B 47,5–43,5, T 19

Bertha Stock war die Ehefrau von Lazarus Stock (1838–1914). Ihr Haus stand auf dem Grundstück Nettegasse 11. Von ihren elf Kindern verstarben mehrere früh. Ihr jüngster Sohn Josef fiel als deutscher Soldat im Ersten Weltkrieg. Von ihren Kindern wurden Moses, Helene und Toni Dago Stock sowie zwei Enkelkinder und eine Schwiegertochter im Holocaust ermordet. Ihr Sohn Jakob Stock hat bis 1942 mit seiner Familie im Elternhaus gelebt, das zuletzt zum »Judenhaus« in Stommeln wurde, aus dem die letzten Stommelner Juden 1942 abtransportiert wurden.
Erhalten sind der Sockel und die darauf stehende hohe Stele, beide aus rotem Sandstein und beide mit Inschriftplatten aus weißem Marmor. Die bekrönende Bedachung fehlt.
Beide Inschriftplatten weisen starke Beschädigungen auf, die ihr am 10.11.1938 von der SA mit Spitzhacke oder spitzem Hammer zugefügt wurden. Ähnliche beschriftete Platten aus weißem Marmor muss man sich auch in den heute leeren, eingetieften Inschriftfeldern mehrerer anderer Grabsteine vorstellen; vgl. Grabsteine Nr. 11, 12, 14, 20 und 23.

17 SIBYLLA HEYMANN

Davidstern
פ״נ
FRAU SIBYLLA
HEYMANN
GEB. BAUM
GEB. 25.12.1854
GEST. 15.9.1921
ת׳נ׳צ׳ב׳ה

Übersetzung der hebräischen Inschrift:
Hier ist begraben:

Ihre Seele sei eingebunden ins Bündel des Lebens.

Sie war die Ehefrau von Alex Heymann, Nettegasse 35 (s. Grabstein Nr. 15). Tochter Sara Selma wurde mit ihrem Mann von Berlin aus und ihr Sohn Emil mit Frau und Sohn von Wuppertal aus in den Tod deportiert. Stele aus Muschelkalkstein mit rundbogigem, im Ansatz leicht eingezogenen Abschluss.

18 SARA HEYMANN

פ״נ
אֵשֶׁת חַיִל תִּפְאֶרֶת
בַּעֲלָהּ וּבָנֶיהָ תְּמִימָה
וִישָׁרָה בְּמַעֲשֶׂיהָ
לֶעָנִי וְלָאֶבְיוֹן לִגְמוֹל
חֶסֶד וֶאֱמֶת כָּל יָמֶיהָ
ה״ה מָרַת שָׂרָה הַיִמַען
נ״כ ה׳ שבט תרס״ח

HIER RUHT
UNSERE LIEBE GUTE MUTTER
FRAU W^{WE}
GOTTSCHALK HEYMANN
SARA GEB. CAHN
GEB. ZU COMMERN DEN 6. DEZ. 1823
GEST. ZU STOMMELN DEN 8. JAN. 1908.
RUHE SANFT.

Übersetzung der hebräischen Inschrift:
Hier ist begraben:
eine tüchtige Frau, Zierde
ihres Gatten und ihrer Söhne, makellos
und aufrecht in ihren Taten
gegen Arme und Bedürftige, wahre Barmherzigkeit
übend alle ihre Tage
es ist Frau Sara Heymann,
verstorben hier, den 5. Schwat 668

Sara Heymann geb. Cahn war die Mutter von Joseph und Alex Heymann (Grabstein Nr. 15) in Stommeln. Sie stammte aus Kommern, gehörte also nicht zu der Linie der Cahn-Familie in Stommeln. Mit ihrem Ehemann Gottschalk Heymann (24.5.1824 Tetz – 13.12.1876 Büsdorf) hatte sie in Büsdorf gelebt und zehn Kinder geboren. Die Familie gehörte zur jüdischen Gemeinde in Stommeln und besuchte dort die Synagoge. Sara überlebte ihren Mann um 31 Jahre. Nach 1900 kam sie nach Stommeln und lebte bis zu ihrem Tod bei ihrem Sohn Joseph Heymann am Josef-Gladbach-Platz 9.
Die Stele aus poliertem, schwarzem Marmor verjüngt sich nach oben leicht und schließt mit einem Stichbogen ab. Sie steht auf einem flachen Sockel aus Ziegelmauerwerk, der vermutlich eine verlorengegangene Bodenplatte aus Werkstein ersetzt. Sie ist die einzige, deren hebräische Inschrift vokalisiert ist.

12. Station – Nagelschmiedstrasse

19 UNBEKANNT

Stele aus Muschelkalk mit leicht eingezogenem, rundbogigem oberen Abschluss. Die marmorne Inschriftplatte auf der Stelenwand ist auf einem Foto von 1957 noch vorhanden, aber nicht mehr lesbar (s. Abb. 176, S. 244, 3. Stein von rechts). Der damals noch vorhandene hohe Werksteinsockel wurde durch rohes Ziegelmauerwerk notdürftig ersetzt.

20 UNBEKANNT

Stele aus Muschelkalkstein in Felsanmutung und mit flachem, spitzem Giebel. Das eingetiefte, mit einem Stichbogen abschließende Plattenfeld ist leer. Die Inschrifttafel aus weißem Marmor darin wurde möglicherweise während des Novemberpogroms 1938 zerschlagen. Bei den Schlägen zerbrach auch die Stele selbst in zwei Teile; vgl. den schräg verlaufenden Riss unten rechts.

21 [KAROLINE KAUFMANN]

Stele aus Muschelkalkstein in Felsanmutung mit eingezogenem, halbrundem Abschluss. Die Inschriftplatte ist auf dem auf S. 244 abgebildeten Foto von 1957 am linken Bildrand noch vorhanden. Sie lautete: »Hier ruht | unsere liebe Schwester | Schwägerin u. Tante | Karol. Kaufmann | gest. 9. Aug. 1905 | im Alter von 60 Jahren. Ruhe sanft!« Die Stele stand auf einem in drei Lagen gemauerten Sockel und wurde bekrönt von einem rund abschließenden kleinen Aufsatz, in dessen Mitte in einer runden Mulde ein Davidstern abgebildet war. Aufsatz und ehemaliger Sockel fehlen heute. Die Stele selbst wurde versetzt. Karoline Kaufmann war eine Schwester von Bertha Stock (Grabstein Nr. 16).

23 UNBEKANNT

Trümmerrest eines Grabsteinaufsatzes mit eingetieftem, rundbogig abschließendem Schriftplattenfeld. Abschluss, Sockel und Inschrifttafel wurden bei dem Novemberpogrom 1938 zerstört.

22 ALBERT CAHN

Kohanim-Hände

פ״נ

אברהם בן שמואל

הכהן

HIER RUHT
MEIN INNIGSTGELIEBTER GATTE,
UNSER GUTER VATER
ALBERT CAHN
GEB. 13. AUG. 1865
GEST. 28. DEZ. 1921

Übersetzung der hebräischen Inschrift:
Hier ist begraben:
Abraham ben Samuel
haKohen

24 UNBEKANNT

Der Pferdehändler Albert Cahn war ein Enkel von Moses Cahn (s. Grabstein Nr. 10) und wohnte mit seiner Familie am Dorfanger (heutiger Bauplatz: Hauptstraße 68). Die eingravierten segnenden Hände verweisen darauf, dass er zum Priesterstamm der Kohanim gehörte. Seine Frau Bertha Sibilla geb. Frank und seine Tochter Rosalie wurden im Holocaust ermordet, Sohn Otto überlebte im Untergrundversteck in Amsterdam, den beiden Töchtern Erna und Selma gelang mit ihrem Ehemännern und Kind die Flucht in die USA. Die Stele aus schwarzem Granit mit stumpfwinkeligem Abschluss steht auf einer Bodenplatte.

Die Schändung des Friedhofs durch die SA während des Novemberpogroms 1938 hat von dem einstigen Grabdenkmal nur einen leeren Sockel übrig gelassen.

25 ESTER CAHN VERH. STOCK

Rückseite:
Ester Cahn
geb. 7. Mai 1831
gest. 24. Dez. 1861

פ״נ
הצנועה וחסודה מ'
אסתר בת משה כ״ץ
משטומלן נפטרה
ונקברה בכבוד גדו' לפ״ק
ביום ד' כ״ב טבת תרכ״ב
ת׳נ׳צ׳ב׳ה

Übersetzung der hebräischen Inschrift:

Hier ist begraben:
Die bescheidene und die anmutige Frau
Ester, Tochter des Mosche KaTz [Kohen tsedeq],
aus Stommeln, sie verstarb
und wurde begraben mit großer Ehre, nach der kleinen Zahl
am 4. [Wochen-]Tag, 22. Tevet 622.
Ihre Seele sei eingebunden ins Bündel des Lebens.

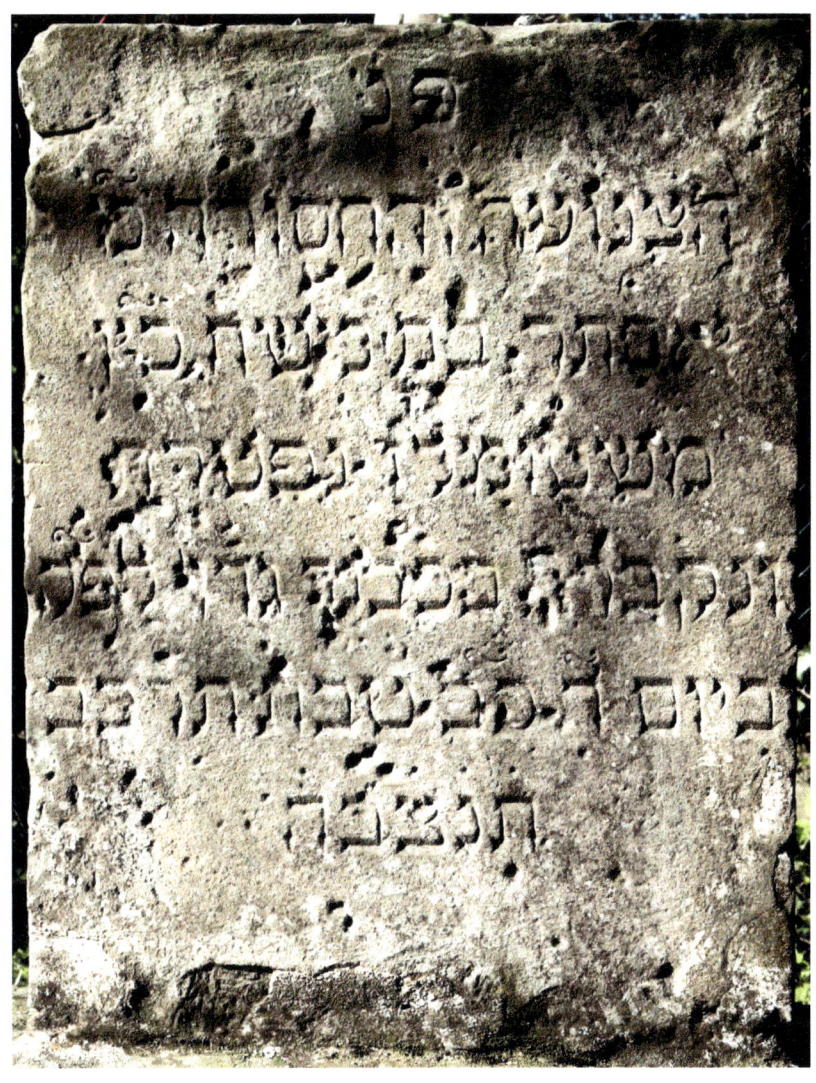

Ester Cahn war die Tochter von Moses Cahn (s. Grabstein Nr. 10). Seit dem 14.11.1852 (nach vorangegangener religiöser Hochzeit vom 7.11.1852) war sie mit Simon Stock verheiratet (geb. 16.1.1820 in Glessen, gest. 26.2.1900 in Stommeln, Sohn von Moses Stock und Magdalena Marell). Sie starb mit 30 Jahren, nachdem sie sechs Kinder geboren hatte. Ihr jüngster Sohn Moses war damals gerade einen Monat alt. Die Umstände legen die Vermutung nahe, dass sie nach einer schweren Geburt verstorben ist. Die Tochter Wilhelmine verh. Mendel starb 1942 mit 82 Jahren nach ihrer Deportation in Theresienstadt.

Das in der deutschen Inschrift genannte Sterbedatum »24.12.« ist ungenau. Das hebräische Datum 22. Tevet 5622, das ist der 25.12.1861, wird durch die Sterbeurkunde bestätigt.

Die Stele aus rotem Sandstein weist mehrere runde Löcher auf, die vermutlich auf Schläge mit einer Spitzhacke oder einem spitzen Zimmermannshammer während des Novemberpogroms 1938 zurückzuführen sind.

26 SYBILLA STOCK

פ״נ

Hier ruht
unsere liebe Tante
Fräulein
SYBILLA STOCK
geb. 10. Dez. 1828
gest. 4. März 1915

ת׳נ׳צ׳ב׳ה

Übersetzung der hebräischen Inschrift:
Hier ist begraben

Ihre Seele sei eingebunden ins Bündel des Lebens.

Sybilla Stock stammte aus Glessen. Sie war unverheiratet und lebte am Dorfanger (Bauplatz Hauptstraße 70). Ihr ebenfalls unverheirateter Bruder Isaak lebte bis zu seinem Tod bei ihr. Im Ort war sie bekannt als »Tante Billa«. Sie war eine Großtante von Jakob Stock aus der Nettegasse 11. Die Stele aus Muschelkalkstein in Felsanmutung und mit flachem Spitzgiebel steht auf breiterem, hohem Betonsockel. Die Inschrifttafel aus weißem Marmor und mit Stichbogenabschluss ist wegen extrem starker Verschmutzung kaum lesbar. Das beigefügte Foto aus dem Jahr 1987 hilft hier weiter.

SCHLUSSBEMERKUNGEN

Am Ende unseres gedanklichen Rundgangs durch die jüdische Vergangenheit Stommelns schauen wir zurück auf die Schicksale unschuldiger Menschen, die aus ihrer rheinischen Heimat vertrieben oder in den Tod nach Osten deportiert wurden. Zwei von ihnen wurden 1945 aus dem KZ befreit, zwei überlebten in Köln im Untergrund. Keiner der einstigen Stommelner Bürger, die als »Juden« verfolgt wurden, blieb verschont. Mit satanisch-messianischem Furor haben die Nazis sie »auszumerzen« versucht, als müssten sie die Menschheit von einem angeblichen Krebsgeschwür befreien. Als Heilsbringer inszenierten sie sich, aber nicht Erlösung brachten sie, sondern ein nie dagewesenes Ausmaß an Leid und Verbrechen. Aber ihr mephistophelisches Ziel, »die Juden« »auszurotten«, haben die Nazis nicht erreicht. Abgebildete Familienfotos von froh gestimmten Nachfahren der Verfolgten belegen es.

Die Berichte über das Leben der einzelnen Personen sollen ihnen einen bleibenden Platz in unserer Erinnerung verschaffen. Auf diese Weise soll wenigstens in Gedanken die ihnen angetane Schmach getilgt und den einst Ausgestoßenen und Ermordeten ihre Würde zurückgegeben werden. In der Erinnerung reihen wir sie wieder ein in die Schar unserer ehemaligen Nachbarn.

Wir haben das Schicksal der Deportierten bis zu den ausgehobenen Gruben, an deren Rand sie erschossen wurden, oder bis ins Ghetto-Inferno und in die Gaskammern hinein verfolgt. Alte Menschen waren darunter, und Kinder auch; das jüngste war zweieinhalb Jahre alt, als es mit seiner Mutter in Auschwitz-Birkenau den Erstickungstod starb. Wir haben aber auch die Lebenswege derjenigen weiter verfolgt, denen die Flucht nach Palästina, England oder in die Vereinigten Staaten gelang und die dort um den Aufbau einer neuen Existenz rangen. Wenn man sich den Lebensweg von Rudy Herz anschaut, dann sieht man, dass bei ihm dieser Kampf nicht gradlinig verlief, sondern wiederholt Abbrüche und Neuanfänge aufwies und dass er im Grunde sein ganzes Leben lang andauerte. Zur Ruhe setzen konnte er sich auch im Alter nicht. Anderen ist nach Jahren des Überlebenskampfes der Aufstieg in eine gesicherte neue Existenz leichter gelungen. Und ihre Kinder haben längst Fuß gefasst in ihrer neuen Heimat. Einige waren und sind sogar ungewöhnlich erfolgreich in ihrem Beruf. Sie haben dabei aber auch die Loslösung von der alten Heimat endgültig vollzogen. Rudy Herz hat bis zu seinem Tod die deutsche Literatur und Sprache geliebt und gepflegt, die Abkömmlinge deutscher Juden beherrschen sie aber alle nicht mehr. Es war die Sprache ihrer Verfolger, die sie abgelegt haben. Die alte Heimat haben sie hinter sich gelassen und eine neue gefunden, in die sie sich mit ihren Fähigkeiten, ihren Wertvorstellungen und ihrem sozialen Engagement einbrachten und einbringen. Insgesamt ist an den Lebenswegen der Geflohenen und ihrer Kinder ablesbar, welch großen menschlichen Verlust unsere Gesellschaft durch die Vertreibung und Ermordung der »jüdischen« Deutschen erlitten hat.

Den Blick zurück in die Vergangenheit haben wir auch um unserer selbst willen getan. Das Durchdenken des in den Nazijahren Geschehenen kann eine kathartische Wirkung haben, eine Reinigung unseres Denkens und Festigung unserer Werteorientierung im Meinungskampf gegen rassistische und antisemitische Wortmeldungen in unseren Tagen. Die historische Erinnerung ist eben nicht nur ein den Opfern geschuldetes Gedenken, sondern zugleich auch an Anstoß zum Nachdenken über uns selbst, über unser eigenes gesellschaftliches und politisches Agieren. Dadurch gewonnene Einsichten helfen uns, das heute Notwendige und Richtige zu tun. Die historische Vergangenheit kann ein nützliches Lehrbuch sein für die Bewältigung der Gegenwart.

Beim Nachzeichnen einzelner Lebensschicksale haben wir gelegentlich auch die Frage nach der Verantwortlichkeit gestreift. Sicherlich würde es der Sache nicht gerecht, die Verantwortung für das Geschehene allein auf eine begrenzte Schar von führenden Nazis als Haupttätern abzuschieben und damit zugleich die Masse des Volkes zu exkulpieren. Alle, die weggeschaut haben, als die letzten Juden in Stommeln immer stärkerem Verfolgungsdruck ausgesetzt waren und schließlich aus ihrem Heimatort abtransportiert wurden, hatten auch Anteil daran, dass das mörderische Verbrechen geschehen konnte. Am Beispiel von Hans Stock haben wir auf exemplarische Weise sehen können, wie die Stommelner Zugreisenden, am Bahnhof auf den Zug wartend, wegschauten, wie er sich selbst von den anderen isolierte und auf der Rückseite des Bahnhofs wartete, getrennt von den andern. Damals wie heute muss jeder Staatsbürger die Frage nach seinem Anteil an der Verantwortung für das politische Geschehen auch an sich selbst richten.

Umgekehrt geht es aber auch nicht an, die Frage nach der Verantwortung immer weiter zu diversifizieren, bis sie sich gleichsam in der Menge verflüchtigt. Ein Staat funktioniert nicht ohne eine politische Führung und auch nicht ohne eine funktionierende Verwaltung vor Ort. Im Rahmen der vorliegenden lokalen Untersuchung rücken gerade die örtlichen Funktionsträger innerhalb der Verwaltung und der Ortspolizei ins Zentrum der

Verantwortung. Hierüber quellenfundiert zu urteilen haben die ehemaligen Amtsinhaber und ihre Mitarbeiter dadurch erschwert, dass sie die einschlägigen Gemeindeakten vernichtet haben. Aber Spuren hat ihr Wirken doch hinterlassen. Das gilt nicht zuletzt für den damaligen Amtsbürgermeister Josef Degraa, der in Pulheim lebte, und den Polizeihauptwachtmeister Wilhelm Güldenring, den Stommelner Dorfpolizisten, der im ehemaligen Stommelner Bürgermeisteramt an der Venloer Straße wohnte, in der Wohnung des ehemaligen Stommelner Amtsbürgermeisters.

Der aus Aachen stammende Josef Degraa war ursprünglich ein Mitglied der katholischen Zentrumspartei und reihte sich vor 1933 ein in den Kampf gegen die politische Rechte und Linke.[305] Aber nach der nationalsozialistischen Machtergreifung orientierte er sich neu, um nicht sein Amt als Amtsbürgermeister in Pulheim zu verlieren, ein Amt, das durch den Anschluss Stommelns 1934 noch an Bedeutung für den gesamten Bereich der heutigen Stadt Pulheim gewann. Im März 1940 wurde Degraa auch NSDAP-Ortsgruppenleiter in Pulheim. Durch das von den Nationalsozialisten erlassene neue Gemeindeverwaltungsrecht erhielt das Amt des Bürgermeisters einen erheblichen Machtzuwachs. Einen demokratisch gewählten Gemeinderat mit eigener Entscheidungskompetenz gab es nicht mehr. Nach dem auch auf kommunaler Ebene geltenden Führerprinzip traf der Bürgermeister als »Führer« der Gemeinde alle Entscheidungen in eigener Machtvollkommenheit – allerdings in Abhängigkeit von dem höheren Führer, dem Landrat, der als Aufsichtsbehörde fungierte. Zum Kriegsbeginn wurde durch einen Führererlass vom 28. August 1939 diese Kommunalaufsicht umgewandelt in ein Weisungsrecht, dem die Bürgermeister unterlagen. Der Amtsbürgermeister wurde dadurch zu einem weisungsgebundenen, ausführenden Organ ohne echte Selbstverwaltungskompetenz.

Diese zunehmende Weisungsgebundenheit des Bürgermeisters als Generalentlastung für sein Handeln ins Feld zu führen geht jedoch nicht an. Degraa hatte ja diese Rolle als ausführendes Organ im Getriebe eines Gewaltregimes für sich gewählt und gewollt, und hat insofern aus eigener Entscheidung seinen Beitrag für das Funktionieren des Regimes an der Basis geleistet. Hier liegt seine Verantwortung, die man nicht wegschieben kann, ohne die Frage nach der Verantwortung wie eine Luftblase zerplatzen zu lassen.

In einem Nachruf nach seinem Tod 1971 attestierte ihm die damalige Gemeinde Pulheim zwar, er habe sich »durch vorbildliche Dienstauffassung und Pflichterfüllung« ausgezeichnet und »seine ganze Kraft in den Dienst der Allgemeinheit« gestellt.[306] Seiner Rolle in der Nazizeit wird das jedoch nicht gerecht. Als Chef der Amtsverwaltung war er zugleich die Ortspolizeibehörde und damit der verlängerte Arm der Gestapo, die ihm Weisung erteilen konnte für seinen Amtsbezirk. Die Geheime Staatspolizei war in ihrer personellen Ausstattung viel zu begrenzt, als dass sie in der Lage gewesen wäre, bis in die Dörfer hinein immer selbst tätig zu werden. Die Staatspolizeistelle in Köln, die für den ganzen Regierungsbezirk zuständig war, hatte Ende 1939 etwa 100 Beamte im Außen- und Innendienst beschäftigt, und bis 1942 sank die Zahl noch auf etwa 70 Personen. Die Gestapo war wegen ihres niedrigen Personalbestands auf die Hilfe der Ortspolizeibehörden, also der Bürgermeister, angewiesen. Qua Amt war Degraa als Dienstvorgesetzter der Schutzpolizei involviert in die vor Ort mit Hilfe der Polizei verübten nationalsozialistischen Verbrechen: sei es die nach einer regelrechten Hetzjagd erfolgte Festnahme des polnischen Zwangsarbeiters Jan Zimny 1941 wegen intimer Beziehungen zu einer Stommelnerin (»Rassenschande«) und Abführung nach Köln, wo er im Klingelpütz hingerichtet wurde;[307] sei es die Erhängung eines in Pulheim bei einem Bauern in der Johannisstraße beschäftigten polnischen Zwangsarbeiters wegen Rassenschande im Herbst 1943 an einem Baum im Orrer Busch; seien es die Ausschreitungen während des Novemberpogroms 1938, bei denen die Ortspolizei auf Anweisung des Bürgermeisters die SA-Männer bei ihrem Treiben gewähren ließ; sei es die Deportation der Familie Stock im Sommer 1942 und die anschließende öffentliche Versteigerung ihres Hausrats. All das geschah nicht ohne Wissen der Gemeindeverwaltung, erst recht nicht gegen ihren Willen, sondern wurde von ihr organisiert oder geduldet.

Degraa war nicht nur ein zuschauender Mitläufer, sondern hat auch aktiv das Unrechtsgeschehen vorangetrieben. Sein Verhalten gegenüber dem jüdischen Landesproduktenhändler Ernst Herz im Jahr 1936 ist ein weiteres Beispiel dafür. Er sorgte nicht nur dafür, dass polizeiliche Verhöre in Stommeln gegen Herz und Zeugenvernehmungen durchgeführt wurden, sondern wies auch seinen Amtskollegen in Rommerskirchen, Dr. Emil Kirchhoff, in dessen Gemeinde Ernst Herz damals wohnte, an, energisch gegen Herz vorzugehen. Zwei Bürgermeister taten sich hier zusammen, um die bürgerliche Existenz eines Juden zu zerstören. Dass sie sich bei diesem Tun auf denunziatorische, ihren eigenen Vorteil suchende Bürger stützen konnten, gehört allerdings auch zur Wahrheit. Auf den Seiten 87–89 findet der Leser entsprechende Handlungsweisen der Parteigenossen Bockfeld in Hüchelhoven und Peter Müller in Stommeln.

Ein gefürchteter Mann im Ort war der 1891 in Solingen geborene Polizeihauptwachtmeister Wilhelm Güldenring.[308] Er gehörte der »verlorenen Generation« junger Männer an, die ohne abgeschlossene Berufsausbildung und ohne berufliche Perspektive nach der Niederlage 1918 aus dem Heer ausgemustert wurden. 1922 besuchte er in Solingen einen viermonatigen Notlehrgang an der dortigen Polizeischule. Es war die einzige polizeiliche Ausbildung, die er genoss. Seine erste Anstellung fand er im Amt Weiden bei Köln. Am 1. April 1933 wurde er in die NSDAP aufgenommen. Er gehörte zu den zahlreichen »Märzgefallenen«, die sich nach den Märzwahlen 1933 den Nazis anschlossen, weil sie sich davon Vorteile für ihre Karriere versprachen. Am 1. August 1934 kam er nach Stommeln und wurde gleichzeitig Wehrführer der Freiwilligen Feuerwehr. 1941 wurde er zum Polizeihauptwachtmeister befördert.

Der Stommelner Orts-Entnazifizierungsausschuss fällte am 1. April 1948 ein hartes Urteil über ihn:

> »Güldenring war einer der stärksten Förderer und Werber des Nationalsozialismus. Unter der Bevölkerung gebrauchte er Zwang zur Verbreitung von nationalsozialistischen Zeitschriften und Zeitungen. Gegen die Auslandsarbeiter und Kriegsgefangenen ging er mit brutaler Gewalt vor. Die Behandlung war nicht menschlich.«

Gerrit Broere, der 1943 als dreizehnjähriger holländischer Fremdarbeiter mit seinen Eltern nach Pulheim gekommen war, bezeichnete ihn 2011 in einem Interview als »Schweinehund«, der ihn aus nichtigem Grund mit der Peitsche geschlagen habe. Im Herbst 1943 leitete Wilhelm Güldenring die Exekutierung des polnischen Zwangsarbeiters im Orrer Wald, von der bereits die Rede war. Die in Pulheim lebenden Zwangsarbeiterinnen und Zwangsarbeiter aus Polen, Belarus, Russland, Frankreich, Holland und der Ukraine mussten der Hinrichtung zur Abschreckung beiwohnen. Dass die Erhängung erst beim zweiten Versuch gelang, weil beim ersten der Ast abbrach, machte sie noch schauriger. Gerrit Broere war persönlich Zeuge davon.[309]

Über Güldenrings Verhalten gegenüber Juden finden sich in den verfügbaren Quellen nur spärliche Hinweise. Erinnert sei an sein dezidiert judenfeindliches Verhalten bei dem Vorgehen der örtlichen Behörden gegen Ernst Herz. Dass er als Ortspolizist und Feuerwehrleiter auf Anweisung des Bürgermeisters Degraa die Ausschreitungen der SA während des Novemberpogroms 1938 geschehen ließ, ohne einzuschreiten, ist dokumentarisch zwar nicht nachweisbar, ergibt sich aber aus seiner Position. Sein Verhalten

SCHLUSSBEMERKUNGEN

bei der Deportation der Familie Stock 1942 und bei der anschließenden öffentlichen Versteigerung ihres Hausrats mag zwar »korrekt« im Sinne der Nazis gewesen sein, zeigt ihn aber als willfährigen Handlanger eines Terrorregimes.

AUSBLICK: VOM STEIN, DER KREISE ZIEHT

Dieses Buch will nicht nur Wissen vermitteln über die Schicksale der Stommelner Juden, sondern auch Einfluss nehmen auf die heutigen gesellschaftlichen Auseinandersetzungen in unserem Land, wo antisemitische und rassistische Einstellungen sich vermehrt öffentlich zeigen. Gegen die Verbreitung solcher Tendenzen einen mentalen Sperrgürtel zu errichten, habe ich durch die wissenschaftliche und zugleich personenbezogene, empathische Erforschung jüdischer Schicksale versucht. Allerdings ist der Wirkungsradius eines historischen Sachbuches begrenzt, er erfasst vor allem einen Kreis von Gleichgesinnten, denen es ein intrinsisches Anliegen ist, sich mit der Vergangenheit zu beschäftigen, um die Gegenwart besser zu verstehen und dem eigenen Urteilen und Handeln eine feste ideelle Grundlage zu geben. Um aber auch die zu erreichen, die historisch weniger interessiert sind und die nicht mehr in erster Linie zu einem Buch greifen, um sich zu informieren, sondern dazu vorwiegend im Internet unterwegs sind, wäre ein medialer Transfer hilfreich. Nicht zuletzt den Gewohnheiten der jungen Generation käme das entgegen. Das zu erreichen ist ein erstebenswertes Ziel, denn diese Altersgruppe wird das zukünftige gesellschaftliche Klima in unserem Land bestimmen.

Dafür wäre es notwendig, das Anliegen und die Forschungsergebnisse des Buches auch digital zugänglich zu machen. Das scheint auch deshalb geboten, weil junge Menschen kaum noch die Chance haben, einem Zeitzeugen zu begegnen und auf diese Weise die Gegenwärtigkeit des Vergangenen zu erfahren. Verständlicherweise ist für diese Generation die Versuchung groß, die Nazizeit ad acta zu legen und nicht mehr als wichtigen Bezugspunkt für die eigene Identitätsfindung anzusehen. Dieser Form des Vergessens, die für die Entwicklung des politische Bewusstseins in unserem Land fatale Folgen hätte, will das Buch entgegenarbeiten. Es möchte zu dem sprichwörtlichen Stein werden, der ins Wasser geworfen wird und dann Wellenkreise über die weite Wasserfläche zieht.

Schon bei der Konzeption des Buches schwebte mir als Wunschtraum vor Augen, dass jeder Smartphonbenutzer beim Gang durch Stommeln durch das Scannen eines QR-Codes an den »Stationen« des Rundgangs

Zugang zu digitalen Hintergrundinformationen in Text und Bild zu den betreffenden Orten erhält. Die Hoffnung ist, dass davon eine noch breitere öffentliche Wirkung auf das Denken der Menschen ausgehen kann, als es das Medium des Buches und auch das von Gunter Demnig ins Leben gerufene Projekt der inzwischen vieltausenfach verbreiteten Stolpersteine vermag. Dass von ihm auf Initiative von Schülern des Geschwister-Scholl-Gymnasiums in Pulheim am 16. März 2022 vor dem Haus Nettegasse 11 in Stommeln sechs Stolpersteine für die Mitglieder der Familie Stock verlegt wurden, ist sicherlich ein begrüßenswerter erster Schritt zur Erinnerung an das Schicksal dieser ehemaligen Stommelner Bürger. Die Informationen bleiben allerdings spärlich, sodass keine wirkliche Vorstellung von den auf den kleinen Gedenkplatten namentlich genannten Personen und ihrem Schicksal vermittelt werden kann. Ein QR-Code vor Ort könnte hier den Zugang zu einer Datenbank eröffnen, die vertiefende Informationen und Bildmaterial bereithält.

Noch aus einem anderen Grund erscheint das erstrebenswert. Die meisten deportierten Stommelner Juden hatten ihren Heimatort bereits vor ihrer Deportation verlassen und wurden von Köln, Wuppertal oder Berlin aus in den Tod abtransportiert. Mit Stolpersteinen in Stommeln lässt sich ihr Schicksal deshalb nur unzureichend in Erinnerung rufen. Ein digitales, auf dem Handy oder auch auf dem heimischen PC aufrufbares Informationssystem könnte hier mit viel komplexeren Informationen dienen. Es wäre ein wesentlicher Fortschritt in der Erinnerungskultur vor Ort. Das vorliegende Buch hält für den Aufbau einer solchen digitalen Datenbank die erforderlichen Informationen bereit.

Illusorisch ist dieser Wunschtraum nicht, aber er bedarf der tatkräftigen Unterstützung anderer.

ANMERKUNGEN

1. Vgl. Benz (2020), S. 52.
2. Ebd., S. 52 f.
3. Hayes, S. 363 und 366.
4. Pfarrarchiv Stommeln.
5. Das Folgende nach: Juden in Stommeln, Tl. 2 (Wißkirchen), S. 46, 35 f.; Wißkirchen (2001), S. 209 f.
6. Das Folgende nach: Juden in Stommeln, Tl. 2 (Wißkirchen), S. 68.
7. Das ursprüngliche oberschlesische Freikorpslied gibt es in verschiedenen Textvarianten; es entwickelte sich zum zentralen SA-Lied.
8. Nach einem Brief des Enkels Karl-Josef Pfeiffer vom 10.1.2008 an den Verfasser.
9. Wißkirchen (1992), S. 320.
10. Vgl. hierzu Benz (2019).
11. Wißkirchen (2001), S. 418.
12. In den mittelalterlichen Städten war den dort lebenden Juden (vor ihrer Vertreibung im 14./15. Jh.) innerhalb und außerhalb der Stadtmauern Haus- und Grundbesitz gestattet.
13. Fischer, S. 110.
14. Ebd., S. 16.
15. Sprandel, Rolf (Hg.): Die Kölner Weltchronik 1273/88–1376 (MGH, Scriptores Rerum Germanicarum, Nova Series), München 1991, S. 91. Nach: Heit, S. 71.
16. Salfeld, S. 287. Die gleiche Information findet sich auch im 1677 angelegten, heute verschollenen Bergheimer Memorbuch, ebenso im 1581 angelegten Memorbuch der Deutzer Gemeinde; vgl. Jellinek.
17. Juden in Stommeln, Tl. 1 (Schreiner), S. 21 und 23.
18. Ebd., S. 23.
19. Wollersheim, S. 128 f. Wollersheims Darstellung beruht auf dem zwischen 1320–1350 entstandenen Codex Juliacensis (Bischöfliches Diözesanarchiv Aachen).
20. Vgl. Andermahr, S. 49.
21. Ebd., S. 47.
22. Juden in Stommeln, Tl. 1 (Peter Schreiner), S. 38.
23. Auf dem Sockel findet sich die Signatur des Bildhauers: »O. Wanke, Ehrenfeld«.
24. Vgl. zum Folgenden: Wißkirchen (1997), S. 127, 129, 131, 225, 229, 232 f., 238, 400, 425, 427, 431, 442; Juden in Stommeln, Tl. 2 (Backhausen), nach S. 96 (Stammbaum der Familie Stock), S. 116, 118.
25. Sie war am 3.2.1845 in Stommeln als Tochter des Metzgers Jakob Kaufmann und seiner Frau Jeanette geb. Simon geboren. Im Geburts- und Sterberegister von Stommeln wird ihr Vorname mit »Clara« angegeben.
26. Wißkirchen (1997), S. 400.
27. Vgl. zum Folgenden: Wißkirchen (2018).
28. Vgl. zum Folgenden: Reichsbund jüdischer Frontsoldaten (Hg.): Die jüdischen Gefallenen des deutschen Heeres… (online).
29. Auf der Stele wird der Name irrtümlich mit »k« geschrieben.
30. Mit der Reichsgründung 1871 war eine allgemeine Wehrpflicht für männliche Deutsche ab dem 20. Lebensjahr eingeführt worden. Sieben Jahre lang mussten sie in den Streitkräften dienen: drei Jahre als aktiver Soldat »bei den Fahnen«, vier Jahre als Reservist. Vgl. Reichsverfassung 1871, Art. 57 und 59. Nach dem Heeresdienst folgte der Wechsel in die Landwehr.

31 Hayes, S. 69.
32 Werner Jochmann, Monologe im Führerhauptquartier 1941–1944, aufgezeichnet von Heinrich Heim, Hamburg 1980; nach Longerich, S. 52.
33 Hitler, Mein Kampf, Bd. 2, S. 1719.
34 Vgl. zum Folgenden: Juden in Stommeln, Tl. 1 (Wißkirchen), S. 86 ff. ; Wißkirchen (1997), S. 227–239.
35 LHAKo, Best. 403, Nr. 7442, Bl. 35 ff. Abgedruckt in Juden in Stommeln, Tl. 1 (Wißkirchen), S. 159 f.
36 Er war am 15.8.1798 als Sohn von Abraham Cahn, Handelsmann in Stommeln (1763–24.8.1830), und Helena Levi, wohnhaft in Stommeln, geboren und starb am 21.1.1845 in Stommeln. Seine Ehefrau Regina Haas, geb. 1794 in Sinnersdorf, überlebte ihn.
37 1808 angenommene Namen: Abraham Cahn und Helena Levi.
38 Das »i« in dem Namen ist als Dehnungszeichen zu verstehen, das selbst nicht gesprochen wird (wie das später übliche »h«).
39 Juden in Stommeln, Tl. 1 (Wißkirchen), S. 86 f.
40 Ebd.
41 Gutachten von Landrat Gottfried Gymnich vom 12.9.1831. LAV NRW R, Reg. Köln, Nr. 3700.
42 Vgl. Juden in Stommeln, Tl. 1 (Wißkirchen), S. 91–98.
43 Kölnische Zeitung, 12.8.1882.
44 Vgl. hierzu Wißkirchen (1997), S. 233–238.
45 Notar Dr. Walther Klein, Köln, Urk.-Nr. 778/37; vgl. Juden in Stommeln, Tl. 1 (Wißkirchen), S. 142 f.
46 Im Geburtsregister lautet der Vorname »Abraham«.
47 AiRKN, RO 01 Amt Rommerskirchen/Nettesheim 3211, o. P. ; Wißkirchen (2001), S. 202.
48 Juden in Stommeln, Tl. 2 (Backhausen), S. 110, 112. Heirat: 1855.
49 Wißkirchen (1997), S. 400.
50 Wißkirchen (2001), S. 207 f.
51 Juden in Stommeln, Tl. 2 (Wißkirchen), S. 325; Friedt (1998), S. 109.
52 Ebd., S. 104 ff.
53 Geboren 1839 in Weisweiler, gestorben 1911 in Stommeln. Vgl. Juden in Stommeln, Tl. 1 (Backhausen), S. 113; Friedt (1998), S. 106.
54 Wißkirchen/Reisner, S. 89.
55 Insgesamt wurden aus den Niederlanden 107 000 Juden deportiert.
56 Im Gedenkbuch des Bundesarchivs findet man Bertha Cahn unter »Cahn, Sibilla Bertha«.
57 Wißkirchen (2001), S. 201.
58 Wohnhaus und dahinter liegende ehemalige Werkstatt existieren noch, stehen aber seit Jahren beide leer.
59 Heeg (2002), S. 61 und 63.
60 Friedt (2008), S. 125.
61 Adressbuch Köln 1938.
62 Juden in Stommeln, Tl. 1 (Wißkirchen), S. 326; Friedt (2008), S. 116.
63 Friedt (2008), S. 127.
64 Die folgende Darstellung basiert auf: LAV NRW R, Best. 3005, Nr. 19448.
65 Offizielle Bezeichnung: Allgemeine Kaufmännische Fortbildungsschule. Vor dem Ersten Weltkrieg gab es davon elf in Köln.

66 Hepp, Liste 166 vom 9.4.1940 im Deutschen Reichsanzeiger. Rechtsgrundlage war das Gesetz über den Widerruf von Einbürgerungen und die Aberkennung der deutschen Staatsangehörigkeit vom 14.7.1933 (RGBl. I, S. 480) im Verein mit der Verordnung zur Durchführung des Gesetzes über den Widerruf von Einbürgerungen und die Aberkennung der deutschen Staatsangehörigkeit vom 26. Juli 1933 (RGBl. I, S. 538 f.).

67 Das Landgericht Zweibrücken schätzte in seiner Urteilsbegründung vom 7.12.1937 die »Höhe der ins Ausland verbrachten Werte auf 97 953,43 RM«. Nimmt man diese Größenordnung als zutreffend an, dann betrug das Otto Cahn zustehende Drittel etwa der Betrag von 30 000,– RM.

68 Wißkirchen/Reisner, S. 89.

69 Ebd., S. 103.

70 BADV, OFD Berlin 8124, Bl. 7; vgl. in der gleichen Akte auch die Zeugenaussagen von Peter Kamphorst (Bl. 6) und Max Wartensleben (Bl. 8).

71 Der von Otto Cahn gestellte Rückerstattungsantrag vom 7.6.1960 krankte daran, dass keine Dokumente vorgelegt werden konnten. Die Wiedergutmachungsämter Berlin einigten sich mit dem Antragsteller am 20.11.1962 auf einen Vergleich in Höhe von 12 500,– DM. BADV, OFD Berlin 8124, Bl. 55.

72 Gesetz über die Entschädigung für Freiheitsentziehung aus politischen, rassischen und religiösen Gründen vom 11.2.1949, GV. NRW 1949, S. 63.

73 Bundesgesetz zur Entschädigung für Opfer der nationalsozialistischen Verfolgung (BEG) vom 18.9.1953.

74 Rückreisen mit der SS Nieuw Amsterdam von Rotterdam aus am 11.10.1949 bzw. 27.5.1952 (Ankunft New York: 19.10.1949 bzw. 4.6.1952).

75 Letzte Ruhestätte: Memory Gardens Cemetery, 3873 East Avenue, Livermore, CA. Sohn Alfred, der zunächst in Los Angeles gelebt hatte (3851 Coco Avenue), starb am 23.1.2007 in Paradise, Butte County, CA (bei den Waldbränden 2018 fast vollständig zerstört) und wurde auf dem dortigen Friedhof beigesetzt (980 Elliott Road). Die Grabplatte vermerkt, dass er amerikanischer Soldat im Koreakrieg war. Tochter Doris Cahn verh. Nixon verzog 1963 von Chicago nach 1907 Dobson Street, Evanston, Illinois (nördlich von Chicago). Ihr Mann, Harvey T. Nixon (Rechtsanwalt, Partner der Mayer Brown LLP in Chicago) starb mit 85 Jahren am 27.4.2017. Das Ehepaar hatte drei Kinder (Marian, Paula und Jamin).

76 Kölner Adreßbuch 1938.

77 Wohnadresse: 728 N Latrobe Avenue.

78 Die Einberufungskarte ist bei ancestry.com und www.fold3.com online einsehbar.

79 Wißkirchen (2012), S. 202.

80 Ebd., S. 208 f.

81 Ihre Wohnadresse 1977: 4800 Lake Shore Drive, Chicago, Illinois.

82 Juden in Stommeln, Tl. 2 (Backhausen), S. 115.

83 Frdl. Mittlg. v. Karl-Josef Pfeiffer, Mönchengladbach.

84 Stielow, S. 129 f. Der größte Teil dieser Korrespondenz ist bei der Überflutung des Hauses Johnen an der Hauptstraße bei dem Hochwasser vom 29.5.1956 vernichtet worden.

85 Der Abschnitt basiert auf: Mitteilungen von Jack Guthman, Chicago; Passagierlisten und US-Census-Unterlagen (online verfügbar); Benjamin, S. 72 f.

86 Er war 1820 als Sohn des Handelsmannes Moses Stock und seiner Frau Magdalena geb. Marell in Glessen geboren und seit dem 20.11.1852 mit Ester Cahn aus Stommeln verheiratet, einer Tante des Pferdehändlers Albert Cahn (1865–1921) in Stom-

meln (vgl. Grabstein S. 272). Simon Stock starb als Witwer am 26.2.1900 in Stommeln.

87 Wißkirchen (2001), S. 198; Heiratsregister der Pfarrgemeinde St. Martinus, Stommeln. In 1. Ehe war Mathias Schmitz mit Gertrud Kreuer verheiratet gewesen.

88 Die folgende Darstellung beruht im Wesentlichen auf meiner Biographie über Rudy Herz, 2012, sowie auf meinem 2016 erschienenen Buch »Verfolgte Nachbarn am Gillbach, Juden in Rommerskirchen«.

89 Nach AiRKN, Amt Rommerskirchen/Nettesheim 3211. Es handelt sich nicht um eine Akte herkömmlicher Art, sondern um eine Sammlung loser, unpaginierter Schriftstücke unterschiedlichen Inhalts, die sich in einem Bündel im ehemaligen Gemeindearchiv Rommerskirchen erhalten haben. Darunter sind u. a. zahlreiche Schriftstücke von Ernst Herz vor allem aus dem Jahr 1936, die Aufschluss geben über seine damalige umfangreiche Tätigkeit als Immobilienmakler im gesamten Kölner und niederrheinischen Raum. Für die Lokalgeschichte, z. B. von Hüchelhoven, Grevenbroich, Elsdorf, Köln, Stommeln u. a., finden sich aufschlussreiche Schriftstücke. Da diese sich mehrfach auch auf jüdische Geschäfte und Besitzungen beziehen, die von den jüdischen Eigentümern zum Verkauf angeboten werden, sind die Unterlagen auch für die Geschichte der Arisierungen in dem genannten Raum von Interesse. Ungeklärt ist die Frage, wie der persönliche Geschäftsverkehr von Ernst Herz in das Gemeindearchiv gelangte. – Am 11. Januar 1912 suchte Ernst Herz bei der Preußischen Prüfungskommission um den Berechtigungsschein zum Einjährig-Freiwilligendienst nach. Ebd.

90 AiRKN, RO 01 Amt Rommerskirchen/Nettesheim 3993 (o. P.). Hiernach auch das Folgende.

91 Nach dem Krieg: »Zur Post«, um 2019 aufgegeben.

92 AiRKN, RO 01 Rommerskirchen/Nettesheim 3211 (o. P.). Hiernach auch das Folgende.

93 Offizielle verboten wurde Juden die Maklertätigkeit erst am 3.7.1938. Gesetz zur Änderung der Gewerbeordnung für das Deutsche Reich, RGBl. I, S. 823.

94 Zweite Verordnung zur Durchführung des Gesetzes über die Änderung von Familiennamen und Vornamen vom 5.1.1938.

95 Vgl. hierzu: Harald Lordick: Landwerk Neuendorf in Brandenburg, in: Kalonymos 20/2017, Heft 2, S. 7–12, insb. S. 10.

96 Kulkah, S. 228 f.

97 Vgl. den Kondolenz- und Bittbrief von Lily Herz an Albert Kaufman, USA, vom 11.3.1941, in: Wißkirchen/Reisner, S. 273–275.

98 Ihrem Sohn Hermann Jacobsohn und den beiden Enkeln Rudy und Karl Otto Herz (als Erbengemeinschaft) bewilligte die Wiedergutmachungskammer Köln am 23.1.1962 eine Entschädigung für ihr entzogenes Eigentum in Höhe von 9 000,– DM. BADV, OFD Köln 15252.

99 Den überlebenden Söhnen Rudy und Karl Otto wurden von der Wiedergutmachungskammer Köln am 23.1.1962 8 000,– DM als Rückerstattung von entzogenem Hab und Gut sowie Edelmetall ihres Vaters zugesprochen. BADV, OFD Köln 15252.

99a Eine detaillierte Schilderung der Lebensphase von Rudy Herz nach dem Verlassen des DP-Camps in Linz an der Donau (Leben in Rotterdam 1945; Anfang 1946 illegale Weiterreise nach Südfrankreich mit Hilfe der *Jewish Brigade* und der *Éclaireurs israélites;* Leben in Heimen in Moissac und Féneyrols-les-Bains zur Vorbereitung auf eine illegale Auswanderung nach Palästina) findet sich in Wißkirchen (2012), S. 189–205).

100 1869 bewilligte die Armenverwaltung der Gemeinde Stommeln seinem Vater Abraham Kappel für ihn eine »Maschine« (Beinprothese). Wißkirchen (1997), S. 117.
101 Hermann Jacobsohn hatte kurzzeitig in Bonn-Beuel eine Wohnung bezogen.
102 LAV NRW R, BR 3005, Nr. 110.
103 Rüther, S. 266.
104 Juden in Stommeln, Tl. 2 (Backhausen), S. 140.
105 In der Akte LAV NRW R, BR 3005, Nr. 110 finden sich umfangreiche Unterlagen zu Hermann Jacobsohns Tätigkeit als Mitinhaber dieser Firma.
106 Kinder: Carol Lynn (*1956), Ronald Roy (*1962), Debra Sue (*1963), Barbara April (1965). Zwei weitere Söhne starben als Kleinkinder an Pseudokrupp bzw. am plötzlichen Kindstod.
107 Im Internet ist unter »ERIC - ED365588 - South Carolina Voices: Lessons from the Holocaust, 1992« ein Download des kompletten Unterrichtsmaterials, eingeteilt in 11 Lektionen, als PDF verfügbar; Rudy Herz kommt zu Wort auf den Seiten 35, 53, 69–71, 85–89, 179. Damals gedrehte Videos mit Rudy Herz finden sich in der Mediathek von YouTube.
108 Wißkirchen (2012), S. 233 f.
109 Geburtsregister der Pfarrgemeinde St. Martinus, Stommeln.
110 Wißkirchen (1997), S. 441.
111 Sie stammte aus einem kleinen Häuschen an der Venloer Straße, gegenüber dem Neubau Nr. 579. Auf dem Baugrund dieses Häuschens steht heute der rechte Flügel des katholischen Pfarrzentrums. Mdl. Mittlg. von Otto Fischer, † 17.1.2011.
112 Familienbuch Euregio.
113 Als Soldat im Ersten Weltkrieg am 24.9.1914 gefallen.
114 Verheiratete Back, *20.11.1879, wohnhaft in Dortmund und Köln, Deportation am 22.10.1941 ab Köln nach Lodz, vergast im Mai 1942 in Chelmno.
115 Der Kölner Lokal-Anzeiger, eine dem katholischen Zentrum nahestehende Tageszeitung, berichtete am 14.4.1932 darüber.
116 Emil Rosendahls Grabstein ist auf dem jüdischen Friedhof in Gangelt erhalten.
117 Lt. Sterbeurkunde; die Nachricht bei Schulte, S. 198, sie habe sich das Leben genommen, ist nicht zutreffend.
118 Standesamt Köln-Ehrenfeld, 678/1938.
119 Gesetz über Mietverhältnisse mit Juden, 30.4.1939.
120 Eltern: Samuel Heidt (24.3.1824 Paffendorf – 11.2.1914 Niederaußem) und Josephine geb. Simons (11.11.1832 Wickrath – 21.1.1889 Niederaußem). Ihre Grabsteine sind erhalten. Sie befanden sich ursprünglich auf dem jüdischen Friedhof in Niederaußem; seit dessen Auflösung und der Umbettung der Gräber 1954 stehen sie auf dem jüdischen Friedhof in Köln-Bocklemünd. Vgl. Friedt (2019), S. 62 f. (mit Abb.).
121 Vgl. den Bericht in Wißkirchen (1998), S. 88.
122 Joods Monument. Für das Geburtsdatum von Eveline Pool finden sich in Unterlagen im Stadsarchief Rotterdam die abweichenden Angaben 30.4.1904 und 30.4.1903.
123 Gierlich/Stielow, S. 28 f.
124 Der Filialleiter der Kreissparkasse, Heinrich Hartung, zog mit seiner Familie ins Obergeschoss ein. Als die Kreissparkasse später in einen Neubau an der Hauptstraße umzog, kaufte er das Haus.
125 Juden in Stommeln, Tl. 2 (Backhausen), S. 94. Eddy Josef Heidt starb am 13.8.2020 in Aventura, Florida. Vgl. auch BADV, OFD Köln 3249.
126 Benz (1991), S. 144.

127 Von beiden Schwestern sind Karteikarten des Jüdischen Rates in Amsterdam erhalten, online zugänglich: Arolsen Archives.
128 Gesetz über die Änderung der Gewerbeordnung für das Deutsche Reich vom 6.7.1938, RGBl. I, S. 823 f.
129 Juden in Stommeln, Tl. 2 (Backhausen), S. 94.
130 Bericht im Kölner Stadt-Anzeiger, 9.11.1978; vgl. Juden in Stommeln, Tl. 2 (Backhausen), S. 94.
131 Verordnung über Kennkarten vom 22.7.1938, in Kraft seit 1.10.1938, RGBl. I, S. 913.
132 Ebd.
133 Rüther, S. 266.
134 Gierlich/Stielow, S. 30.
135 Der Bürgermeister war damals (bis zur Einführung der neuen Gemeindeordnung NRW 1994) nicht Chef der Verwaltung (das war der Stadtdirektor), sondern ehrenamtlicher Vorsitzender des Gemeinderates.
136 Ebd., S. 31.
137 Die folgenden Ausführungen zur Familie Joseph Heymann und insbesondere zum Sohn Dr. Georg Heymann basieren in wesentlichen Teilen auf Informationen und Dokumenten, die Frau Dorothea Heymann-Reder mir zur Verfügung gestellt hat. Sie werden im Einzelnen nicht nachgewiesen.
138 Wißkirchen (1997), S. 428, 423, 427, 445.
139 Friedt (2017), S. 208.
140 Wißkirchen (2001), S. 207 f.
141 Familienbuch Euregio.
142 Ihr Mann Gottschalk Heymann war 1876 in Büsdorf, wo das Ehepaar lebte, verstorben. In der Sterbeurkunde wird sie als »Kolonialwarenhändlerin« bezeichnet. Andererseits ist 1898 in Stommeln eine Manufakturwarenhandlung der Witwe Gottschalk Heymann nachweisbar. Da sie als Frau nach damaliger Rechtsauffassung »geschäftsunfähig« war, wird ihr Sohn Joseph als ihr Vertreter genannt. Wißkirchen (1997), S. 427.
143 Becker-Jákli (2012), S. 103–107.
144 Ebd., S. 184.
145 Backhausen (1980), S. 77.
146 Ebd.
147 Ebd.
148 Ebd.
149 Ebd., S. 79.
150 Wikipedia, Artikel »Beit-Yitzak-Sha'ar Hefer«.
151 Vgl. Backhausen (1981).
152 Juden in Stommeln, Tl. 2 (Backhausen), S. 134.
153 Grundlage der folgenden Darstellung sind Informationen und Dokumenten, die die Tochter Dorothea Heymann-Reder zur Verfügung gestellt hat.
154 Durch Höherlegung der Straße und Verlagerung von zwei Stufen in den nach innen verlegten Vorraum des Hauseingangs ist die Treppe heute verschwunden.
155 Grundbuch Stommeln, Bl. 2289, Flur V II, Parz. 919/326. LAV NRW R, Gerichte Rep. 266, Nr. 14325. Danach auch das Folgende.
156 Vgl. Wißkirchen (2016), S. 156 ff.
157 LAV NRW R, Gerichte Rep. 266, Nr. 14325, Bl. 24.
158 Vgl. die genealogische Website http://sternmail.co.uk sowie die Datenbank https://www.geschichtswerkstatt-dueren.de/dokumentation/juedisches-leben.

159 »Novemberpogrome in Nürnberg: ›Nacht der Schande‹«, nordbayern.de (Onlinedienst der Nürnberger Nachrichten und der Nürnberger Zeitung), 9.11.2013, aufgerufen am 27.12.2020.
160 Ebd.
161 Er wurde am 6.3.1943 von Drancy (Paris) aus nach Majdanek deportiert, wo er mit 13 Jahren in der Gaskammer starb.
162 Möglicherweise mit Hilfe seines Onkels Hans Heimann, der mit der jüngsten Schwester seines Vaters, Paula, verheiratet war und in die Vereinigten Staaten auswanderte. Die übrigen Geschwister von Max Kahn fielen der nationalsozialistischen Judenverfolgung zum Opfer. Die verwitwete, 63-jährige Schwester Emmy verh. Rosenthal nahm sich, zusammen mit ihrer 38-jährigen Tochter Erna, am 3.5.1943 in Hildburghausen das Leben, um der Deportation zu entgehen. Schwester Frieda verh. Stiefel, *1883, wurde von Weimar aus am 10. Mai 1942 nach Belzec deportiert. Schwester Flora verh. Mayer (*1886) wurde am 18.9.1942 von Köln aus nach Theresienstadt deportiert und starb dort am 24.9.1942. Sie hatte zwei Kinder: Aenne (*1912) und Heinz (*1920, vor 1939 nach Palästina emigriert).
163 Adolph Mayer wurde mit seiner Frau Flora geb. Kahn am 19.9.1942 nach Theresienstadt deportiert. Flora starb dort am 24.9.1942, ihr Mann wurde am 15.5.1944 nach Auschwitz-Birkenau deportiert und dort ermordet.
164 Das Ehepaar Leipziger wurde am 15.6.1942 nach Theresienstadt deportiert, wo Moritz Leipziger am 20.12.1942 verstarb; seine Frau Margarethe (Margot) geb. Feldheim, *9.5.1880 Köln, wurde noch nach Auschwitz-Birkenau deportiert und starb dort am 15.5.1944.
165 Im Kölner Adreßbuch 1930 ist er mit dieser Adresse nachweisbar.
166 Belegt für 1937 und 1938 in den New Yorker Passagierlisten.
167 Angaben nach der Passagierliste.
168 Vgl. zum Folgenden: Juden in Stommeln Tl. 2 (Backhausen), S. 104.
169 Angaben nach der Passagierliste.
170 Juden in Stommeln, Tl. 2 (Backhausen), S. 104; danach auch das Folgende.
171 Ebd., S. 104 f.
172 Vgl. zum Folgenden: Juden in Stommeln, Tl. 2 (Wißkirchen), S. 182 ff.
173 Eigentümer des Hauses war Otto Caracciola, Hohenzollernring 39. Mit einem Compagnon betrieb er im Nachbarhaus Nr. 10 die Elektrofirma Heider & Caracciola. 1941 wurde die Firma verlegt: Auf dem Hunnenrücken 35. Privat verzog Caracciola damals nach Köln-Junkersdorf.
174 Abgedruckt in: Eugen Kogon, Der SS-Staat. Das System der deutschen Konzentrationslager, Frankfurt a. M. 1961, S. 222 f. Vgl. auch den Bericht von Walter Schmitz, abgedruckt in: Heinrich Linn, Juden an Rhein und Sieg, Siegburg 1938, S. 527; ebenso in Corbach, S. 118 ff.
175 Hilde Sherman, Zwischen Tag und Dunkel. Mädchenjahre im Ghetto, Frankfurt a. M., Berlin, Wien 1984, S. 34.
176 Standesamt Köln-Süd III, Nr. 386.
177 Angaben nach der Passagierliste.
178 Todesanzeige im »Aufbau«, New York, 1.8.1986.
179 Vgl. BADV, OFD Köln 16951, Bl. 27.
180 1) Flur 8, Nr. 451/159 (10,67 ar); Kaufvertrag vom 2.1.1939 vor Notar Hermann Flatten; Käufer: Ehel. Hermann Marx und Margareta geb. Bochem; Kaufpreis: 1 000,- RM. LAV NRW R, BR 0336, Nr. 27173 und Gerichte Rep., Nr. 266, Nr. 012986. – 2.) Flur 8, Nr. 450/159 (4,82 Ar) und Nr. 452/159 (0,43 Ar); Kaufvertrag vom

2.1.1939 vor Notar Hermann Flatten; Käufer: Ehel. Anton Kaltenberg und Margarethe geb. Schwartz, Stommeln, Bröhlsgasse. LAV NRW R, BR 0336, Nr. 27172 und Gerichte Rep. 266, Nr. 15625.
181 LAV NRW R, RW 18/5, Bl. 48 ff.
182 Nach Asaria, S. 366 f.; vgl. BADV, OFD Köln 16951, Bl. 27.
183 Juden in Stommeln, Tl. 2 (Wißkirchen), S. 179.
184 Enzyklopädie des Holocaust, Bd. 1, S. 282.
185 LAV NRW R, Gerichte Rep. 266, Nr. 11058; BADV, OFD Köln 16951, Bl. 16; BADV, OFD Köln 18646, Bl. 3 ff.; vgl. auch LAV NRW R, Gerichte Rep. 266, Nr. 9121, Nr. 9132, Nr. 9133, Nr. 11058.
186 Angaben nach der Passagierliste. Das Folgende nach: Juden in Stommeln, Tl. 2 (Backhausen), S. 104.
187 Sohn von Leopold Levy, Maibachstraße 30, Köln; 1932 hatte er ihn noch einmal besucht.
188 Angaben nach der Passagierliste der SS Statendam, Ankunft New York 21.12.1932 (Wiedereinreise nach Heimatbesuch).
189 Wißkirchen (1997), S. 223.
190 Carl (*1857), Siegmund (*1859), Antoinette (*1861), Johanna (*1864), Adelheid (*1868, vermutlich als Kleinkind verstorben), Moritz (*1870). Vgl. Juden in Stommeln, Tl. 2 (Backhausen), S. 100 f.
191 Wißkirchen (1997), S. 225.
192 Philipp Moses war Rendant der jüdischen Gemeinde. Wegen seines Todes wurde am 12.3.1876 für ihn ein Nachfolger gewählt. Wißkirchen (1997), S. 232.
193 LAV NRW R, BR 0336, Nr. 27171. Anna Katz handelte zugleich als Vertreterin ihres Onkels, Johannas Bruder Siegmund Moses in Köln, Aachener Str. 412, geb. 25.9.1859, gest. in Köln-Ehrenfeld 1942 (Nr. 347), der Miteigentümer war. Es handelte sich um die im Grundbuch von Stommeln verzeichneten Grundstücke Flur V II, Parzellen Nr. 579/459 (1,56 ar), Nr. 954/461 (1,56 ar), Nr. 955/461 (1,99 ar).
194 LAV NRW R, Gerichte Rep. 266, Nr. 012984.
195 Die folgende Darstellung beruht in wichtigen Teilen auf Zivilstandurkunden der Gemeinde Stommeln (StA Pulheim) und auf: Juden in Stommeln, Tl. 2 (Wißkirchen), S. 15 f.; ebd. (Backhausen) nach S. 96: Stammbaum, S. 118–120; Wißkirchen (2001), S. 192–194.
196 Nach Juden in Stommeln, Tl. 2 (Backhausen), Stammbaum nach S. 96.
197 Wer von den Brüdern der Geschäftspartner war, ist nicht überliefert.
198 Juden in Stommeln, Tl. 2 (Backhausen), Stammbaum nach S. 96.
199 Vgl. zum Folgenden insb. Wißkirchen (2001), S. 192–194.
200 Juden in Stommeln, Tl. 2 (Backhausen), S. 118.
201 Gesetz über die Änderung der Gewerbeordnung für das Deutsche Reich vom 6.7.1938, RGBl. I, S. 823 f.
202 Daners/Wißkirchen, S. 217–228.
203 Zit. n. Daners/Wißkirchen, S. 224.
204 Zit. n. Eckert, S. 247.
205 Vgl. Göpfert, S. 46–48.
206 In The National Archives, Kew, ist ein Naturalisation Certificate vom 7.6.1946 erhalten für Leo Kaufmann, früher Deutschland, jetzt London, sowie seine Frau Ilse und Sohn Jack Knight (früher: Hans Werner Kaufmann). Es konnte aber nicht eingesehen werden, um eine mögliche Identität zu überprüfen.
207 Dissertationsthema: »Die industrielle Verwertung der textilen Abfälle«. Vgl. hierzu

und zum Folgenden die von Peter Altman 2007 herausgegebene Familienchronik »Our Family Histories«, Privatdruck, in Privatbesitz.
208 https://www.spreemuehle.de/tradition/ (Zugriff 16.2.2021). Die 1938 arisierte Firma besteht bis heute.
209 Verordnung v. 22.7.1938, RGBl. I, S. 913.
210 Das Schreiben ist abgedruckt bei Corbach, S. 29–32; ebd. S. 33–48 Abbildungen der sechzehnseitigen Vermögenserklärung.
211 Vgl. zum Folgenden Wißkirchen (2001), S. 327 f.
212 RGBl. I, S. 722.
213 Strenggenommen galt das für das Ghetto Theresienstadt nicht, das im Reichsprotektorat Böhmen und Mähren lag; die Verordnung wurde aber auch hierauf angewandt.
214 Das Folgende nach: BADV, OFD Köln 1415.
215 Verordnungsblatt der Britischen Zone, 1949, Nr. 26, 28.5.1949, S. 152.
216 BADV, OFD Köln 1415, Bl. 7–13. Vgl. den Abdruck im Anhang, S. 342.
217 Ebd., Bl. 20 f. Der Käufer zahlte 1951 dem aus dem Ghetto Theresienstadt zurückgekehrten und damals in Köln lebenden Jakob Stock als Abgeltung für die erworbenen Möbel 200 DM.
218 Czech, S. 912.
219 Das Folgende nach Wißkirchen (2016), S. 224 f. und 231 f.
220 Vgl. Juden in Stommeln, Tl. 2 (Wißkirchen), S. 166.
221 Karl Loewenstein: Minsk. Im Lager der deutschen Juden, Beilage zur Wochenzeitschrift »Das Parlament« B 45/46 vom 7.11.1956, S. 706–718, hier S. 716; Nachdruck Bonn 1961 (Schriftenreihe der Bundeszentrale für Heimatdienst); zit. n. Corbach, S. 167.
222 Das Folgende nach: Juden in Stommeln, Tl. 2 (Daners), S. 268–270.
223 Becker-Jákli (2004), S. 356 f.
224 BADV, OFD Köln 14515, Bl. 21.
225 Er überlebte und verstarb am 17.1.1983 in Köln. Juden in Stommeln, Tl. 2 (Backhausen), Stammbaum nach S. 96; S. 118 (Foto).
226 Ihr Schicksal ist unbekannt.
227 Randvermerk auf der Geburtsurkunde, StA Pulheim; vgl. auch Hepp. Rechtsgrundlage war das Gesetz über den Widerruf von Einbürgerungen und die Aberkennung der deutschen Staatsangehörigkeit vom 14.7.1933, RGBl. I, S. 480.
228 Online-Archiv Arolsen.
229 BADV, OFD Köln 15250, Bl. 24.
230 Sie lebte 1959 als Selma Tree in Los Angeles, CA; BADV, OFD Köln 15250, Bl. 8.
231 Rückerstattungsforderungen des Sohnes Eric Stock, 1511 So. Sycamore Ave., Los Angeles, CA, wurden abschlägig beschieden; vgl. BADV, OFD Köln 15250.
232 Personalkarte im Stadsarchief Amsterdam.
233 Nach: Joods Monument.
234 Personalkarte Toni Dago Stock im Stadsarchief Amsterdam.
235 Nach: Karteikarte im Online-Archiv Arolsen; Häftling Nr. 2081.
236 BADV, OFD Köln 15250, Bl. 8.
237 Das Folgende nach: Wißkirchen (2001), S. 194 f., 207–209; Juden in Stommeln, Tl 2 (Backhausen), S. 124.
238 Wißkirchen (1997), S. 400.
239 Adreßbuch Köln 1880.
240 Im Dortmunder Einwohnerbuch von 1921 ist ein Fotograf Karl Heymann, Westenhellweg 28, aufgeführt. Die Identität der Person ist jedoch nicht belegbar.

241 Juden in Stommeln, Tl. 2, S. 17.
242 Zum Doppelnamen »Sara Selma«: Im Geburtsregister steht nur der Name »Sara«, sie nannte sich aber »Selma«. Um die Identität der Person nicht zu verwischen, werden in allen einschlägigen Datenbanken beide Namen aufgeführt.
243 Die folgende Darstellung beruht auf: BADV, OFD Berlin 2-834/51; 2-951/57; 2-953/57; 2-954/57. Biografische Angaben zu Selma und Samuel Goldberg auf der Webseite »Stolpersteine in Berlin«.
244 Die Verordnung über den Einsatz des jüdischen Vermögens vom 3.12.1938 (RGBl. I 1938, S. 1709) wurde Juden auferlegt, ihre Gewerbebetriebe abzuwickeln; ein Verkauf war genehmigungspflichtig.
245 Im Adressbuch Berlin 1932 ist Hans Guttmann mit dieser Adresse als Gerichtsreferendar aufgeführt.
246 RGBl. I 1933, S. 188. Entzug der Zulassung zum 30.9.1933.
247 Biographische Angaben nach BADV, OFD Berlin 2-834/51, Bl. 13.
248 Juden in Stommeln, Tl. 2 (Backhausen), S. 124; BADV, OFD Berlin 2-951/57; am 7.3.1990 ausgefülltes Gedenkblatt für Emil Heymann in der Datenbank von Yad Vashem.
249 Juden in Stommeln, Tl. 2 (Backhausen), S. 124; BADV, OFD Berlin 2-834/51, Bl. 11.
250 Czech, S. 424.
251 Notarieller Vertrag vom 17.2.1930, StA Pulheim, I-AS 128.
252 BADV, OFD Berlin 2-834/51, Bl. 17 V/R.
253 BADV, OFD Berlin 2-953/57, Bl. 19, 21–22R.
254 Gedenkbuch Wuppertal.
255 Das Folgende nach: LHAKo, Best. 403, Nr. 19551, I–III. Es handelte sich um folgende Grundstücke: 1) Flur 5, Nr. 52, Garten, Nettegasse, 30,60 Ar; 2) Flur 6, Nr. 37, Acker am Kölner Weg, 10,39 Ar; 3) Flur 4, Nr. 154, Garten am Geyener Weg, 3,80 Ar; 4) Flur 6, Nr. 69/36, Acker am Kölner Weg, 3,80 Ar; 5) Flur V II, Nr. 1271/201, Garten, Nettegasse, 6,89 Ar; 6) Flur V II, Nr. 1276/201, Garten, Nettegasse, 4,43 Ar. – Am 25.8.1952 wird ein Teil dieser Grundstücke aufgrund eines Beschlusses des Wiedergutmachungsamtes in Köln vom 4.12.1951 im Grundbuch auf die Jewish Trust Corporation for Germany umgeschrieben. BADV, OFD Köln 6468, Bl. 6; LAV NRW R, Gerichte Rep. 266, Nr. 013709, Bl. 26 V+R.
256 Notar Dr. Custodis in Köln, Vertrag vom 15.9.1933, LAV NRW R, Notare Rep. 8083, Urk. 826/1933.
257 Zu dieser Reichssicherungshypothek vgl. LAV NRW R, BR 1411, Nr. 64.
258 RGBl. I, S. 1709.
259 Zu dem Transport vgl. https://www.statistik-des-holocaust.de/list_ger_rhl_411110.html (mit Transportliste); Schmidt, S. 104–106. Emil Heymanns Grundstücke in Stommeln wurden bereits am 8.11.1941 durch Verfügung des Regierungspräsidenten in Düsseldorf beschlagnahmt und auf Ersuchen des Oberfinanzpräsidenten in Köln vom 24.2.1944 im Grundbuch auf das Deutsche Reich übertragen. Von der Amtsverwaltung Pulheim wurden sie in Einzelparzellen verpachtet. LAV NRW R, BR 1411, Nr. 64 und BR 0336, Nr. 27027.
260 Benz/Distel, Bd. 9, S. 378.
261 Gutman, Bd. 2, S. 953.
262 Geschwister: Ida (*6.7.1863), Rosetta (*23.4.1865), Theresia (*3.11.1866), Franziska (*14.3.1868), Jonas Eduard (*26.4.1869). Juden in Stommeln, Tl. 2 (Backhausen), S. 80.
263 Wißkirchen (1997), S. 223.

264 Kölner Adreßbuch 1901.
265 Gesetz zur Änderung der Gewerbeordnung für das Deutsche Reich, RGBl. I, S. 823.
266 Das Folgende nach: HAStK, Best. 495, Nr. 192.
267 Ebd., Bl. 20.
268 Zu Dagcobert Elias und seiner Familie vgl. Gedenkbuch NSDok Köln; Corbach, S. 290; BADV, OFD Köln 3271 und 6712.
269 Juden in Stommeln, Tl. 2 (Backhausen), S. 80. Elfriede lebte als erwachsene junge Frau in Düren und wurde nach Izbica deportiert.
270 Nachweisbar in den Kölner Adressbüchern von 1910, 1930 und 1938.
271 Carlebach, S. 79.
272 Becker-Jákli (2012), S. 114.
273 Matzerath/Pracht, S. 328 f.
274 Juden in Stommeln, Tl. 2 (Backhausen), S. 80.
275 Benni Cohen hatte sein Viehhandelsgeschäft spätestens 1938 aufgeben müssen; unmittelbar nach dem Novemberpogrom 1938 war er festgenommen und in das KZ Sachsenhausen eingewiesen worden, wo er bis zum 17.1.1939 inhaftiert war. Danach wurde er als »Bauarbeiter«, vermutlich in einem Straßen- oder Tiefbauunternehmen, in einer jüdischen Arbeitskolonne zur Zwangsarbeit herangezogen. – Der Sohn Paul Hartwig Cohen, *30.12.1924, konnte noch vor 1939 über die Niederlande nach Kanada emigrieren. Das Schicksal der 1928 geborenen Tochter Hedwig ist unbekannt. Quelle: Dürener Geschichtswerkstatt.
276 Am 30.10.1941 und am 7.12.1941 wurden insgesamt fünf jüdische Personen aus dem Haus Großer Griechenmarkt 75 abtransportiert.
277 Corbach, S. 452. Corbach datiert den Transport nach dem Ankunftsdatum in Theresienstadt auf den 16.6.1942.
278 Todesfallanzeige des Ghettos Theresienstadt vom 6.7.1942; https://www.holocaust.cz/de/main-3/. Als Todesursachen für Leopold Franken wird »Adynamia Cordis« (Herzschwäche) nach vorausgegangener »Bronchopneumonie« (Lungenentzündung) angegeben.
279 Becker-Jákli (2012), S. 82.
280 LAV NRW R, RW 18/5, Bl. 48 ff.; zit. n. Matzerath/Pracht, S. 289.
281 Pracht, S. 275 f.; Hagspiel, S. 415-417.
282 Die folgende Darstellung beruht weitgehend auf Kottke sowie auf zusätzlichen Informationen der Tochter Dr. Barbara Brandes.
283 Taufregister, PfA Stommeln.
284 Wißkirchen (1997), S. 439.
285 Ebd., S. 423.
286 Wißkirchen (2001), S. 44, 52, 54, 56.
287 Im hinteren Bereich des Stommelner Ehrenmals erinnert eine Stele an ihn.
288 1872 in Posen geboren.
289 Andreae/Geiseler, S. 114; https://www.snublestein.no/Fritz-Robert-Mankiewicz/p=311/.
290 Aus der Wiedergutmachungsakte, nach Kottke.
291 Ilser Meudtner, »…tanzen konnte man immer noch«, Berlin 1990, S. 169.
292 1912–1990. Deutsche und Europa-Meisterin im Kunstspringen 1928, Bronzemedaille bei den Olympischen Spielen in Amsterdam. Nach Tanz- und Gymnastikstudium 1929–1932 Ausdruckstänzerin an verschiedenen deutschen Bühnen, 1935/36–1941/42 an der Deutschen Staatsoper Berlin. Danach ausgedehnte Deutschland- und Europa-Tourneen, zumeist im Rahmen der kulturellen Truppen-Betreuung. Nach

Ausbombung in Berlin 1944 nach Harzgerode. Zahlreiche Auftritte vor amerikanischen, später russischen Besatzungssoldaten und der Zivilbevölkerung. Lebte seit 1955 in Spanien. Nach Bühnenunfall und zahlreichen vergeblichen Operationen arbeitete sie als Spanien-Korrespondentin der Frankfurter Allgemeinen Zeitung. 1990 erschien ihre Autobiographie.

293 BGBl. I, S. 1387.
294 https://www.blickpunkt-nienburg.de/nienburg/barbara-brandes-binnen-erhaelt-bundesverdienstkreuz-5862282.html.
295 Dass in Stommeln der christliche Friedhof sich aus dem alten »Kirchhof« organisch weiterentwickelt hat und nicht verlegt wurde, hängt mit der Lage der alten Kirche außerhalb des Ortes zusammen und stellt insofern eine Besonderheit dar.
296 Vgl. Brocke, S. 2.
297 Samuel (Salomon) Cahn war der ältere Bruder von Levy Cahn (*21.11.1823 Stommeln, gest. nach 1886).
298 Ein am 4.8.1857 in Büsdorf geborener Bruder von Alex und Joseph Heymann hieß Carl.
299 Vgl. Wißkirchen (1997), S. 225 f.
300 Juden in Stommeln, Tl. 1 (Backhausen), S. 226.
301 Diese Vermutung stützt sich darauf, dass Dr. Arnsdorf dieses Foto Gerd Friedt in München zuschickte, der es dann 2018 mir überlassen hat.
302 Karoline Kaufmann, Tochter des Metzgers Jakob Kaufmann, war eine Schwester von Bertha Stock geb. Kaufmann und eine Tante von Jakob Stock.
303 Zieher, S. 170. Sie wohnte zuletzt bei ihrem Schwager Lazarus Stock in der Nettegasse 7 (heute: 11), dem Ehemann ihrer Schwester Bertha.
304 Helene Stock starb in Theresienstadt, Johanna Moses in Treblinka, Hans Stock in Maly Trostinez, Emil Heymann in Minsk bzw. Maly Trostinez; zu ergänzen wären noch: Hermann Elias, gest. in Treblinka; Leopold Franken, gest. in Theresienstadt; Wilhelmine Mendel geb. Stock, gest. in Theresienstadt, Toni Dago Stock, gest. in Sobibor.
305 Vgl. die Darstellung in Wißkirchen (1992), S. 80–87. Das damalige milde Gesamturteil über Degraa teile ich heute nicht mehr.
306 Ebd., S. 81.
307 Vgl. Wißkirchen (2001), S. 357–360.
308 Vgl. Wißkirchen (2001), insb. S. 265 f. u. 392)
309 Interview mit Gerrit Broere, 8.8.2011. Weitere Zeitzeugenaussagen bestätigen unabhängig voneinander den Vorgang. Eine entsprechende Sondergerichtsakte und eine Anweisung der Kölner Gestapo liegen nicht vor.

LISTE DER JÜDISCHEN STOMMELNER, DIE VON NATIONALSOZIALISTISCHER VERFOLGUNG BETROFFEN WAREN

In die Liste wurden alle jüdischen Personen aufgenommen, die unter nationalsozialistischer Verfolgung zu leiden hatten und entweder in Stommeln geboren sind oder wenigstens zeitweise hier gelebt haben. Ehepartner, für die die beiden letztgenannten Kriterien nicht zutreffen, erhalten keinen separaten Eintrag, sondern werden nur im Zusammenhang mit ihrem Ehepartner bzw. ihrer Ehepartnerin aufgeführt. Abweichend von den genannten Kriterien wurde Jona Herz, das jüngste Kind von Lily und Ernst Herz, aufgenommen, um nicht die Schicksalsgemeinschaft der Familie auseinanderreißen zu müssen.

ALTMAN(N), HILDEGARD (HILDE) GEB. STOCK
Geburt: 13.9.1911 Stommeln
Eltern: Jakob Stock und Emma geb. Adler, Nettegasse 7 (heute: Nr. 11)
Emigration: 31.7.1939 England, Haushaltshilfe in einer Familie
Ehe: 4.6.1941 Dr. Ernst Altman(n), *19.3.1894 Bautzen, gest. 29.11.1962 London; Maschinenbauingenieur, Fabrikant
Kinder: Peter (*10.10.1941), Vivien (*21.9.1948)
Wohnort seit 1945: 141 Cumbrian Gardens, London NW2
Tod: 18.4.1989 London

CAHN, ALBERT
Geburt: 13.8.1865 Stommeln
Eltern: Salomon (Samuel) Cahn und Sara geb. Herz
Beruf: Pferdehändler
Ehe: 1894 Bertha Sibilla Frank aus Bedburg/Erft
Kinder: Rosalie (*1895), Otto (*1898), Erna (*1901), Selma (*1904)
Wohnort: Stommeln, Dorfstraße 50 (heute: Hauptstraße 68)
Tod: 29.12.1921 Stommeln

CAHN, BERTHA SIBILLA GEB. FRANK
Geburt: 25.2.1873 Bedburg/Erft
Eltern: Hermann Frank und Johanna geb. Meier

Ehe: 1894 Albert Cahn aus Stommeln
Kinder: Rosalie (*1895), Otto (*1898), Erna (*1901), Selma (*1904)
Wohnort: Bedburg; Stommeln, Dorfstraße 50 (heute: Hauptstraße 68); 1938 Köln, Hahnenstraße 46; 1939 Maastrichter Str. 43
Emigration: März 1940 Amsterdam, NL (zu Sohn Otto)
Deportation: 18.5.1943 ab Westerbork nach Sobibor
Tod: 21.5.1943 Sobibor

CAHN, ERNA
Siehe: Epstein, Erna geb. Cahn, verw. Sochaczewer (Shafer), verw. Haber

CAHN, OTTO
Geburt: 19.4.1898 Stommeln
Eltern: Albert Cahn und Bertha Sibilla geb. Frank
Beruf: Kaufmann
Ehe: 9.12.1927 in Essen Maria Frehse, nichtjüdisch, *26.8.1903; nach Emigration in die USA: Frasier, gest. 1982 in Livermore, CA
Kinder: Alfred (*21.12.1929), Doris (*12.7.1935)
Wohnort: Stommeln; 1928 Essen, Tommesweg 52a, 1936 Huyssenallee 50
Flucht: Februar 1937 illegale Emigration nach Holland, Amsterdam-Zuid, Leonardostraat 6
Verfolgung: Am 7.12.1937 in Abwesenheit vom Landgericht Zweibrücken wegen Devisenvergehens zu dreieinhalb Jahren Zuchthaus sowie 100 000,– RM Geldstrafe verurteilt; 29.3.1940 Aberkennung der deutschen Staatsangehörigkeit; vom 16.5.1940 bis 5.5.1945 in verschiedenen Verstecken im Untergrund, überlebte
Rückkehr nach Köln: 9.9.1950 Zuzug von Amsterdam nach Köln-Sülz, Luxemburger Straße 130; 25.8.1952: Umzug nach Köln-Ehrenfeld, Venloer Straße 185
Wiedererlangung der deutschen Staatsangehörigkeit: 21.5.1951
Tod: 2.4.1961 Essen-Rüttenscheid (Herzinfarkt)

CAHN, ROSALIE (ROSI)
Siehe: Levi (Levy), Rosalie (Rosi) geb. Cahn, verw. Stock

CAHN, SELMA
    Siehe: Guthman(n), Selma geb. Cahn

EHRLICH, SOPHIA GEB. ULLMANN
Geburt:	30.8.1840 Rödingen
Eltern:	Abraham Ullmann (1786–1868) und Sibilla geb. Arentz (1801–1860)
Ehe:	4.12.1873 in Düren Samuel Ehrlich (4.9.1841 Sindorf – 1911 Sindorf), Witwer von Sara Jumpertz aus Aldenhoven, gest. 1870 Sindorf
Kinder:	Adele (*1878), Albert (*1876), Dora (*1878), Paula (*1878, Zwillingsschwester), Helene (*1879), Isidor (*1883), Johanna (*1887)
Wohnort:	Sindorf; Stommeln
Tod:	20.11.1938 Köln-Ehrenfeld, jüd. Krankenhaus (Oberschenkelhalsbruch, Herzschwäche)

ELIAS, HERMANN
Geburt:	13.2.1870 Stommeln
Eltern:	Joseph (Josef) Elias (*1835 Stommeln) und Johannette geb. Jonas aus Merzig
Beruf:	Immobilienmakler, Hausverwaltung
Ehe:	Elise Weberberg, *6.7.1869 Paderborn; letzter Wohnort: Ottostraße; Deportation ab Köln 15.6.1942 Theresienstadt, von dort am 19.9.1942 nach Treblinka, dort am 21. oder 22.9.1942 gestorben
Sohn:	Dagobert
Wohnort:	Stommeln; Köln, Meister-Gerhard-Straße 29 (Hauseigentümer)
Tod:	22.11.1941 Köln

EPSTEIN, ERNA GEB. CAHN, VERW. SOCHACZEWER (SHAFER), VERW. HABER
Geburt:	20.8.1901 Stommeln
Eltern:	Albert Cahn und Bertha Sibilla geb. Frank
Beruf:	Hutmacherin; in Chicago Inhaberin eines Geschäftes für Damenhüte
Ehe:	1) 23.3.1928 Max Sochaczewer (in USA: Shafer), *28.1.1887 Stettin, wohnhaft in Barmen, Unterdenkmalstraße 26, gest.

	ca. 1952 – 2) Gus Haber, bald nach der Hochzeit verstorben – 3) 1963 Morris Epstein (*18.11.1904, gest. Mai 1981)

Tochter aus 1. Ehe: Ellen Loretta (*1929)
Wohnort: Stommeln; Köln, Moltkestraße 74; Chicago; Miami Beach, Florida
Emigration: 2.2.1939 ab Southhampton nach New York, Ankunft 9.2.1939
Tod: Januar 1977 Miami Beach, FL

FRANKEN, LEOPOLD
Geburt: 9.3.1872 Stommeln
Eltern: Gottschalk Franken und Friederike Hahs (Haas)
Beruf: Handelsmann (Viehhändler, Metzger)
Ehe: 14.1.1898 in Linnich: Rebekka Mendel, *28.3.1870 in Linnich
Kinder: Ernst (* 22.4.1903), Georg (*?), Elfriede (*18.11.1910)
Wohnort: Stommeln; nach der Heirat: Köln, Großer Griechenmarkt 75
Deportation: zusammen mit seiner Frau Anfang 1942 vermutlich Lager Köln-Müngersdorf; beide 10.6.1942 Lager Mausbach bei Stolberg; 15.6.1942 Deportation ab Köln-Deutz nach Theresienstadt (beide)
Tod: 6.7.1942 Theresienstadt; Ehefrau Rebekka: 15.2.1944 Theresienstadt

FROEHLICH, ELISABETH (ELSE) GEB. MOSES
Geburt: 7.1.1898 Stommeln
Eltern: Carl Moses und Sara geb. Haas
Ehe: 1937 StA Köln III, Nr. 386: Joseph Froehlich, (Reisender, gelernter Schneider, *10.2.1894 Sinzenich)
Kinder: kinderlos
Wohnort: Stommeln, Nettegasse 1; nach der Eheschließung Köln, Venloer Str. 47
Emigration: 1938 USA: ab Rotterdam 29.10.1938 SS Nieuw Amsterdam, an New York 4.11.1938; sie lebten 1960 in Wantagh, NY (1237 Hawthorne Drive W.), später in Miami Beach, FL (2829 Indian Creek Drive)
Tod: 17.7.1986 Miami Beach, FL, USA

GOLDBERG, SARA SELMA GEB. HEYMANN
Geburt: 8.3.1883 Stommeln
Eltern: Alex Heymann und Sibylla geb. Baum

Ehe: 13.10.1903 in Stommeln Samuel Goldberg (*13.4.1876 Gorzno in Westpreußen)
Kinder: Dorothea (*19.1.1905 Schmidthorst), Frieda (*1.8.1907 Schmidthorst), Josef (*17.3.1909 Stommeln)
Wohnort: Stommeln, Nettegasse 35; Schmidthorst (Duisburg-Hamborn); ca. 1908 wieder Stommeln; ab 1921 Berlin-Spandau, Schönwalder Straße 111; November 1938 – September 1939 Berlin-Spandau, Roonstraße 1; danach verfolgungsbedingt neunmaliger Wohnungswechsel, ab 9.2.1940 Berlin-Schöneberg, Westarpstraße 2 (bei Wernau)
Deportation: ab Berlin am 26.2.1943 nach Auschwitz (mit Ehemann)
Tod: vermutlich 27.3.1943 Auschwitz

GUTHMAN(N), SELMA GEB. CAHN
Geburt: 25.12.1904 Stommeln
Eltern: Albert Cahn und Bertha Sibilla geb. Frank
Ehe: 6.9.1936 Albert Guthman(n), Kaufmann, ab ca. 1933 in Köln, Kreuzgasse 17b, geb. 1.8.1896 in Gimbsheim, Kr. Worms, Vertreter in Pelzwaren; gest. 21. Mai 1953
Sohn: Jack (*19.4.1938 Köln)
Wohnort: Stommeln; 1936 Köln, Lütticher Straße 57, ab 1938 Hahnenstraße 46
Emigration: Dezember 1939 USA
Beruf: ohne; nach dem Tod ihres Mannes 1953 Manikeurin
Wohnort in den USA: zunächst Atlanta, Georgia; ab Mai 1940 Chicago, Illinois
Tod: 2. Mai 1983 Chicago, Illinois

HEIDT, JOHANNA GEB. STOCK
Geburt: 3.5.1871 Gymnich
Eltern: Abraham (Alfred) Stock u. Sophia geb. Rosenzweig
Ehe: Josef Heidt
Kinder: Josefine (*1898), Max (*1900), Julius (*1902), Martha (*1905)
Wohnort: Gymnich; Glessen; Stommeln, Berlich 36 (früher: 32a)
Tod: 23.6.1920 Stommeln

HEIDT, JOSEF

Geburt:	14.9.1864 Niederaußem
Eltern:	Samuel Heidt (1824–1914) und Josephine geb. Simons (1832–1889)
Beruf:	Viehhändler
Ehe:	Johanna Stock
Kinder:	Josefine (*1898), Max (*1900), Julius (*1902), Martha (*1905)
Wohnort:	Niederaußem; Glessen; Stommeln, Berlich 36 (früher: 32a)
Tod:	25.4.1929 Stommeln

HEIDT, JOSEFINE

Geburt:	6.4.1898 Glessen
Eltern:	Josef Heidt und Johanna geb. Stock
Ehe:	unverheiratet
Wohnort:	Glessen; Stommeln, Berlich 36 (früher: 32a)
Emigration:	ca. 1936/37 Niederlande, Amsterdam, Cliostraat 6; 1.8.1942 Sperrvermerk wegen Funktion als Dienstmagd in einem Altersheim
Deportation:	4.3.1943 Westerbork, Transport 10.3.1943 Sobibor
Tod:	13.3.1943 Sobibor

HEIDT, JULIUS

Geburt:	5.6.1902 Glessen
Eltern:	Josef Heidt und Johanna geb. Stock
Beruf:	Viehhändler
Ehe:	nach Konversion zum Katholizismus: 19.9.1933 Elisabeth Beuth, *12.10.1910 Pulheim, †2005 Pulheim
Kinder:	kinderlos
Wohnort:	Stommeln, Berlich 36 (früher: 32a); ab 1933 Pulheim, Alte Kölner Straße 20; 1937 Köln, Brabanter Str. 25; 1938 Brüsseler Str. 83; September 1944 Barackenlager Köln-Müngersdorf; in den letzten Kriegsmonaten im Untergrund in Köln; nach dem Krieg wieder in Pulheim; Bau eines Hauses (mit Stallungen) in der Bachstraße 15; 1946–1964 Bürgermeister
Tod:	18.3.1983 Pulheim

HEIDT, MARTHA
Geburt:	7.7.1905 Glessen
Eltern:	Josef Heidt und Johanna geb. Stock
Ehe:	unverheiratet
Wohnort:	Glessen; Stommeln, Berlich 36 (früher: 32a)
Emigration:	ca. 1936/37 Niederlande, Amsterdam, Stadionweg 65; als Hausangestellte tätig
Deportation:	15.7.1942 ab Westerbork nach Auschwitz-Birkenau
Tod:	30.9.1942 Auschwitz-Birkenau

HEIDT, MAX
Geburt:	17.5.1900 Glessen
Eltern:	Josef Heidt und Johanna geb. Stock
Beruf:	Kaufmann
Ehe:	28.8.1924 Eveline Pool aus Rotterdam, *30.4.1904 (oder 1903), Tochter von Eleazar Pool (*25.11.1865, gest. 5.3.1943 Sobibor) und Betje Houtkruyer in Rotterdam
Kind:	Eddy Josef, *17.6.1925
Wohnort:	Glessen; Stommeln, Berlich 36 (früher: 32a); bis 1922 in Duisburg
Emigration:	1922 Niederlande, Rotterdam; nach der Heirat dort wohnhaft in der Nähe der Schwiegereltern, Heemraadssingel 30b
Tod:	14.5.1940 Rotterdam, Opfer der Bombardierung Rotterdams durch die deutsche Luftwaffe

HERZ, ALFRED
Geburt:	29.4.1924 Stommeln
Eltern:	Ernst Herz u. Karoline (Lily) geb. Jacobsohn
Wohnort:	1924–31 Stommeln; 1931–36 Eckum; 1936–42 Köln, Neue Maastrichter Str. 3; Frühjahr 1942 Synagoge in der St.-Apern-Straße
Deportation:	27.7.1942 ab Köln nach Theresienstadt; am 15.5.1944 nach Auschwitz; 3.7.1944 Lager Schwarzheide; Ende Januar 1945 KZ Bergen-Belsen
Tod:	28.3.1945 KZ Bergen-Belsen

HERZ, ERNST MORITZ
Geburt:	20.10.1892 Rommerskirchen-Butzheim
Eltern:	Max Herz u. Helene geb. Marx

Beruf:	Kaufmann (Landesprodukte)
Ehe:	6.3.1923 Karoline (Lily) geb. Jacobsohn, *5.3.1901 Stommeln
Kinder:	1. Alfred, *1924; 2. Rudolf (Rudy), *1925; 3. Karl Otto, *1928; 4. Walter, *1930; 5. Johanna, *1938; 6. Jona, *1942
Wohnort:	1923–31 Stommeln; 1931–36 Eckum; 1936–42 Köln, Neue Maastrichter Str. 3; Frühjahr 1942 Synagoge in der St.-Apern-Straße
Deportation:	27.7.1942 ab Köln nach Theresienstadt; am 15.5.1944 nach Auschwitz; Anfang Juli 1944 KZ Blechhammer
Tod:	1944/45 KZ Blechhammer

HERZ, JOHANNA

Geburt:	25.4.1938 Stommeln
Eltern:	Ernst Herz u. Karoline (Lily) geb. Jacobsohn
Wohnort:	Köln, Neue Maastrichter Str. 3; Frühjahr 1942 Synagoge in der St.-Apern-Straße
Deportation:	27.7.1942 ab Köln nach Theresienstadt; am 15.5.1944 nach Auschwitz
Tod:	11.7.1944 Auschwitz

HERZ, JONA

Geburt:	2.1.1942 Köln
Eltern:	Ernst Herz u. Karoline (Lily) geb. Jacobsohn
Wohnort:	Köln, Neue Maastrichter Str. 3; Frühjahr 1942 Synagoge in der St.-Apern-Straße
Deportation:	27.7.1942 ab Köln nach Theresienstadt; am 15.5.1944 nach Auschwitz
Tod:	11.7.1944 Auschwitz

HERZ, KARL OTTO

Geburt:	9.8.1928 Stommeln
Eltern:	Ernst Herz u. Karoline (Lily) geb. Jacobsohn
Beruf:	Chemiker
Ehe:	1952 Annette Kittens, *11.5.1933 New York
Kinder:	6 Kinder, davon 2 als Kleinkinder verst.: 1. Carol Lynn, *1956; 2. Ronald, *1962; 3. Debra, *1963; 4. Barbara, *1965
Wohnort:	1928–31 Stommeln, 1931–36 Eckum, 1936–42 Köln, Neue Maastrichter Str. 3; Frühjahr 1942 Synagoge in der St.-Apern-Straße; nach 1945 USA

Deportation: 27.7.1942 ab Köln nach Theresienstadt; am 15.5.1944 nach Auschwitz; Oktober 1944 KZ Sosnowitz II; Januar 1945 Todesmarsch Sosnowitz–Troppau; 4.2.1945 KZ Mauthausen-Gusen I; Befreiung 5.5.1945; Emigration USA
Wohnorte nach 1945: 1946 New York, USA; 1970 Rom, Italien; seit 1994 Las Vegas, NV, USA
Tod: 21.12.2013 Las Vegas, NV, USA

HERZ, KAROLINE (LILY) GEB. JACOBSOHN

Geburt: 5.3.1901 Stommeln
Eltern: Jakob Jacobsohn und Henriette geb. Kappel
Ehe: 6.3.1923 Ernst Herz
Kinder: 1. Alfred, *1924; 2. Rudolf (Rudy), *1925; 3. Karl Otto, *1928; 4. Walter, *1930; 5. Johanna, *1938; 6. Jona, *1942
Wohnort: 1901–31 Stommeln, 1931–36 Eckum, 1936–42 Köln, Neue Maastrichter Str. 3; Frühjahr 1942 Synagoge in der St.-Apern-Straße
Deportation: 27.7.1942 ab Köln nach Theresienstadt; am 15.5.1944 nach Auschwitz
Tod: 11.7.1944 Auschwitz

HERZ, RUDOLF (RUDY)

Geburt: 23.8.1925 Stommeln
Eltern: Ernst Herz u. Karoline (Lily) geb. Jacobsohn
Beruf: Uhrmacher; Gärtnereibesitzer
Ehe: 1964 Ursula geb. Syré
Kinder: 1. Carolyn, *1964; 2. Raphael, *1966; 3. Chantal, *1972
Wohnort: 1925–31 Stommeln, 1931–36 Eckum, 1936–42 Köln, Neue Maastrichter Str. 3; Frühjahr 1942 Synagoge in der St.-Apern-Straße
Deportation: 27.7.1942 ab Köln nach Theresienstadt; am 15.5.1944 nach Auschwitz; 3.7.1944 Lager Schwarzheide; Ende August/Anfang September 1944 Lager Lieberose; 2.–9.2.1945 Todesmarsch Lieberose–KZ Sachsenhausen; Februar 1945 KZ Mauthausen–Gusen II; Befreiung 5.5.1945; Emigration USA
Wohnorte nach 1945: 1946 Chicago, IL, USA; 1963 Menton, Südfrankreich; 1967 Augusta, GA, USA; seit 1970 Myrtle Beach, SC, USA
Tod: 18.10.2011 Charleston, SC, USA

HERZ, WALTER
Geburt: 4.8.1930 Stommeln
Eltern: Ernst Herz u. Karoline (Lily) geb. Jacobsohn
Wohnort: 1930–31 Stommeln, 1931–36 Eckum, 1936–42 Köln, Neue Maastrichter Str. 3; Frühjahr 1942 Synagoge in der St.-Apern-Straße
Deportation: 27.7.1942 ab Köln nach Theresienstadt; am 15.5.1944 nach Auschwitz
Tod: 11.7.1944 Auschwitz

HEYMANN, ALEXANDER (ALEX)
Geburt: 25.9.1854 Büsdorf
Eltern: 5.12.1853 Gottschalk Heymann (Heumann; 24.5.1824 Tietz – 13.12.1876 Büsdorf) und Sara Cahn (1825 Kommern – 8.1.1908 Stommeln)
Beruf: Immobilienmakler
Ehe: 12.5.1881 in Köln Sibylla Baum, *25.12.1854
Kinder: Alfred Gottschalk (*1882), Sara gen. Selma (*1883), Emil (*1884), Karl (*1886), Henriette (*1888)
Wohnort: Stommeln, Nettegasse 35
Tod: 30.6.1927 Stommeln

HEYMANN, ALFRED GOTTSCHALK
Geburt: 11.2.1882 Stommeln
Eltern: Alex Heymann und Sibylla geb. Baum
Wohnort: Stommeln, Nettegasse 35
Emigration: USA, lebte in Chicago
Tod: ?

HEYMANN, ANNA (ÄNNE, AENNE)
Geburt: 12.5.1907 Stommeln
Eltern: Joseph Heymann und Dora geb. Ehrlich
Beruf: Technische Gewerbelehrerin
Ehe: unverheiratet
Wohnort: Stommeln; Köln-Lindenthal; Haifa, Palästina/Israel, Rechov Horev (Horev-Straße)
Emigration: Mai 1930 Haifa, Palästina; Dienst in der »Hagana« im Range eines Colonels; seit 1949 Mitarbeiterin der WIZO (Women's

International Zionist Organization), zuletzt deren Direktorin im Nordbezirk
Tod: ?

HEYMANN, DORA GEB. EHRLICH
Geburt: 6.5.1878 Sindorf
Eltern: Samuel Ehrlich und Sophia geb. Ullmann
Beruf: Verkäuferin
Ehe: ca. 1904 Joseph Heymann
Kinder: Georg (1905), Änne (1907), Martha (1910), Josefine (1917)
Wohnort: Sindorf; seit 23.10.1900 Düren; nach der Hochzeit Stommeln
Tod: Sept./Okt. 1926 in Köln, beigesetzt auf dem jüdischen Friedhof in Deckstein, Köln-Lindenthal

HEYMANN, EMIL
Geburt: 12.9.1884 Stommeln
Eltern: Alex Heymann und Sibylla geb. Baum
Wohnort: Stommeln, Nettegasse 35; Barmen: 1925 Mühlenweg 6; später Sonntagstraße 18
Beruf: Kaufmann
Ehe: 12.1.1926 in Barmen Else Wolff (geboren in Goch)
Sohn: Rolf (*13.11.1927)
Deportation: 10.11.1941 ab Düsseldorf-Derendorf nach Minsk (mit Frau und Sohn)
Tod: verschollen

HEYMANN, GEORG
Geburt: 12.3.1905 Stommeln
Eltern: Joseph Heymann und Dora geb. Ehrlich
Beruf: Dr. jur.; Rechtsanwalt (Arbeitsrecht); politische Betätigung im kommunistischen Widerstand; nach Wiedergutmachung um 1970 im Range eines Landesgerichtsrats pensioniert
Wohnort: Stommeln; Köln; Haifa; Brühl im Rhld.
Verhaftungen: 1933 sieben Wochen Schutzhaft in Brauweiler; 3.4.1936 Verhaftung durch die Gestapo, ein Jahr Untersuchungshaft (Verlust eines Auges im Verhör), am 24.4.1937 wegen »Anstiftung zum Hochverrat« zu drei Jahren Zuchthaus in Siegburg verurteilt; Haftentlassung 24.4.1939

Emigration:	Seine erste Frau Alice (im kommunistischen Widerstand in den Niederlanden), verhalf ihm 1939 zu einem Visum über Großbritannien (Southhampton) nach Palästina; Ankunft in Haifa 1939. Dort Soldat in der Royal Air Force (Bodenpersonal).
Ehen:	1. 1930 Alice David, geb. 9.1.1909 Dortmund, gest. 19.2.1996 Frankfurt/M.; geschieden
	2. Ehe nach 1945 in Israel: Eva Weiss; geschieden
	3. nach der Rückkehr nach Deutschland 1962 Käthe NN
Kinder:	NN (*1962), Dorothea (1963)
Tod:	4.3.1994 Brühl, Rhld.

HEYMANN, HENRIETTE

Geburt:	17.11.1888 Stommeln
Eltern:	Alex Heymann und Sibylla geb. Baum
Wohnort:	Stommeln, Nettegasse 35
Ehe:	unverheiratet
Tod:	31.8.1917 Stommeln

HEYMANN, JOSEFINE

Siehe: Plaut, Josefine geb. Heymann

HEYMANN, JOSEPH

Geburt:	12.3.1868 Büsdorf
Eltern:	5.12.1853 Gottschalk Heymann (Heumann; 24.5.1824 Tietz – 13.12.1876 Büsdorf) und Sara Cahn (1825 Kommern – 8.1.1908 Stommeln)
Beruf:	Immobilienmakler
Ehe:	ca. 1904 Dora Ehrlich, *6.5.1878 Sindorf
Kinder:	Georg (*1905), Änne (*1907), Martha (*1910), Josefine (*1917)
Wohnort:	Büsdorf; Stommeln; 1927 Köln-Lindenthal, Lindenburger Allee 30
Emigration:	Januar 1936 Palästina
Tod:	Oktober 1936 Haifa, Palästina

HEYMANN, KARL

Geburt:	13.9.1886 Stommeln
Eltern:	Alex Heymann und Sibylla geb. Baum
Ehe:	20.7.1916 Bernardine Josephine Albertz

Wohnort: Stommeln, Nettegasse 35; Dortmund
Tod: 24.2.1922 Dortmund, beigesetzt auf dem jüdischen Friedhof in Stommeln

HEYMANN, MARTHA
Siehe: Schwarz, Martha geb. Heymann

HEYMANN, SARA SELMA
Siehe: Goldberg, Sara Selma geb. Heymann

HEYMANN, SIBYLLA GEB. BAUM
Geburt: 25.12.1854 Köln
Eltern: Jacob Baum (*1823 Stommeln, gest. 18.2.1896 Stommeln) und Sara geb. Salomon (*1828 Zündorf)
Ehe: 12.5.1881 Alex Heymann, *25.9.1854
Kinder: Alfred Gottschalk (*1882), Sara gen. Selma (*1883), Emil (*1884), Karl (*1886), Henriette (*1888)
Wohnort: Köln; Stommeln, Nettegasse 35
Tod: 15.9.1921 Stommeln

JACOBSOHN, HENRIETTE GEB. KAPPEL
Geburt: 27.7.1864 Stommeln
Eltern: Abraham Kappel u. Amalie geb. Kaufmann
Ehe: Jakob Jacobsohn, *15.7.1868 Hönningen, gest. 4.11.1934 Stommeln
Kinder: 1. Hermann, *1895; 2. Siegfried, *11.11.1896; 3. Karoline (Lily), *5.3.1901
Wohnort: Stommeln; 1931–36 Rommerskirchen-Eckum; 1936–42 Köln, Neue Maastrichter Str. 3; Frühjahr 1942 Synagoge in der St.-Apern-Straße
Deportation: 27.7.1942 ab Köln nach Theresienstadt
Tod: 17.3.1944 Theresienstadt

JACOBSOHN, HERMANN
Geburt: 4.7.1895 Köln
Eltern: Jakob Jacobsohn und Henriette geb. Kappel
Beruf: Kaufmann

Ehe: 1) 6.2.1926 in Bonn Elisabeth Neukirchen aus Köln (*15.10.1899 Köln, †6.10.1972 Köln, katholisch); 2) 1978 Hildegard Beckstedde
Tochter: Helga verh. Pilar, *20.1.1927
Wohnort: 1895–1899 Frechen; 1899–1909 Stommeln; 1909–1913 Mons (Belgien); 1913–1917 Stommeln; 1917–1924 Köln; 1924–1926 Stommeln; 1926 Bonn-Beuel; 1926–1931 Porz; ab 1931 Köln
Konversion zum kath. Glauben: 10.5.1939
Lager: 12.9.1944 Lager Köln-Müngersdorf, am 14.9.1944 Lager verlassen, in wechselnden Verstecken im Untergrund überlebt, zuletzt in Köln-Gremberg, dort am 13.4.1945 von den Amerikanern befreit
Tod: 2.12.1990 Köln

JACOBSOHN, KAROLINE (LILY)

Siehe: Herz, Karoline (Lily) geb. Jacobsohn

JACOBSOHN, SIEGFRIED

Geburt: 11.11.1896 Frechen
Eltern: Jakob Jacobsohn und Henriette geb. Kappel
Wohnort: Frechen, ab 1899 Stommeln
Tod: als Kriegsfreiwilliger am 28.12.1914 in Frankreich gefallen

KAHN, ANTOINETTE GEB. MOSES

Geburt: 19.9.1889 Stommeln
Eltern: Carl Moses und Sara geb. Haas
Beruf: Hausangestellte
Ehe: 6.2.1941 in Köln-Lindenthal (Nr. 31): Max Kahn (Kaufmann, *2.9.1882 Simmershausen (Thüringen, Landkreis Hildburghausen)
Kinder: kinderlos
Wohnort: Stommeln; Köln, Dürener Straße 270; 1941: Köln, Eburonenstraße 10–12
Deportation: 30.10.1941 ab Köln nach Lodz (mit ihrem Mann, der dort am 13.6.1942 verstarb)
Tod: verschollen

KATZ, ANNA GEB. MOSES

Geburt: 12.4.1899 Stommeln
Eltern: Carl Moses und Sara geb. Haas
Beruf: Hausfrau
Ehe: 1927 in Stommeln Walter Katz (Kaufmann; *1.4.1895 Göttingen, gest. 27.3.1936 Köln)
Kind: Hella (13.4.1929 Köln; am 22.10.1941 nach Lodz deportiert)
Wohnort: Stommeln; ab 1927 Köln, Mainzer Str. 39; 1938: Lindenstraße 23; 1939: Lochnerstraße 12–14; zuletzt Eburonenstraße 10–12 (Judenhaus)
Deportation: ab Köln 22.10.1941 nach Lodz (mit Tochter Hella)
Tod: verschollen

LEVI (LEVY), ROSALIE (ROSI) GEB. CAHN VERW. STOCK

Geburt: 14.12.1895 Stommeln
Eltern: Albert Cahn und Bertha Sibilla geb. Frank
Ehe: 1) 23.2.1922 Josef Stock aus Lommersum, verstorben;
2) 1933 Carl Levi aus Frechen, gest. 1937
Kinder: ohne
Wohnort: Stommeln; Lommersum; Frechen; November 1937 Köln, Lütticher Straße 57; 1938 Kerpen, Hindenburgstraße 2 (Filzengraben); nach dem Novemberpogrom 1938 erneut nach Köln zu Schwester Selma Guthmann, Hahnenstraße 46; im Juni 1939 wieder nach Kerpen
Deportation: Am 14.6.1942 von Kerpen nach Bonn abtransportiert, von dort möglicherweise nach Theresienstadt deportiert
Tod: Datum unbekannt

LEVY, FRIEDA GEB. MOSES

Geburt: 17.1.1903 Stommeln
Eltern: Carl Moses und Sara geb. Haas
Beruf: In den USA: Diamantschleiferin; Masseurin
Ehe: 1950 Max Levy (19.4.1899–22.5.1979)
Wohnort: Stommeln
Emigration: 1938 USA: ab Hamburg 17.5.1938, an New York 26.5.1938
Wohnort in den USA: New York (1960: Rego Park, 63 78th Street), in den letzten Jahren Miami Beach, Florida
Tod: ?

MENDEL, WILHELMINE GEB. STOCK

Geburt: 10.11.1860 Stommeln
Eltern: Simon Stock und Esther geb. Cahn
Ehe: Salomon Mendel (*1854 Coesfeld, gest. ca. 1893, Köln), Mitinhaber der Militäreffektenfabrik Gebr. Mendel, Mauritiussteinweg 75, seit 1893 Huhnsgasse 21
Kinder: vermutlich kinderlos
Wohnort: Stommeln; Köln, Mauritiussteinweg 75, 1893 Roonstraße 31, 1894 Pfälzer Straße 46, 1941 Cäcilienstraße 18–22
Deportation: 15.6.1942 ab Köln-Deutz nach Theresienstadt
Tod: 23.9.1942 Theresienstadt

MOSES, ADELHEID

Geburt: 26.2.1868 Stommeln
Eltern: Philipp Moses und Amalie geb. Hoffmann
Tod: vermutl. bereits als Kleinkind verstorben

MOSES, ANNA

Siehe: Katz, Anna geb. Moses

MOSES, ANTOINETTE

Siehe: Kahn, Antoinette geb. Moses

MOSES, CARL

Geburt: 23.10.1857 Stommeln
Eltern: Philipp Moses (2.6.1822–11.2.1876) und Amalie Hoffmann (1828–1912)
Beruf: Metzger und Viehhändler
Ehe: 8.8.1888 Sara geb. Haas
Kinder: Antoinette (*1889), Georg (*1891), Hugo (*1893), Ernst Jakob (*1895), Else (*1898), Anna (*1899), Frieda (*1903)
Wohnort: Stommeln, Nettegasse 1
Tod: 22.7.1937 Stommeln

MOSES (MOORE), DINA GEB. MONHAJT

Geburt: 26.8.1898 Köln
Eltern: Leon Monhajt und NN.
Ehe: 1925 Ernst Jakob Moses aus Stommeln
Kinder: Herbert Leon (*19.6.1926 Köln), Ilse (*17.10.1929 Köln)

Wohnort: Köln, Bonner Str. 7; ab 1932 Stommeln
Emigration: 1937 USA: ab Hamburg 21.4.1937 SS Washington, an New York 29.4.1937; zunächst: Roslyn Estates, Long Island, NY; dann Monmouth Junction, NJ
Tod: 2.11.1972

MOSES, ELISABETH (ELSE)
Siehe: Froehlich, Elisabeth (Else) geb. Moses

MOSES (MOORE), ERNST JAKOB (JACK ERNEST)
Geburt: 1.2.1895 Stommeln
Eltern: Carl Moses und Sara geb. Haas
Beruf: Reisender
Ehe: 1925 Dina Monhajt (26.8.1898 Köln–2.11.1972)
Kinder: Herbert Leon (*19.6.1926 Köln), Ilse (17.10.1929 Köln)
Wohnort: Stommeln, Nettegasse 1; Köln, Bonner Str. 7; ab 1932 wieder Stommeln
Emigration: 1937 USA: ab Hamburg 21.4.1937 SS Washington, an New York 29.4.1937; Wohnort zunächst: Bronx, NY, Apartmenthaus in der 138th Street; etwa 1939 nach Roslyn Estates, Long Island, NY; dann Monmouth Junction, NJ, Dayton Road
Tod: 22.5.1975 New York, USA

MOSES, FRIEDA VERH. LEVY
Siehe: Levy, Frieda geb. Moses

MOSES, GEORG
Geburt: 28.1.1891 Stommeln
Eltern: Carl Moses und Sara geb. Haas
Beruf: Kaufmann, Inhaber des vom Schwiegervater übernommenen Geschäftes für Herrenmodewaren »Walter & Cahn« in Köln-Lindenthal, Schallstraße 22
Ehe: ca. 1921 Elli Walter (*11.10.1894 Siegburg)
Kinder: Inge (*1922 Bonn), Alice (*1927 Köln)
Wohnort: Stommeln, Nettegasse 1; 1930 Schallstraße 22; 1937 Brüsseler Straße 4

Emigration:	1940 USA: ab Rotterdam 10.2.1940 SS Volendam, an New York 22.2.1940; wohnhaft in New York (628 W 151st St), später in Florida
Tod:	27.7.1967, USA

MOSES (MOORE), HERBERT LEON

Geburt:	19.6.1926 Köln
Eltern:	Ernst Moses u. Dina geb. Monhajt
Ehe:	23.8.1953 Ruth Constance Berkower
Kinder:	Karl Barry (*23.8.1956), Susan (*19.11.1958)
Wohnort:	Köln, Bonner Str. 7; ab 1932 Stommeln, Nettegasse 1
Emigration:	1937 USA
Wohnort:	Monmouth Junction, NJ; Carmel, NY
Tod:	?

MOSES, HUGO

Geburt:	5.3.1893 Stommeln
Eltern:	Carl Moses und Sara geb. Haas
Beruf:	Metzger
Wohnort:	Stommeln, Nettegasse 1
Tod:	Gefallen am 19.9.1915 b. Porakity, Russland (Kriegsfreiwilliger, Musketier der 5. Kompanie des 3. Unterelsässischen Infanterieregiments Nr. 138)

MOSES, ILSE

Geburt:	17.10.1929 Köln
Eltern:	Ernst Moses und Dina geb. Monhajt
Wohnort:	Köln, Bonner Straße 7; ab ca. 1932 Stommeln, Nettegasse 1; 15.8.1937 Franz-Sales-Haus in Essen; von dort am 22.3.1939 zu Anna Katz geb. Moses in Köln, Lochnerstraße 12–14; zuletzt Kurfürstenstraße 18
Deportation:	Ab Köln 7.12.1941 Riga
Tod:	verschollen

MOSES, JOHANNA

Geburt:	4.8.1864 Stommeln
Eltern:	Philipp Moses (*2.6.1822–11.2.1876) und Amalie Hoffmann (1828–1912)
Beruf:	Händlerin, Spezereiwarengeschäft

Ehe: unverheiratet
Wohnort: Stommeln, Kattenberg 27 (früher: 23); nach dem Novemberpogrom 1938 in Köln, Lochnerstraße 12–14; seit ca. Mai 1940 Kurfürstenstraße 18; zuletzt: Bachemer Straße (95?)
Deportation: ab Köln 15.6.1942 nach Theresienstadt, von dort am 19.9.1942 nach Treblinka
Tod: 21./22.9.1942 Treblinka

MOSES, SARA GEB. HAAS
Geburt: 2.6.1860 Stommeln
Mutter: Helena Haas, ledig; Vater: Heinrich Cahn
Beruf: Näherin
Ehe: 8.8.1888 Carl Moses
Kinder: Antoinette (*1889), Georg (*1891), Hugo (*1893), Ernst Jacob (*1895), Else (*1898), Anna (*1899), Frieda (*1903)
Wohnort: Stommeln, Nettegasse 1
Tod: 3.8.1929 Stommeln

MOSES, SIEGMUND
Geburt: 25.9.1859 Stommeln
Eltern: Philipp Moses und Amalie geb. Hoffmann
Beruf: Kaufmann; nach der Eheschließung Inhaber des Herrenmaßgeschäftes Oberländer & Cie. in der Glockengasse 13 (1905) bzw. 20 (1930)
Ehe: Martha Oberländer aus Köln, gest. 1899
Wohnort: Stommeln; vor der Ehe als Büroangestellter in Bonn; nach der Ehe Köln, Lütticher Str. 65 (1905) bzw. Kamekestraße 16 (1930); nach Geschäftsaufgabe Köln-Braunsfeld, Aachener Straße 410 (1934) bzw. 412 (1938)
Tod: 1942 Köln-Ehrenfeld (Urkunde Nr. 347/1942)

PLAUT, JOSEFINE GEB. HEYMANN
Geburt: 24.2.1917 Stommeln
Eltern: Joseph Heymann und Dora geb. Ehrlich
Beruf: Schneiderin
Ehe: Elchanan Plaut
Kind: Dan, NN
Wohnort: Stommeln; 1927 Köln; 1936 Haifa, später Beit Yitzhak (Beth Jizchak), Palästina

Emigration: Januar 1936 Palästina
Tod: ?

ROSENDAHL, PAULA GEB. EHRLICH
Geburt: 6.5.1878 Sindorf
Eltern: Samuel Ehrlich und Sophia Ullmann
Ehe: 24.2.1910 in Horrem Emil Rosendahl, Pferdehändler, geb. 15.4.1866 Gangelt, gest. 20.1.1935 Gangelt, Kr. Geilenkirchen
Kinder: kinderlos
Wohnort: Sindorf; 1910 Gangelt; nach dem Tod ihres Mannes 1935: Stommeln (bei ihrer Mutter)
Tod: 20.10.1938 Stommeln (»Herzlähmung«)

SANDER, JEANETTE GEB. STOCK
Geburt: 6.12.1867 Stommeln
Eltern: Lazarus Stock und Bertha geb. Kaufmann
Heirat: David Sander aus Düsseldorf (1910: Agent; 1915: Gemäldehändler, 1920: Prokurist), verstorben vor 1934
Kinder: ?
Wohnort: Stommeln; Düsseldorf, 1910: Pionierstraße 10; ab 1920 Rathausufer 23
Tod: 1935 Düsseldorf (StA Düsseldorf-Mitte Nr. 1919)

SCHWARZ, MARTHA GEB. HEYMANN
Geburt: 12.7.1910
Eltern: Joseph Heymann und Dora geb. Ehrlich
Beruf: Technische Gewerbelehrerin
Ehe: Leopold Schwarz (?–11.2.1974)
Kinder: Josef; Yigal
Wohnort: Stommeln; 1927 Köln; 1933 Haifa, später Shavei Zion, Palästina
Emigration: 1933 Palästina
Tod: ?

STOCK, ALBERT
Geburt: 27.10.1879 Stommeln
Eltern: Lazarus Stock und Bertha geb. Kaufmann
Wohnort: Stommeln, Nettegasse 7 (heute: 11)
Tod: 12.2.1881

STOCK, AMALIE
Geburt: 7.4.1874 Stommeln
Eltern: Lazarus Stock und Bertha geb. Kaufmann
Wohnort: Stommeln; Essen
Tod: 1889 Essen

STOCK, BERTA
Geburt: 6.10.1906 Stommeln
Eltern: Jakob Stock und Emma geb. Adler
Ehe: unverheiratet
Wohnort: Stommeln, Nettegasse 7 (heute: 11)
Deportation: 15.6.1942 ab Köln nach Theresienstadt; von dort am 19.10.1944 nach Auschwitz-Birkenau
Tod: vermutl. 20.10.1944 Auschwitz-Birkenau

STOCK, CLARA
Geburt: 11.4.1878 Stommeln
Eltern: Lazarus Stock und Bertha geb. Kaufmann
Wohnort: Stommeln, Nettegasse 7 (heute: 11)
Tod: vermutlich als Kleinkind verstorben

STOCK, EMIL
Geburt: Juli 1881 Stommeln
Eltern: Lazarus Stock und Bertha geb. Kaufmann
Wohnort: Stommeln
Tod: 22.8.1881 Stommeln (3 Monate alt)

STOCK, EMMA GEB. ADLER
Geburt: 17.11.1869 Kelsterbach
Ehe: 1904 Jakob Stock aus Stommeln
Kinder: Berta (*1906), Hans Max (*1908), Hilde (*1911)
Wohnort: Kelsterbach; seit 1904 Stommeln, Nettegasse 7 (heute: 11)
Tod: 29.6.1940 Stommeln

STOCK, HANS MAX
Geburt: 12.1.1908 Stommeln
Eltern: Jakob Stock und Emma geb. Adler
Beruf: kaufmännische Ausbildung
Ehe: unverheiratet

Wohnort: Stommeln, Nettegasse 7 (heute: 11)
Inhaftierung: 15.11.1938–23.12.1938 Dachau
Deportation: 20.7.1942 ab Köln nach Minsk
Tod: 24.7.1942 Maly Trostinez

STOCK, HELENA
Geburt: 5.2.1853 Stommeln
Eltern: Simon Stock und Ester geb. Cahn
Ehe: nach Konversion zum katholischen Glauben am 17.6.1891 in St. Columba in Köln: Witwer Bäckermeister Mathias Schmitz aus Stommeln, *6.7.1855, nichtjüdisch
Wohnort: Stommeln
Tod: 8.12.1895 Stommeln

STOCK, HELENE
Geburt: 4.6.1876 Stommeln
Eltern: Lazarus Stock (*1838) und Bertha geb. Kaufmann (1842–1899, Heirat 11.6.1863)
Beruf: unbekannt
Ehe: unverheiratet
Wohnort: Stommeln, Venloer Str. 579, ab 1939 Nettegasse 7 (heute: 11)
Deportation: 15.6.1942 ab Köln nach Theresienstadt
Tod: 5.4.1944 Theresienstadt

STOCK, HILDEGARD (HILDE)
siehe: Altman(n), Hildegard (Hilde) geb. Stock

STOCK, JAKOB
Geburt: 20.9.1869 Stommeln (Zweitältester von 11 Kindern)
Eltern: Lazarus Stock (*1838) und Bertha geb. Kaufmann (1842–1899, Heirat 11.6.1863)
Beruf: Viehhändler
Ehe: 1904 Emma Adler (*1869 Kelsterbach–1940)
Kinder: Berta (*1906), Hans Max (*1908), Hilde (*1911)
Wohnort: Stommeln, Nettegasse 7 (heute: 11)
Deportation: 15.6.1942 ab Köln nach Theresienstadt; 1945 Rückkehr nach Köln
Tod: 24.9.1951 Köln-Ehrenfeld

STOCK, JOHANNETA (JEANETTE)
Siehe: Sander, Jeanette geb. Stock

STOCK, JOSEF
Geburt: 24.8.1887 Stommeln
Eltern: Lazarus Stock und Bertha geb. Kaufmann
Beruf: Metzger
Wohnort: Stommeln
Tod: 27.9.1916 St. Quentin, Kriegslazarett, gefallen als Unteroffizier der 8. Kompagnie des Infanterieregiments 363

STOCK, MAX
Geburt: 12.2.1885 Stommeln
Eltern: Lazarus Stock und Bertha geb. Kaufmann
Beruf: Kaufmann; nach dem Ersten Weltkrieg Inhaber des Möbelhauses Gebrüder Stock in Düsseldorf, Hohe Straße 22 (1934: Bettenspezialhaus)
Heirat: Rosel Bruch aus Düsseldorf
Wohnort: Stommeln; nach der Heirat: Düsseldorf, Rathausufer 23; seit 1930: Kaiserswerther Straße 222, 1934 umbenannt in Richthofenstraße
Emigration: zweite Hälfte 1930er Jahre Argentinien; 1938 Aberkennung der deutschen Staatsangehörigkeit

STOCK, MOSES
Geburt: 30.1.1872 Stommeln
Eltern: Lazarus Stock (*1838) und Bertha geb. Kaufmann (1842–1899, Heirat 11.6.1863)
Beruf: Hausierer (1899), Kaufmann
Ehe: Nanni (Nanny, Anna) Weiß, * 11.7.1877 Bad Windsheim
Kinder: Oskar, Berta
Wohnort: Stommeln; Köln-Sülz, Kyllburger Str. 16
Emigration: vermutlich vor 1938: Niederlande, Hilversum, Taludweg 81. 1940 wurde ihm die deutsche Staatsangehörigkeit aberkannt. Vermutlich 29.1.1942 zwangsweise nach Amsterdam-Zuid umgesiedelt (Amstellaan 55)
Deportation: 27.3.1943 mit Frau im Lager Westerbork; von dort beide am 20.7.1943 nach Sobibor deportiert
Tod: 23.7.1943 Sobibor (Frau ebenfalls)

STOCK, TONI (seit 1924: TONI DAGO)

Geburt:	8.9.1882 Stommeln
Eltern:	Lazarus Stock und Bertha geb. Kaufmann
Beruf:	Kaufmann; seit den 1920er Jahren Inhaber einer Möbelhandlung in der Apostelnstraße 3–5 in Köln
Ehe:	Else Apfelbaum, *17.6.1887 Arnhem, geschieden am 29.5.1940 in Amsterdam
Kinder:	Erich; Stieftochter: Hildegard
Wohnort:	Stommeln; Köln, Moltkestraße 51; seit 1930 Zülpicher Str. 83
Emigration:	ca. Mai 1933 nach Holland, seit 16.6.1933 in Amsterdam, NL, seit 14.8.1939 Beethovenstraat 124; er betrieb dort einen Bridgeclub
Deportation:	am 15.1.1943 wegen »politischer Betätigung« verhaftet, ins Lager Westerbork eingewiesen; von dort am 20.4.1943 nach Sobibor deportiert
Tod:	23.4.1943 Sobibor

ORTSLEXIKON

ORTE, WO JUDEN AUS STOMMELN INHAFTIERT WAREN ODER STARBEN

AUSCHWITZ, Konzentrations- und Vernichtungslager
Auschwitz, im polnischen Oberschlesien gelegen, war das größte nationalsozialistische Konzentrations- und Vernichtungslager. Die Anfänge des Stammlagers Auschwitz I gehen auf das Jahr 1940 zurück. Am 1. März 1941 waren bereits 10 900 Häftlinge registriert. Im gleichen Jahr begann man in drei Kilometer Entfernung mit dem Bau eines zweiten Lagers, Auschwitz-Birkenau, wo die Gaskammern und Krematorien betrieben wurden. Vier Meter hohe, elektrisch geladene Stacheldrahtzäune schlossen die beiden Lager Auschwitz I und II ein. Etwa einen Kilometer außerhalb war der ganze Komplex noch einmal von einer Kette von Wachposten umgeben, der »Postenkette«, bestehend aus bewaffneten Angehörigen der SS-Totenkopfverbände mit scharfen Hunden. Im benachbarten Monowitz, wo die synthetischen Gummiwerke Buna angesiedelt waren, entstand ein drittes Lager, wo inhaftierte Juden bis zur völligen Erschöpfung als Arbeitssklaven für die Buna-Werke, die I. G. Farben, die Oberschlesischen Hydrierwerke und andere deutsche Firmen ausgebeutet wurden. Dazu entstanden weit verstreut noch 45 Außenlager, wo Juden unter unmenschlichen Bedingungen zur Zwangsarbeit in Industriebetrieben herangezogen wurden. Auschwitz war das Zentrum eines weitverzweigten Lagersystems, das von einem Stab im Hauptlager Auschwitz I beaufsichtigt wurde.

Auschwitz-Birkenau war der größte Komplex innerhalb des Gesamtlagers. Zwischen März 1942 und November 1944 war er Ziel von 650 Deportationszügen mit jeweils 1 000 bis 2 000 Menschen aus ganz Europa. Fast täglich trafen sie ein, an manchen Tagen auch zwei oder gar drei. Das von Adolf Eichmann (1906–1962) geleitete Referat IV B 4 (»Judenreferat«) im Reichssicherheitshauptamt in Berlin organisierte mittels umfangreicher Fahrpläne diese »Sonderzüge« der Deutschen Reichsbahn. Rund 1,1 Millionen Menschen wurden in Auschwitz ermordet.[1]

Auf der Rampe in Auschwitz-Birkenau trieben SS-Männer die Menschen aus den Güterwaggons der ankommenden Züge. Ihre letzte persönliche Habe, verstaut in Rucksäcken und Koffern, mussten sie zurücklassen und sich in zwei Reihen aufstellen, nach Männern und Frauen getrennt.

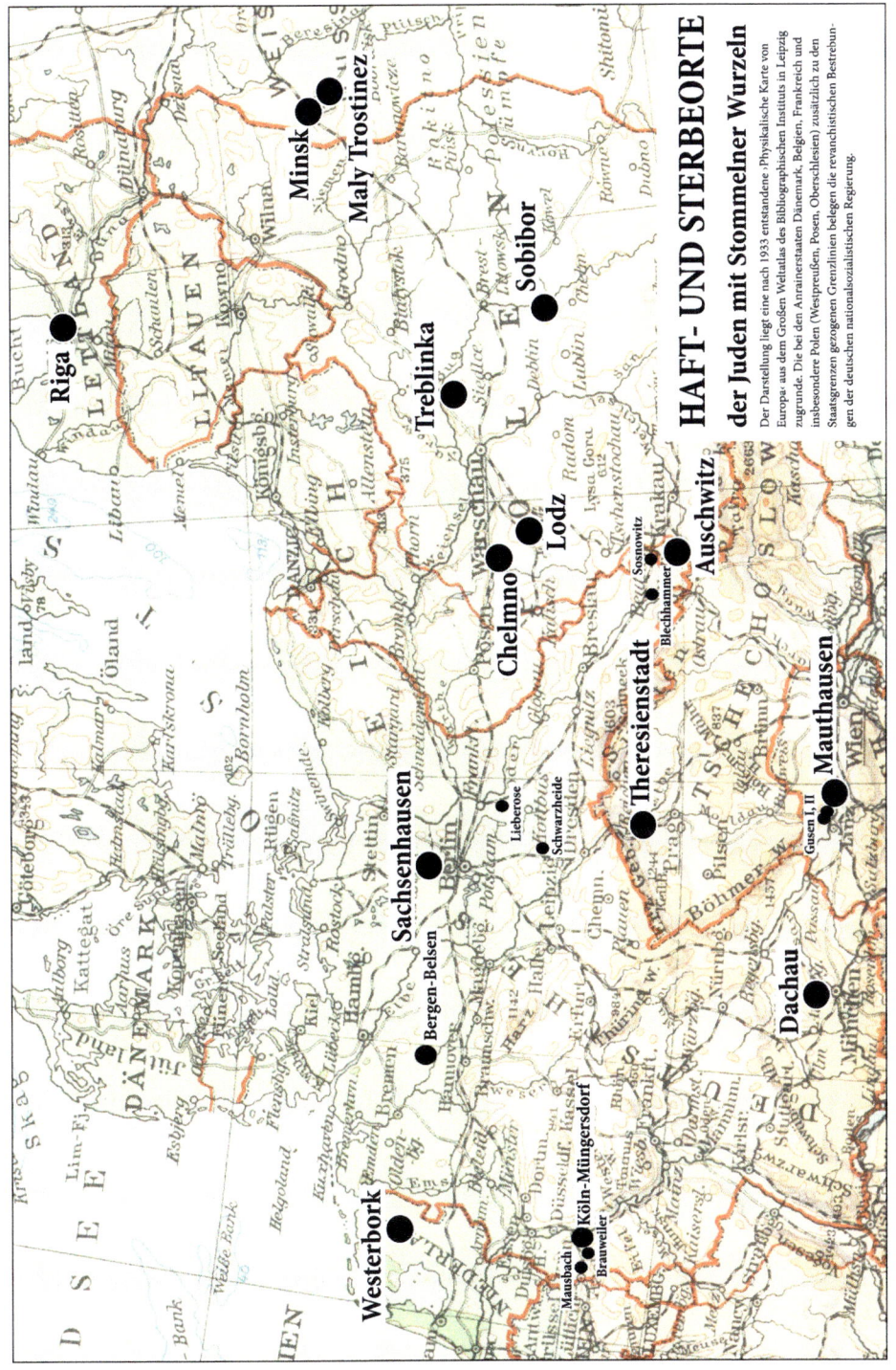

Kinder bis 14 Jahren blieben bei ihren Müttern. SS-Lagerärzte führten dann »Selektionen« durch, ein Fingerzeig nach rechts oder links genügte: Die linke Reihe, der weitaus größere Teil, wurde sofort in die Gaskammern geführt, der rechte, kleinere Teil von Jungen und Kräftigen war zur Zwangsarbeit bestimmt. Waren sie dazu, oft schon nach wenigen Wochen, nicht mehr in der Lage, wurden auch sie ins Gas geschickt.

Für eine vorübergehende Zeit spielte das sogenannte »Theresienstädter Familienlager« eine Sonderrolle in Birkenau. Es war Anfang September 1943 im Lagerabschnitt B IIb für Juden aus Theresienstadt eingerichtet worden, 600 Meter lang und 130 Meter breit, durch Stacheldraht vom sonstigen Lager getrennt. Bei dem betroffenen Personenkreis aus Theresienstadt fand an der Rampe keine Selektion statt. Die Familien wurden auch nicht auseinandergerissen, sondern im gleichen Lagerabschnitt in den großen »Blocks« (riesige Holzbaracken) untergebracht, allerdings nach Geschlechtern getrennt. Die Häftlinge trugen weiter ihre zivile Kleidung und wurden nicht kahlgeschoren. Hintergrund dieser Sonderbehandlung war, dass man in Theresienstadt beruhigend wirken wollte angesichts der dort umgehenden Gerüchte über die Ermordung in Auschwitz durch Gas. Hinzu kam, dass die SS das Familienlager bereithalten wollte, um es einer Delegation des Internationalen Komitees des Roten Kreuzes vorzuführen, deren Besuch man befürchtete. Als dieser Besuch dann zwar in Theresienstadt, nicht aber in Auschwitz stattfand, wurde das Familienlager in zwei Etappen am 8. März und in den Nächten des 11. und 12. Juli 1944 aufgelöst und die verbliebenen Insassen ohne Selektion ausnahmslos ins Gas geschickt.

Heinrich Himmler, der Reichsführer SS, hatte dem Lagerkommandanten Rudolf Höß im Sommer 1941 persönlich den Auftrag erteilt, in Auschwitz Einrichtungen für Massentötungen zu schaffen, die es ermöglichten, die von Hitler befohlene »Endlösung der Judenfrage« zu realisieren. Höß war klar, dass das nur durch den Einsatz von Gas möglich war. in einer ersten, kleinen Gaskammer im Stammlager Auschwitz I experimentierte er im September 1941 zum ersten Mal »erfolgreich« mit dem Giftgas Zyklon B, das vorher bereits als Schädlingsbekämpfungsmittel in Auschwitz eingesetzt worden war. In Auschwitz-Birkenau entstanden dann perfektionierte industrielle Tötungsanlagen, bestehend aus vier Gaskammern und dazugehörigen Krematorien, in denen die Leichen der Ermordeten verbrannt wurden. Die Gaskammern waren als Duschen getarnt, und den Ankommenden täuschte man vor, sie würden zur Arbeit eingesetzt und müssten vorher desinfiziert werden und sich duschen. Nachdem man die nackten Opfer in die Gaskammern getrieben und die Türen verschlossen hatte, wurde durch speziell entwickelte Einwurfssäulen das Zyklon B in die prall gefüllten Innenräume eingeworfen. 6 000 Menschen konnten so täglich getötet und anschließend verbrannt werden. »Die offizielle ›Kapazität‹ der vier Krematorien betrug 4 416 Leichen pro Tag; weil die Verbrennungszeit verkürzt wurde und weil die Knochen nicht bis zur vollständigen Kremierung verbrannt wurden, ist die Kapazität dieser Anlagen jedoch faktisch auf etwa 8 000 Leichen erhöht worden.«[2] Ein jüdisches Sonderkommando musste nach der Ermordung die Leichen aus den Gaskammern holen, sie nach Zahngold untersuchen und dieses eventuell herausbrechen und insbesondere den Frauen die Haare abschneiden zur weiteren industriellen Verwertung. In Lagerhallen wurden Berge von Textilien, Schuhen, Koffern, Brillen, Zahngold, Haaren aufbewahrt, um nach Bedarf abtransportiert zu werden.

Im November 1944, als die Ostfront näher rückte, wurden die Massentötungen eingestellt, und Himmler befahl, die Krematorien niederzureißen. Als Mitte Januar 1945 die Rote Armee zur Offensive in Richtung Krakau und Auschwitz ansetzte, wurden die noch verbliebenen 58 000 Gefangenen, fast alle Juden, in eisiger Winterkälte, ohne wärmende Kleidung oder passendes Schuhwerk, durch Eis und Schnee auf tagelangen »Todesmärschen« aus dem Lager getrieben. Ein großer Teil erlag den Strapazen oder wurde von den SS-Begleitmannschaften erschossen, die restlichen wurden in westlicher gelegene, damals aber bereits überfüllte Konzentrationslager verlegt. Zahlreiche Leichen am Wegesrand der Evakuierungsmärsche, von den Anwohnern notdürftig verscharrt, markierten die Todesstrecken. Am 27. Januar 1945 wurde Auschwitz von der Roten Armee befreit. 7 650 kranke und völlig erschöpfte Menschen fanden die Soldaten in den drei Auschwitz-Lagern noch vor, in Auschwitz-Birkenau neben 5 800 Lebenden auch die Leichen von 600 kurz vorher Ermordeten.[3]

In Auschwitz, einschließlich der Außenlager, starben von den in diesem Buch behandelten Personen: Sara Selma Goldberg geb. Heymann und ihr Mann Samuel Goldberg; Martha Heidt; Lily Herz geb. Jacobsohn und ihre drei jüngsten Kinder Walter, Johanna und Jona; Berta Stock. Die Brüder Alfred, Rudy und Karl Otto Herz wurden nach Todesmärschen in andere Konzentrationslager verlegt. Alfred starb im KZ Bergen-Belsen, Rudy und Karl Otto überlebten im KZ Mauthausen-Gusen I und II. Ihr Vater Ernst Herz starb im Auschwitz-Außenlager Blechhammer.

Bergen-Belsen, Konzentrationslager

Das Lager wurde im April 1943 als »Aufenthaltslager« in der Nähe des Ortes Belsen bei Celle für Personen eingerichtet, die gegen deutsche Staatsbürger in alliierten Ländern ausgetauscht werden sollten. Ab März 1944 wurde es als reguläres Konzentrationslager geführt, in das Gefangene aus anderen Lagern verlegt wurden, darunter auch arbeitsunfähige Gefangene, die kaum eine Überlebenschance hatten. Zuletzt herrschten im Lager geradezu chaotische Zustände, eine Typhusepidemie raffte die Menschen dahin. Im März und April 1945 starben ca. 53 000 KZ-Insassen. Als die britische Armee das Lager am 15. April 1945 befreite, fand sie noch 60 000 Gefangene in kritischem gesundheitlichem Zustand vor und Tausende von Leichen, die überall im Lager herumlagen. Von den Überlebenden starb kurz nach der Befreiung fast die Hälfte. Zu den Toten von Bergen-Belsen zählt der in Stommeln geborene Alfred Herz.[4]

BLECHHAMMER, Auschwitz-Außenlager
Blechhammer (Blachownia) liegt in Westoberschlesien bei Cosel (Kędzierzyn-Koźle), 75 km von Auschwitz entfernt. Dort befand sich eine Fabrik für synthetisches Benzin der Oberschlesischen Hydrierwerke AG. Ein hier bestehendes Zwangsarbeiterlager wurde am 1. April 1944 in ein Außenlager von Auschwitz umgewandelt. Am 1. September 1944 betrug die Zahl der männliche Häftlinge 3 930. Hinzu kamen noch 160 Frauen. Die Häftlinge arbeiteten von 6 bis 18 Uhr in den Hydrierwerken. Das gesamte Werksgelände war von einer SS-Postenkette umstellt.

Das Lager bestand aus 25 Holzbaracken und befand sich 5 km vom Werk entfernt und war mit einer vier Meter hohen Betonmauer umgeben, die oben zusätzlich mit elektrisch geladenem Stacheldraht gesichert war. Die Lebens- und Arbeitsbedingungen waren unmenschlich, die Häftlinge hungerten. Am 21. Januar 1945 wurde das Lager evakuiert. Ca. 4 000 Häftlinge wurden bei Eiseskälte in einem zwölftägigen Todesmarsch in das KZ Groß-Rosen getrieben; mindestens 800 starben dabei bzw. wurden erschossen.[5]

Ernst Herz, der nach seiner Heirat mit Lily Jacobsohn einige Jahre in Stommeln gelebt hatte, war seit Juli 1944 in Blechhammer und ist dort oder auf dem Todesmarsch gestorben.

BRAUWEILER, Frühes Konzentrationslager 1933/34, Sammellager 1938
Im Zellenbau der ehemaligen Provinzial-Arbeitsanstalt in Brauweiler wurde im März 1933 ein sogenanntes »Schutzhaftlager« eingerichtet, das seit Oktober 1933 offiziell als »Konzentrationslager« geführt wurde. Nach dem Reichstagsbrand vom 27. Februar 1933 kamen hier vor allem Kommunisten, aber auch Sozialdemokraten in Haft. Ab Oktober 1933 wurden sämt-

liche weibliche Schutzhäftlinge in der Rheinprovinz in Brauweiler konzentriert. Die Zahl der Häftlinge stieg von 795 am 29. Mai 1933 auf 895 im Oktober und sank auf 776 am 12. Dezember 1933. Am 12. März 1934 wurde das Lager geschlossen. Die Zahl der Häftlinge war zu dieser Zeit auf 285 gesunken; die männlichen wurden in das Konzentrationslager Papenburg/Ems überführt, 28 Frauen in das Landeswerkhaus Mohringen. Insgesamt waren mehr als 2000 politische Gegner des NS-Regimes 1933/34 in Brauweiler inhaftiert. Unter ihnen befand sich der in Stommeln geborene Georg Heymann.

Unmittelbar nach der Reichspogromnacht vom 9./10. November 1938 diente der gleiche Zellenbau als kurzfristiges Sammellager für die damals verhafteten männlichen Juden aus dem Regierungsbezirk Köln. In zwei Transporten wurden insgesamt etwa 600 Juden vom Bahnhof Großkönigsdorf aus am 13. und 15. November 1938 in das KZ Dachau bei München deportiert. Unter ihnen befand sich Hans Stock aus Stommeln.[6]

CHELMNO (Kulmhof), Vernichtungslager
Chelmno, 70 km nordwestlich von Lodz in Polen gelegen, war das erste nationalsozialistische Vernichtungslager, das bestimmt war für die Ermordung der Juden aus dem als »Warthegau« dem Reich angegliederten polnischen Landesteil und aus dem Ghetto von Lodz. Das mit der Einrichtung beauftragte, bisher mobile »SS-Sonderkommando Lange«, das bei der Ermordung geistig und körperlich behinderter Menschen Erfahrungen gesammelt hatte, pachtete am 1. Oktober 1941 einen Teil des Gärtnereigeländes des damaligen Kreises Warthbrücken in dem Dorf Chelmno, das an ein unbewohntes Herrenhaus (»Schloss« genannt) einer ehemaligen polnischen Domäne grenzte. Die ersten Deportationen aus dem Warthegau nach Chelmno begannen am 7. Dezember 1941. Im Januar 1942 setzten die Transporte aus dem Ghetto Lodz ein; bis Ende Mai 1942 wurden 55000 Ghettoinsassen nach Chelmno deportiert und ermordet. Im März 1943 wurden die Transporte nach Chelmno eingestellt. Als im Februar 1944 dann die Auflösung des Ghettos Lodz beschlossen wurde, setzten hierzu zwischen dem 23. Juni und dem 14. Juli 1944 die Transporte wieder ein, und weitere 7176 Menschen wurden in Chelmno ermordet.

Ab Dezember 1941 wurden in Chelmno drei Gaswagen betrieben, mit Möbeltransportern vergleichbare große Kastenwagen, in denen die Menschen durch eingeleitete Motorabgase ermordet wurden. Der Tötungsvorgang lief bei den Ghettoinsassen aus Lodz wie folgt ab: Mit der Bahn wurden die Opfer vom Ghetto zur Kreisstadt Warthbrücken gebracht und stiegen dort in eine Schmalspurbahn um, die sie zum Haltepunkt Arnsdorf (Powiercie) brachte. Zu Fuß gingen sie von dort zu der einen Kilometer entfernten, stillgelegten Wassermühle Schöntal (Zawadki), wo sie eine Nacht verbrachten. Am nächsten Morgen wurden sie von Lastwagen des »Sonderkommandos Kulmhof« abgeholt, und zwar so abgezählt, dass die Gruppe in einen Gaswagen passte.

Der vollgeladene Lkw fuhr dann auf den sogenannten »Schlosshof« des Lagers. Dort sagte man den Männern, Frauen und Kindern, vor ihrem Weitertransport zum Arbeitseinsatz müssten sie geduscht und desinfiziert werden. In einem größeren Saal des ehemaligen Herrenhauses mussten sie sich entkleiden und alle Wertsachen abgeben. Anschließend wurden sie von rücksichtslosen Kommandomitgliedern durch einen langen Kellergang zum »Bad«, das sich angeblich in einem Nachbargebäude befand, gehetzt. In Wahrheit führte der Gang an der anderen Seite des Gebäudes wieder nach oben ins Freie und über eine Rampe direkt in einen rückwärts mit geöffneten Hecktüren wartenden Gaswagen. Die Opfer, schon im dunklen Kellergang durch schreiende und schlagende Gestapo- und Polizeibeamte in Panik versetzt, drängten in den von ihnen als solcher nicht erkennbaren geöffneten Kastenwagen. Die Türen wurden geschlossen, der schwere, speziell eingerichtete Benzinmotor des Lkw angelassen und dessen Abgase mit Hilfe einen flexiblen Schlauches durch eine runde Öffnung im Boden der Ladefläche ins Innere geleitet. Nach etwa zehn Minuten trat der Tod ein, zur Sicherheit ließ man jedoch den Motor noch 15 Minuten lang laufen. Dann wurden die Leichen zum sogenannten »Waldlager« gefahren, wo jüdische Arbeitskommandos sie aus dem Wagen holten, nach versteckten Wertsachen durchsuchten und die Goldzähne herausbrachen. In ausgehobenen Gruben fanden die Leichen ihr Massengrab.

Als die Rote Armee näher rückte, verließ das Sonderkommando Chelmno am 17. Januar 1945. Die Gesamtzahl der in Chelmno Ermordeten wird auf mindestens 152 000 jüdische Opfer geschätzt. Hinzu kommen noch Sinti und Roma sowie sowjetische Kriegsgefangene.[7]

Die in Stommeln geborenen Schwestern Antoinette Kahn geb. Moses und Anna Katz geb. Moses mit ihrer Tochter Hella wurden nach Lodz deportiert; möglicherweise wurden sie in Chelmno ermordet.

DACHAU, Konzentrationslager
Im März 1933 wurde das Konzentrationslager Dachau, 15 km nordwestlich von München, mit einer Kapazität von 5000 Häftlingen eröffnet. Es war bestimmt für die nach dem Reichstagsbrand vom 27. Februar 1933

festgenommenen, vor allem kommunistischen »Schutzhäftlinge«. Lagerkommandant war Theodor Eicke, der Dachau zum Muster für spätere Konzentrationslager machte. Nach dem »Anschluss« Österreichs und der Besetzung des Sudetenlandes 1938 wurden Tausende politische Gefangene, Sinti und Roma und Juden aus diesen Gebieten nach Dachau deportiert. Nach dem Novemberpogrom 1938 werden fast 11 000 jüdische Männer in das KZ Dachau eingeliefert, um sie durch das dort herrschende Terrorregiment der SS zum Verlassen Deutschlands unter Aufgabe ihres Vermögens zu zwingen. Hans Stock aus Stommeln war davon betroffen.

Während der letzten Monate des Krieges waren die Lebensbedingungen in Dachau besonders unmenschlich. Am 26. April 1945 waren noch 67 655 Häftlinge in Dachau. Drei Tage später wurde das Lager durch die Streitkräfte der Vereinigten Staaten befreit.[8]

Gusen I und Gusen II
Konzentrationslager, Außenlager des KZ Mauthausen; s. dort.

Lieberose, Außenlager des KZ Sachsenhausen
Das im November 1943 entstandene Außenlager von Sachsenhausen befand sich im Dorf Jamlitz bei Lieberose, 30 km nördlich von Cottbus in der Niederlausitz. Im Frühsommer 1944 wurde es mit jüdischen Häftlingen belegt. Das Lager wurde bis Dezember 1944 auf 18 Häftlingsbaracken ausgebaut. Ein doppelter Stacheldrahtzaun und SS-Wachposten mit Maschinenpistolen sicherten es. Insgesamt waren hier bis zur Auflösung etwa 10 000 Häftlinge interniert, die zum Ausbau eines großen Truppenübungsplatzes der SS-Division Kurmark in dem dünn besiedelten Gebiet um Jamlitz eingesetzt wurden. Sie bauten Straßen, Eisenbahndämme, Bunker, Kasernen, Schießplätze usw. Waren die Häftlinge durch die mörderischen Strapazen erschöpft oder krank und nicht mehr arbeitsfähig, wurden sie zur Ermordung nach Auschwitz-Birkenau überstellt, insgesamt etwa 4 000. Rund achtzig Prozent der Häftlinge kamen so bei der Arbeit oder in der Gaskammer ums Leben.

Am 2. Februar 1945 begann die Auflösung des Lagers. 1 342 Kranke, die in der sogenannten »Schonungsbaracke« lagen, wurden in einem dreitägigen Massaker auf dem Lagergelände erschossen. 1971 fand man in einer Kiesgrube wenige Kilometer östlich von Jamlitz ein Massengrab mit 577 Toten. Rund 1 600 transportfähige Häftlinge wurden auf einen siebentägigen, besonders scheußlichen Todesmarsch durch Eis und Schnee in das KZ Sachsenhausen bei Berlin geschickt; etwa 400 kamen dabei um. Von den

1200 in Sachsenhausen Ankommenden wurden 400 dort im Industriehof ermordet. Eine unbekannte Zahl jüdischer Häftlinge wurde noch im Februar 1945 in andere Konzentrationslager überstellt, vor allem in das KZ Mauthausen bei Linz in Oberösterreich. Unter den Todesmarschteilnehmern und den nach Mauthausen transportieren Häftlingen befand sich der in Stommeln geborene Rudy Herz.[9]

KÖLN-MÜNGERSDORF, Sammellager
Im ehemaligen Fort V in Köln-Müngersdorf am Binder-Weg, nicht weit entfernt vom dortigen Stadion, war Ende 1941 ein jüdisches Sammellager eingerichtet worden, um das rechtsrheinische Köln und die linksrheinischen Vororte »judenfrei« zu machen. Das Fort war bis 1918 als Militärgefängnis genutzt worden und stand jetzt leer. Auf der Grundlage des »Gesetzes über die Mietverhältnisse mit Juden« hatte die Stadt Köln bereits Ende Mai 1941 verfügt, sämtliche Juden aus »arischen« Häusern auszuweisen. Angesichts der verheerenden Schäden durch die zunehmenden Luftangriffe beschloss die Stadtverwaltung am 23. August 1941, Juden auch aus jüdischen Häusern auszuquartieren und im ehemaligen Fort V zu kasernieren und Bombengeschädigte in die freiwerdenden Wohnungen einzuweisen. Der im Fort genutzte Gebäudeflügel verfügte über sechzehn 35 qm große gewölbeartige, vergitterte Räume (ehemalige Gefängniszellen), in denen jeweils etwa zwanzig Personen untergebracht wurden. Die Räume waren dunkel und feucht, es tropfte von den Decken, Möbel waren kaum vorhanden, die sanitären Einrichtungen unsäglich.

Da das Fort V für die Unterbringung so vieler Menschen wie geplant (bis zu 5 500) zu klein war, begann man mit dem Bau eines Barackenlagers auf einer benachbarten großen Wiese, 200 Meter nordwestlich des Forts. Bis zum Frühjahr 1942 wurden etwa zwanzig Baracken errichtet (geplant waren 36). Ende 1941 zogen die ersten Juden mit etwas Hausrat und ein paar notdürftigen Möbelstücken, die sie mitbringen mussten, ein. Ihr Hab und Gut mussten sie größtenteils in ihren Wohnungen zurücklassen.

Nach dem Tausend-Bomber-Angriff auf Köln in der Nacht zum 31. Mai 1942, bei dem auch viele Kölner Krankenhäuser zerstört wurden, ließ die Stadtverwaltung das Jüdische Krankenhaus und das angegliederte Israelitische Asyl in einer barbarischen Aktion räumen und die Alten und Kranken mit Lkw ins Barackenlager in Müngersdorf bringen. Da dort jede medizinische Versorgung fehlte, starben viele. Um etwas Platz in Müngersdorf zu schaffen, wurden dort Lebende in zwei kurzfristig geschaffene Lager in der Nähe von Aachen abtransportiert (Niederbardenberg, Mausbach). Der in

Stommeln geborene Leopold Franken und seine Frau Rebekka geb. Mendel waren davon betroffen.

Am 12. September 1944 wurden »Mischehe«-Paare aufgefordert, sich mit allen Familienangehörigen im Barackenlager in Köln-Müngersdorf einzufinden. Das galt auch für den in Stommeln geborenen Hermann Jacobsohn, seine Frau Elisabeth und Tochter Helga, die jedoch bereits wenige Tage später aus dem Lager flohen und untertauchten. Ende September 1942 wurden die im Lager lebenden jüdischen Familienmitglieder nach Theresienstadt deportiert, die nichtjüdischen Ehepartner aus dem Rheinland ausgewiesen und die christlich erzogenen Kinder bei Familienangehörigen untergebracht.

Gegen Kriegsende diente das Lager noch unterschiedlichen Zwecken. Am 1. März 1945 wurde es geräumt, weil die amerikanischen Truppen heranrückten. Die letzten Insassen wurden auf einem erbarmungslosen Fußmarsch in das Arbeitserziehungslager Hunswinkel bei Lüdenscheid getrieben.[10]

LODZ (Litzmannstadt), Ghetto
Lodz, 120 km südwestlich von Warschau gelegen, war eine in der Größe mit Köln vergleichbare, aber noch stärker industriell geprägte Stadt (vor allem Textilindustrie). Ein Drittel der 665 000 Einwohner vor Beginn des Zweiten Weltkrieges waren Juden, von denen etliche als Unternehmer tätig waren, die Hälfte aber als Arbeiter in der Industrie beschäftigt war. Am 8. September 1939, eine Woche nach dem deutschen Überfall auf Polen, wurde die Stadt von der Wehrmacht besetzt und als Teil des neu gebildeten Reichsgaus Wartheland vom Deutschen Reich annektiert. 1940 wurde sie in Litzmannstadt umbenannt.[11]

Unmittelbar nach der Besetzung begann die Verfolgung der in der Stadt lebenden Juden: Ihre Geschäfte und Wohnungen wurden geplündert, ihre Bankkonten gesperrt, sie durften nicht mehr in den vielen Textilfabriken arbeiten, jüdische Unternehmen wurden deutscher Leitung unterstellt, die Benutzung öffentlicher Verkehrsmittel und der Besitz von Autos oder Rundfunkgeräten wurden verboten, Tausende inhaftiert. Alle Synagogen der Stadt wurden zerstört, seit November 1939 mussten Juden den »Judenstern« tragen.

Am 8. Februar 1940 wurde in einem jüdischen Armenviertel im nördlichen Stadtgebiet ein Ghetto eingerichtet, etwa vier Quadratkilometer groß. Juden wurden aus ihren Wohnungen in anderen Stadtteilen hierhin vertrieben, insgesamt etwa 164 000 Personen. Im Ghetto wurden Fabriken errichtet, in denen die Ghettobewohner für ein Stück Brot und einen Teller Suppe arbeiten mussten. Ein jüdischer Ältestenrat unter dem Vorsitz von Mordechai Chaim Rumkowski organisierte den Betrieb in den 96 »Arbeitsressorts« (vorwiegend Textilfabriken), war dabei aber dem Diktat der deutschen »Gettoverwaltung« unter Leitung des Bremer Großkaufmanns Hans Biebow unterworfen. Die Lebensbedingungen in dem überfüllten Ghetto waren unmenschlich. Etwas 43 500 Personen, 21 Prozent aller Ghettobewohner, starben an Hunger, Kälte und Krankheiten.

Im Dezember 1940 setzten die ersten Deportationen ein, zunächst in Zwangsarbeitslager im Raum Posen, dann in Vernichtungslager. Seit Januar 1942 gingen die Deportationen in das neu eingerichtete, nahe gelegene Vernichtungslager Chelmno (siehe dort). Bis Mai 1942 wurden 55 000 Juden und 5 000 »Zigeuner« dort ermordet. In einer zweiten Deportationswelle im September 1942 folgten weitere 20 000 Ghettobewohner. Dabei veranstaltete die Gestapo im Ghetto Menschenjagden zur Aufspürung von Versteckten, die alles Bisherige an Grausamkeit übertrafen. Das Ghetto selbst nahm den Charakter eines riesigen Zwangsarbeitslagers von schließlich noch 77 000 Bewohnern an.

Die beiden ersten Kölner Deportationstransporte vom 22. und 30. Oktober 1941 führten nach Lodz. Zu den Deportierten gehörten die aus Stommeln stammenden Schwestern Antoinette Kahn geb. Moses und Anna Katz geb. Moses mit ihrer Tochter Hella. Ähnliche Transporte aus dem »Altreich« kamen aus Berlin, Frankfurt, Düsseldorf und Hamburg sowie aus Wien, Prag und Luxemburg; insgesamt waren es 20 000 Juden in zwanzig Transporten. Ein Augenzeuge berichtet, wie diese Zwangsverschickung in Köln durchgeführt wurde:

»Die [jüdische] Gemeindeverwaltung hatte die Liste der zu deportierenden Menschen anzufertigen und die darin Aufgeführten zu verständigen. Am Gestellungstage hatten sich die Betroffenen am frühen Morgen an der zur Rheinseite gelegenen großen Messehalle in Köln-Deutz einzufinden. Erlaubt war die Mitnahme von 25 kg Gepäck für jeder Person. Schmuck, Wertsachen und Medikamente durften nicht mitgenommen werden. Beim ersten Transport [22.10.] wurde noch erlaubt, 100 Mark mitzunehmen, wovon allerdings 50 Mark für Reisekosten – Fahrkarten – sofort wieder abgenommen wurden. die restlichen 50 Mark wurden dann, wie man später erfuhr, am Bestimmungsort in sogenanntes Gettogeld umgetauscht.

Zum ersten Transport, am 21. Oktober 1941, sammelten sich alle, die den Deportationsbefehl erhalten hatten, an der Außenseite der Messehalle. Es war ein kalter, regnerischer Tag. Das Gewicht des Gepäcks der Deportierten betrug bei den meisten weit mehr als die erlaubten 25 kg. Viele hatten sich ganz niedrige kleine Karren angeschafft, um ihr Hab und Gut transportieren zu können. In der Kolonnade waren an den Pfeilern die Buchstaben A–Z aufgemalt, und jeder mußte sich, dem Anfangsbuchstaben seines Namens entsprechend, einfügen. Als das Tor zur Halle geöffnet wurde, saßen am Durchgang Gestapo- und Kriminalbeamte, die das Gepäck revidierten. Die Kontrolle wurden verschieden gehandhabt. Einige wohlwollende Beamte begnügten sich mit einem Blick in die Koffer, andere Böswillige aber warfen alle Sachen durcheinander und schmissen sie wahllos wieder hinein. Es war nun sehr schwierig, die Habseligkeiten, die vorher in stundenlanger Arbeit kunstvoll gepackt worden waren, in kurzer Zeit wieder in die Koffer zu verstauen. Nach der Untersuchung des Gepäcks kamen die Menschen selbst an die Reihe. Auch sie wurden untersucht. Die [jüdische] Gemeindeverwaltung hatte das Kunststück fertiggebracht, diesen armen Leuten noch eine gute heiße Suppe geben zu können. Obwohl niemand genau wußte, wohin die Reise eigentlich gehen sollte, war doch schon durchgesickert, daß das Ziel Polen sei. Man kann eigentlich nicht sagen, daß die Menschen in dem Bewußtsein, nach Polen transportiert zu werden, sehr niedergeschlagen waren. War doch der Gedanke, Köln, das jede Nacht durch Bombenangriffe zerstört wurde, zu verlassen, eher beruhigend. Es gab sogar einzelne, die es als einen Vorzug ansahen, schon bei dem ersten Transport dabei zu sein. Am Abend wurde der Befehl ‚Gepäck aufnehmen' gegeben. Von der Halle aus ging es nun über das Freigelände auf den Bahnsteig Köln-Deutz-Tief. Auch hier wurden die Unglücklichen so aufgestellt, daß jeweils acht Personen für ein Abteil zusammengefaßt wurden. Als der Sonderzug ankam, ging die ‚Verladung' ziemlich schnell vonstatten.«[12]

Seit dem Frühjahr 1944 wurde das Ghetto Lodz geräumt; im Juni und Juli 1944 wurden 7176 Personen nach Chelmno deportiert und dort ermordet, seit August 1944 fuhren die Deportationszüge nach Auschwitz-Birkenau mit insgesamt etwa 74000 Personen. Gleichzeitig wurde der wiederverwertbare hinterlassene Besitz der Juden mit etwa 40 bis 60 Lkw nach

Deutschland abtransportiert. Die letzten 800 Gefangenen wurden am 19. Januar 1945 von der Roten Armee befreit.[13]

MALY TROSTINEZ, Vernichtungslager
Auf dem Gut Maly Trostinez, 12 km südöstlich von Minsk, hatte die Sicherheitspolizei ein Lager zur Eigenbewirtschaftung eingerichtet. In dem nahe gelegenen Waldstück Blagowtschina, zu dem ein verlassenes Bahngleis führte, richtete man eine Exekutionsstätte für sowjetische Kriegsgefangene und insbesondere für Juden ein. Am Rande riesiger Gruben, die russische Kriegsgefangene ausgehoben hatten, wurden die Opfer durch Genickschuss aus Pistolen getötet. Zwischen Mai und Oktober 1942 wurden etwa 16 000 Juden aus dem »Altreich«, für die als Deportationsziel Minsk angegeben war, nach Maly Trostinez gebracht und dort im Wald Blagowschtschina ermordet. Die Transportzüge endeten im Güterbahnhof Minsk und wurden mit Lkw zum Tötungsort gebracht. Die Ankömmlinge mussten sich in Gruppen entkleiden und wurden dann zum Exekutionsplatz geführt. Dieses Schicksal ereilte Hans Stock aus Stommeln. Seit August 1942 fuhren die Deportationszüge über das wiederhergestellte Bahngleis direkt zum Exekutionsplatz.

Nach der deutschen Kapitulation vor Stalingrad im Februar 1943 und der verlorenen Panzerschlacht bei Kursk im Juli 1943 war der Rückzug der deutschen Armee unvermeidlich. Um die Kriegsverbrechen vor der sich nähernden Roten Armee zu vertuschen, wurden die Leichenmassen in den inzwischen 34 Gruben im Wald von Blagowtschina »enterdet« (exhumiert). Sie wurden bis Dezember auf großen Stahlrosten gestapelt und verbrannt. Der Einmarsch der Roten Armee verzögerte sich aber noch bis zum 3. Juli 1944. Kurz vorher wurden die Häftlinge eines SS-Sammellagers noch in Maly Trostinez ermordet. 2 000 bis 6 500 Menschen, so schätzt man, wurden mit Lkw dort in eine Scheune gebracht und erschossen. Anschließend wurde die Scheune niedergebrannt.[14]

MAUSBACH bei Stolberg, Sammellager
Das kleine Lager in Mausbach, Gemeinde Gressenich, bei Stolberg bestand nur für wenige Tage. Eingerichtet wurde es in den Baracken eines ehemaligen Reichsarbeitsdienstlagers, die wegen des Kriegsdienstes der Männer leerstehenden. Hintergrund für seine Einrichtung war der Tausend-Bomber-Angriff auf Köln in der Nacht zum 31. Mai 1942. Angesichts der massiven Zerstörungen auch von Krankenhäusern und der großen Zahl an Verletzten beschlagnahmte die Gestapo das unversehrt gebliebene Jüdische

Krankenhaus und Altersheim in Köln-Ehrenfeld. Die jüdischen Alten und Kranken wurden mit Lkw in das Barackenlager in Köln-Müngersdorf gebracht, und dort schaffte man Platz, indem man am 10. Juni 347 dort lebende Personen in ehemalige Reichsarbeitsdienstbaracken im Aachener Raum verlegte, in Niederbardenberg und in Mausbach. Vier Tage später wurden 14 der in Mausbach inhaftierten Personen wieder mit Lkw zur Messehalle nach Köln-Deutz gebracht und am folgenden Tag dem Deportationszug nach Theresienstadt angeschlossen. Zu diesem Personenkreis gehörten der in Stommeln geborene Leopold Franken und seine Frau Rebekka geb. Mendel. Die übrigen noch in Mausbach befindlichen 77 Personen wurden am 18. Juni 1942 in das benachbarte Lager Niederbardenberg verlegt und das Lager Mausbach aufgelöst. Die Gesamtzahl der dort Inhaftierten dürfte bei 91 liegen.[15]

MAUTHAUSEN (mit Gusen I und II), Konzentrationslager
Im März 1938, unmittelbar nach dem »Anschluss« Österreichs, wurde das Konzentrationslager für politische Gefangene in einem verlassenen Steinbruch eingerichtet, 5 km entfernt von der oberösterreichischen Stadt Mauthausen. Aus ganz Europa trafen schließlich Internierte und Kriegsgefangene ein. Im Mai 1941 kamen die ersten Juden aus den Niederlanden. Die Gefangenen arbeiteten im Steinbruch. Die Arbeits- und Lebensbedingungen waren mit die härtesten in den nationalsozialistischen Konzentrationslagern. Bis 1944 stieg die Zahl der Häftlinge auf 114 524, die auf zahlreiche Außenlager verteilt wurden. Von Mai 1944 an trafen Transporte mit jüdischen Häftlingen aus Auschwitz ein. Der Anteil der jüdischen Häftlinge stieg; 1944 waren es 13 826. Am 25. Januar 1945 trafen die ersten »Evakuierten« nach vorausgegangenen »Todesmärschen« ein. Woche für Woche kamen nun Tausende vorwiegend jüdische Personen mit Evakuierungstransporten aus anderen Konzentrationslagern in Mauthausen an. Die Zustände dort verschlechterten sich dadurch dramatisch.

Unter den Außenlagern waren Gusen I und Gusen II die mit Abstand größten. In Gusen I, entstanden im Mai 1940, waren bis zu 11 480 Gefangene, in Gusen II, erst im März 1944 entstanden, 12 537. Gusen I lag 4,5 km westlich des Hauptlagers bei St. Georgen an der Gusen. Die Häftlinge, die in 30 Holzbaracken lebten, arbeiteten zunächst in den Steinbrüchen und Ziegelwerken, dann vor allem auch in den ins Lager verlegten Messerschmitt- und Steyr-Werken, wo sie bei der Fertigung von Flugzeugteilen und Maschinengewehren eingesetzt waren. Karl Otto Herz, geboren in Stommeln, befand sich hier in den drei letzten Kriegsmonaten (ab 4.2.1945). In zwölfstündigen Tag- und Nachtschichten arbeitete er in der Waffenfabrik der Steyrwerke.

Sein Bruder Rudy kam zur gleichen Zeit, ohne dass beide voneinander wussten, in das benachbarte Lager Gusen II. In einem riesigen unterirdischen Bergstollen – 7 km lang, 8 m breit, 7 m hoch – wurden hier für die Messerschmitt GmbH aus Regensburg Flugzeuge gebaut. Unter dem Tarnnamen »B8 Bergkristall« wurden hier seit Anfang 1944 Düsenjagdflugzeuge des Typs Messerschmitt Me 262 gebaut. Es war eines der größten unterirdischen Produktionskomplexe des Großdeutschen Reiches.

Rudy Herz schilderte 1983 und 2011 sein Leben in Gusen II so:

»In Mauthausen-Gusen war es nach Auschwitz am schlimmsten. Wir bekamen kaum zu essen, wir wurden in die Stollen zum Flugzeugbau getrieben, wir litten alle an Skabies (auf deutsch Krätze), einer unangenehm juckenden Krankheit. Wir schliefen zu viert in einem zweistöckigen Bett. […] Die Decken waren Gemeingut, und dadurch haben wir uns natürlich alle die Krätze zugezogen. […]
Morgens wurden wir auf die Abfahrrampe gebracht zur Fahrt in den Stollen. Der Zug mit Güterwagen fuhr im Fünf-Kilometer-Tempo vorbei, wir mussten im Fahren aufspringen. Dann ging es schneller, und wir waren in zehn Minuten im Stollen. Hier schleppte ich Aluminiumteile zur Schweißmaschine. Wir versuchten alle, so wenig wie möglich zu arbeiten, da wir keine Kraft mehr hatten. […] Wir bekamen eine Suppenmahlzeit um 2 Uhr nachmittags. Gearbeitet wurde in 12-Stunden-Schichten. So ging es endlos, Tag für Tag und Nacht für Nacht. Diejenigen, die im Stollen nicht mehr mitmachen konnten, wurden von der SS kurzerhand vor unseren Augen erhängt, als Warnung, dass uns dies auch erwartete, wenn wir nicht ‚dalli' machten. […]
Mein Gewicht war [im April 1945] auf 95 Pfund (47,5 kg) gesunken. Keiner hatte mehr Sitzfleisch oder Armmuskeln. [..] Gegen Ende April war ich der völligen Erschöpfung nahe.«

Als Mauthausen und seine Nebenlager am 5. Mai von den Amerikanern befreit wurden, waren viele Häftlinge so geschwächt, dass sie zunächst das Lager nicht verlassen konnten und dort gepflegt werden mussten. Viele starben kurz nach ihrer Befreiung. Die Gesamtzahl der Häftlinge in Mauthausen betrug 199 404, etwa 119 000 von ihnen starben.[16]

Minsk, Ghetto

Die belarussische Hauptstadt Minsk, in der 1941 80 000 Juden lebten, wurde am 28. Juni 1941 von der Wehrmacht erobert. Nur wenigen jüdischen Einwohnern gelang vorher die Flucht in die Sowjetunion. Kurz darauf setzten täglich sich wiederholende Mordaktionen gegen Juden ein. Im August 1941 wurden 5 000 Juden ermordet. Bereits am 20. Juli 1941 war die Errichtung eines Ghettos angeordnet worden. Die Juden mussten den »Judenstern« tragen und unter schwierigsten Lebensbedingungen Zwangsarbeit leisten. In zwei »Aktionen« im November 1941 wurden von der Sicherheitspolizei (SiPo) und Ordnungspolizei (OrPo) etwa 14 000 Ghettoinsassen ermordet, um Platz zu schaffen für die ersten Deportationen aus dem Westen. Zwischen dem 11. November und 5. Dezember trafen Deportationszüge aus Hamburg (1 000 Personen), Düsseldorf (1 000), Frankfurt (1 050), Berlin (1 000), Brünn (1 000), Hamburg/Bremen (1 070) und Wien (1 000) ein, insgesamt etwa 8 020 Personen. Dem Transport aus Düsseldorf vom 20. November 1941 gehörten der aus Stommeln stammende Emil Heymann, seine Frau Else geborene Wolff und Sohn Rolf an. Die Deportierten wurden in einem gesonderten Ghettobezirk neben dem Hauptghetto untergebracht. Diese deutschen Juden wurden in mehreren »Aktionen« bis zum Herbst 1943 ermordet.

Im Frühjahr 1942 waren im Hauptghetto weitere »Judenaktionen« durch SiPo und OrPo durchgeführt worden. Es waren Massaker von urvorstellbarer Brutalität. Im Ghetto-Untergrund organisierte sich jüdischer Widerstand, und Häftlinge, denen die Flucht gelang, bildeten Partisanenstützpunkte in den umliegenden Wäldern. Mit aller Härte ging man dagegen vor. Die meisten der 10 000 Geflohenen kamen ums Leben. Im Ghetto selbst wurden zwischen dem 28. und 31. Juli 1942 weitere 30 000 Juden ermordet.

Am 20. Juli 1942 ging von Köln-Deutz ein Transport nach Minsk ab, der aber nicht mehr in das Ghetto führte, sondern in das nahebei eingerichtete Vernichtungslager Maly Trostinez (siehe dort). Diesem Transport gehörte Hans Stock aus Stommeln an.

Als Minsk am 3. Juli 1944 von der Roten Armee befreit wurde, lebten nur noch wenige Flüchtlinge, die der letzten »Aktion« hatten entkommen können; von den deutschen Juden nur noch zehn.[17]

Riga, Ghetto

Am 1. Juli 1941 wurde Riga, die einstige Hauptstadt Lettlands, von der Wehrmacht besetzt. Bereits in den ersten Tagen und Wochen kam es unter Beteiligung lettischer Freiwilliger zu schweren Pogromen gegen die jüdische Bevölkerung mit Tausenden Toten. Im August 1941 richteten die deutschen Besatzer im Moskauer Viertel, einer Vorstadt von Riga, ein Ghetto ein, in dem alle Juden sich einfinden mussten; die nichtjüdische Bevölkerung musste das Viertel räumen. Das Ghetto wurde mit einem hohen Zaun umgeben und an seinen Ein- und Ausgängen von lettischen Posten bewacht. Das nur 9 000 qm große Ghetto war bald hoffnungslos überfüllt. Arbeitsfähige Juden wurden zur Zwangsarbeit herangezogen, auch außerhalb des Ghettos. Am 19. November 1941 wurden die arbeitenden Juden, etwa 4000 Männer und einige Hundert Frauen, von den übrigen Ghettobewohnern getrennt und in einem eingezäunten Gebiet im nordwestlichsten Teil des Ghettos untergebracht, dem sogenannten »Kleinen Ghetto«. Elf Tage später, in der Nacht des 30. November 1941, wurde der westliche Teil des »Großen Ghettos« von deutschen und lettischen Wachen umstellt; die Bewohner wurden in Gruppen in den Wald Rumbula außerhalb der Stadt getrieben und an riesigen Gruben erschossen, die russische Kriegsgefangene ausgehoben hatten. Am 8. und 9. Dezember ereilte den noch im Großen Ghetto verbliebenen Teil der Juden das gleiche Schicksal. Sämtliche Bewohner des Großen Ghettos, 25 000 bis 28 000 Personen, wurden in diesen Massakern umgebracht.

Im September 1941 hatte Hitler die Deportation deutscher Juden nach dem Osten angeordnet. Da das ursprünglich als Ziel vorgesehene Ghetto in Minsk nicht aufnahmefähig war, beschloss man, die Züge nach Riga zu leiten. Vorher schaffte man dort Platz. Etwa 16 000 Juden wurden seit Dezember 1941 bis zum Frühjahr 1942 aus dem Reich in das Ghetto Riga gebracht. Darunter war auch der 1 011 Personen umfassende Transport von Köln vom 7. Dezember 1941, dem auch die zwölfjährige Ilse Moses aus Stommeln angehörte. Als die Deportierten am 12. Dezember ankamen, fanden sie auf den Straßen gefrorene Blutlachen und in den zugewiesenen Wohnräumen gefrorene zubereitete Speisen der früheren Bewohner als schockierende Zeugnisse der geschehenen widerwärtigen Mordtaten vor.

Im Sommer 1943 begann man, die arbeitsfähigen Juden in dem im Rigaer Vorort Kaiserwald neu eingerichteten Konzentrationslager unterzubringen. Die im Ghetto zurückbleibenden Familienmitglieder wurden Opfer der anschließenden Räumungsaktionen. Kinder und Kranke wurden im Dezember 1943 nach Auschwitz deportiert. Im Dezember 1943 war die Auflösung des Ghettos beendet.

Um die Spuren der Verbrechen vor den Augen der vorrückenden Roten Armee zu beseitigen, ließ die SS 1944 von jüdischen Kommandos die Massengräber wieder öffnen und die Leichen verbrennen; anschließend wurden die Männer des Enterdungskommandos erschossen. Am 13. Oktober 1944 wurde Riga von der sowjetischen Armee befreit.[18]

SACHSENHAUSEN, Konzentrationslager
Das 1936 entstandene Konzentrationslager lag am Stadtrand von Oranienburg bei Berlin. Nach dem Novemberpogrom 1938 kamen die ersten jüdischen Häftlinge nach Sachsenhausen. In einer Anfang August 1941 eingerichteten Genickschussanlage, getarnt als Untersuchungsraum, wurden in den folgenden Monaten 13 000 bis 18 000 sowjetische Kriegsgefangene erschossen. 1940 stieg die Zahl der Lagerinsassen rasant auf fast 48 000. Sie wurden in verschiedenen Werken der Rüstungsindustrie als Zwangsarbeiter eingesetzt. Für diesen Zweck wurden bis zu hundert Außenlager eingerichtet.

Als die Rote Armee sich dem KZ bis auf wenige Kilometer genähert hatte, begann man überstürzt mit der Räumung. Bei Eis und Schnee wurden etwa 33 000 Häftlinge, aufgeteilt in -zig 500-Mann-Kolonnen, auf unterschiedlichen Routen aus dem Lager geführt. Mehrere Tausend Häftlinge starben auf diesen tagelangen Todesmärschen oder wurden von der SS erschossen. Rudy Herz aus Stommeln kam nach einem Todesmarsch im Februar 1945 für kurze Zeit nach Sachsenhausen.

Am 27. April 1945 wurde Sachsenhausen von der Roten Armee befreit.

SCHWARZHEIDE, Außenlager des KZ Sachsenhausen
Das Lager lag im Niederlausitzer Braunkohlenrevier, 50 km nördlich von Dresden. Die Braunkohle-Benzin-AG (BRABAG) unterhielt hier ein Hydrierwerk für die Herstellung von synthetischem Kraftstoff, in dem anfangs italienische Kriegsgefangene arbeiteten, die in ca. zehn Holzbaracken untergebracht waren. Durch heftige alliierte Luftangriffe zwischen dem 28. Mai und 21. Juni 1944 wurden die Produktionsanlagen weitgehend zerstört und die meisten Italiener getötet. Die BRABAG forderte deshalb bei der SS 1 000 Häftlinge an, die die Trümmer und Blindgänger beseitigen sowie beim Wiederaufbau der Betriebsanlagen und beim Bau von Luftschutz- und Benzinbunkern helfen sollten. Daraufhin wurden am 3. Juli 1944 1 000 Häftlinge aus Auschwitz-Birkenau nach Schwarzheide verlegt,[19] darunter Alfred und Rudy Herz. Sie mussten unerträgliche Schwerstarbeit leisten. Nach der Einstellung der Arbeit wurden die verbliebenen Häftlinge am 18. April 1945 auf einen Todesmarsch geschickt. Rudy Herz war schon Ende August/Anfang September 1944 als arbeitsunfähig aussortiert und

mit anderen nach Lieberose transportiert worden. Sein Bruder Alfred war im Januar 1945 in einem Transport kranker Häftlinge nach Bergen-Belsen verlegt worden.[19]

Sobibor, Vernichtungslager

Im März 1942 begann man mit der Errichtung des Lagers in der Nähe von Lublin in Polen in einem dünnbesiedelten Sumpfgebiet, gelegen an einer Eisenbahnlinie. Als Modell diente das bereits fertiggestellte Vernichtungslager Belzec. Das Lager, das dem Lagerkommandanten Franz Stangl bzw. ab August 1942 Franz Reichleitner unterstand, umfasste eine Fläche von 400 x 600 Metern, gesichert durch einen drei Meter hohen Stacheldrahtzaun. Eine Eisenbahnrampe bot Platz für zwanzig ankommende Waggons mit 2 000 Personen. Die Menschen wurden in Gaskammern vergast, die als angebliche Duschen getarnt und 16 Quadratmeter groß waren; sie fassten jeweils 160 bis 180 Personen. Alle Gaskammern hatten zusammen anfangs ein Fassungsvermögen von 600, ab Herbst 1942 von 1200 Personen. Das tödliche Kohlenstoffmonoxid wurde als Abgas von einem schweren sowjetischen 200-PS-Benzinmotor in einem benachbarten Schuppen erzeugt und durch ein Rohr in die geschlossene Gaskammer geleitet.

Im Aufnahmebereich des Lagers mussten die Ankömmlinge ihre Kleider ablegen, wurden geschoren und mussten ihre letzten Wertgegenstände abgeben. Durch einen 150 Meter langen, drei bis vier Meter breiten und mit Stacheldraht seitlich abgeriegelten Weg, den »Schlauch«, wurden die nackten Gefangenen, nach Geschlechtern getrennt, in äußerster Eile und unter dem Geschrei und den Schlägen der Bewacher in die Gaskammer getrieben. Nach 20 bis 30 Minuten trat der Erstickungstod ein. Die Leichen wurden, nachdem man ihnen die Goldzähne herausgebrochen hatte, innerhalb von zwei bis drei Stunden in riesigen Gruben verscharrt. Rund 100 000 Menschen wurden auf diese Weise in Sobibor ermordet. Unter ihnen waren Bertha Sibilla Cahn geb. Frank, Josefine Heidt, Moses Stock und seine Frau Elisabeth geb. Kaufmann sowie Toni Dago Stock aus Stommeln.

Am 12. Februar 1943 besichtigte Heinrich Himmler das Vernichtungslager und ließ sich die »Effizienz« der Gaskammern demonstrieren. Bei einem festlichen Bankett zum Abschluss seines Besuchs äußerte er sich begeistert und dekorierte die Mörder mit Auszeichnungen.

Nach einem Aufstand im Oktober 1943, der nach anfänglichen Erfolgen brutal niedergeschlagen wurde, begann die Auflösung des Vernichtungslagers. Die Toten wurden mit Hilfe von Schaufelbaggern exhumiert und auf riesigen Rosten aus Eisenbahnschienen verbrannt. Bis Ende 1943 wurden alle Spuren beseitigt und zur Tarnung am Ort des Lagers ein Bauernhof errichtet.[20]

SOSNOWITZ II (Sosnowiec), Außenlager von Auschwitz
In Sosnowitz bei Kattowitz, 39 km nördlich von Auschwitz, betrieb die Ost-Maschinenbau GmbH (OSMAG) seit 1942 Werke für die Fertigung von Geschützrohren und Granaten. Anfangs waren hier französische Zwangsarbeiter eingesetzt. Seit Frühjahr 1944 kamen jedoch Häftlinge aus Auschwitz zum Einsatz; Ende 1944 waren es 900. Sie wurden in den 200 m vom Lager entfernten fünf fundamentierten Holzbaracken untergebracht, in denen vorher die französischen Zwangsarbeiter gelebt hatten. Die Häftlinge arbeiteten in mit Stacheldraht abgezäunten Werksabteilungen, um sie von den zivilen Beschäftigten zu trennen. Zwei Drittel der Häftlinge arbeiteten im Presswerk, wo sie glühende Geschützrohrläufe aus den Öfen holen mussten, ohne über entsprechende Schutzkleidung gegen die Hitze zu verfügen. Die Lebens- und Arbeitsbedingungen waren unmenschlich wie in allen Auschwitz-Außenlagern. Der sechzehnjährige Karl Otto Herz war im Oktober 1944 nach Sosnowitz II gekommen. Er traf es vergleichsweise gut an: Er arbeitete unter Anleitung eines polnischen Facharbeiters an einer Drehbank.

Am 17. Januar wurde das Lager geräumt. In einem zwölftägigen Todesmarsch von 140 km wurden die Häftlinge nach Troppau (Opava in Tschechien) geführt und von dort in Güterwaggons in das KZ Mauthausen bei Linz in Oberösterreich transportiert, unter ihnen auch Karl Otto Herz.[21]

THERESIENSTADT, Ghetto
Die Ende des 18. Jahrhunderts vom habsburgischen Kaiser Joseph II. im Nordwesten Böhmens (heute Tschechien) errichtete Festungs- und Garnisonstadt, benannt nach seiner Mutter Maria Theresia, wurde seit November 1941 von den Nationalsozialisten in ein Ghetto umgewandelt und die bisherige Zivilbevölkerung bis Juli 1942 ausquartiert. Die als Brückenkopf vorgelagerte »Kleine Festung« wurde bereits ab 1940 als Gestapogefängnis genutzt. Wegen der die Stadt umschließenden Festungsmauern war diese leicht zu kontrollieren und wegen der vielen Kasernenbauten in besonderer Weise geeignet für Massenunterkünfte. Bis Mai 1940 waren hier insgesamt etwa 140 000 Juden interniert, die aus dem Protektorat Böhmen und Mähren (annektierter Teil der Tschechoslowakei), aber auch aus Mittel- und Westeuropa kamen.

Im September 1942 lebten auf einer Fläche von 115 004 Quadratmetern 53 004 Menschen; nur 2,2 qm Lebensraum standen also pro Person zur Verfügung. Alle Wohnräume waren mit zahlreichen Stockbetten belegt, Männer und Frauen lebten getrennt. Die erdrückende Überbevölkerung ging einher mit einem Mangel an sanitären Einrichtungen und an Lebensmitteln. Die rasche Verbreitung von Krankheiten und Seuchen war die Folge. 1942 starb die Hälfte der damaligen Ghettobevölkerung. Besonders alte Menschen hatten in der Regel nur eine Überlebenschance von wenigen Monaten.

Das Ghetto unterstand dem nationalsozialistischen Lagerkommandanten (Siegfried Seidl, ab Februar 1944 Karl Rahm); in seinen Händen lag die oberste Befehlsgewalt. Verwaltet wurde es von einem Jüdischen Ältestenrat, dessen Leitung in der Hand des vom Kommandanten ernannten Judenältesten lag. Diese jüdische Führung regelte die Arbeit in den zahlreichen Betrieben im Ghetto, die Zuteilung von Lebensmitteln oder Wohnungen für Neuankömmlinge, kümmerte sich um die sanitären Einrichtungen, entfaltete aber auch reiche kulturelle Aktivitäten und organisierte eine schulische Betreuung der in den »Jugendheimen« zusammenlebenden Jugendlichen, soweit es möglich war. Der Ältestenrat musste aber auch auf Anordnung des Lagerkommandanten die von diesem vorgegebene Anzahl von Personen auswählen und in Listen zusammenstellen, die in die Vernichtungslager im Osten deportiert werden sollten.

Die nationalsozialistische Propaganda pries Theresienstadt als ein bevorzugtes »jüdisches Siedlungsgebiet« für ältere Personen, das sich dann aber für die dort Eingetroffenen als Ort des Grauens erwies und für viele auch als Übergangslager vor der endgültigen Deportation in den Tod. Im Frühjahr 1942 setzten Transporte von Theresienstadt in den Distrikt von Lublin ein, wo sich die Vernichtungslager Belzec und Majdanek befanden, im Juni 1942 folgten Transporte nach Sobibor, im August 1942 nach Maly Trostinez bei Minsk, von September bis Oktober 1942 mehrere Transporte nach Treblinka. Im Oktober 1942 fuhr dann der erste Transport nach Auschwitz-Birkenau, dem von 1943 bis Ende Oktober 1944 zahlreiche weitere folgten.

Von den 140 000 nach Theresienstadt deportierten Juden starben 33 000 im Ghetto, 88 000 wurden in Vernichtungslager weitergeleitet, 19 000 überlebten (darunter 1 613 kurz vor Kriegsende durch das Internationale Rote Kreuz noch Evakuierte). Am 8. Mai 1945 wurde das Ghetto Theresienstadt von der Roten Armee der Sowjetunion befreit. Der letzte Jude verließ das ehemalige Lager am 17. August 1945.[22]

Mehrere der in diesem Buch behandelten Personen wurden nach Theresienstadt deportiert und starben dort oder in einem Vernichtungslager, in das sie weitergeleitet wurden: Elise Elias geb. Weberberg; Leopold und Rebekka Franken geb. Mendel; Ernst und Lily Herz geb. Jacobsohn mit ihren Kindern Alfred, Walter, Johanna und Jona; Henriette Jacobsohn geb. Kappel; Rosalie Levi (Levy) geb. Cahn; Wilhelmine Mendel geb. Stock; Johanna Moses; Berta Stock; Helene Stock. Nur Jakob Stock sowie Rudy und Karl Otto Herz überlebten.

TREBLINKA, Vernichtungslager
Das Vernichtungslager entstand zwischen Mai und Juli 1942 im nordöstlichen Teil des Generalgouvernements auf einem Areal von etwa 400 x 600 Metern. Das Tötungsgelände war darin noch einmal separat durch Stacheldraht abgetrennt. In mehreren Gaskammern, jeweils etwa 16 Quadratmeter groß, wurden die Menschen durch Kohlenstoffmonoxid erstickt, das aus dem Auspuffrohr eines russischen Vierzylinder-Benzinmotors[23] hineingeleitet wurde.

Schon beim Aussteigen aus den Waggons sahen sie Ankömmlinge Berge von Leichen, die man angesichts der riesigen täglichen Tötungszahlen noch nicht hatte »entsorgen« können. Bevor sie das Lager betraten, war ihnen klar, was ihnen bevorstand. Ihr Schicksal vollzog sich rasch. Von der Bahnrampe wurden sie zum »Entkleidungsplatz« geführt, wo Männer und Frauen sich nackt ausziehen mussten. Dann wurden die nackten Häftlinge durch eine achtzig bis neunzig Meter lange, etwa fünf Meter breite, mit Stacheldraht eingezäunte Gasse, den sogenannten »Schlauch«, bis zu den angeblichen »Duschen« getrieben, die in Wahrheit Gaskammern waren. Der Überlebende Abraham Goldfarb schildert den Hergang so:

> »Auf dem Weg zu den Gaskammern standen an beiden Seiten des Zaunes Deutsche mit Hunden. Die Hunde waren darauf abgerichtet, Menschen anzufallen; sie bissen die Männer in die Genitalien und die Frauen in die Brüste und rissen Fleischstücke heraus. Die Deutschen schlugen mit Peitschen und Eisenstangen auf die Menschen ein, um sie anzutreiben, so daß sie schnell in die ‚Duschen' drängten. Die Schreie der Frauen waren weithin zu hören bis in die anderen Lagerbereiche. Am Eingang der Gaskammern standen […] zwei Ukrainer […], der eine mit einer Eisenstange, der andere mit einem Schwert bewaffnet. Auch sie trieben die Menschen mit Schlägen hinein […]. Sobald die Gaskammern voll waren, schlossen die

Ukrainer die Türen und starteten die Maschine. 20 bis 25 Minuten später schaute ein SS-Mann oder ein Ukrainer durch ein Fenster an der Tür. Wenn sie feststellten, daß alle erstickt waren, mußten die jüdischen Häftlinge die Türen öffnen und die Körper herausholen; da die Kammern überfüllt waren und die Opfer sich gegenseitig angefaßt hatten, standen sie alle aufrecht und waren wie ein einziger Fleischblock.«[24]

Die Leichen wurden zunächst in riesigen Gruben vergraben, seit Frühjahr 1943 aber wieder exhumiert und verbrannt.[25] Die Gesamtzahl der zwischen dem 22. Juli 1942 und dem 21. August 1943 in Treblinka ermordeten Menschen wird auf etwa eine Million geschätzt. Bis zum 21. September 1942 wurden allein 254 000 Juden aus Warschau hier ermordet. Als dann nach der Zerstörung des Warschauer Ghettos in Treblinka »Kapazitäten« frei wurden, brachte man zwischen dem 5. und 25. Oktober 1942 achttausend jüdische Häftlinge aus Theresienstadt in fünf Transporten hierhin. Hermann Elias und Johanna Moses aus Stommeln waren darunter.

WESTERBORK, *Internierungs- und Durchgangslager in den Niederlanden*
Das Lager in der Provinz Drenthe im Nordosten der Niederlande war im Oktober 1939 von der niederländischen Regierung für die Internierung illegal eingereister jüdischer Flüchtlinge eingerichtet worden. Von 1942 bis 1944 diente es als Durchgangslager für die Deportation der in den Niederlanden lebenden Juden in die Vernichtungslager im Osten. Die systematischen Deportationen begannen am 15. Juli 1942. Anfangs fuhren wöchentlich zwei Züge, ab Februar 1943 jeden Dienstag einer mit etwa 1000 Personen. Von diesem Zeitpunkt an wurden fast nur noch Güterwaggons eingesetzt. Die meisten der insgesamt 93 Züge gingen nach Auschwitz-Birkenau und Sobibor; der letzte fuhr am 13. September 1944 nach Bergen-Belsen.[26] Mehr als 100 000 Juden, Sinti und Roma wurden von Westerbork aus deportiert. Aus dem Personenkreis dieses Buches waren davon betroffen: Bertha Cahn geb. Frank, Josefine Heidt, Martha Heidt, Moses Stock und seine Frau Elisabeth geb. Kaufmann, Toni Dago Stock.

ANMERKUNGEN

1. Piper, Tabelle nach S. 144.
2. Piper, S. 23.
3. Gutman, S. 108–120; Benz/Distel, S. 79–173; Piper.
4. Gutman, Bd. 1, S. 187–191; Wißkirchen (2012), S. 168–170.
5. Benz/Distel, Bd. 5, S. 186–191 (Andrea Rudorff).
6. Daners/Wißkirchen, S. 111–147, 217–228; Daners (2019).
7. Gutman, Bd. 1, S. 280–283; Wißkirchen (2016), S. 183 f.
8. Gutman, S. 299–304; Daners/Wißkirchen, S. 217–228.
9. Wißkirchen (2012), S. 157–163, 170–178; Benz/Distel, Bd. 3, S. 224–229 (Andreas Weigelt).
10. Gedenkort Deportationslager Köln-Müngersdorf 1941–1945, S. 46–51; Wißkirchen (2012), S. 87 f.; Wikipedia.
11. Karl Litzmann war ein deutscher General, der im Ersten Weltkrieg Lodz erobert hatte.
12. Asaria, S. 385 f.
13. Gutman, Bd. 2, S. 892–899.
14. Junge-Wentrup, insb. S. 9–11.
15. LAV NRW R, Best. 1411, Nr. 350; Wißkirchen (2016), S. 229, 338 (Anm. 543). Corbach, S. 441–495 (Deportationsliste).
16. Gutman, Bd. 2, S. 929–935, und Bd. 1, S. 585 f.; Wißkirchen (2012), S. 179–188 (Zitat S. 182 f.).
17. Gutman, Bd. 2, S. 951–953.
18. Gutman, Bd. 3, S. 1228–1232.
19. Sie wurden am Tag vorher von SS-Lagerarzt Josef Mengele selektiert. Czech, S. 811; Wißkirchen (2012), S. 139. Ebd. S. 151–157, 168.
20. Gutman, Bd. 3, S. 1330–1334; Benz, Bd. 8, S. 375–404 (Barbara Distel).
21. Wißkirchen (2012), S. 164–168; Benz/Distel, Bd. 5, S. 301–304 (Andrea Rudorff).
22. Gutman, Bd. 3, S. 1403–1407.
23. Irrtümlicherweise ist vielfach von Dieselmotoren die Rede, die aber nicht in der Lage wären, die erforderliche Menge an Kohlenstoffmonoxid zu produzieren. Die Benzinmotoren stammten aus sowjetischen Beutepanzern und wurden von »Trawnikis«, ukrainischen Gehilfen der SS aus dem Lager Trawniki, bedient. Vgl. Benz (2020), S. 265.
24. Bericht in Yad Vashem Archives, Jerusalem, zit. n. Benz/Distel, Bd. 8, S. 417.
25. Benz, Hg. (1991), S. 479.
26. https://kampwesterbork.nl/de/geschichte

ANHANG

DOKUMENTE ZUR VERSTEIGERUNG DES HAUSRATS DER FAMILIE STOCK 1942

1. AUFSTELLUNG DER IN MEINEM ELTERNHAUS IN STOMMELN, NETTEGASSE 7, ZUR ZEIT DER VERSTEIGERUNG BEFINDLICHEN GEGENSTÄNDE

Erstellt von Hilde Altman, 1960; BADV, OFD Köln 1415, Bl. 7–13.

	Gegenstand	Anschaffungsjahr	Anschaffungswert	
	Wohnzimmer			
1	Plüschsofa für 3 Personen	1904	M	150
1	Buffet, Nussbaum, 2 x 2,50 m	1904	M	200
1	Rusceweyh-Ausziehtisch, Nussbaum	1904	M	100
6	Stühle, Nussbaum	1904	M	45
1	Nähtisch	1904	M	20
1	Klubsessel, Leder	1929	RM	200
1	Perserteppich 3 m x 4 m	1929	RM	800
1	Perserbrücke 1,20 m x 3,50 m	1929	RM	250
1	Ölbild, Stillleben	1904	M	150
1	Ölbild, Blumenstück	1914	M	150
1	Kronleuchter	1904	M	20
2	Fenstergarnituren	1924	RM	150
	Herrenzimmer			
1	Bücherschrank, schwarze Eiche, 1,50 x 1,75 m	1932	RM	250
1	Couch, Wollstoffbezug	1932	RM	100
1	runder Tisch, schwarze Eiche, 1 m Durchm.	1932	RM	100
1	Schreibtisch, schwarze Eiche, 1,80 m breit	1932	RM	150
1	Schreibtischlampe	1932	RM	10
2	Klubsessel, Leder	1932	RM	400
1	Perserteppich, 2,50 m x 3,50 m	1932	RM	500
1	Perserbrücke, 1 m x 2,50 m	1932	RM	150
1	Ölbild, Landschaft, 60 cm x 80 cm	1928	RM	100
1	Deckenlampe	1932	RM	20
2	Fenstergarnituren	1932	RM	150
	Küche			
1	Kochherd	1904	M	100
2	Schränke	1904	M	100
1	Tisch	1904	M	40
2	Stühle	1904	M	10

Versteigerung des Hausrats der Familie Stock

1	Kühlschrank	1926	RM	100
1	Staubsauger	1926	RM	50
	Koch- und Reinigungsutensilien	1936	RM	100

Schlafzimmer der Eltern

2	Betten, Mahagony	1904	M	200
1	Kleiderschrank, Mahagony, 2 m x 2 m	1904	M	200
2	Wäscheschränke, Mahagony, 1 m x 2 m	1904	M	200
1	Frisiertoilette, Mahagony	1904	M	80
2	Nachttische	1904	M	20
2	Nachttischlampen	1904	M	10
1	Deckenlampe	1904	M	20
1	Teppich, 3 m x 4 m	1904	M	200
2	Fenstergarnituren	1934	RM	100

Schlafzimmer des Bruders

1	Bett, hell furniert	1925	RM	150
1	Schrank, hell furniert, 1,50 m x 2 m	1925	RM	150
1	Schreibtisch, 1,20 m breit	1925	RM	120
2	Stühle	1925	RM	20
1	Nachttisch	1925	RM	10
1	Teppich, Smyrna, 2 m x 3 m	1925	RM	400
1	Deckenlampe	1925	RM	20
1	Tischlampe	1925	RM	10
2	Fenstergarnituren	1925	RM	100

Schlafzimmer der Schwester und von mir

2	Betten, hell furniert	1924	RM	300
1	Schrank, 1,50 m x 2 m	1924	RM	150
1	Kommode, 1,50 m breit	1924	RM	100
1	Frisiertoilette	1924	RM	80
1	Nachttisch	1924	RM	20
1	Nachttischlampe	1924	RM	10
1	Deckenlampe	1924	RM	20
1	Teppich, 2 m x 2 m	1924	RM	300
2	Fenstergarnituren	1924	RM	100

Mädchenzimmer

2	Betten, Holz	1924	RM	200
1	Schrank, 1,50 m x 2 m	1924	RM	100
1	Nachttisch	1924	RM	10
1	Tisch	1924	RM	30
1	Teppich, 1,50 m x 2,50 m	1924	RM	150
2	Lampen	1924	RM	30
2	Fenstergarnituren	1924	RM	60

Bettwäsche

2	Dutzend Leinen-Betttücher	1924/38	RM	360
2	Dutzend Überschlag-Betttücher	1924/38	RM	400

3	Dutzend Kopfkissenbezüge	1924/38	RM	100
2	Dutzend Plumeaubezüge	1924/38	RM	120
5	Kamelhaardecken	1924/38	RM	200
7	Wolldecken	1924/38	RM	200
5	Daunenfederbetten	1924/38	RM	300
18	Kopfkissen	1924/38	RM	200
2	Federbetten	1924/38	RM	80
6	Badetücher	1924/38	RM	120
3	Dutzend Handtücher	1924/38	RM	100
2	Dutzend Frottiertücher	1924/38	RM	90

TISCHWÄSCHE

12	Weiße Damast-Tischdecken	1924/38	RM	360
6	Kaffeedecken	1924/38	RM	90
1	Filetdecke	1924/38	RM	30
3	Dutzend Servietten	1924/38	RM	90
3	Dutzend Tellertücher	1924/38	RM	40

GESCHIRR

1	Ess-Service für 12 P. aus Meißener Porzellan	1919	RM	500
1	Kaffee-Service für 12 P. aus Meißener Porzellan	1919	RM	200
1	Ess-Service zum täglichen Gebrauch		RM	50
1	Kaffee-Service zum täglichen Gebrauch		RM	20
	Glasschüsseln und Gläser		RM	30

BESTECKE

2	komplette Silberbestecke für 12 Personen	1904	M	600
2	Silberne Kerzenleuchter	1904	M	70
	Bestecke zum täglichen Gebrauch	1928	RM	30

KLEIDER UND PERSÖNLICHE WÄSCHE

a) Vater

3	Anzüge	1935/37	RM	400
1	Mantel	1935/37	RM	150
	Wäsche und Schuhe	1935/37	RM	100

b) Mutter, vererbt

1	Pelzmantel, Persianerklaue	1929	RM	600

c) Bertha (Schwester)

	Kleider	1936/38	RM	300
	Mäntel	1936/38	RM	300
	Wäsche und Schuhe		RM	120

d) Bruder, in Vorbereitung zur Auswanderung

	Anzüge	1938	RM	500
	Mäntel	1938	RM	300
	Wäsche und Schuhe	1938	RM	150

MEINE AUSSTEUER, UNBENUTZT

2	Dutzend Leinen-Betttücher	1936/38	RM	360
2	Dutzend Überschlag-Betttücher	1936/38	RM	400

1	Dutzend Kopfkissenbezüge	1936/38	RM	50
1	Dutzend Bett-Überbezüge	1936/38	RM	80
3	Dutzend Handtücher	1936/38	RM	120
4	Kamelhaardecken	1936/38	RM	250
2	Daunensteppdecken	1936/38	RM	150
6	Weiße Damast-Tischdecken	1936/38	RM	150
6	Kaffeedecken	1936/38	RM	100
1	Dutzend Ess-Servietten	1936/38	RM	40
1	Dutzend Kaffee-Servietten	1936/38	RM	30
2	Tischwolldecken	1936/38	RM	100
1	Ess-Service für 6 Personen (Rosenthal)	1936/38	RM	300
1	Kaffee-Service für 6 Personen (Rosenthal)	1936/38	RM	100
1	komplettes Silber-Essbesteck für 6 Personen	1936/38	RM	400
3	Jackenkleider	1936/38	RM	300
1	Abendkleid	1936/38	RM	80
2	Mäntel	1936/38	RM	200
1	Pelzjacke, dreiviertel lang, Nutria	1936/38	RM	400
	Persönliche Wäsche und Schuhe	1936/38	RM	120

Anmerkung:

Es ist davon auszugehen, dass zum Ergebnis der öffentlichen Versteigerung eine detaillierte Auflistung mit Angaben zu den einzelnen Gegenständen, den Erwerbern und den erlösten Preisen erstellt wurde. Diese Liste ist jedoch nicht erhalten. Die vorstehende, 1960 von Hilde Stock erstellte Liste kann nicht für sich in Anspruch nehmen, die tatsächlich versteigerten Gegenstände in jedem Fall präzise zu benennen. Bei den wichtigsten Möbelstücken und Einrichtungsgegenständen dürften die Angaben weitgehend zutreffend sein, bei einfachen, in größerer Zahl vorhandenen Teilen gilt das nur eingeschränkt. Um das Ausmaß möglicher Ungenauigkeiten einzuschätzen, ist die Plausibilität der Angaben auf dem Hintergrund der Größe der Wohnung und der Anzahl der darin lebenden Menschen zu prüfen. Dabei kann man zu der begründeten Annahme kommen, dass die Angaben in dieser Liste als Anhaltspunkt für den Umfang der Versteigerungsaktion gewertet werden können.

2. RÜCKERSTATTUNGSANTRAG VON JAKOB STOCK, 1949
(LAV NRW R, Gerichte Rep. 266, Nr. 2742)

Jakob Stock, Blankenheimer Str. 55

Köln Sülz, den 29.12.1949

An

das Amt für Rückerstattungsansprüche
Bad Nenndorf

Hiermit stelle ich Antrag auf Rückerstattung meiner Möbel, die im Jahre 1942 durch das Finanzamt Süd verkauft wurden. Es handelte sich um 1 Eichenbuffet, 1 Ausziehtisch Eiche.
Die Gegenstände sind im Besitz von Herrn H. S., Stommeln b. Köln, Nettegasse.

Anmerkung:
Das Militärgesetz Nr. 59 (Rückerstattungsgesetz) trat in der Britischen Zone am 10.11.1947 in Kraft. Bereits am 17. Juli 1947 wurde in Bad Nenndorf eine Restitutionsbehörde gegründet (am 8.10.1947 umbenannt in »Zentralamt für Vermögensverwaltung«). Geschädigte konnten hier bis zum 31.12.1949 ihre Rückerstattungsansprüche anmelden.
Jakob Stock meldete zum letztmöglichen Zeitpunkt nur für zwei besonders wertvolle Möbelstücke Rückerstattungsansprüche an, bei denen er Kenntnis darüber besaß, wer sie erworben hatte. Die anderen ihm entzogenen Haushaltsgegenstände erwähnte er nicht, weil er keinen hinreichenden Nachweis über sie vorlegen konnte.

3. BESTÄTIGUNG DER ÖFFENTLICHEN VERSTEIGERUNG DES HAUSRATS DER FAMILIE STOCK NACH DEREN DEPORTATION
1942 (BADV, OFD Köln 1415, Bl. 20 f.)

Gemeindeverwaltung Stommeln
Landkreis Köln
Der Gemeindedirektor [Paul Sassen]

Stommeln, den 5. April 1961

An
die Wiedergutmachungskammer
beim Landgericht in Köln

Betr.: Rückerstattungssache Stock Jakob – Nachlaß – ./. Deutsches Reich
Bezug: Ihr Schreiben vom 21.3.1961, Az. 28 RüSp 573/60

Es trifft zu, daß der Hausrat des Herrn Jakob Stock im Jahre 1942 versteigert worden ist. Das von dem Genannten und seinen Familienangehörigen bewohnte Haus Stommeln, Nettegasse 7, das inzwischen durch einen Neubau ersetzt worden ist, bestand aus 5 Räumen und einer offenen Küche. Diese Feststellung wurde bei der Ehefrau N.N., Stommeln, Am Sonnenhang XX, getroffen, die über die Sachlage informiert ist und weiter angab, daß sämtliche Räume mit Möbeln ausgestattet waren.
Die meistbietende Versteigerung geschah auf Veranlassung des damaligen Ortsgruppenleiters Schöbel, dessen Aufenthalt hier nicht bekannt ist. Für die Gemeinde Stommeln war damals die Amtsverwaltung Pulheim zuständig. Bei der am 1.9.1953 erfolgten Ausamtung der Gemeinde Stommeln aus dem Amt Pulheim sind Unterlagen über die Beschlagnahme des Hausrates des Herrn Stock nicht an die Gemeindeverwaltung Stommeln abgegeben worden.
Herr H. S., Stommeln, Pulheimer Straße, erklärte auf Befragen, bei der öffentlichen Versteigerung ein Büffet und 1 Tisch erworben zu haben.
Soweit er sich erinnern kann, hat er für diese Möbel einen Betrag von 180,– RM und am 15.8.1951 200,– DM nachentrichtet. Die von ihm dieserhalb vorgezeigte Quittung hat den Wortlaut:

[Jakob Stock], Köln-Sülz
Blankenheimer Str. 55

15.8.1951

Ich bestätige den Erhalt von 200,– DM als Abgeltung für 1 Büffet und 1 Tisch, welche Herr H. S. aus meinem Besitz bei der Versteigerung im Jahre 1942 in Stommeln erworben hat. Damit sind meine Ansprüche an Herrn H. S. abgelöst.
gez. Jakob Stock

Anmerkung
Die Zeugin N.N. hatte vor dem Umzug in ihr neues Heim in der Siedlung Am Sonnenhang in Stommeln selbst in dem ehemaligen Haus Stock gewohnt und kannte es offenbar auch aus der Zeit vorher. Nach Aussage einer Augenzeugin der Versteigerung von 1942 hat sie damals auch Haushaltsgegenstände aus dem Besitz der Familie Stock erworben. Ihre Aussagen über die Größe des Hauses und seine Ausstattung können als zuverlässig gelten.

Die Feststellung, Ortsgruppenleiter Schöbel habe die Versteigerung veranlasst, ist in mehrfacher Hinsicht irreführend. Ernst Schöbel war als Ortsfremder und junger NS-Karrierist erst im Herbst 1938 nach Stommeln gezogen, um dort das Amt des NSDAP-Ortsgruppenleiters antreten zu können. Aber bereits 1940 übernahm er die Leitung des Kreispersonalamtes Moers in Rheinberg und verließ Stommeln. (Wißkirchen [2001], S. 264) Sein Nachfolger als Ortsgruppenleiter wurde Josef Schmitz aus Stommeln, der aber kaum in Erscheinung trat. Es ist schwer vorstellbar, dass man 1961 in der damaligen Stommelner Gemeindeverwaltung unter Gemeindedirektor Paul Sassen und Bürgermeister Josef Gladbach nicht wusste, dass Schöbel 1942 nicht mehr Ortsgruppenleiter in Stommeln war. Die falsche Information ist wohl dem Bedürfnis geschuldet, die Verantwortung vom Ort Stommeln möglichst weit wegzuschieben.

Das Eigentum der Familie Stock war nach deren Deportation vom Deutschen Reich konfisziert worden. Nach Aussage von Jakob Stock von Ende Dezember 1949 wurden die Möbel „durch das [für Stommeln zuständige] Finanzamt Süd verkauft". (LAV NRW R, Gerichte Rep. 266, Nr. 2742) Die Durchführung der Versteigerung wurde wohl – vermutlich auf Veranlassung der Oberfinanzdirektion Köln – von Josef Degraa, dem Bürgermeister des Amtes Pulheim, zu dem Stommeln damals gehörte, organisiert. Er war zugleich Chef der Ortspolizeibehörde. Degraa, gestorben am 7.4.1971, lebte 1961 als Pensionär in Pulheim. Die Stommelner Gemeindeverwaltung hat ihn aber nicht in die Klärung des Sachverhaltes einbezogen, um ihn offensichtlich zu „»schonen«. Ob der Polizeihauptwachtmeister Wilhelm Güldenring, der als Stommelner Ortspolizist für die Sicherung von Ruhe und Ordnung bei der Versteigerung zuständig war, 1961 noch lebte und hätte befragt werden können, ist nicht bekannt. Kurz nach dem Krieg hatte als kranker Mann in Stommeln im damals abseits gelegenen Bruchhaus 14 gewohnt, ist dann offenbar aber verzogen.

Insgesamt vermittelt das Schreiben des Stommelner Gemeindedirektors Paul Sassen den Eindruck, dass man keine intensiven Anstrengungen unternahm, um den Sachverhalt aufzuklären. Sassen war ein gebürtiger Stommelner. Sein Elternhaus befand sich in der Nettegasse auf dem Baugrund, auf dem heute das Haus Nr. 17 steht. Er ist also in naher Nachbarschaft zur Familie Stock aufgewachsen und muss aus eigenem Erleben oder aus Erzählungen in der Familie von der Versteigerung gewusst haben. Hierauf wird in seinem Schreiben an die Wiedergutmachungskammer in Köln aber nirgendwo Bezug genommen. Der Verdacht drängt sich auf, dass man die Dinge möglichst im Unklaren lassen wollte.

Die Wiedergutmachungskammer beim Landgericht Köln verurteilte das Deutsche Reich am 28.4.1961, der einzigen Überlebenden der Familie Stock, Hilde Altman in London, 10 000,– DM an Entschädigung zu zahlen. (BADV, OFD Köln, 14515, Bl. 22–25). Sie ging dabei von folgender Schätzung der Werte der Haushaltsgegenstände aus:

Wohnzimmer	DM 2 600,--
Herrenzimmer	DM 2 000,--
Elternschlafzimmer	DM 1 800,--
Töchterschlafzimmer	DM 2 100,--
Sohneszimmer	DM 1 000,--
Küche	DM 500,--

	DM 10 000,--

LITERATUR

Andermahr, Heinz: Die jüdische Gemeinde Bergheims im Mittelalter (1239/48–1349), in: Geschichte in Bergheim 29/2020, S. 47–58.

Andreae, Almut/Geiseler, Udo (Hg.): Die Herrenhäuser des Havellandes. Eine Dokumentation ihrer Geschichte bis in die Gegenwart, Berlin 2001.

Asaria, Zvi: Die Juden in Köln. Von den ältesten Zeiten bis zur Gegenwart, Köln 1959.

Backhausen, Manfred: Bisherige Kontakte mit ehemaligen Stommelern jüdischen Glaubens in aller Welt, Pulheimer Beiträge zur Geschichte und Heimatkunde 4/1980, S. 75–80.

Backhausen, Manfred/Schneider, Eli Josef: Die Friedhöfe der jüdischen Gemeinden in Stommeln und Fliesteden, in: Juden in Stommeln, Tl. 1, S. 225–260.

Backhausen, Manfred: Die Geschichte der jüdischen Familien aus Stommeln, Sinnersdorf, Fliesteden und Umgebung, in: Juden in Stommeln, Tl. 2, S. 78–158.

Backhausen, Manfred: Stommelner Jüdin besucht die Stadt Pulheim, Pulheimer Beiträge zur Geschichte und Heimatkunde 5/1981, S. 41–45.

Becker-Jákli, Barbara: Das jüdische Krankenhaus in Köln. Die Geschichte des Israelitischen Asyls für Kranke und Altersschwache 1869 bis 1945, Köln 2004.

Becker-Jákli, Barbara: Das Jüdische Köln, Geschichte und Gegenwart, Köln 2012.

Benz, Wolfgang (Hg.): Dimension des Völkermords. Die Zahl der jüdischen Opfer des Nationalsozialismus, München 1991.

Benz, Wolfgang: Die Protokolle der Weisen von Zion: Die Legende von der jüdischen Weltverschwörung, München 2019.

Benz, Wolfgang: Vom Vorurteil zur Gewalt. Politische und soziale Feindbilder in Geschichte und Gegenwart, Freiburg i. Br. 2020.

Benjamin, Maynard H.: The History of Envelopes 1840–1900, 2002 (PDF, online)

Brocke, Michael: Jüdische Friedhöfe verstehen, erforschen, bewahren. Das Beispiel Nordrhein-Westfalen, PDF online: Bajohr-Friedhöfe (steinheim-institut.de).

Carlebach, Alexander: Adass Yeshurun of Cologne. The Life and Death of a Kehilla, Belfast 1964.

Corbach, Dieter: 6.00 Uhr ab Messe Köln-Deutz, Deportationen 1938–1945, Köln 1994.

Daners, Hermann: Schicksale nach der Befreiung, in: Juden in Stommeln, Tl. 2, S. 266–293.

Daners, Hermann: Konzentrationslager in der Arbeitsanstalt Brauweiler, in: Josef Wißkirchen (Hg.): Verlorene Freiheit. Nationalsozialistische Schutzhaft 1933/34 im heutigen Rhein-Erft-Kreis, Berlin 2109, S. 177–228.

Daners, Hermann/Wißkirchen, Josef: Die Arbeitsanstalt Brauweiler bei Köln in nationalsozialistischer Zeit, Essen 2013.

Eckert, Brita (Bearb.): Die jüdische Emigration aus Deutschland 1933–1941. Die Geschichte einer Austreibung, Ausstellungskatalog, Frankfurt am Main 1985.

Feuchert, Sascha/Leibfried, Erwin/Riecke, Jörg (Hg.): Die Chronik des Gettos Lodz/Litzmannstadt, 5 Bde., Göttingen 2007.

Fischer, Stefanie: Ökonomisches Vertrauen und antisemitische Gewalt. Jüdische Viehhändler in Mittelfranken 1919-1939, Göttingen 2014.

Friedt, [Heinz] Gerd: Juden in Bedburg an der Erft, Spurenfragmente einer Minderheit, Bedburg 1998.

Friedt, [Heinz] Gerd: Carpena Judaica. Zur Geschichte der Kerpener Juden seit dem Mittelalter, Kerpen 2008.

Friedt, [Heinz] Gerd: Genealogische Betrachtungen über die jüdischen Familien in und um Bergheim/Erft, in: Geschichte in Bergheim 26/2017, S. 177–221.

Friedt, Heinz Gerd: Der jüdische Friedhof in Niederaußem – und eine Ergänzung zum Friedhof in Fliesteden. Geschichte in Bergheim 28/2019, S. 59–66.

Gedenkort Deportationslager Köln-Müngersdorf 1941–1945, hg. v. Bürgerverein Köln-Müngersdorf e. V., Köln 2020.

Gierlich, Anna/Stielow, Agnes: Elisabeth Heidt. Das Leben mit ihrer großen Liebe, in: Lebenswege. Pulheimer Frauen gestern und heute, hg. v. Frauenbeirat der Stadt Pulheim, Pulheim 2005, S. 26–31.

Göpfert, Rebekka: Der jüdische Kindertransport nach England 1938/39: Geschichte und Erinnerung, Frankfurt a. M./New York 1999.

Hagspiel, Wolfram: Köln und seine jüdischen Architekten, Köln 2010.

Happ, Sabine/Jüttemann, Veronika (Hg.): „Es ist mit einem Schlag alles so restlos vernichtet." Opfer des Nationalsozialismus an der Universität Münster, Münster 2018.

Heit, Alexander: »Es ware seir ellendlich in disser zit, ein frunt scheuwet den andern«. Kollektive und obrigkeitliche Reaktionen auf die Pest im Köln des 14. und 16. Jahrhunderts, in: Geschichte in Köln 67/2020, S. 59–83.

Jellinek, Adolf: Märtyrer- und Memorbuch. Verzeichniss der Märtyrergemeinden aus den Jahren 1096 und 1349, das alte Memorbuch der Deutzer Gemeinde von 1581 bis 1784 nebst Auszügen aus dem neuen von 1786 bis 1816, nach Handschriften zu Deutz, Coblenz, Düsseldorf und Versailles, Wien 1881.

Juden in Stommeln, Geschichte einer jüdischen Gemeinde im Kölner Umland, Teil 1, Pulheim 1983; Teil 2, Pulheim 1987.

Junge-Wentrup u. a. (Red.): Der Vernichtungsort Trostenez in der europäischen Erinnerung. Materialien zur internationalen Konferenz vom 21.–24. März 2013 in Minsk, hg. vom Internationalen Bildungs- und Begegnungswerk, Dortmund 2013.

Kottke, Maleen: Zum Gedenken an Rosemarie Mankiewicz, in: Happ/Jüttemann (Hg.), S. 542–548. Vgl.: http://www.flurgespraeche.de/mensa-am-ring/rosemarie-klein/

Kulkah, Otto Dov (Hg.), Deutsches Judentum unter dem Nationalsozialismus 1; Dokumente zur Geschichte der Reichsvertretung der deutschen Juden 1933–1939, Tübingen 1997.

Loewy, Hanno/Schoenberger, Gerhard (Red.): „Unser einziger Weg ist Arbeit" – Das Getto in Łódź 1940–1944, Ausstellungskatalog des Jüdischen Museums in Frankfurt a. M., 1990.

Longerich, Peter: Wannseekonferenz. Der Weg zur »Endlösung«, München 2016.

Lutzius, Franz: Verschleppt. Der Euthanasie-Mord an behinderten Kindern im Nazi-Deutschland, Essen 1987.

Matzerath, Horst/Pracht, Elfi: Jüdisches Schicksal in Köln 1918–1945, Ausstellung des Historischen Archivs der Stadt Köln / NS-Dokumentationszentrum, Köln 1989.

Paulißen, Hermann-Josef: Genealogie, Familienstruktur, wirtschaftliche Verhältnisse der Juden im nördlichen Jülicher Land im 19. Jahrhundert, Jülich 2007.

Literatur

Piper, Franciszek: Die Zahl der Opfer von Auschwitz aufgrund der Quellen und der Erträge der Forschung 1945 bis 1990, Oświęcim 1993.

Rüther, Martin: Köln im Zweiten Weltkrieg. Alltag und Erfahrungen zwischen 1939 und 1945, Köln 2005.

Salfeld, Siegmund (Hg.): Das Martyrologium des Nürnberger Memorbuches, Berlin 1898.

Schmidt, Herbert: Der Elendsweg der Düsseldorfer Juden. Chronologie des Schreckens 1933–1945, Düsseldorf 2005.

Schreiner, Peter: Zur Geschichte der Juden im Rheinland und den Spuren jüdischer Bewohner Stommelns bis zum 18. Jahrhundert, in: Juden in Stommeln, Tl. 1 (1983), S. 8–43.

Schreiner, Peter: Bemühungen um die Rettung der ehemaligen Synagoge in Stommeln, in: Juden in Stommeln, Tl. 2, S. 295–323.

Schulte, Klaus H.: Dokumentation zur Geschichte der Juden am linken Niederrhein seit dem 17. Jahrhundert, Düsseldorf 1972.

Stielow, Agnes: Der Mantel von Jenny Stock aus Fliesteden. Pulheimer Beiträge zur Geschichte 45/2021, S. 127–137.

Wißkirchen, Josef: Geschichte der Stommelner und Sinnersdorfer Juden seit dem Ende des 18. Jahrhunderts, in: Juden in Stommeln, Tl. 1 (1983), S. 44–160.

Wißkirchen, Josef: Juden in Stommeln – Mitglieder der Dorfgemeinschaft? Über das Zusammenleben jüdischer und christlicher Stommelner vom Anfang des 20. Jahrhunderts bis zur Deportation 1941/42, in: Juden in Stommeln, Tl. 2 (1987), S. 11–77.

Wißkirchen, Josef (Hg.): Tausend Kilometer über der Erde – was zieht einen hinab? Auschwitz. Erinnerungen von Rudy Herz, in: Juden in Stommeln, Tl. 2 (1987), S. 230–265.

Wißkirchen, Josef: Schicksale Stommelner Juden im Dritten Reich, in: Juden in Stommeln, Tl. 2 (1987), S. 324–336.

Wißkirchen, Josef: Namenlisten Stommelner und Fliestedener Juden im Umkreis der nationalsozialistischen Judenpolitik, in: Juden in Stommeln, Tl. 2 (1987), S. 324–336.

Wißkirchen, Josef: Reichspogromnacht an Rhein und Erft – 9./10. November 1938. Eine Dokumentation, Pulheim 1988.

Wißkirchen, Josef: Gedenkstein auf dem jüdischen Friedhof in Stommeln. PBGH 13/1989, S. 237.

Wißkirchen, Josef: 200 Jahre Geschichte Stommelns: Bd. 1: 1794–1914, Pulheim 1997; Bd. 2: 1914–1945, Pulheim 2001.

Wißkirchen, Josef: Stadt Pulheim – Geschichte ihrer Orte von 1914 bis zur Gegenwart, Köln 1992.

Wißkirchen, Josef: Rudy Herz, ein jüdischer Rheinländer, Weilerswist 2012.

Wißkirchen, Josef: Das Stommelner Ehrenmal und seine Geschichte. PBG 42/2018, S. 230–241.

Zieher, Jürgen: Die Grenzen der Wiedergutmachung auf der lokalen Ebene: Die Beispiele Dortmund, Düsseldorf und Köln, in: Geschichte im Westen 18/2003, S. 165–181.

GEDRUCKTE QUELLEN

Adressbücher Berlin, Ausgaben 1920, 1930, 1938 (online verfügbar).
Adressbücher Düsseldorf: http://digital.ub.uni-duesseldorf.de/ihd/periodical/titleinfo/8407116?query=Adressbuch
Adressbücher Köln, Ausgaben 1880, 1882, 1890, 1891, 1892, 1893, 1894, 1895, 1910, 1928, 1932, 1938, 1941–42 (online verfügbar).
Adressbuch Wuppertal 1938 (online verfügbar).
Die jüdischen Gefallenen des deutschen Heeres, der deutschen Marine und der deutschen Schutztruppe 1914–1918. Ein Gedenkbuch, hg. vom Reichsbund jüdischer Frontsoldaten, Berlin ²1932.
Dortmunder Einwohnerbuch 1921, 1927 (online verfügbar).
Einwohnerbuch der Stadt Barmen 1901, 1925/26 (online verfügbar).
Einwohnerbuch Nürnberg 1928 (digitalisiert bei Ancestry.de).
Hepp, Michael (Hg.): Die Ausbürgerung deutscher Staatsangehöriger 1933–45 nach den im Reichsanzeiger veröffentlichten Listen, 3 Bde., München 1985–88.
Hitler, Mein Kampf. Eine kritische Edition, 2 Bde., hg. von Christian Hartmann u. a., München–Berlin 2016.
Kameradschaftlicher Kriegerverein Stommeln 1866–1926: 60-jährige Jubelfeier vom 17. bis 19. Juli 1926, Festschrift.
Wißkirchen, Josef: Lokalteil Stommeln und Umgebung 1918–1939. Tagebuch des Stommelner Zeitungsagenten Lorenz Simon, Pulheim 1998 (Typoskript im Stadtarchiv Pulheim).
Wollersheim, Theodor: Das Leben der ekstatischen und stigmatischen Jungfrau Christina von Stommeln, wie solches von dem Augenzeugen Petrus von Dacien und Andern beschrieben ist, Köln 1859.

DIGITALE DATENBANKEN

Arolsen Archives, Online-Archiv: arolsen-archives.org
Dürener Geschichtswerkstatt: Namensliste (geschichtswerkstatt-dueren.de)
Ellis Island records: https://heritage.statueofliberty.org/ (Passagierlisten)
Familiendatenbank Juden im Deutschen Reich: Familiendatenbank Juden im Deutschen Reich – GenWiki (genealogy.net)
Datenbank der digitalisierten Dokumente: https://www.holocaust.cz/de/main-3/
Gedenkbuch Bundesarchiv: https://www.bundesarchiv.de/gedenkbuch/
Gedenkbuch Köln: https://museenkoeln.de/ns-dokumentationszentrum/default.aspx?s=1211
Gedenkbuch Wuppertal: https://www.gedenkbuch-wuppertal.de
Geschichtswerkstatt Göttingen e.V.: Verfolgung und Emigration jüdischer BürgerInnen in Göttingen und Umgebung: https://juedische-emigration.de
Joods Monument: https://www.joodsmonument.nl
Reichsbund jüdischer Frontsoldaten (Hg.): Die jüdischen Gefallenen des deutschen Heeres, der deutschen Marine und der deutschen Schutztruppe 1914–1918. Ein Gedenkbuch, Berlin 1932: https://www.ushmm.org/online/hsv/source_view.php?SourceId=31988.
Landesarchiv Baden-Württemberg, Abt. Hauptstaatsarchiv Stuttgart - Findbuch J 386: Filme von Personenstandsregistern jüdischer Gemeinden in Württemberg, Baden und Hohenzollern - Strukturansicht (landesarchiv-bw.de)
Stadtarchiv Pulheim, digitales Personenstandsregister: https://www.pulheim.de/kultur-freizeit/archiv/inhaltsseiten/standesamtsregister.php
Statistik und Deportation der jüdischen Bevölkerung aus dem Deutschen Reich: https://www.statistik-des-holocaust.de/list_ger.html
Stern and Löbl Family Genealogy Website: http://sternmail.co.uk
Stolpersteine in Berlin: https://www.stolpersteine-berlin.de/
United States Holocaust Memorial Museum: Holocaust Survivors and Victims Database: https://www.ushmm.org/online/hsv/person_advance_search.php
Verfolgte des Nationalsozialismus in Wuppertal 1933–1945 (uni-wuppertal.de)
Yad Vashem: https://yvng.yadvashem.org/index.html?language=de

ABKÜRZUNGEN

AiRKN	Archiv im Rhein-Kreis Neuss, Dormagen-Zons
BADV	Bundesamt für zentrale Dienste und offene Vermögensfragen, Berlin
BEG	Bundesentschädigungsgesetz
Bl.	Blatt
BRüG	Bundesrückerstattungsgesetz
BrREG	Britischen Rückerstattungsgesetz
CA	California
Corp.	Corporation
d. J.	dieses Jahres
DM	Deutsche Mark
d. Mts.	des Monats
ev.	evangelisch
f.	Holländischer Gulden
GA	Georgia
geb.	geborene
gesch.	geschiedene
gest.	gestorben
GI	Einfacher Soldat der amerikanischen Streitkräfte
GM	Goldmark
GV. NRW	Gesetz- und Verordnungsblatt für das Land Nordrhein-Westfalen
HAStK	Historisches Archiv der Stadt Köln
IL	Illinois
insb.	insbesondere
JTC	Jewish Trust Corporation
kath.	katholisch
Kr.	Kreis
kt.	Karat
LAV NRW R	Landesarchiv Nordrhein-Westfalen, Abteilung Rheinland, Duisburg
LHAKo	Landeshauptarchiv Koblenz
LLP	Limited Liability Partnership
Ltd.	Limited (Company)
mdl.	mündlich
MGH	Monumenta Germaniae Historica
Mttlg.	Mitteilung
NJ	New Jersey
NL	Niederlande
NS	Nationalsozialismus
NSDAP	Nationalsozialistische Deutsche Arbeiterpartei
NV	Nevada
NY	New York (Staat)
OFD	Oberfinanzdirektion
OFP	Oberfinanzpräsident
o. P.	ohne Paginierung
PBG	Pulheimer Beiträge zur Geschichte
PBGH	Pulheimer Beiträge zur Geschichte und Heimatkunde
PfA	Pfarrarchiv
R	Rückseite

REAO	Rückerstattungsanordnung
RGBl.	Reichsgesetzblatt
REG	Rückerstattungsgesetz
RM	Reichsmark
SA	Sturmabteilung (Kampforganisation der NSDAP)
SC	South Carolina
SD	Sicherheitsdienst des Reichsführers SS
Sipo	Sicherheitspolizei (Gestapo, Kriminalpolizei)
SS	1. Schutzstaffel (nationalsozialistische Organisation)
	2. Steamship (Dampfschiff)
StA	Stadtarchiv
Tl.	Teil
Uffz.	Unteroffizier
UR	Urkundenrolle
V	Vorderseite
verh.	verheiratete
Vg.	Volksgenosse
VIR	Verwaltungsamt für Innere Restitution
WGA	Wiedergutmachungsamt
WGK	Wiedergutmachungskammer
WIZO	Women's International Zionist Organisation
ZVFD	Zionistische Vereinigung für Deutschland

ABBILDUNGSNACHWEIS

Peter Altman, London	141, 142, 143, 144, 145, 146, 147, 148, 149, 150, 151, 155, 157
Archiv im Rhein-Kreis Neuss	036 (RO 01 – Amt Rommerskirchen/Nettesheim [bis 1974], Nr. 3211)
Dr. Barbara Brandes, Binnen	174, 174a
Sandra und Jack Guthman, Chicago	055
Dorit Hahne, Köln	084, 087, 089
Dorothea Heymann-Reder, Bornheim	114
Historisches Archiv der Stadt Köln	171 (Best. 495, Nr. 192, Bl. 13)
Landesarchiv Nordrhein-Westfalen, Abteilung Rheinland:	042, 043, 044, 045; alle: BR 3005 Cahn, Otto (ZK 19448), ohne Blattangabe
Landeshauptarchiv, Koblenz	169 (Best. 403, Nr. 19551/1, Bl. 57)
Národní archiv (The National Archives), Prag	172 (Registers of Jewish religious communities in the Czech regions, Death certificates – Ghetto Terezín, volume 5)
Nationaal Archief, Den Haag, Collectie van het Joods Cultureel Kwartier Amsterdam, Joodse Raad Cartotheek:	039 (Inv. Nr. 19), 102 (Inv. Nr. 51), 103 (Inv. Nr. 51), 104 (Inv. Nr. 51), 159 (Inv. Nr. 120), 162 (Inv. Nr. 120)
Beate Pfeiffer, Mönchengladbach	054
Wikimedia Commons	008 (User Phrontis), 010, 136 (markus@wikipedia.de./CC-by-sa-4.0)
Josef Wißkirchen	001, 002, 003, 004, 005, 006, 007, 012, 013, 014, 015, 016, 017, 018, 020, 021, 022, 023, 024, 032, 032a, 033, 034, 035, 037, 038, 040, 046, 049, 056, 057, 058, 059, 060, 061, 062, 063, 064, 065, 066, 067, 068, 069, 070, 071, 072, 073, 074, 075, 076, 077, 078, 079, 080, 081, 082, 088, 090, 095, 107, 116, 129, 135, 137, 139, 140, 152, 153, 154, 158, 160, 161, 163, 164, 165, 167, 168, 170, 173, 175, 176, 177, S. 250–274, S. 311
Ungeklärt	009
Verein für Geschichte in Pulheim, Bildarchiv im StA Pulheim	011, 025, 026, 027, 028, 029, 030, 031, 041, 047, 048, 050, 051, 052, 053, 083, 091, 092, 093, 094, 096, 097, 098, 099, 100, 101, 105, 106, 108, 109, 115, 117, 118, 119, 120, 121, 122, 123, 124, 125, 126, 127, 128, 130, 131, 132, 133, 134, 138, 156,
Yad Vashem	166 (Bilddatei 14170580)

REGISTER (ORTE UND PERSONEN)

Aachen 102, 224, 226, 277
Abels, Christina. *Siehe* Kreuer, Christina geb. Abels
Abs, Paul 34
Abts, Christine. *Siehe* Leufgen, Christine geb. Abts
Adenauer, Konrad 194f.
Adler, Emma. *Siehe* Stock, Emma geb. Adler
Adler, Moritz 180
Albertz, Josephine. *Siehe* Heymann, Josephine geb. Albertz
Alexander III., Papst 25
Altenberg, C. H. 168
Altmann, Adolf 182
Altmann, Curt 182
Altman(n), Ernst 182, 183, 294
Altman(n), Hildegard (Hilde) geb. Stock 174, 175, 179f., 182f., 191f., 196, 202, 294, 314f., 317, 342, 345, 349
Altmann, Ida 182
Altman, Peter 7, 183, 196f., 290, 294
Altman, Vivien 183, 294
Amersfoort, Internierungs- und Durchgangslager 202
Amsterdam 57, 62–64, 66f., 122, 124, 139, 199, 202f., 295, 299f., 316f.
Andre, Carl 50
Apfelbaum, Else. *Siehe* Stock, Else geb. Apfelbaum
Apfelbaum (Tree), Selma 202, 290
Arentz, Sibilla. *Siehe* Ullmann, Sibilla geb. Arentz
Arnhem (Arnheim) 202
Arnsdorf, David Julius 210
Arnsdorf, Frieda geb. Goldberg 206f., 209f., 245, 293, 298
Arnsdorf (Powiercie) 324
Atlanta 73f., 298
Augusta 109, 302

Auschwitz, Auschwitz-Birkenau, Konzentrations- und Vernichtungslager 48, 58, 64, 93f., 107, 110, 124, 192, 210, 247, 288, 298, 300–303, 314, 318, 320f., 325, 329, 332, 334f., 337f., 340
Aventura 286

Backhausen, Manfred 7, 110, 137
Back, Helene geb. Ehrlich 115f., 286, 296
Bad Nenndorf 346
Bad Windsheim 197, 316
Baermann, Hans 159
Baselitz, Georg 50
Baum, Friedrich 34
Baum, Jacob 205, 306
Baum, Sara geb. Salomon 306
Baus, Johann 34
Bautzen 182, 294
Becker, Anton 34, 89
Becker, Josef 237
Beckstedde, Hildegard 105f., 307
Bedburg, Erft 55, 130, 294f.
Beit Yitzhak 137, 312
Below, Bernhard 219
Belsen bei Celle 321
Belzec, Vernichtungslager 288, 338
Belzig 233f.
Bergen-Belsen, Konzentrationslager 98, 247, 300, 321, 336, 340
Bergheim, Erft
  Hüchelhoven 88, 147
  Rheidt 147
Berkower, Ruth Constance. *Siehe* Moore, Ruth Constance geb. Berkower
Berlin 67, 104, 138, 162, 192, 209, 214, 230, 232f., 266, 268, 292, 318, 328, 333
  Halensee 224
  Schöneberg 298
  Spandau 205, 207–210, 216, 298

Berlin, Helene geb. Roesberg 142
Bermann, David 31
Beuth, Elisabeth. *Siehe* Heidt, Elisabeth geb. Beuth
Beuth, Josef 122
Biewend, Edith 159
Binnen 239
Blameuser, Hans 105
Blechhammer, Konzentrationslager (Außenlager Auschwitz) 93, 301, 321 f.
Bochem, Margareta. *Siehe* Marx, Margareta geb. Bochem
Bochum 54
Bockfeld, Pg. in Hüchelhoven 88, 278
Bodenheimer, Dr. Max I. 133
Boese, Stephan 34
Boes, Heinrich 189
Bonn 60, 101, 152, 214, 307 f., 310, 312
  Beuel 286, 307
Bonn, Andreas I 34
Bonn, Andreas II 34
Bornheim 204
Borsche, Mirko 51
Boston 182
Bracht, Paul 105
Brandes, Barbara geb. Klein 232, 234, 237–239, 292
Brandt, Robert 210
Braun, Joseph 34
Brauweiler, frühes Konzentrationslager, Sammellager 138, 176, 304, 322 f.
Bremen 333
Breslau 151
Breuer, Peter 34
Brewster 156
Brill-Fritz, Helena 63
Brill-Fritz, Rita 64
Broere, Gerrit 279, 293
Brohl, Jakob 34
Broich, Hermann 34
Bruch, Rosel. *Siehe* Stock, Rosel geb. Bruch
Brühl, Rhld. 141, 304 f.
Brünn 333
Buchenwald, Konzentrationslager 48, 194

Buchheit, Otto 61, 67, 69
Buren, Daniel 51
Buschhoff, Adolf Wolff 242
Büsdorf 42, 129, 204, 269, 287, 293, 303, 305

Cahn, Abraham David 40, 283
Cahn, Albert 31, 54–56, 244, 250 f., 263, 271, 284, 294–296, 298, 308
Cahn, Alfred 60, 66, 284, 295
Cahn, Bertha Sibilla geb. Frank 54–59, 62, 64, 70, 72, 74, 84, 271, 294, 296, 298, 308, 336, 340
Cahn, David 40
Cahn, Doris. *Siehe* Nixon, Doris geb. Cahn
Cahn, Else. *Siehe* Elias, Elise (Elly) geb. Cahn
Cahn, Erna. *Siehe* Epstein, Erna geb. Cahn, verw. Sochaczewer, verw. Haber
Cahn, Ester. *Siehe* Stock, Ester geb. Cahn
Cahn, Esther. *Siehe* Mendel, Esther geb. Cahn
Cahn, Heinrich 40, 312
Cahn, Helena 40
Cahn, Helena geb. Levi 283
Cahn, Johanna geb. Meier 294
Cahn, Levy 40, 43, 130, 242, 293
Cahn, Maria geb. Frehse (Frasier) 60, 62, 65 f., 69 f., 295
Cahn, Moses 40–43, 54, 226, 243, 250, 263, 271, 273
Cahn, Otto 55, 57 f., 60–69, 72, 271, 284, 294 f.
Cahn, Regina geb. Haas 40, 42, 283
Cahn, Rosalie (Rosi). *Siehe* Levi (Levy), Rosalie (Rosi) geb. Cahn, verw. Stock
Cahn, Salomon (Samuel) 40, 54, 242, 293 f.
Cahn, Sara. *Siehe* Heymann, Sara geb. Cahn
Cahn, Sara geb. Herz 54 f., 294
Cahn, Selma. *Siehe* Guthman(n), Selma geb. Cahn
Cambrai 230
Canaris, Wilhelm 232
Caracciola, Otto 288
Carmel, NY 156, 311
Cattelan, Maurizio 51

Chamisso, Albert von 110
Charleston 112, 302
Chelmno (Kulmhof), Vernichtungslager 91, 163, 222, 286, 323 f., 328 f.
Chicago 66, 69–72, 74, 76 f., 108, 205, 210, 224, 284, 296, 297 f., 302 f.
Chillida, Eduardo 50
Christina von Stommeln 25
Clemens VI., Papst 23
Coesfeld 226, 309
Cohen, Benni 224, 292
Cohen, Elfriede geb. Franken 223 f., 292, 297
Cohen, Hedwig 292
Cohen, Paul Hartwig 292
Columba, Ordensschwester 158
Cosel (Kędzierzyn-Koźle), Arbeitserziehungslager 322
Cossmann, Wilhelm 220 f.
Cragg, Anthony 51
Custodis, Dr. 213, 291

Dachau, Konzentrationslager 176, 194, 315, 323 f.
Daners, Hermann 7
David, Alice. *Siehe* Stertzenbach, Alice geb. David, gesch. Heymann
Degraa, Josef 176, 214, 277–279, 293, 348
Demnig, Gunter 281
Diergardt, Johannes Freiherr von 204
Dinslaken 173
Dornseifer, Dr. Gerhard 49
Dortmund 172, 286, 305 f.
Dresden 182
Dufrenne, Benedikt 34
Dufrenne, Johann 34
Dufrenne, Josef 169
Dufrenne, Sofia geb. Bonn 169
Duisburg 300
  Hamborn-Schmidthorst 207, 298
Duisburg-Ruhrort 66
Dunkel, Rolf 246
Düren 115, 130, 150 f., 224, 292, 296, 304

Düsseldorf 172, 202, 216, 291, 313, 316, 328, 333
  Derendorf 216, 304

Ehrlich, Adele 296
Ehrlich, Albert 116, 296
Ehrlich, Dora. *Siehe* Heymann, Dora geb. Ehrlich
Ehrlich, Helene. *Siehe* Back, Helene geb. Ehrlich
Ehrlich, Isidor 115, 296
Ehrlich, Johanna. *Siehe* Kanarek, Johanna geb. Ehrlich
Ehrlich, Paula. *Siehe* Rosendahl, Paula geb. Ehrlich
Ehrlich, Samuel 115, 296, 304, 313
Ehrlich, Sara geb. Jumpertz 115, 296
Ehrlich, Sophia geb. Ullmann 114–117, 130, 296, 304, 313
Eichmann, Adolf 318
Eicke, Theodor 325
Eisenach 230
Eisleben 234
Eldoret, Kenia 140
Elias, Dagobert 219, 222, 292, 296
Elias, David 218
Elias, Elise geb. Weberberg 219, 222 f., 296, 339
Elias, Else (Elly) geb. Cahn 222
Elias, Franziska 291
Elias, Helga 222
Elias, Hermann 218–220, 222 f., 293, 296, 340
Elias, Ida 291
Elias, Johannette geb. Jonas 218, 296
Elias, Jonas Eduard 291
Elias, Joseph (Josef) 218 f., 296
Elias, Rosetta 291
Elias, Theresia 291
Elsdorf 285
Epstein, Erna geb. Cahn, verw. Sochaczewer (Shafer), verw. Haber 55 f., 66, 70–72, 74, 84, 108, 271, 294–296
Epstein, Morris 72, 297

Erkens, Konstantin 34
Essen 60–62, 171, 216, 295, 311
   Huttrop 157 f., 161
   Rüttenscheid 69, 295
Esser, Johann 34
Esser, Josef 120
Esser, Wilhelm 34
Evanston 76, 284

Falkenrhede, Gut 230, 234 f.
Faßbender, Franz 34
Feldheim, Margarethe (Margot). *Siehe* Leipziger, Margarethe (Margot) geb. Feldheim
Féneyrols-les-Bains, Lager der Éclaireurs israélites 285
Feuerring, Yitzhak (Isaak) 137
Fey, Helene Magdalene. *Siehe* Kahn, Helene Magdalene geb. Fey
Fischer, Johann 34
Fischer, Otto 286
Fischer, Theodor 34
Flatten, Hermann 169, 288
Flau, Jean 174
Fliesteden 42, 111
Flock, Jakob 34
Flock, Wilhelm 34
Flossenbürg, Konzentrationslager 246
Först, Matthias 34
Frank, Bertha Sibilla. *Siehe* Cahn, Bertha Sibilla geb. Frank
Frank, Dr. Abraham 43
Frank, Johanna geb. Meyer 250, 262
Franken, Elfriede. *Siehe* Cohen, Elfriede geb. Franken
Franken, Ernst 223 f.
Franken, Friederike geb. Hahs (Haas) 297
Franken, Georg 223 f., 297
Franken, Gottschalk 223, 297
Franken, Hermann 130
Franken, Karl 74
Franken, Leopold 223–226, 292 f., 297, 327, 331, 339
Franken, Paula geb. Guthmann 73 f.

Franken, Rebekka geb. Mendel 223 f., 226, 297, 327, 331, 339
Franken, Samuel (Salli) 73 f.
Frankfurt a. M. 305, 328, 333
Frank, Hermann 294
Frank, Johanna 252
Frank, Johanna geb. Meier 55
Frechen 26, 44, 59, 307, 308
Frehse, Maria. *Siehe* Cahn, Maria geb. Frehse (Frasier)
Fricke, Wilhelm 231
Friedrich Wilhelm III. 42
Friedt, Gerd 293
Froehlich, Elisabeth (Else) geb. Moses 143, 146, 149, 153, 160 f., 164, 297, 309, 312
Froehlich, Joseph 153, 160, 164, 297
Fryer, Chantal geb. Herz 109 f., 113, 302
Fryer, Gabrielle 113
Fryer, Isabella 113
Fryer, Mike 113
Fünger (Hüchelhoven) 88
Fünten, Ferdinand aus der 123 f.
Fürstenberg, Friedrich Leopold Freiherr von 204

Gangelt 116, 286, 313
Gehling, Peter 34
Geseke 85
Giesen, Franz 34
Gimbsheim 72, 298
Gladbach, Josef 348
Glessen 26, 42, 77, 119, 273 f., 298–300
Goch 212, 304
Gödderts, Wilhelm 34
Goldberg, Dorothea. *Siehe* Guttmann, Dorothea geb. Goldberg
Goldberg, Frieda. *Siehe* Arnsdorf, Frieda geb. Goldberg
Goldberg, Josef 298
Goldberg, Josef (Namensänderung: Brandt, Robert) 207, 210
Goldberg, Samuel 207–210, 215 f., 291, 298

Goldberg, Sara Selma geb. Heymann 205, 207–210, 212, 215, 247, 266, 268, 291, 297 f., 303, 306, 321
Goldschmidt, Helmut 44 f., 48
Görgens, Anton 34
Görgens, Jakob 34
Göring, Hermann 208
Gorzno/Strasburg 207, 298
Göttingen 161, 232, 308
Gressenich 226, 330
Grevenbroich 285
Grohall, Fritz 89
Grohé, Josef 104, 127
Großkönigsdorf 176, 323
Groß-Rosen, Konzentrationslager 322
Grünebaum, Gebr. 60
Güldenring, Wilhelm 89, 176, 190, 277, 279, 348
Guthman, Jack 8, 71 f., 74–77, 284
Guthman(n), Albert 59, 71–74, 298
Guthman(n), Mathilde 73 f.
Guthman(n), Selma geb. Cahn 55 f., 59, 66, 71 f., 74–76, 271, 294–296, 298, 308
Guthman(n), Siegfried 73
Guthman(n), Sigmund 72 f.
Guthman(n), Sophie geb. Kahn 73
Guthman, Sandra geb. Polk 75–77
Guttmann, Dorothea geb. Goldberg 206 f., 209, 298
Guttmann, Hans 209, 291
Gymnich 298
Gymnich, Gottfried 283

Haas, Helena 312
Haas, Regina. *Siehe* Cahn, Regina geb. Haas
Haas, Sara. *Siehe* Moses, Sara geb. Haas
Haber, Gus 72, 297
Hahn, Dr. med. Heinrich 15
Hahne, Dorit geb. Pilar 7, 106, 112
Hahne, Walther 112
Haifa 133, 135, 140, 303–305, 312 f.
Halifax, Lord Edward 178
Hamacher, Severin 34
Hamar, Norwegen 231

Hamburg 154, 308, 310, 328, 333
Hamm 139
Hansmann, Johann 265
Hartung, Heinrich 286
Harzgerode 233 f., 293
Hayes, Peter 13
Hebron 133
Heidt, Eddy Josef 122 f., 286, 300
Heidt, Elisabeth geb. Beuth 122, 126–128, 299
Heidt, Eveline geb. Pool 122 f., 300
Heidt, Johanna geb. Stock 119–121, 242, 250, 257, 298–300
Heidt, Josef 119–121, 242, 250, 257, 298–300
Heidt, Josefine 119 f., 122–125, 247, 298 f., 336, 340
Heidt, Josephine geb. Simons 286, 299
Heidt, Julius 119–122, 126–128, 242, 257, 298 f.
Heidt, Martha 119–124, 247, 298–300, 321, 340
Heidt, Max 119, 121–123, 247, 298–300
Heidt, Samuel 286, 299
Heimann, Hans 288
Heimann, Paula geb. Kahn 288
Heinrich VII. 25
Helfta 234
Herriger, Hubert Arnold 242
Herz, Alfred 80, 82, 85, 87, 92 f., 96 f., 247, 300–302, 321 f., 335, 339
Herz, Annette geb. Kittens 107, 301
Herz, Barbara April 107, 286, 301
Herz, Carol Lynn 107, 286, 301
Herz, Carolyn. *Siehe* Thomas, Carolyn geb. Herz
Herz, Chantal. *Siehe* Fryer, Chantal geb. Herz
Herz, Clara 78
Herz, Debra Sue 107, 286, 301
Herz, Ernst Moritz 78, 83–86, 88–93, 247, 278, 285, 300, 302 f., 321 f., 339
Herz, Hedwig 78
Herz, Helene geb. Marx 84, 91, 300

Herz, Henriette. *Siehe* Kaufmann, Henriette geb. Herz
Herz, Jacob 113
Herz, Jakob 78
Herz, Johanna 90, 94, 247, 301 f., 321, 339
Herz, Jona 90, 92, 94, 247, 301 f., 321, 339
Herz, Josef 78
Herz, Karl Otto 7, 85, 87, 94, 96, 107 f., 285, 301 f., 321, 331, 337, 339
Herz, Karoline (Lily) geb. Jacobsohn 78, 80, 82–87, 90 f., 94, 101, 103, 247, 255, 285, 300–303, 306 f., 321 f., 339
Herz, Max 84, 300
Herz, Meta 84
Herzogenrath 226
Herz, Raphael 109, 113, 302
Herz, Ronald Roy 107, 286, 301
Herz, Rudolf (Rudy) 7, 39, 71 f., 78, 85, 87–89, 91–96, 106, 108–113, 191, 275, 285 f., 301 f., 321, 326, 332, 335, 339
Herz, Sara. *Siehe* Cahn, Sara geb. Herz
Herz, Selma 84
Herz, Siegfried 83 f.
Herz, Susan geb. McCarthy 113
Herz, Tobias 113
Herz, Ursula geb. Syré 39, 109, 113, 302
Herz, Walter 85, 87, 94, 247, 302 f., 321, 339
Heydrich, Reinhard 36, 192, 233
Heymann, Abraham 129
Heymann, Alexander (Alex) 23, 31, 204–206, 244 f., 250, 261, 265 f., 268 f., 293, 297, 303–306
Heymann, Alfred Gottschalk 205, 303, 306
Heymann, Alice. *Siehe* Stertzenbach, Alice geb. David, gesch. Heymann
Heymann, Anna (Aenne) 130–137, 140, 244, 303–305
Heymann, Bernardine Josephine geb. Albertz 305
Heymann, Carl 242, 293
Heymann, Dora geb. Ehrlich 115 f., 129–132, 296, 303–305, 312 f.
Heymann, Else geb. Wolff 206, 212, 215–217, 304, 333

Heymann, Emil 205, 209, 211–217, 248, 266, 268, 291, 293, 303 f., 306, 333
Heymann, Eva 129
Heymann, Eva geb. Weiss 140, 305
Heymann, Georg 130, 138–141, 304 f., 323
Heymann, Gottschalk 129, 269, 287, 303, 305
Heymann, Henriette (Jettchen) 205, 245, 250, 252, 265, 303, 305 f.
Heymann, Josefine. *Siehe* Plaut, Josefine geb. Heymann
Heymann, Joseph 23, 46, 115 f., 129 f., 132, 137 f., 204, 266, 269, 287, 293, 303–305, 312 f.
Heymann, Karl 205, 245, 250, 261, 303, 305 f.
Heymann, Käthe 141
Heymann, Martha. *Siehe* Schwarz, Martha geb. Heymann
Heymann-Reder, Dorothea 130, 140, 287
Heymann, Rolf 209, 212, 215–217, 304, 333
Heymann, Sara geb. Cahn 129 f., 250, 269, 287, 303 f.
Heymann, Sara geb. Salomon 205
Heymann, Sara Selma. *Siehe* Goldberg, Sara Selma geb. Heymann
Heymann, Sibylla geb. Baum 205, 245, 250, 261, 265, 268, 297, 303–306
Hialeah, FL 164
Hildburghausen 288
Hilversum 198, 200, 316
Himmler, Heinrich 320 f., 336
Hindenburg, Paul von 91
Hirsch, Baron Maurice de 91
Hitler, Adolf 36 f., 174, 198, 209, 334
Hoffmann, Amalie. *Siehe* Moses, Amalie geb. Hoffmann
Höflich, Ernst 60 f., 64
Hönningen 306
Horn, Rebecca 50
Höß, Rudolf 320
Houtkruyer, Betje. *Siehe* Pool, Betje geb. Houtkruyer

Hüchelhoven 278, 285
Hundgeburt, Peter 34
Hunswinkel, Arbeitserziehungslager 327
Hüsch, Adam 34
Huth, Christine geb. Schall 147

Ingendorf 121
Izbica, Durchgangsghetto 224, 292

Jaar, Alfredo 51
Jacobsohn, Elisabeth geb. Neukirchen 101–105, 307, 327
Jacobsohn, Helga. *Siehe* Pilar, Helga geb. Jacobsohn
Jacobsohn, Henriette geb. Kappel 78, 80–84, 90, 92 f., 115, 248, 255 f., 302, 306 f., 339
Jacobsohn, Hermann 7, 15, 78, 82 f., 97–106, 109, 255, 285 f., 306, 327
Jacobsohn, Jakob 23, 78, 81–84, 90, 250, 255 f., 302, 306 f.
Jacobsohn, Karoline (Lily). *Siehe* Herz, Karoline (Lily) geb. Jacobsohn
Jacobsohn, Siegfried 32–34, 36, 78, 82 f., 255, 306 f.
Jacob[us] de Stummele 24
Jamlitz 325
Jerusalem 240
Johannesburg 202
Johnen, Gottfried 75, 284
Jonas, Oskar 208
Jumpertz, Sara. *Siehe* Ehrlich, Sara geb. Jumpertz

Kahn, Antoinette geb. Moses 142, 148–151, 162, 247, 307, 324, 328
Kahn, Emmy. *Siehe* Rosenthal, Emmy geb. Kahn
Kahn, Frieda. *Siehe* Stiefel, Frieda geb. Kahn
Kahn, Friedrich 149 f.
Kahn, Hans Hermann 149 f.
Kahn, Helene Magdalene geb. Fey 149
Kahn, Max 149–151, 288, 307
Kahn, Paula. *Siehe* Heimann, Paula geb. Kahn

Kahn, Sophie. *Siehe* Guthman(n), Sophie geb. Kahn
Kaltenberg, Anton 289
Kaltenberg, Margarethe geb. Schwartz 289
Kamp, Christian 34
Kamphorst, Peter 284
Kanarek, Johanna geb. Ehrlich 115, 117, 296
Kappel, Abraham 78, 82, 250 f., 256, 286, 306
Kappel, Amalie geb. Kaufmann 78, 80–82, 84, 115, 306
Kappel, David 78
Kappel, Elisa geb. Rieser 78
Kappel, Henriette. *Siehe* Jacobsohn, Henriette geb. Kappel
Kappel, Jacques 78
Kappel, René 78
Kappel, Salomon (Sally) 78, 98
Kappel, Walter 78
Karo, Minna geb. Monhajt 153
Katz, Anna geb. Moses 143, 146, 149, 151, 158, 161–164, 169 f., 247, 289, 308 f., 311 f., 324, 328
Katz, Hella 148 f., 152, 158, 160–163, 169, 308, 324, 328
Katz, Walter 161, 308
Kaufman(n), Albert 285
Kaufmann, Amalie. *Siehe* Kappel, Amalie geb. Kaufmann
Kaufmann, Bertha. *Siehe* Stock, Bertha geb. Kaufmann
Kaufmann, Elisabeth. *Siehe* Stock, Elisabeth geb. Kaufmann
Kaufmann, Gebr., Konfektionsgeschäft 212
Kaufmann, Hans Werner (Jack Knight) 289
Kaufmann, Henriette. *Siehe* Jacobsohn, Henriette geb. Kaufmann
Kaufmann, Henriette geb. Herz 84
Kaufmann, Ilse 289
Kaufmann, Jakob 282, 293
Kaufmann, Jeanette geb. Simon 282
Kaufmann, Karoline 28, 244, 250, 270, 293
Kaufmann, Leo 181, 289
Kaufmann, Moritz 84

Kędzierzyn-Koźle 93
Keil, Hans G. 54
Keller, Christoph 51
Kelsterbach 174, 314 f.
Keppeler, Frank 111
Kerkmann, Christel 8
Kerkmann, Erich 106
Kerpen 59 f., 308
Kirchhoff, Emil 88, 90, 278
Kittens, Annette. *Siehe* Herz, Annette geb. Kittens
Klausmann, Christian 14–16
Klein, Barbara. *Siehe* Brandes, Barbara geb. Klein
Klein, Christoph 232, 234, 237
Klein, Eberhardt 34, 230
Klein, Heinrich 228–230, 232–238
Klein, Jakob 34
Klein, Johann 34
Klein, Margarete geb. Schäfer 229
Klein, Rosemarie geb. Mankiewicz 228, 230–239
Klein, Walther 283
Klein, Wilhelm 229
Klöcker, Johann 70 f.
Koblenz 214
Köln 24, 37, 59, 67, 70, 72–74, 83, 90, 92, 97, 99–103, 105, 110 f., 126 f., 130, 133, 138, 146, 148–151, 153, 157–164, 168–172, 174, 176, 186–188, 194, 197 f., 200–202, 211, 218–220, 222–224, 226–228, 235, 246, 255, 257, 259, 278, 285 f., 288, 290 f., 295–304, 306–312, 314 f., 326, 328, 330, 349
   Bayenthal 162
   Bocklemünd 69, 185, 286
   Braunsfeld 162, 312
   Brück 105
   Deckstein 132, 304
   Deutz 92 f., 151, 158 f., 162, 170, 187, 189, 192, 222, 226, 228, 297, 309, 328 f., 333
   Ehrenfeld 69, 84, 117, 130, 162, 173 f., 197, 212, 223, 226, 289, 295 f., 312, 315, 331
   Gremberg 105, 307
   Junkersdorf 120, 128, 174, 288
   Kalk 162
   Klettenberg 220
   Lindenthal 132, 148, 150, 152, 162, 303–305, 307, 310
   Marienburg 162
   Mülheim 162
   Müngersdorf 92, 104, 128, 162, 223 f., 226, 297, 299, 307, 326, 331
   Nippes 162
   Porz 98, 101, 307
   Rath 105
   Riehl 102
   Sülz 295
   Westhofen 99
   Westhoven 99, 105
   Zollstock 162
Kommern 269, 303, 305
Königs, Joseph 34
Königswinter 196
Konstanz 83
Kounellis, Jannis 50
Krakau 321
Kremmen 230
Kreuer, Christina geb. Abels 189
Kreuer, Gertrud. *Siehe* Schmitz, Gertrud geb. Kreuer
Kronenberg, Ferdinand 34
Kronenberg, Peter 34
Kröppen 61
Kuball, Mischa 50
Kuchenheim 220
Kursk 330

Lamprecht, Michael 8, 108
Las Vegas 108, 302
Le Havre 70, 72, 96
Lehrberger, Israel 48
Leipziger, Margarethe (Margot) geb. Feldheim 151, 288
Leipziger, Moritz 151, 288
Leufgen, Christine geb. Abts 147
Leufgen, Gerhard 147

Leverkusen 105
  Schlebusch 89
Levi, Helena. *Siehe* Cahn, Helena geb. Levi
Levi (Levy), Carl 59, 308
Levi (Levy), Rosalie (Rosi) geb. Cahn, verw. Stock 55, 58 f., 248, 271, 294, 295, 308, 339
Levy, Frieda geb. Moses 143, 146, 149, 163 f., 308 f., 312
Levy, Leopold 289
Levy, Max 164, 308
LeWitt, Sol 51
Lieberose, Außenlager des KZ Sachsenhausen 95, 302, 325, 336
Linnich 223, 297
Linz an der Donau 96, 285
Litzmann, Karl 341
Litzmannstadt. *Siehe* Lodz (Litzmannstadt), Ghetto
Livermore 70, 295
Lodz (Litzmannstadt), Ghetto 91, 151, 162 f., 222, 247, 286, 307 f., 323 f., 327, 329, 341
Lohmar 167
Lommersum 58, 308
London 178, 180, 183 f., 196 f., 294, 349
Long, Richard 51
Los Angeles 70, 290
Löwengart, Arthur 135
Löwenstein & Freudenberg, in Düren 130
Lublin, Ghetto 338
Lüdenscheid 327
Lüneburg 119
Luxemburg 62, 328
Lyrmann, Gasthof in Rommerskirchen-Eckum 88

Majdanek, Vernichtungslager 338
Maly Trostinez, Vernichtungslager 192–194, 293, 315, 330, 333, 338
Mankiewicz, Fritz Robert 230, 231
Mankiewicz, Marianne Elsbeth geb. Reichart 230

Mankiewicz, Rosemarie. *Siehe* Klein, Rosemarie geb. Mankiewicz
Mankiewicz, Walter 230 f.
Mansteden, Wilhelm 204
Marell, Magdalena. *Siehe* Stock, Magdalena geb. Marell
Marklohe 239
Marx, Helene. *Siehe* Herz, Helene geb. Marx
Marx, Hermann 288
Marx, Margareta geb. Bochem 288
Mausbach, Lager 224, 226, 297, 326, 330 f.
Mauthausen 96, 326, 331 f., 337
  Gusen I 96, 302, 321, 331 f.
  Gusen II 71, 96, 302, 321, 331 f.
Maximina, Ordensschwester 158
Mayer, Adolph 150 f., 288
Mayer, Aenne 288
Mayer, Carsten 111
Mayer, Flora geb. Kahn 150, 288
Mayer, Heinz 288
McCarthy, Susan. *Siehe* Herz, Susan geb. McCarthy
Meier, Johanna. *Siehe* Frank, Johanna geb. Meier
Meinerzhagen 237 f.
Meirowsky & Co. 98, 101
Mendel, Esther geb. Cahn 309
Mendel, Rebekka. *Siehe* Franken, Rebekka geb. Franken
Mendel, Salomon 226, 309
Mendel, Wilhelmine geb. Stock 226–228, 273, 293, 309, 339
Menton 109, 302
Merzig 218, 296
Metzel, Olaf 51
Meudtner, Ilse 234
Mevis, Wilhelm 137
Miami Beach 72, 161, 164, 297, 308
Minsk, Ghetto 189, 192–194, 215 f., 247, 293, 304, 315, 330, 333, 338
Mödder, Stephan 34
Moers 348
Mohringen 323
Moissac 71, 96, 285

Monaco 150
Mönchengladbach 75
Monhait (Monhajt), Alfred 153
Monhait (Monhajt), Julius 153, 154
Monhajt, Dina. *Siehe* Moses (Moore), Dina geb. Monhajt
Monhajt, Leon 153, 309
Monhajt, Minna. *Siehe* Karo, Minna geb. Monhajt
Monhajt, Norbert 153
Monmouth Junction 155, 310 f.
Mons 98, 307
Montevideo 209 f.
Moore, Karl Barry 156, 311
Moore, Ruth Constance geb. Berkower 156, 311
Moore, Susan 156, 311
Morisse, Karl August 137
Moses, Adelheid 289, 309
Moses, Alice 152, 310
Moses, Amalie geb. Hoffmann 167, 250, 252, 259, 309, 311 f.
Moses, Anna. *Siehe* Katz, Anna geb. Moses
Moses, Antoinette. *Siehe* Kahn, Antoinette geb. Moses; *Siehe* Roesberg, Antoinette geb. Moses
Moses, Carl 22, 31, 35, 142–145, 147, 151–153, 157, 168 f., 250, 259 f., 289, 297, 307–312
Moses, Elisabeth (Else). *Siehe* Froehlich, Elisabeth (Else) geb. Moses
Moses, Elli geb. Walter 149, 151, 310
Moses, Frieda. *Siehe* Levy, Frieda geb. Moses
Moses, Georg 99, 142, 145, 149, 151–153, 164, 309 f., 312
Moses, Hugo 34 f., 142, 145, 309, 311 f.
Moses, Ilse 149, 153–161, 166, 169, 222, 247, 309–311, 334
Moses, Inge 152, 310
Moses, Johanna 23, 143–145, 149, 152 f., 157 f., 161, 165–170, 222 f., 247, 259, 289, 293, 311, 339 f.
Moses, Martha geb. Oberländer 312

Moses (Moore), Dina geb. Monhajt 116, 146, 149, 153–157, 309–311
Moses (Moore), Ernst Jakob 116, 142, 146, 149, 153–157, 160, 163 f., 309–312
Moses (Moore), Herbert Leon 149, 152–154, 156, 310 f.
Moses, Moritz 289
Moses, Nanni (Nanny, Anna) geb. Weiß 316
Moses, Philipp 22, 144, 167, 169, 259, 289, 309, 311 f.
Moses, Sara geb. Haas 35, 142–146, 151, 250, 260, 297, 307–312
Moses, Siegmund 169, 289, 312
Moyses, genannt Beyn de Stumbele 24
Mück, Joseph I 34
Mück, Joseph II 34
Mülheim an der Ruhr
  Mintard a. d. Ruhr 204
Müller, Adam 34
Müller, Johann 34
Müller, Peter 89, 278
Müller, Ww. J. 85
München 178
Münster 232, 235
Müsch, Peter Johann 34
Myrtle Beach 110, 302

Nelles, Johann 8, 213 f.
Nelles, Matthias 213 f.
Nelles, Paul 213 f.
Neudorf/Spree 182
Neuendorf, Landwerk 91
Neuhaus, Max 51, 53
Neukirchen, Anna 102
Neukirchen, Elisabeth. *Siehe* Jacobsohn, Elisabeth geb. Neukirchen
Neumann, Albert 67 f.
Neuss 86
Neuwied 222
New Haven 76
New York 70, 72, 74, 96, 107, 123, 152–155, 161, 163 f., 289, 297, 301 f., 308, 310 f.
Nickolin, Peter 34
Niederaußem 286, 299

Niederbardenberg, Lager 226, 326, 331
Nipperdey, Hans Carl 138
Nix, Jakob 34
Nixon, Doris geb. Cahn 60, 66, 284, 295
Nixon, Harvey T. 284
Nixon, Jamin 284
Nixon, Marian 284
Nixon, Paula 284
Nordman, Maria 50
Nürnberg 149
Nußbaum, Benno 84

Oberaußem 130
Oberländer, Martha. *Siehe* Moses, Martha geb. Oberländer
Oldenburg 119
Oranienburg 335
Oschersleben 234
Oster, Herta 72, 108
Osterode 235

Paderborn 219, 296
Paffendorf 286
Papenburg/Ems, Konzentrationslager 323
Paradise, CA 284
Pearl Harbor 71
Penone, Giuseppe 51
Pesch, Benedikt 170
Pesch, Joseph 34
Pfeiffer, Anna geb. Schauff 75
Pfeiffer, Karl-Josef 282, 284
Philadelphia 155
Piel, Peter 120, 128, 174
Pilar, Helga geb. Jacobsohn 7, 101, 103–106, 307, 327
Pilar, Thomas 106
Pirmasens 61 f., 67
Plaut, Dan 312
Plaut, Elchanan 137, 312
Plaut, Josefine geb. Heymann 130, 137, 304 f., 312
Plaut, Michal 137
Plaut, Yal 137
Pley, Lager 226

Polk, Sandra. *Siehe* Guthman, Sandra geb. Polk
Pool, Betje geb. Houtkruyer 300
Pool, Eleazar 300
Pool, Eveline. *Siehe* Heidt, Eveline geb. Pool
Porakity, Wilna 311
Potsdam 230, 235
Prag 209, 328
Pulheim 45, 47, 122, 126, 128, 214, 242, 257, 281, 299
Puntke, Diether 8
Pütz, Anton 45, 46 f.

Raad, Walid 51
Rahm, Karl 338
Rangun 184
Rathenau, Walther 132
Rechov Horev 303
Reichert, Marianne Elsbeth. *Siehe* Mankiewicz, Marianne Elsbeth geb. Reichert
Reichleitner, Franz 336
Reisner, Barbara 8
Reusch, Erich 51
Rexingen 135
Rheinberg 348
Richartz, Jakob 34
Rieser, Elisa. *Siehe* Kappel, Elisa geb. Rieser
Riess, Kurt 182
Riga, Ghetto 158 f., 223, 247, 311, 333–335
  Kaiserwald 334
Risch, Eduard 34
Risch, Peter 34
Rödelheim 48
Rödingen 114 f., 296
Roesberg, Antoinette geb. Moses 142, 289, 309, 312
Roesberg, Helene. *Siehe* Berlin, Helene geb. Roesberg
Roesberg, Hermann 142
Roesberg, Marlene. *Siehe* Straus, Marlene geb. Roesberg
Roesberg, Otto 147
Rom 107, 302

Rommerskirchen 88 f., 121, 142, 147, 246, 278, 285
  Butzheim 83, 85, 91, 300
  Eckum 84 f., 86, 88–90, 300–303, 306
  Oekoven 85 f.
  Sinsteden 89
Rommerskirchen, J. 34
Rosenberg, Alfred 66, 200
Rosendahl, Emil 116, 286
Rosendahl, Paula geb. Ehrlich 114–117, 296, 313
Rosenthal, Emmy geb. Kahn 288
Rosenthal, Erna 288
Rosenzweig, Sophia. *Siehe* Stock, Sophia geb. Rosenzweig
Roslyn Estates 155, 310
Rotterdam 66, 74, 96, 121–123, 153, 161, 297, 300, 311
Rückert, Friedrich 58
Ruckes, Hermann 34
Rumbuli 159
Rumkowski, Mordechai Chaim 328
Rüsselsheim 182

Sachsenhausen, Konzentrationslager 95 f., 292, 302, 325, 335
Salomon, Ernst 84
Salomon, Henriette 84
Salomon, Karl 84
Salomon, Louis 207
Salomon, Maly 84
Salomon, Sara. *Siehe* Baum, Sara geb. Salomon; *Siehe* Heymann, Sara geb. Salomon
Sander, David 172, 313
Sander, Jeanette geb. Stock 171 f., 313
Sassen, Paul 191, 348 f.
Schäfer, Margarete. *Siehe* Klein, Margarete geb. Schäfer
Schall, Christine. *Siehe* Huth, Christine geb. Schall
Schall, Heinrich 34
Schall, Joseph 34

Schauff, Anna. *Siehe* Pfeiffer, Anna geb. Schauff
Schauff, Jakob 16 f.
Schauff, Josef 16
Schauff, Paul 8, 164, 189, 196
Scheer, Wilhelm 34
Schiffer, Adam 34
Schiffer, Heinrich 34
Schloß, Emma 148
Schmitz, Andreas Joseph 34
Schmitz, Gertrud geb. Kreuer 285
Schmitz, Helena geb. Stock 77, 315
Schmitz, Hermann 34
Schmitz, Joseph I 34
Schmitz, Joseph II 34
Schmitz, Karl Anton 34
Schmitz, Margaretha. *Siehe* Spell, Margaretha geb. Schmitz
Schmitz, Mathias 77, 285, 315
Schmitz, Witwe Heinrich 210
Schneider, Gregor 51
Schneider, Wilhelm 34
Schöbel, Ernst 347 f.
Schöntal (Zawadki) 324
Schreier, in Oberaußem 130
Schreiner, Peter 7, 46–48
Schreiterer, Emil 219
Schulte-Pelkum, Josef 158
Schumacher, Anton 34
Schumacher, Reiner 41
Schwartz, Margarethe. *Siehe* Kaltenberg, Margarethe geb. Schwartz
Schwarzheide, Außenlager des KZ Sachsenhausen 93, 95–97, 300, 302, 335
Schwarz, Josef 135, 313
Schwarz, Leopold 135, 313
Schwarz, Martha geb. Heymann 130, 135–137, 304–306, 313
Schwarz, Yigal 135, 313
Schweren, Hermann 38
Schweren, Jakob 34
Segmüller, Franz 34
Seidl, Siegfried 338
Serra, Richard 50

Sesiani & Zamponi 168
Seyß-Inquart, Arthur 123
Shafer (Sochaczewer). *Siehe* Sochaczewer (Shafer)
Shanghai 184
Shavei Zion 135, 313
Siegburg 139, 304, 310
Sierra, Santiago 51
Signer, Roman 51
Simmershausen 149, 307
Simon, Aron 250, 258
Simon, Caroline geb. Kaufmann 250, 252, 258
Simon, Jeanette. *Siehe* Kaufmann, Jeanette geb. Simon
Simons, Anna geb. Roesberg 142
Simons, Josephine. *Siehe* Heidt, Josephine geb. Simons
Simons, Matthias 34
Sindorf 115, 130, 296, 304f., 313
Sinnersdorf 40, 42
Sinzenich 160, 297
SITU Studio 51
Skirotava 159
Smaal, Hendrik 63
Smeets, Brüsseler Fa. in Köln 101
Sobibor 58, 126, 203, 224, 247, 293, 295, 299f., 316f., 336, 338, 340
Sochaczewer, Erna. *Siehe* Epstein, Erna geb. Cahn, verw. Sochaczewer, verw. Haber
Sochaczewer (Shafer), Ellen Loretta 70, 71, 74, 297
Sochaczewer (Shafer), Max 66, 70–72, 296
Solingen 279
Sommerfeld 230
Sosnowitz II (Sosnowiec) 96, 302, 337
Souain-Perthes-lès-Hurlus 32
Southhampton 70, 297, 305
Spell, Conrad 114
Spell, Katharina 114
Spell, Margaretha geb. Schmitz 114
Spickermann, Wilhelm 34
Staffelhof 61, 67

Stahnsdorf 233
Stalingrad 233, 330
Stangl, Franz 336
St. Blasien 99
Stertzenbach, Alice geb. David, gesch. Heymann 138f., 305
Stertzenbach, Werner 139
Stettin 70, 296
St. Georgen an der Gusen 331
Stiefel, Frieda geb. Kahn 288
Stock, Abraham (Alfred) 298
Stock, Albert 171, 313
Stock, Amalie 171, 314
Stock, Berta 116, 174, 187, 191f., 197, 247, 314f., 321, 339
Stock, Berta II 197, 316
Stock, Bertha geb. Kaufmann 26, 28, 171, 243, 250, 264, 267, 270, 293, 313–317
Stock, Clara 171, 314
Stock, Elisabeth geb. Kaufmann 336, 340
Stock, Else geb. Apfelbaum 202f., 317
Stock, Emil 171, 314
Stock, Emma geb. Adler 173f., 185, 294, 314f.
Stock, Eric 290
Stock, Erich 202, 317
Stock, Ester geb. Cahn 40, 226, 250, 272f., 284, 315
Stock, Hans Max 174, 176, 178, 188f., 192–194, 197, 248, 276, 293, 314f., 323, 325, 330, 333
Stock, Helena. *Siehe* Schmitz, Helena geb. Stock
Stock, Helene 114, 118, 171f., 178, 187, 191, 247, 267, 293, 315
Stock, Hilde. *Siehe* Altman(n), Hilde geb. Stock
Stock, Isaak 77
Stock, Jakob 17, 28, 35, 116, 118, 171–175, 177–179, 185–187, 190f., 194f., 197, 267, 274, 290, 293f., 314f., 339, 342–348
Stock, Jeanette. *Siehe* Sander, Jeanette geb. Stock

Stock, Johanna. *Siehe* Heidt, Johanna geb. Stock
Stock, Josef 34–36, 171, 316
Stock, Josef (aus Lommersum) 58 f., 308
Stock, Lazarus 26, 28–32, 35, 171 f., 201, 250, 264, 267, 293, 313–317
Stock, Magdalena geb. Marell 273, 284
Stock, Max 171 f., 316
Stock, Moses I 171 f., 197, 198–200, 267, 273, 316, 336, 340
Stock, Moses II 273, 284
Stock, Nanni (Nanny, Anna) geb. Weiß 197 f., 200
Stock, Oskar 197, 316
Stock, Rosalie (Rosi) geb. Cahn. *Siehe* Levi (Levy), Rosalie (Rosi) geb. Cahn, verw. Stock
Stock, Rosel geb. Bruch 172, 316
Stock, Sara 26
Stock, Sibilla 226
Stock, Simon 31, 77, 226, 273, 285, 309, 315
Stock, Sophia geb. Rosenzweig 298
Stock, Sybilla 55, 77, 250, 274
Stock, Toni Dago 171 f., 190, 197, 200–203, 267, 290, 293, 317, 336, 340
Stoffels, Peter Hubert 34
Stolberg 224, 226, 297, 330
St. Quentin 36, 171, 316
Stratmann, Johanna 69
Straus, Marlene geb. Roesberg 165
Streicher, Julius 149
Stupp, Gertrud. *Siehe* Werres, Gertrud geb. Stupp
Stuttgart 70, 74, 154, 160
Süßer, Alex 61
Syré, Ursula. *Siehe* Herz, Ursula geb. Syré

Tel Aviv 209 f., 245
Tetz (Linnich) 269
Teusch, Christine 246
Theis, Peter 34
Thelen, Elisabeth 220
Thelen, Fritz 220
Thelen, Wilhelm 34

Theresienstadt, Ghetto 60, 64, 92 f., 103, 170, 187, 191, 194 f., 223–226, 228, 248, 255, 273, 288, 290, 292 f., 296 f., 300–303, 306, 308 f., 312, 314 f., 320, 327, 337 f., 340
Thomas, Carolyn geb. Herz 109, 113, 302
Thomas, Jim 113
Thomas, Nathaniel 113
Tietz 303, 305
Tillmann, Josef 59
Tillmann, Maria 58 f.
Trawniki, SS-Ausbildungs- und Arbeitslager 341
Treblinka, Vernichtungslager 170, 223, 293, 296, 312, 338 f., 340
Trockel, Rosemarie 51
Troppau 96, 302, 337
Trostinec. *Siehe* Maly Trostinez, Vernichtungslager

Ullmann, Abraham 114, 296
Ullmann, Adele 115
Ullmann, Albert 115
Ullmann, Isaak 114
Ullmann, Sibilla geb. Arentz 114, 296
Ullmann, Sophia. *Siehe* Ehrlich, Sophia geb. Ullmann

Valler, Johann 34
Vesen, Franz 34
Vesen, Wilhelmine (Minna) 41 f.
Vosskuyl, J. 63 f.

Wachten, Johannes 8
Walter, Elli. *Siehe* Moses, Elli geb. Walter
Walter, R. 152
Walther, Franz Erhard 51
Wanke, O., Bildhauer 282
Wantagh, NY 297
Warschau 340
Wartensleben, Max 284
Warthbrücken 323
Weberberg, Elise. *Siehe* Elias, Elise geb. Weberberg

Weck, Adam 34
Weidt, Joseph Hubert 242
Weimar 288
Weiner, Lawrence 51
Weiner, Walter 102
Weingarten, Helmut 33
Weiss, Eva. *Siehe* Heymann, Eva geb. Weiss
Weiß, Nanni. *Siehe* Stock, Nanni (Nanny, Anna) geb. Weiß
Weiß, Nanni (Nanny, Anna). *Siehe* Moses, Nanni (Nanny, Anna) geb. Weiß
Werres, Gertrud geb. Stupp 204
Werres, Johann 204
Werres, Matthias 34
Wesseling 167
Westerbork, Internierungs- und Durchgangslager 57 f., 64 f., 124, 126, 199, 203, 295, 299 f., 316 f., 340
Wickrath 286
Wieler, Anna 83
Wieler, Irma 83
Wien 328, 333
Wilhelm IV., Graf von Jülich 25
Wintz, in Oberaußem 130
Wolff, Else. *Siehe* Heymann, Else geb. Wolff
Wolffsohn, David 133
Wolf, Ludwig 34
Wuppertal 216, 266, 268
  Barmen 205, 209, 212 f., 215 f., 296, 304
  Steinbeck 216

Xanten 242

Zensen, Adam 34
Zensen, Jakob 34
Zons 41
Zülpich 105
Zündorf 306
Zweibrücken 62, 284, 295

Der Autor

Josef Wißkirchen, Studiendirektor i. R., wurde 1939 in Bonn geboren. Seit 1966 lebt er in Pulheim-Stommeln. Von 1971 bis 2003 unterrichtete er am Erasmus-Gymnasium in Grevenbroich die Fächer Deutsch und Geschichte. Von 1983 bis 2010 war er zweiter Vorsitzender des Vereins für Geschichte in Pulheim. Auf seine Initiative hin wurde 2008 die LVR-Gedenkstätte Brauweiler eingerichtet, für die er viele Jahre lang ehrenamtlich tätig war. Seit dem 1980er Jahren hat er zahlreiche Veröffentlichungen zur lokalen und regionalen Geschichte vorgelegt. Schwerpunkt seiner Forschungen ist die Zeit des Nationalsozialismus in der Region, insbesondere das Schicksal der einst hier lebenden jüdischen Bevölkerung. Nach anderen Auszeichnungen durch den Landschaftsverband Rheinland und die Bundesrepublik Deutschland erhielt er 2022 den Obermayer Award der Obermayer Foundation in den USA.

LIEFERBARE VERÖFFENTLICHUNGEN DES AUTORS

Josef Wißkirchen: Verfolgte Nachbarn am Gillbach. Juden in Rommerskirchen, Essen 2016
ISBN 978-3-8375-1550-3, 363 S., mit Abb., fester Einband, 16,00 €
Bei der Gemeindeverwaltung in Rommerskirchen erhältlich.

Josef Wißkirchen (Hg.): Verlorene Freiheit. Nationalsozialistische Schutzhaft 1933/34 im heutigen Rhein-Erft-Kreis, Berlin 2019
ISBN 978-3-86331-452-1, 664 S., mit Abb., fester Einband, 39,00 €

Josef Wißkirchen/Barbara Reisner (Hg.): Stimmen der Verfolgten 1939–1945. Briefe aus Köln, Amsterdam und Tel Aviv, Morrisville, North Carolina 2020
ISBN 978-1-71689-061-1, 579 S., mit Abb., TB, 26,54 €

Josef Wißkirchen: Jüdische Familien kämpfen ums Überleben. Kaufmann und Vosen aus Rommerskirchen, Münster 2021
ISBN 978-3-402-24808-9, 106 S., mit Abb., fester Einband, 14,90 €

Josef Wißkirchen (Übersetzerin: Barbara Reisner): Jewish Families Fight for Survival. The Kaufmann and Vosen Families from Rommerskirchen, Morrisville, North Carolina 2021
ISBN 978-1-304-87626-3, 75 S., mit Abb., TB, 9,56 €